FE | 21世纪高等职业教育财经类规划教材
财务会计类

工业和信息化高职高专“十二五”
规划教材立项项目

预算会计

Budget Accounting

◎ 刘淼 张振 主编 ◎ 魏鹏 王萍 王振东 副主编

人民邮电出版社
北京

图书在版编目（CIP）数据

预算会计 / 刘淼，张振主编. -- 北京 : 人民邮电出版社，2015.1(2019.2重印)
21世纪高等职业教育财经类规划教材. 财务会计类
ISBN 978-7-115-37226-0

Ⅰ. ①预… Ⅱ. ①刘… ②张… Ⅲ. ①预算会计－高等职业教育－教材 Ⅳ. ①F810.6

中国版本图书馆CIP数据核字(2014)第308861号

内 容 提 要

本书共分为 4 个模块、23 章。模块一阐述了预算会计的基本理论与核算方法，模块二、模块三、模块四分别介绍了行政单位会计、事业单位会计和财政总预算会计的基本理论、具体业务及会计核算方法。行政单位会计、事业单位会计和财政总预算会计均根据新修订的《行政单位会计制度》、《事业单位会计准则》、《事业单位会计制度》和《财政总预算会计制度》编写。

本书既可以作为各类院校财政、会计专业教学的教材，也可以作为广大财务工作者、经济管理人员学习和工作的参考用书。

◆ 主　　编　刘　淼　张　振
副 主 编　魏　鹏　王　萍　王振东
责任编辑　李育民
责任印制　杨林杰

◆ 人民邮电出版社出版发行　　北京市丰台区成寿寺路 11 号
邮编　100164　　电子邮件　315@ptpress.com.cn
网址　http://www.ptpress.com.cn
固安县铭成印刷有限公司印刷

◆ 开本：787×1092　1/16
印张：19　　2015 年 1 月第 1 版
字数：456 千字　　2019 年 2 月河北第 6 次印刷

定价：42.00 元

读者服务热线：(010)81055256　印装质量热线：(010)81055316
反盗版热线：(010)81055315
广告经营许可证：京东工商广登字 20170147 号

前言

预算会计是政府预算管理的重要组成部分，是对财政资金进行核算和监督的手段和工具。以2006年《企业会计准则》的发布实施为标志，我国已基本建立了适应市场经济体制和国际化要求的企业会计准则体系。相比之下，预算会计制度改革则明显滞后。自2000年以来，我国相继推行的部门预算、国库集中收付制度、政府收支分类、财政拨款结转和结余资金管理等多项公共财政管理改革，对预算会计核算提出了新要求。

自2012年以来，财政部陆续发布了修订后的《事业单位财务规则》（财政部令第68号）、《行政单位财务规则》（财政部令第71号）、《事业单位会计准则》（财政部令第72号）、《事业单位会计制度》（财会〔2012〕22号）、《行政单位会计制度》（财库〔2013〕218号）、《财政总预算会计制度》（财库〔2015〕192号）。新的会计准则和制度通过完善会计科目和财务报表体系，详细规定会计科目使用和财务报表编制，较为全面地规范了预算单位经济业务或者事项的确认、计量、记录和报告。这些会计规范的出台，对进一步规范会计核算，保证会计信息质量，具有十分重要的意义。

本书以这些最新颁布的会计规范为依据，分为4个模块、共23章，全面、系统地介绍了预算会计的基本理论、行政单位会计、事业单位会计和财政总预算会计的会计核算制度和核算方法。每一模块明确学习目标和教学重点，每章都以案例的方式引入，启发学生思考。为了突出预算会计以收支核算为主线的特点，打破了传统教材中对五大会计要素介绍的顺序，本书重新进行了内容的整合。将预算管理中的一些热点问题通过小资料的形式编入教材，做到理论与实践的结合。同时，每章都附有知识总结和练习与实训，使读者可以把握新制度的要领，通过练习巩固所学知识。

本书由山东警察学院的刘淼、张振任主编，山东中医药大学附属医院的魏鹏、济南工程职业技术学院的王萍、山东警察学院的王振东任副主编。具体分工如下：第一章、第二章由王振东编写，第三章至六章由刘淼编写，第七章至第九章由王萍编写，第十章至第十二章由魏鹏编写，第十三章、第十四章由山东警察学院的李彩红编写，第十五章、第十六章由山东警察学院的朱妤编写，第十七章至第十九章由张振编写，第二十章至第二十三章由天津财经大学研究生院会计专业的陈晓编写。牟文华、朱斌、潘彬、张丽参与了案例和课后习题的编写。刘淼、张振负责拟订提纲，对全书进行修改、总纂定稿。最后，由张宝清教授进行了总审。

在本书编写过程中，得到了中央财经大学财政学院李燕教授的指导和帮助，同时我们还参阅了许多优秀的同类教材，吸收了部分专家学者的研究成果，在此一并致谢。

由于编者水平有限，以及对新制度的理解还不够透彻，书中难免有错误之处，敬请读者批评指正。

编　者

2016年5月

目 录

模块一　总论 …… 1

【学习目标】 …… 1

【教学重点】 …… 1

第一章　预算会计基本理论 …… 1

引入案例 …… 1

第一节　预算会计概述 …… 2

第二节　会计基本前提和会计信息质量要求 …… 5

第三节　预算会计要素与会计平衡等式 …… 7

第四节　预算会计法律规范 …… 8

知识总结 …… 10

练习与实训 …… 10

第二章　预算会计核算方法 …… 11

引入案例 …… 11

第一节　预算会计科目与账户 …… 11

第二节　预算会计记账方法 …… 12

第三节　预算会计凭证 …… 13

第四节　预算会计账簿 …… 15

第五节　预算会计报表 …… 17

知识总结 …… 18

练习与实训 …… 18

综合练习一 …… 19

模块二　行政单位会计 …… 21

【学习目标】 …… 21

【教学重点】 …… 21

第三章　行政单位会计基本理论 …… 21

引入案例 …… 21

第一节　行政单位会计概述 …… 22

第二节　行政单位会计要素与会计科目 …… 25

知识总结 …… 27

练习与实训 …… 27

第四章　行政单位收入的核算 …… 28

引入案例 …… 28

第一节　行政单位收入概述 …… 29

第二节　财政拨款收入 …… 30

第三节　其他收入 …… 34

知识总结 …… 35

练习与实训 …… 35

第五章　行政单位支出的核算 …… 36

引入案例 …… 36

第一节　行政单位支出概述 …… 37

第二节　经费支出 …… 39

第三节　拨出经费 …… 42

知识总结 …… 43

练习与实训 …… 43

第六章　行政单位的资产的核算 …… 44

引入案例 …… 44

第一节　行政单位资产概述 …… 45

第二节　货币资金 …… 47

第三节　应收及预付款项 …… 53

第四节　存货 …… 60

第五节　固定资产 …… 66

第六节　无形资产 …… 74

知识总结 …… 79

练习与实训 …… 80

第七章　行政单位负债的核算 …… 81

引入案例 …… 81

第一节　行政单位负债概述 …… 82

第二节　应缴款项 …… 83

第三节　应付职工薪酬 …… 86

第四节　应付及暂存款项 …… 87

第五节　应付政府补贴款 …… 89

第六节　非流动负债 …… 89

知识总结 …… 90

目　录

练习与实训……90
第八章　行政单位净资产的核算……91
引入案例……91
第一节　结转和结余……92
第二节　资产基金……98
第三节　待偿债净资产……101
知识总结……101
练习与实训……102
第九章　行政单位财务报表……103
引入案例……103
第一节　行政单位财务报表概述……104
第二节　资产负债表……105
第三节　收入支出表……108
第四节　财政拨款收入支出表……111
知识总结……113
练习与实训……113
综合练习二……114
模块三　事业单位会计……117
【学习目标】……117
【教学重点】……117
第十章　事业单位会计基本理论……117
引入案例……117
第一节　事业单位会计概述……118
第二节　事业单位会计要素与会计科目……120
知识总结……122
练习与实训……122
第十一章　事业单位收入的核算……122
引入案例……122
第一节　事业单位收入概述……123
第二节　财政补助收入……124
第三节　事业收入……127
第四节　上级补助收入……129
第五节　附属单位上缴收入……130
第六节　经营收入……131
第七节　其他收入……133
知识总结……135
练习与实训……135
第十二章　事业单位支出或费用的核算……137
引入案例……137
第一节　事业单位支出或费用概述……137
第二节　事业支出……139
第三节　对附属单位补助支出……144
第四节　上缴上级支出……144
第五节　经营支出……145
第六节　其他支出……147
知识总结……148
练习与实训……149
第十三章　事业单位资产的核算……150
引入案例……150
第一节　事业单位资产概述……151
第二节　货币资金……152
第三节　短期投资……157
第四节　应收及预付款项……159
第五节　存货……165
第六节　长期投资……169
第七节　固定资产……172
第八节　无形资产……181
知识总结……186
练习与实训……187
第十四章　事业单位负债的核算……189
引入案例……189
第一节　事业单位负债概述……190
第二节　流动负债的核算……190
第三节　非流动负债的核算……199
知识总结……201

练习与实训……201
第十五章 事业单位净资产的核算……202
引入案例……202
第一节 基金的核算……203
第二节 结转结余及其分配的核算……209
知识总结……215
练习与实训……216
第十六章 事业单位财务报表……217
引入案例……217
第一节 事业单位财务报表概述……218
第二节 资产负债表……219
第三节 收入支出表……222
第四节 财政补助收入支出表……225
知识总结……227
练习与实训……227
综合练习三……228

模块四 财政总预算会计……232

【学习目标】……232
【教学重点】……232
第十七章 财政总预算会计基本理论……232
引入案例……232
第一节 财政总预算会计概述……233
第二节 财政总预算会计工作组织……235
知识总结……237
练习与实训……237
第十八章 财政收入的核算……237
引入案例……237
第一节 一般公共预算本级收入……238
第二节 政府性基金预算本级收入……240
第三节 国有资本经营预算本级收入……241
第四节 专用基金收入……243
第五节 财政专户管理资金收入……243
第六节 转移性收入……244
知识总结……247
练习与实训……247
第十九章 财政支出的核算……248
引入案例……248
第一节 一般公共预算本级支出……249
第二节 政府性基金预算本级支出……253
第三节 国有资本经营预算本级支出……254
第四节 专用基金支出……255
第五节 财政专户管理资金支出……256
第六节 转移性支出……257
知识总结……260
练习与实训……260
第二十章 财政资产的核算……261
引入案例……261
第一节 财政存款……262
第二节 债权和股权类资产……264
第三节 在途款……268
第四节 暂付及应收款项……269
第五节 预拨及借出款项……270
知识总结……270
练习与实训……271
第二十一章 财政负债的核算……272
引入案例……272
第一节 应付及暂收款项……272
第二节 应付政府债券……273
第三节 应付转贷款……274

目 录

第四节　借入款项及其他负债……275
知识总结……276
练习与实训……276
第二十二章　财政净资产的核算……277
引入案例……277
第一节　总预算会计各项结转结余的核算……277
第二节　预算周转金……281
第三节　预算稳定调节基金……281
第四节　资产基金和待偿债净资产……282
知识总结……282
练习与实训……283
第二十三章　财政总预算会计报表……284
引入案例……284
第一节　总预算会计报表概述……284
第二节　总预算会计报表的编制……286
第三节　总预算会计报表的审核和汇总……290
知识总结……291
练习与实训……291
综合练习四……292
参考文献……295

模块一

总　　论

【学习目标】

- 了解并掌握预算会计的概念、特点和组成体系。
- 理解并掌握预算会计核算的基本前提和会计信息质量要求，会计要素和会计平衡等式。
- 了解预算会计的法律规范。
- 熟悉预算会计的科目与账户，理解预算会计的记账方法。
- 能够熟练地填制凭证、登记账簿、编制会计报表。

【教学重点】

- 预算会计的概念。
- 预算会计的组成体系。
- 预算会计要素和会计平衡等式。
- 预算会计的科目与账户。

第一章　预算会计基本理论

引入案例

财政部向社会公开2014年中央财政预算

2014年3月25日，财政部向社会公布了经全国人大审议通过的2014年中央财政预算。此次公开的内容涉及中央财政收支预算、中央对地方税收返还和转移支付预算、政府性基金收支预算、中央国有资本经营收支预算等共计 17 张表格和说明。

2014 年中央本级支出预算细化到了项级科目，专项转移支付预算细化到了具体项目。翻开 2014 年公开的中央财政预算表格，公众可以更好地了解到今年中央财政的钱从哪里来，花到哪里去。

如《2014 年中央公共财政收入预算表》及说明显示，今年中央税收收入预算数为 60 645 亿元，比 2013 年执行数增长 7.1%。其中国内增值税预算数为 21 760 亿元，比 2013 年执行数增长 6%，主要根据国内生产总值和工业、商业增加值预计增长情况以及扩大“营改增”试点等因素预计。而 2014 年行政事业性收费收入预算数为 255 亿元，比 2013 年执行数减少 9.81 亿元，下降 3.7%，主要是考虑 2013 年减收政策翘尾因素影响。

通过《2014 年中央本级支出预算表》及其说明，公众可以了解 2014 年中央本级支出预算的增减变化，如 2014 年一般公共服务支出预算数为 1 003.4 亿元，比 2013 年执行数增长 0.9%。受到较多关注的教育、科技、社保和就业、节能环保支出预算数分别比 2013 年执行数增长 6.9%、9.1%、11.6%和 22.2%。医疗卫生与计划生育支出预算数比 2013 年执行数增长 75.7%。

近年来，为增强财政资金透明度，财政信息公开力度不断加大。2009 年，财政部将经全国人大批准的“中央财政收入预算表”等 4 张中央财政预算表格首次向社会公开。在此基础上，每年公开的中央财政预算表格数量不断增加。

思考：国家预算与预算会计的关系是什么？如何才能更好地读懂财政预算？

第一节　预算会计概述

一、预算会计的概念

会计是以货币为主要计量单位，以提高经济效益为主要目标，运用专门方法对企业、政府机关、事业单位和其他组织的经济活动进行全面、综合、连续、系统地核算和监督，提供会计信息，并随着社会经济的日益发展，逐步开展预测、决策、控制和分析的一种经济管理活动。会计学按照其核算对象和适用范围的不同，可以分为企业会计和预算会计两大体系。

预算会计是各级政府、使用预算拨款的各级行政和各类事业单位，以货币为主要计量单位，运用复式记账等一系列会计专门方法，对国家预算资金活动过程及其结果进行连续、系统、全面、综合的反映和控制，以提高资金使用效益的一门专业会计。

预算会计是政府预算管理的重要组成部分。预算是一个有关收支计划的报告，起源于英国，最初指财政大臣用来封装向议会提交的政府开支需求和收入来源报告的皮包。后来演变为政府提交立法机构审批的财政收支计划。政府预算是指经法定程序审核批准的具有法律效力的政府年度财政收支计划，是国家筹集、分配、管理财政资金的重要工具，也是国家实现财政政策的重要手段。为了核算和监督政府预算收入的实现和预算支出的使用情况，有必要借助于会计系统来反映财政资金的筹集、分配、使用和结余的全过程，从而形成了预算会计。因此，预算会计是对政府预算进行核算和监督的手段和工具。

具体来说，预算会计包括以下几个方面的含义。

（1）预算会计的主体是各级政府、各级行政单位和各类事业单位。据此预算会计可以分为财政总预算会计、行政单位会计和事业单位会计。

（2）预算会计的客体即核算对象是财政资金、单位预算资金的运行过程及其结果。具体来说，财政总预算会计的对象是在执行总预算过程中各级政府财政资金的集中、分配和结果。行政单位会计的对象是在执行单位预算过程中各级行政单位财政资金的领拨、使用及其结果。事业单位会计的对象是各类事业单位业务资金的取得、使用及其结果。

（3）预算会计是以会计学原理为基础的一门专业会计，是会计学的重要组成部分。因此，预算会计同其他专业会计一样，都是以货币为主要计量单位，对会计主体的经济业务进行连续、系统、完整地核算、反映和监督的会计；同其他会计一样，预算会计也需要有会计核算的基本前提，遵循会计核算的一般原则等。

小资料　预算案难产，美国政府关门

2013 年 9 月 20 日开始至 30 日晚间，由于未对总统奥巴马力推的美国医疗保险改革达成一致意见，联邦政府临时拨款议案搁浅，最终导致新一财政年度的联邦政府预算没有着落。2013 年 10 月 1 日，美国联邦政府的非核心部门关门。政府关门，这对中国百姓来说好像是天方夜谭。在美国，政府关门可不是什么稀罕事儿。在美国，预算拨款权力掌握在美国国会手中，国会不通过预算案，就意味着政府不能花钱，很多需要花钱的工程无法继续，员工的工资也将难以支付。美国联邦政府从 1977 年到 1996 年间关门 17 次，几乎平均每年关门一次，最短的 1 天，最长的 21 天。其中 1995 年至 1996 年，克林顿政府执政时期，曾两次关门，导致数十万政府雇员被遣散回家“待业”。除联邦政府外，州和县市政府照样关门。2005 年纽约州和明尼苏达州政府关门，2006 年新泽西州政府关门，2007 年宾夕法尼亚州和密歇根州政府关门，2010 年纽约市政府关门。为什么政府会关门？美国政府关门是有法可依的。《美国宪法》第一条第九款规定“除依照法律规定拨款外，不得从国库中提出任何款项，一切公款的收支报告和账目应定期公布”。针对宪法的该款规定，美国 1870 年通过了《反预算过度法》（ADA），明确了政府应该如何获得和使用预算，禁止政府超预算花钱，任何联邦公务员违反《反预算过度法》将被处以最高两年的监禁并罚款 5 000 美元，当政府提出的预算得不到国会批准时，政府应当关门（紧要部门除外）。

预算与我们的生活息息相关，无论是社会主义国家还是资本主义国家都要有预算。在我国，每年 3 月 5 日召开全国人民代表大会，大会的一项重要议程就是审查国务院关于上一年度中央和地方预算执行情况与本年度中央和地方预算草案的报告，预算经投票表决获得批准后方能生效。

二、预算会计的特点

我国的预算会计是独立于企业会计的另一个重要会计分支，它的特点是与企业会计比较而言的。企业会计反映和监督社会再生产过程中生产、流通领域里企业经营资金的运动及其结果。企业会计的主要特点是核算成本费用，计算经营盈亏。预算会计则反映和监督社会再生产过程中分配领域里政府预算资金的运作及其结果。与企业会计相比，预算会计有其自身鲜明的特点。

1. 会计核算基础不同

我国《企业会计准则——基本准则》明确规定，企业应当以权责发生制为基础进行会计确认、计量、记录和报告。而预算会计中的财政总预算会计核算以收付实现制为主，但中央财政总预算会计的个别事项可以采用权责发生制。行政、事业单位会计核算一般采用收付实现制，特殊或部分经济业务和事项应当按照会计制度的规定采用权责发生制核算。由此可见，我国现行的预算会计核算基础以收付实现制为主。但收付实现制的会计核算基础有其固有的缺陷，如不利于强化政府的受托责任；对于许多属于国家和政府的权利未予确认、记录和报告；政府的潜在债务和或有负债无法反映。因此，我国预算会计应结合资产、负债要素的界定、确认和计量研究逐渐引入权责发生制。但权责发生制也有其固有的缺陷，如会计实施成本较高，因此在引入的过程中应循序渐进而不应一蹴而就。

2. 会计要素不同

企业会计要素分为 6 类，分别是资产、负债、所有者权益、收入、费用和利润。预算会计的会计要素分为 5 类，分别是资产、负债、净资产、收入和支出。二者会计要素不同主要是由于下列几个原因造成的：一是预算会计与企业会计的核算基础不同，预算会计主要以收付实现制为核算基础，企业会计主要以权责发生制为核算基础；二是会计主体的性质不同，预算会计的会计主体没有具体的所有者，企业会计的会计主体有具体的所有者；三是预算会计与企业会计核算的业务性质不同，预算会计核算的业务主要是以非营利性业务为主，而企业会计核算的业务则是营利性的。

3. 会计等式不同

会计要素的不同引起了会计等式的不同。等式分为静态等式和动态等式。静态等式为：

资产=负债+所有者权益

动态等式为：

资产+费用=负债+所有者权益+收入

预算会计的等式也有静态和动态之分，预算会计的静态等式为：

资产=负债+净资产

动态等式为：

资产+支出=负债+净资产+收入

4. 是否进行成本核算

成本核算就是按照有关法规制度的要求，对生产经营过程中发生的各种耗费进行计算和账务处理，提供真实有用的成本信息。企业会计尤其是生产型企业会计是要进行成本核算的。预算会计是核算和监督预算资金运动及其结果的会计。预算资金的筹集、分配、调拨、使用基本是无偿的，所以一般不进行成本核算，而是从预算收支平衡的结果来考核国家预算收支执行情况及其结果，从而挖掘增加收入，节约支出的潜力，提高预算资金的使用效果。不进行成本核算的特点主要是针对财政机关和行政单位而言的，目前部分有收入来源的事业单位已开始核算成本费用，计算收益。

三、预算会计的组成体系

预算会计是为了实现预算管理目标服务的。国家预算按照收支管理范围分为总预算和单位预算。与此对应，预算会计也可以分为总预算会计和单位预算会计。

1. 我国国家预算组成体系

我国实行一级政府一级预算，设立中央，省、自治区、直辖市，设区的市、自治州，县、自治县、不设区的市、市辖区，乡、民族乡、镇五级预算。全国预算由中央预算和地方预算组成。地方预算由各省、自治区直辖市总预算组成。

2. 我国预算会计组成体系

为了组织各级总预算的执行，除财政部门以外，还需要其他有关部门的参与。如预算资金的收入、拨出是由中国人民银行代理的国库经办的，各项税收是由税务机关征缴的，重点建设项目的拨款由政策性银行办理。事实上，国库会计、税收会计和政策性银行的拨款会计都对总预算的执行情况进行反映和监督，属于广义的预算会计范畴，并同总预算会计、行政单位会计和事业单位会计形成一个有机的预算会计体系。但从传统意义上讲，一般只将财政总预算会计、行政单位会计和事业单位会计作为预算会计的组成体系。

（1）财政总预算会计（主导地位）。财政总预算会计是中央和各级地方财政部门用来核算、反映、监督各级政府预算执行和纳入预算管理的财政资金活动的专业会计。其主要职责是进行会计核算，反映预算执行，实行会计监督，参与预算管理，合理调度资金。对应于我国的预算体系构成，财政总预算会计的管理体系分为5级，在各级财政部门设立总预算会计。需要注意，财政部门本身的行政经费开支，属于行政单位会计管理的范围，财政总预算会计不能兼办自身的行政单位会计核算。

（2）行政单位会计。行政单位会计是各级政府机关及其派出机构以及接受政府预算拨款的人民团体用来核算、反映、监督预算执行的专业会计，是预算会计的一个组成部分。行政单位会计核算目标是向会计信息使用者提供与行政单位财务状况、预算执行情况等有关的会计信息，反映行政单位受托责任的履行情况，有助于会计信息使用者进行管理、监督和决策。行政单位会计信息使用者包括人民代表大会、政府及其有关部门、行政单位自身和其他会计信息使用者。

（3）事业单位会计。事业单位会计是核算、反映、监督事业单位预算执行情况及其结果的专业会计。事业单位采取“核定收支、定额或定项补助、超支不补、结转和结余按规定使用”的预算管理办法。事业单位会计核算的目标是向会计信息使用者提供与事业单位财务状况、事业成果、预算执行等有关的会计信息，反映事业单位受托责任的履行情况，有助于会计信息使用者进行社会管理、做出经济决策。事业单位会计信息使用者包括政府及其有关部门、举办（上级）单位、债权人、事业单位自身和其他利益相关者。

第二节 会计基本前提和会计信息质量要求

一、基本前提

预算会计核算的基本前提也称预算会计的基本假设。其主要包括四个前提：会计主体、持续运行、会计分期和货币计量。

1. 会计主体

会计主体是指预算会计为之服务的特定单位或组织，是预算会计核算的空间范围。预算会计的主体包括国家各级政府及行政单位、各类事业单位。财政总预算会计的主体是各级政府，而不是各级财政机关。行政单位会计的主体是指会计为之服务的各级行政单位。事业单位会计的主体是指会计为之服务的各类事业单位。

2. 持续运行

持续运行是指会计主体的经济业务活动将无限期地延续下去。这就要求会计人员以单位持续、正常的经济业务活动为前提进行会计核算。预算会计核算所采取的会计程序和一系列的会计处理方法都是建立在持续运行前提基础上的。若没有持续运行前提，一些公认的会计处理方法将失去存在的基础，单位也就不能按照正常的会计处理原则进行会计核算。

3. 会计分期

会计分期是指将预算会计主体持续运行的时间人为地划分为一定的期间，据以结算账目，编制会计报表，从而及时向有关方面提供会计信息。通常以 1 年作为划分会计期间的标准。以 1 年为一个会计期间称为会计年度。我国的会计年度采用历年制，即每年 1 月 1 日至 12 月 31 日作为一个会计年度。期间还可以采用季度和月度。正是由于会计分期假设，才产生了本期与非本期的区别，才产生了权责发生制与收付实现制，即应计制与现金制，使得不同的会计主体有了记账基础。会计期间的划分，有利于及时提供反映单位经济活动情况的财务信息，能够及时满足单位内部管理及其他有关方面进行决算的需要。

4. 货币计量

货币计量是指会计主体的会计核算应该通过货币予以综合反映，这是现代会计最基本的前提条件。预算会计核算以人民币作为记账本位币。如果发生外币收支，应当按照中国人民银行公布的当日人民币外汇汇率折算为人民币核算。对于业务收支以外币为主的行政事业单位，也可以选定某种外币为记账本位币，但在编制会计报表时，应当按照编报日的外汇汇率折算为人民币反映。

二、会计信息质量要求

为了满足会计信息使用者的决策需要，保证会计信息质量，必须对会计信息的质量标准做出规定，即制定会计信息质量要求的原则。我国现行《行政单位会计制度》和《事业单位会计准则》明确提出会计信息质量要求包括：可靠性、相关性、全面性、及时性、可比性和可理解性。

1. 可靠性

可靠性是指预算单位应当以实际发生的经济业务或事项为依据进行会计核算，如实反映各项会计要素的情况和结果，保证会计信息真实可靠。这是对会计核算工作和会计信息的基本质量要求。真实的会计信息对国家宏观经济管理、投资人决策和单位内部管理都具有重要意义，会计核算的各个阶段都应遵循这个原则。

2. 相关性

相关性是指预算单位提供的会计信息应当与单位受托责任履行情况的反映、会计信息使用者的管理、监督和决策需要相关，有助于会计信息使用者对预算单位过去、现在或未来的情况做出评价或者预测。

会计的主要目标就是向有关各方提供对决策有用的信息，如提供的信息与进行决策无关，不仅对决策者毫无价值，而且有时还会影响他们做出正确决策。所以会计核算提供的信息资料必须对决策者有用才行。

3. 全面性

全面性是指预算单位应当将发生的各项经济业务或事项统一纳入会计核算，确保会计信息能够全面反映预算单位的财务状况、事业成果、预算执行等情况。

4. 及时性

及时性是指预算单位对于已经发生的经济业务或事项，应当及时进行会计核算，不得提前或者延后。保证会计信息与所反映的对象在时间上保持一致，以免使会计信息失去时效。

5. 可比性

可比性是指预算单位提供的会计信息应当具有可比性。

同一单位不同时期发生的相同或相似的经济业务或事项，应当采用一致的会计政策，不得随意变更。确需变更的，单位应当将变更的内容、理由和对单位财务状况及事业成果的影响在附注中予以说明。

不同单位发生的相同或者相似的经济业务或事项，应当采用统一的会计政策，确保不同单位会计信息口径一致，相互可比。

6. 可理解性

可理解性是指预算单位提供的会计信息应当清晰明了，便于会计信息使用者理解和使用。会计记录和会计报表都应当清晰明了，便于理解和利用，能清楚地反映单位财务活动的来龙去脉及其财务状况。

第三节 预算会计要素与会计平衡等式

一、预算会计要素

会计要素是对会计对象按其经济特征所作的基本分类，是会计对象的具体组成部分。预算会计要素分为资产、负债、净资产、收入和支出。

资产：一级财政或行政事业单位掌管或使用的能以货币计量的经济资源，包括各种财产、债权和其他权利。

负债：一级财政或行政事业单位所承担的，能以货币计量，需以资产偿付的债务。

净资产：一级财政或行政事业单位的资产减去负债后的差额。

收入：一级财政或行政事业单位为实现其职能或开展业务活动，依法取得的非偿还性资金。

支出：一级财政或行政事业单位为实现其职能或开展业务活动，对财政资金的再分配或发生的资金耗费和损失。

预算会计的要素在后面章节会详细讲述，这里不再展开。

二、预算会计平衡等式

预算会计平衡等式是指资产、负债和净资产之间的关系。预算会计平衡等式是预算会计中的一个基础性理论，它是预算单位开设账户、复式记账和编制会计报表的理论依据。一个单位的资产与负债和净资产明显地表现为同一资金的两个方面，即有一定数额的资产就必然有一定数额的负债和净资产；反之，有一定数额的负债和净资产，也就必然有一定数额的资产。资产与负债和净资产是相互依存的。因此，从数学角度看，一个单位所拥有的资产总额与负债和净资产总额必然是相等的。我们将资产与负债和净资产之间的这种客观存在的恒等关系称之为会计等式。用公式表示为

资产=负债+净资产（静态等式）

此式可理解为静态等式，它反映单位在特定时点的资产、负债与净资产的恒等关系。

单位在业务运行的过程中必然取得一定数额的收入，同时也必然会发生一定数额的支出。收入和支出相抵后的余额为结余。如果结余为正数可以增加净资产，结余为负数则减少净资产。由此可以得出下列等式

资产=负债+净资产+收入-支出

该等式可以进一步变形为

资产+支出=负债+净资产+收入（动态等式）

此式可理解为动态等式，它反映单位在业务运营过程中收支结余情况及净资产的增值情况。

第四节　预算会计法律规范

预算会计法律规范是指管理预算会计活动的各种法律、准则、制度、条例、规章等规范性文件的总称。我国的预算会计法律规范主要包括：会计法律、会计准则和会计制度等。

一、会计法律

会计法律是指由全国人民代表大会及其常务委员会经过一定立法程序制定的有关会计工作的法律。由于预算会计的特殊性，预算会计应遵循的基本法律除了《中华人民共和国会计法》（以下简称《会计法》）以外，还有《中华人民共和国预算法》（以下简称《预算法》）。

1. 会计法

《会计法》是我国会计工作的根本性法律，也是制定其他会计法规的依据。《会计法》首次颁布于1985年，为适应改革开放和经济发展的需要，1993年和1999年全国人大常委会两次对《会计法》进行了修订。目前施行的是1999年修订后重新发布的《会计法》，包括总则、会计核算、公司及企业会计核算的特别规定、会计监督、会计机构和会计人员、法律责任和附则7章，共52条。

2. 预算法

《预算法》是我国第一部财政基本法律，是我国国家预算管理工作的根本性法律以及制定其他预算法规的基本依据。我国的《预算法》于1994年3月22日由中华人民共和国第八届全国人民代表大会第二次会议通过，自1995年1月1日起施行。该法共分11章79条，包括总则、预算管理职权、预算收支范围、预算编制、预算审查和批准、预算执行、预算调整、决算、监督、法律责任和附则。它的颁布实施，对于健全财政预算制度，加强国家宏观调控具有十分重要的意义。但随着我国财政体制不断深化改革，现行预算法已不能完全适应形势发展要求。2014年8月31日，第十二届全国人民代表大会常务委员会第4次会议通过了关于修改《中华人民共和国预算法》的决定，修改后的《预算法》自2015年1月1日起施行。

二、会计准则

会计准则是我国会计核算工作的基本规范。按其使用单位的经营性质，会计准则可分为营利组织的会计准则和非营利组织的会计准则。我国营利组织的会计准则主要包括《企业会计准则》和《小企业会计准则》。目前，我国没有统一的非营利组织会计准则，即预算会计基本准则，仅针对事业单位制定了会计准则。

1997 年 5 月 28 日财政部发布了《事业单位会计准则（试行）》（财预字〔1997〕286 号），于 1998 年 1 月 1 日起实施。2012 年 12 月 6 日中华人民共和国财政部令第 72 号公布了修订后的《事业单位会计准则》，自 2013 年 1 月 1 日起施行。新《准则》分总则、会计信息质量要求、资产、负债、净资产、收入、支出或者费用、财务会计报告、附则，共 9 章 49 条。该准则适用于各级各类事业单位。

三、会计制度

会计制度是指国务院财政部门根据《会计法》制定的关于会计核算、会计监督以及会计工作管理的制度。这里所讲的预算会计制度，是指国务院财政部门制定的有关预算会计核算制度及财务规则。

1. 行政单位会计制度和财务规则

（1）行政单位会计制度。《行政单位会计制度》于 1998 年 1 月 1 日在全国统一实施。然而，随着各项财政改革的深入推进，行政单位财务管理的内容不断创新和丰富，原《制度》已经不能完全适应新形势的需要。2013 年 12 月 18 日，财政部发布了修订后的《行政单位会计制度》（财库〔2013〕218 号），自 2014 年 1 月 1 日起施行。新《制度》分总则、会计信息质量要求、资产、负债、净资产、收入、支出、会计科目、财务报表、附则，共 10 章 46 条。该制度适用于各级各类国家机关、政党组织。

（2）行政单位财务规则。《行政单位财务规则》于 1998 年 1 月 6 日首次发布并自发布之日起实施。2012 年 12 月 6 日，财政部公布重新修订的《行政单位财务规则》（财政部令第 71 号），自 2013 年 1 月 1 日起施行。新《规则》分总则、单位预算管理、收入管理、支出管理、结转和结余管理、资产管理、负债管理、行政单位划转撤并的财务处理、财务报告和财务分析、财务监督、附则，共 11 章 63 条。

2. 事业单位会计制度和财务规则

（1）事业单位会计制度。《事业单位会计制度》于 1998 年 1 月 1 日在全国统一实施。2012 年 12 月 19 日，财政部发布了修订后的《事业单位会计制度》（财会〔2012〕22 号），自 2013 年 1 月 1 日起实施。新制度共分 5 部分，包括总说明、会计科目名称和编号、会计科目使用说明、会计报表格式和财务报表编制说明。该制度适用于各级各类事业单位，不包括执行行业事业单位会计制度的事业单位和纳入企业财务管理体系执行《企业会计准则》或《小企业会计准则》的事业单位。

（2）行业事业单位会计制度。我国事业单位涉及的行业众多，结合行业事业单位的实际情况，国家在制订事业单位会计准则和通用事业单位会计制度的同时，还根据不同行业的特点，规定了具体的账务处理程序和方法，即行业事业单位会计制度。如《医院会计制度》（财会〔2010〕27 号)、《中小学会计制度》(财会〔2013〕28 号)、《科学事业单位会计制度》(财会〔2013〕29 号)、《高等学校财务制度》(财教〔2012〕488 号)等。

(3)事业单位财务规则。《事业单位财务规则》于 1997 年 1 月 1 日起施行。2012 年 2 月 7 日，财政部公布了修订后的《事业单位财务规则》(财政部令第 68 号)，自 2012 年 4 月 1 日起施行。《规则》分总则、单位预算管理、收入管理、支出管理、结转和结余管理、专用基金管理、资产管理、负债管理、事业单位清算、财务报告和财务分析、财务监督、附则，共 12 章 68 条。该规则适用于各级各类事业单位的财务活动。

3. 财政总预算会计制度

《财政总预算会计制度》于 1998 年 1 月 1 日起实施。2015 年 10 月 10 日财政部颁布了修订后的《财政总预算会计制度》(财库〔2015〕192 号)。新制度分总则、会计信息质量要求、资产、负债、净资产、收入、支出、会计科目、会计结账和结算、总会计报表、信息化管理、会计监督、附则，共 13 章 63 条。

知识总结

(1)预算会计是各级政府、使用预算拨款的各级行政和各类事业单位，以货币为主要计量单位，运用复式记账等一系列会计专门方法，对国家预算资金活动过程及其结果进行连续、系统、全面、综合的反映和控制，以提高资金使用效益的一门专业会计。

(2)狭义的预算会计组成体系一般包括财政总预算会计、行政单位会计和事业单位会计。国库会计、税收会计和政策性银行的拨款会计都对总预算的执行情况进行反映和监督，属于广义的预算会计范畴，并同财政总预算会计、行政单位会计和事业单位会计形成一个有机的预算会计体系。

(3)预算会计核算的基本前提也称预算会计的基本假设。其主要包括四个前提：会计主体、持续运行、会计分期和货币计量。

(4)预算会计的会计信息质量要求包括：可靠性、相关性、全面性、及时性、可比性和可理解性。

(5)预算会计要素分为资产、负债、净资产、收入、支出。预算会计平衡等式是指资产、负债和净资产之间的关系。

(6)预算会计法律规范是指管理预算会计活动的各种法律、准则、制度、条例、规章等规范性文件的总称。我国的预算会计法律规范主要包括：会计法律、会计准则和会计制度等。

练习与实训

一、名词解释

预算会计　预算会计基本假设　预算会计要素

二、简答题

1. 预算会计的概念是什么?

2. 预算会计与企业会计相比有哪些特点？
3. 预算会计体系是如何组成的？
4. 预算会计核算有哪些基本前提？
5. 预算会计的会计信息质量要求包括哪些内容？
6. 预算会计要素有哪几个？
7. 预算会计的平衡等式有哪些？哪个是静态等式？哪个是动态等式？

第二章　预算会计核算方法

引入案例

中央部门公开“三公”经费细化到底

“三公”经费是指政府部门人员因公出国（境）经费、公务车购置及运行费、公务招待费产生的消费。2014 年 4 月 18 日，中央部门预算集中“亮相”，各部门的“三公”经费预算也同时向社会公布。据不完全统计，截至 2014 年 4 月 18 日晚上 6 点 30 分，已有 95 家中央部门公布了 2014 年部门预算和“三公”经费预算。

根据我国《政府收支分类科目》，预算支出功能分类科目分为类、款、项 3 个级次。除涉密内容外，2014 年中央本级支出预算全部公开到支出功能分类的项级科目，同时将专项转移支付预算按照每一个具体项目向社会公开，彰显了党中央、国务院打造阳光政府的力度和决心。“三公”经费只减不增，是新一届政府对公众的承诺，也是社会关注的热点。从中央和地方去年的预算执行情况和今年的预算安排来看，这一承诺得到了很好的兑现。与 2013 年年初预算相比，中央本级 2013 年“三公”经费财政拨款执行数减少 8.15 亿元，下降 10.2%，力度是近年来少有的。从中央各部门公开的数据看，与 2013 年预算相比，大多数部门的“三公”经费有所减少，有些部门的“三公”经费降幅较大。例如，交通部 2014 年财政拨款安排“三公”经费预算 8 387.94 万元，比 2013 年预算数减少 2 642.28 万元，下降了 24%。

此外，在 2014 年中央部门公开的部门预算中，还增加了一张《“三公”经费财政拨款预算表》，其中将 2014 年“三公”经费财政拨款预算数与 2013 年预算数、2013 年预算执行数分别列示。将上下年的预算和实际执行数据集中在一张表上，社会公众进行对比更加方便，更有利于各界对“三公”支出进行监督。

思考：“三公经费”细化与预算会计核算之间的关系？

第一节　预算会计科目与账户

一、预算会计科目

预算会计科目是对预算会计要素的具体内容所做的进一步分类。预算会计科目按其反映的经济内容分为资产、负债、净资产、收入和支出等5类。

预算会计科目按核算层次分为总账科目和明细科目两大类。总账科目在会计要素下直接开设，反映会计要素中有关内容的总括信息。例如，在财政总预算会计的收入会计要素下，开设“一般预算收入”总账科目；在行政单位会计支出会计要素下，开设“经费支出”总账科目；在事业单位会计的支出会计要素下，开设“事业支出”总账科目。明细科目在总账科目下开设，反映总账科目的明细信息。例如，在财政总预算会计的“一般预算收入”总账科目下，开设“税收收入——增值税”、“税收收入——消费税”等明细科目。在行政单位会计“经费支出”总账科目下，开设“基本支出——基本工资”、“基本支出——办公费”等明细科目。在事业单位会计“事业支出”总账科目下，开设“项目支出——咨询费”、“项目支出——差旅费”等明细科目。

预算会计科目配有编号，对于国家统一规定的预算会计科目及编号，各级财政总预算会计和行政事业单位会计不得擅自更改或将编号打乱重编。

小资料　改革预算，藏富于民

2011年2月，香港财政司司长曾俊华发表年度《财政预算案》，建议为所有已成为香港强积金计划或职业退休计划下受香港《雇佣条例》涵盖的成员户口一次注入6 000元。有关方案引发关注，在听取各方意见后，港府修正预算案内容，决定撤销注资强积金的建议，改为向全港18岁以上持有香港永久居民身份证的市民派发6 000元现金。香港市民可按本身需要和意愿，全数提取这笔现金，派现措施也会加入鼓励储蓄的元素。计划的符合资格日期是2012年3月31日。所有在该日年满18岁并持有有效香港永久性居民身份证的人士，均符合计划的资格准则。符合资格者可按照个人情况，在2011年8月28日至2012年12月31日期间经由银行或香港邮政登记。登记人经核实符合计划的资格准则后，可获发放款项。港府相信，计划已覆盖大部分香港市民，包括公务员、家庭主妇和已退休人士。

二、预算会计账户

预算会计账户是与预算会计科目既相互联系又相互区别的两个概念。两者的联系表现为：预算会计科目是预算会计账户的名称。两者的区别表现为：预算会计账户既有名称又有结构，预算会计科目只有名称，没有结构。

第二节　预算会计记账方法

记账方法就是根据记账原理，运用确定的记账符号和记账规则，记录经济业务的方法。预算会计采用借贷记账法。所谓借贷记账法，是指以“借”和“贷”为记账符号，按照“有借必有贷，借贷必相等”的记账规则，在两个或两个以上的账户中，用以记录和反映会计要素增减变动情况及其结果的一种复式记账法。

一、记账符号

借贷记账法是以“借”和“贷”作为记账符号，用以指明记账的增减方向、账户之间的对应关系和账户余额的性质等。“借”、“贷”二字不能按其原有的含义加以理解，作为记账方法使用的专门术语，表示经济业务发生后应记入账户的方向。“借”和“贷”作为记账符号，都具有增加和减少的双重含义。"借"和"贷"何时为增加、何时为减少，必须结合账户的具体性质才能准确说明。

二、账户结构

在借贷记账法下，账户的基本结构分为"借"和"贷"两方，其中左方为借方，右方为贷方。在预算会计中，借贷记账法中的"借"表示资产和支出类账户的增加以及负债、净资产和收入类账户的减少或转销，"贷"表示资产和支出类账户的减少或转销以及负债、净资产和收入类账户的增加。

借贷记账法下各类账户的结构可以概括如表 2-1 所示。

表 2-1　　各类账户的基本结构

账户类型	账户借方	账户贷方	账户期末余额
资产账户	增加	减少	在借方
负债账户	减少	增加	在贷方
净资产账户	减少	增加	在贷方
收入账户	减少	增加	在贷方或无余额
支出账户	增加	减少	在借方或无余额

第三节　预算会计凭证

会计凭证是用来记录经济业务、明确经济责任并据以登记账簿的书面证明。预算会计记载经济业务发生和完成情况的会计凭证具有不同的用途和格式。预算会计凭证按照填制程序和用途，可以分为原始凭证和记账凭证两大类。

一、原始凭证

1. 原始凭证的概念与种类

原始凭证是经济业务发生时取得的书面证明，是登记明细账的书面依据。由于财政总预算会计与行政事业单位会计经济业务内容不同，其原始凭证具体种类也不一样。

（1）各级财政总预算会计的原始凭证主要包括以下几类。

① 国库报来的各种预算收入日报表及其附件，如各种缴款书、收入退还书等。

② 各种支付、转账和拨款凭证，如财政授权支付额度通知书、财政授权支付申请划款凭证、财政直接支付凭证、财政直接支付申请划款凭证、财政拨款凭证等。

③ 其他足以证明会计事项发生经过的凭证和文件。

（2）各级各类行政事业单位的原始凭证主要包括以下几类。

① 各种财政到款和支付凭证，如财政授权支付额度到账通知书、银行进账单、银行票据、财政直接支付入账通知书、财政授权支付额度恢复到账通知书等。

② 其他开户银行转来的有关收付款凭证。

③ 各种实物资产入库或出库的凭证，如固定资产出入库单、库存材料出入库单等。

④ 各种往来结算凭证。

⑤ 其他足以证明会计事项发生经过的凭证和文件。

2. 原始凭证填制的要求

原始凭证作为经济业务发生的原始证明，其填制必须符合一定的要求。主要包括：

（1）必须真实。原始凭证上填列的日期、业务内容和数字必须真实可靠。

（2）必须完整、正确、清楚。原始凭证上规定的项目必须逐项填写齐全，不能遗漏省略。数量、单价、金额的计算必须准确无误。文字说明和数字必须填写清楚，易于辨认。

（3）必须有经办人的签名盖章。原始凭证上必须有经济业务经办人员的签名或盖章，以明确经济责任。

二、记账凭证

1. 记账凭证的概念和种类

记账凭证是根据原始凭证填制的用以确定会计分录并作为登记账簿依据的书面证明。

财政总预算会计记账凭证的格式如表 2-2、表 2-3 所示。

表 2-2　　记账凭证（格式一）

总号_____

年　月　日　　分号_____

对方单位	摘　要	借　方		贷　方		金　额	记账符号	
		科目编号	科目名称	科目编号	科目名称			

会计主管　　记账　　稽核　　制单

表 2-3　　记账凭证（格式二）

总号_____

年　月　日　　分号_____

摘　要	总账科目	明细科目	借方金额	贷方金额	记账符号	

会计主管　　记账　　稽核　　制单

目前，各行政事业单位一般采用通用记账凭证，其基本格式如表 2-4 所示。

2. 记账凭证填制和保管的要求

（1）记账凭证应根据审核无误的原始凭证编制。记账凭证的各项内容必须填列，制单人必须签名或盖章。

（2）记账凭证一般根据每项经济业务的原始凭证编制。当天发生的同类会计事项可以适当合并后编制。不同会计事项的原始凭证，不得合并编制一张记账凭证，也不得把几天的会计事项加在一起做一张记账凭证。

表 2-4 记账凭证

年 月 日 附单据 张 顺序第 号

摘要	借方科目		登讫	贷方科目		登讫	金额										
	总账科目	明细科目	√	总账科目	明细科目	√	亿	千	百	十	万	千	百	十	元	角	分

会计主管 记账 复核 制单

（3）记账凭证必须附有原始凭证。如果一张原始凭证涉及几张记账凭证，可以把原始凭证附在主要的一张记账凭证后面，在其他记账凭证上注明附有原始凭证的记账凭证的编号。结账和更正错误的记账凭证，以及总预算会计预拨经费转列支出，可以不附原始凭证，但应经主管会计人员签章。

（4）记账凭证必须清晰、工整，不得潦草。记账凭证有指定人员复核，并经会计主管人员签章后据以记账。

（5）记账凭证应按照会计事项发生的日期顺序整理、制证、记账。按照制证的顺序，记账凭证每月从第一号起连续编号。

（6）记账凭证每月应按顺序号整理，连同所附的原始凭证加上封面，装订成册保管。记账凭证封面样式如表 2-5 所示。

表 2-5 记账凭证封面

单位名称

时间	年 月
册数	本 月 共 册 本 册 是 第 册
张数	本册自第 号至第 号

会计主管 装订人

第四节 预算会计账簿

预算会计账簿是由具有一定格式、互相联系的账页组成的，用来序时地、分类地记录和反映各项经济业务的会计簿籍。

一、总账

总账是指按总分类账户开设账页的会计簿籍。总账是反映资产、负债、净资产、收入和支出会计要素的总括情况，平衡账务，控制和核对各种明细账以及编制预算会计报表的主要依据。

总账格式采用三栏式，如表 2-6 所示。

表 2-6 总账

会计科目： 第 页

年		凭证号	摘　要	借方金额	贷方金额	余　额	
月	日					借或贷	金额

二、明细账

明细账是指按明细分类账户开设账页的会计簿籍。明细账是用以反映总账明细情况的账簿。预算会计明细账的种类主要有收入明细账、支出明细账和往来款项明细账等。由于财政总预算会计、行政单位和事业单位中有关收入、支出和往来款项的业务内容存在差异，因此，其收入明细账、支出明细账和往来款项明细账的具体种类也不尽相同。

在财政总预算会计中，收入明细账主要包括一般预算收入明细账、基金预算收入明细账、专用基金收入明细账，上解收入明细账等；支出明细账主要包括一般预算支出明细账、基金预算支出明细账、专用基金支出明细账、补助支出明细账等；往来款项明细账主要包括暂付款明细账、暂存款明细账、与下级往来明细账等。

在行政单位中，收入明细账主要包括财政拨款收入明细账、其他收入明细账等；支出明细账主要包括基本经费支出明细账、项目经费支出明细账等；往来款项明细账如应收账款明细账、应付账款明细账、应付职工薪酬明细账等。

在事业单位中，收入明细账主要包括财政补助收入明细账、事业收入明细账、经营收入明细账、上级补助收入明细账、附属单位上缴收入明细账等；支出明细账主要包括基本事业支出明细账、项目事业支出明细账、经营支出明细账、对附属单位补助支出明细账等；往来款项明细账主要包括应收账款明细账、应付账款明细账、应付职工薪酬明细账等。

预算会计明细账的格式可以采用三栏式，也可以采用多栏式。三栏式明细账的基本格式如表 2-6 所示，多栏式明细账的基本格式如表 2-7 所示。

表 2-7 明细账

明细科目或账户： 第 页

年		凭证号	摘　要	借　方	贷　方	余　额	借（贷）方余额分析			
月	日									

三、预算会计账簿使用的要求

预算会计账簿使用的要求如下。

（1）会计账簿的使用，以每一会计年度为限。每一账簿启用时，应填写“经管人员一览表”和“账户目录”，并附于账户扉页上。“经管人员一览表”和“账户目录”的格式如表2-8和表2-9所示。

表2-8 经管人员一览表

单位名称			
账簿名称			
账簿页数	从第　　页起至第　　页止共　　页		
启用日期	年　　月　　日		
会计机构负责人		会计主管人员	
经管人员	经管日期	移交日期	
接办人员	接管日期	监交人员	

表2-9 账户目录

科目编号和名称	页号	科目编号和名称	页号

（2）手工记账必须使用蓝、黑色墨水书写，不得使用铅笔、圆珠笔。红色墨水除登记收入负数使用外，只能在划线、改错、冲账时使用。账簿必须按照编订的页数连续记载，不得隔页、跳行。如因工作疏忽发生隔页、跳行时，应当将空行、空页划线注销，并由记账人员签名盖章。登记账簿要及时准确，日清月结，文字和数字的书写，要清晰整洁。

（3）会计账簿应根据经审核的会计凭证登记。

（4）账簿记录如发生错误，应分别采用划线更正法、红字冲正法或补充登记法进行更正，不得挖补、涂抹、刮擦或用化学药水消除痕迹。

（5）各种账簿记录应按月结账，计算出本期发生额和期末余额。

第五节　预算会计报表

一、预算会计报表的概念与种类

预算会计报表是财政总预算会计以及行政事业单位会计根据账簿记录和其他有关资料，按照统一规定的内容和格式，采用规定的方法编制的反映财政总预算以及行政事业单位一定时日财务状况和一定时期内收支情况及其结果的书面报告。

预算会计报表的种类，按其反映的经济内容，可以分为资产负债表、收入支出表和预算执行情况表等。按其编报的时间，可以分为旬报、月报、季报和年报。按其编制的范围，可以分为本级报表和汇总报表。

由于财政总预算会计、行政单位和事业单位的经济业务内容存在差异，因此，财政总预算会计报表和行政事业单位会计报表也不尽相同。关于财政总预算会计报表和行政事业单位会计报表的具体内容和编制方法将在以后章节详细介绍。

二、预算会计报表编制的基本要求

预算会计报表是财政总预算以及行政事业单位重要的经济档案。财政总预算以及行政事业单位应当按照有关的规定认真编制。财政总预算以及行政事业单位在编制预算会计报表时应遵循如下基本要求：

（1）数字真实。会计报表中的各项数字能如实反映财政总预算以及行政事业单位的财务状况和收支情况，不能以凭空捏造的数字代替实际数字。

（2）计算准确。会计报表中的数字在计算时不能出现差错。

（3）内容完整。对于按规定上报的会计报表及各项指标，其内容的填列必须完整，不能漏报漏填。

（4）报送及时。财政总预算以及行政事业单位在会计期间结束时及时编制会计报表，如期报出会计报表。

知识总结

（1）预算会计科目是对预算会计要素的具体内容所做的进一步分类。预算会计科目按其反映的经济内容分为资产、负债、净资产、收入、支出等 5 类。

（2）预算会计采用借贷记账法。在预算会计中，借贷记账法中的“借”表示资产和支出类账户的增加以及负债、净资产和收入类账户的减少或转销，“贷”表示资产和支出类账户的减少或转销以及负债、净资产和收入类账户的增加。

（3）预算会计凭证是用以记录经济业务或会计事项，明确经济责任，作为记账依据的书面证明。预算会计凭证按照填制程序和用途，可以分为原始凭证和记账凭证。

（4）预算会计账簿是由具有一定格式、互相联系的账页组成的，用来序时地、分类地记录和反映各项经济业务的会计簿籍。

（5）预算会计报表是财政总预算会计以及行政事业单位会计根据账簿记录和其他有关资料，按照统一规定的内容和格式，采用规定的方法编制的反映财政总预算以及行政事业单位一定时日财务状况和一定时期内收支情况及其结果的书面报告。

练习与实训

一、名词解释

预算会计科目　预算会计凭证　预算会计账簿

二、简答题

1. 预算会计科目是如何设置的？
2. 预算会计的原始凭证的种类有哪些？
3. 预算会计的记账凭证的填制和保管应当符合哪些要求？
4. 预算会计账簿使用的要求有哪些？

综合练习一

一、单项选择题

1. 会计学按照其核算对象和适用范围的不同，可以分为企业会计和（　　）两大体系。
   A. 成本会计　B. 管理会计　C. 预算会计　D. 财务会计
2. 我国的财政总预算会计分为（　　）。
   A. 五级　B. 四级　C. 三级　D. 一级
3. 新《事业单位会计准则》自（　　）起开始施行。
   A. 1998年1月1日　B. 2011年1月1日　C. 2012年1月1日　D. 2013年1月1日
4. 预算会计的会计要素包括（　　）。
   A. 资产、负债、所有者权益、收入、支出
   B. 资产、负债、净资产、收入、支出、结余
   C. 资产、负债、净资产、收入、支出
   D. 资产、负债、净资产、收入、支出、利润
5. 预算会计的记账方法是（　　）。
   A. 收付记账法　B. 借贷记账法　C. 单式记账法　D. 增减记账法
6. 下列会计制度不属于行业事业单位会计制度的是（　　）。
   A.《医院会计制度》　B.《中小学会计制度》
   C.《科学事业单位会计制度》　D.《事业单位会计制度》
7. 我国现行的预算会计核算基础以（　　）为主。
   A. 权责发生制　B. 收付实现制　C. 实地盘存制　D. 永续盘存制
8. （　　）是我国第一部财政基本法律，是我国国家预算管理工作的根本性法律以及制定其他预算法规的基本依据。
   A.《会计法》　B.《预算法》　C.《宪法》　D.《刑法》
9. 财政总预算会计的会计主体是（　　）。
   A. 各级政府　B. 各级行政单位　C. 各类事业单位　D. 各级财政部门
10. 下列会计科目不属于预算会计科目的是（　　）。
   A. 实收资本　B. 财政补助收入　C. 事业支出　D. 经费支出

二、多项选择题

1. 我国预算会计的会计主体包括（　　）。
   A. 各级政府　B. 各级行政单位　C. 各类事业单位　D. 各级财政部门
2. 预算会计与企业会计的区别主要表现在（　　）。
   A. 会计核算基础不同　B. 会计要素不同
   C. 会计等式不同　D. 是否进行成本核算
3. 在我国预算会计体系中，属于预算会计范畴的有（　　）。
   A. 企业会计　B. 财政总预算会计　C. 行政单位会计　D. 事业单位会计

4. 行政单位会计信息使用者包括（　　）。
A. 人民代表大会　B. 投资者　C. 政府及其有关部门　D. 行政单位自身

5. 下列各项属于事业单位的预算管理办法的有（　　）。
A. 核定收支　B. 定额或定项补助
C. 超支不补　D. 结转和结余按规定使用

6. 下列各项属于预算会计的法律规范的有（　　）。
A.《财政总预算会计制度》　B.《事业单位会计制度》
C.《事业单位会计准则》　D.《行政单位会计制度》

7. 下列会计等式属于预算会计等式的有（　　）。
A. 资产=负债+净资产　B. 资产=负债+所有者权益
C. 资产=负债+净资产+收入-支出　D. 资产+支出=负债+净资产+收入

8. 下列各收入明细账属于财政总预算会计明细账的有（　　）。
A. 一般预算收入明细账　B. 基金预算收入明细账
C. 专用基金收入明细账　D. 上解收入明细账

9. 预算会计报表按照编报的时间，可以分为（　　）。
A. 旬报　B. 月报　C. 季报　D. 年报

10. 财政总预算以及行政事业单位在编制预算会计报表时应遵循的基本要求有（　　）。
A. 数字真实　B. 计算准确　C. 内容完整　D. 报送及时

三、判断题

1. 预算会计是反映和监督社会再生产过程中分配领域里政府预算资金运作及其结果的一门专业会计。（　　）

2. 预算会计是与企业会计相对应的一个会计分支。（　　）

3. 财政总预算会计可以兼办自身的行政单位会计核算。（　　）

4. 事业单位会计核算的目标主要是为内部管理提供有用的会计信息，因此其会计信息使用者只有事业单位自身。（　　）

5. 可靠性是指预算单位应当将发生的各项经济业务或者事项统一纳入会计核算，确保会计信息能够全面反映预算单位的财务状况、事业成果、预算执行等情况。（　　）

6. 同一单位不同时期发生的相同或者相似的经济业务或者事项，应当采用一致的会计政策，不得变更。（　　）

7. 我国目前没有统一的预算会计基本准则，仅针对事业单位制定了会计准则。（　　）

8. 在预算会计中，净资产类账户借方表示净资产的增加，贷方表示净资产的减少。（　　）

9.《事业单位会计制度》适用于各级各类事业单位，不包括执行行业事业单位会计制度的事业单位和纳入企业财务管理体系执行企业会计准则或小企业会计准则的事业单位。（　　）

10. 国库会计属于广义的预算会计范畴。（　　）

模块二

行政单位会计

【学习目标】

- 理解行政单位会计核算和监督的特点。
- 掌握资产、负债、净资产、收入、支出五大会计要素的含义和核算方法。
- 熟悉行政单位会计报表的编制。
- 结合国库集中支付制度，了解政府财政改革对行政单位会计核算的影响。

【教学重点】

- 行政单位会计的含义及特点。
- 行政单位收支的核算。
- 行政单位资产、负债、净资产的核算。

第三章　行政单位会计基本理论

新行政单位会计制度突破创新带来十大变化

为了适应公共财政改革和行政单位财务管理改革，提高行政单位会计信息质量，财政部于2012年8月开始进行《行政单位会计制度》的修订工作，于2013年年底发布，2014年1月1日起正式实施。与原制度相比，新制度主要有10个方面变化。

一是会计核算目标进一步明晰。定位于满足行政单位预算管理和财务管理的双重需求，不仅要反映行政单位预算执行情况，也要反映行政单位财务状况；

二是会计核算方法进一步改进。在原制度仅对固定资产核算采用“双分录”的基础上，进一步扩大了“双分录”的应用范围，以实现会计核算目标；

三是更加完整地体现了财政改革对会计核算的要求。将近年来为适应财政改革要求分别发布的会计核算补充规定统一体现在新制度中，更有利于促进深化财政改革；

四是进一步充实了资产负债核算内容。将原制度中的资产负债科目进行细分，新增了无形资产、在建工程等会计科目，更好地满足财务管理需要；

五是新增了行政单位直接负责管理的为社会提供公共服务资产的核算规定。增设“政府储备物资”、“公共基础设施”科目，单独核算反映为社会提供公共服务资产情况，与行政单位自用资产相区分，使会计信息反映更科学；

六是增加固定资产折旧和无形资产摊销的会计处理。计提折旧和摊销时冲减相关净资产，在真实反映资产价值的同时，也为下一步核算反映行政成本奠定基础；

七是解决了基建会计信息未在行政单位“大账”上反映的问题。基建会计信息要定期并入行政单位会计“大账”；

八是进一步完善净资产核算。增设“资产基金”和“待偿债净资产”科目，主要反映非货币性资产和部分负债变动对净资产的影响，以便准确反映单位净资产状况；

九是进一步规范单位收支会计核算。调整收支类会计科目设置，更好地满足财政预算管理要求；

十是完善财务报表体系和结构。增加财政拨款收入支出表，改进资产负债表和收入支出表的结构和项目。

思考：新行政单位会计制度对行政单位会计核算的影响和意义？

第一节　行政单位会计概述

一、行政单位的含义及预算管理

1. 行政单位的含义

行政单位是指进行国家行政管理、组织经济建设和文化建设、维护社会公共秩序的国家机构，主要包括国家权力机关、行政机关、司法机关以及实行预算管理的其他机关、政党组织等。预算会计中所称的行政单位是广义的概念，不同于行政管理学中的行政机关，这里是从财务管理和会计核算的角度出发，属于财政上的概念，不仅指各级行政机关，还包括一些实行行政单位财务管理制度的政党组织和人民团体。这些单位就其本身性质而言不属于行政单位，但由于其接受国家财政拨款，且工作活动与行政单位有着相同的特点，所以在预算管理上将其视同行政单位，会计核算执行《行政单位会计制度》。

行政单位履行国家所赋予的各项行政管理职能，维护社会公共秩序，属于公共部门，为社会提供公共产品。其人员列入国家行政编制，所需经费主要由国家预算拨付。行政单位的各项业务活动不以盈利为目的，为社会提供的服务一般不收费或者只收取少量的成本费。按照法律、法规规定取得的行政性收费，必须全额上缴财政部门，纳入财政统一管理。因此，对于行政单位而言，执行单位预算，按照预算取得和使用财政资金，使财政资金发挥其应有的社会效益，是它们进行会计核算和监督时必须遵循的基本要求。

2. 行政单位的预算管理

行政单位预算是行政单位根据其职责和工作任务编制的年度财务收支计划，由收入预算和支出预算组成。行政单位的全部经济活动要纳入单位预算。行政单位预算是财政总预算的基础，它是行政单位取得国家财政拨款，使用财政资金的依据，也是党和国家方针政策和社会发展战略在行政单位中的体现，是行政单位正常开展业务活动的重要经济保证。按照预算管理权限，行政单位预算管理分为下列级次：

（1）向同级财政部门申报预算的行政单位，为一级预算单位；

（2）向上一级预算单位申报预算并有下级预算单位的行政单位，为二级预算单位；

（3）向上一级预算单位申报预算，且没有下级预算单位的行政单位，为基层预算单位。

一级预算单位有下级预算单位的，为主管预算单位。

各级预算按照预算管理级次申报预算，并按照批准的预算组织实施，定期将预算执行情况向上一级预算单位或者同级财政部门报告。财政部门对行政单位实行“收支统一管理，定额、定项拨款，超支不补，结转和结余按规定使用”的预算管理办法。行政单位应当严格执行预算，按照收支平衡的原则，合理安排各项资金，不得超预算安排支出。预算在执行中原则上不予调整。因特殊情况确需调整预算的，行政单位应当按照规定程序报送审批。

小资料　国务院机构改革和职能转变

改革开放以来，中国已进行了7次国务院政府机构改革，力图降低行政成本，提高行政效率，国务院组成部门已由1982年的100个削减为2013年的25个。2013年2月28日中国共产党第十八届中央委员会第二次全体会议审议通过了在广泛征求意见的基础上提出的《国务院机构改革和职能转变方案》，全会建议国务院将这个方案提交十二届全国人大一次会议审议。2013年3月14日，十二届全国人大一次会议表决通过了关于国务院机构改革和职能转变方案的决定，批准了此方案。

这次国务院机构改革，重点围绕转变职能和理顺职责关系，稳步推进大部门制改革，实行铁路政企分开，整合加强卫生和计划生育、食品药品、新闻出版和广播电影电视、海洋、能源管理机构。

（1）实行铁路政企分开。将铁道部拟订铁路发展规划和政策的行政职责划入交通运输部。组建国家铁路局，由交通运输部管理，承担铁道部的其他行政职责。组建中国铁路总公司，承担铁道部的企业职责。不再保留铁道部。

（2）组建国家卫生和计划生育委员会。将国家人口和计划生育委员会的研究拟订人口发展战略、规划及人口政策职责划入国家发展和改革委员会。国家中医药管理局由国家卫生和计划生育委员会管理。不再保留卫生部、国家人口和计划生育委员会。

（3）组建国家食品药品监督管理总局。保留国务院食品安全委员会，具体工作由国家食品药品监督管理总局承担。国家食品药品监督管理总局加挂国务院食品安全委员会办公室牌子。新组建的国家卫生和计划生育委员会负责食品安全风险评估和食品安全标准制定。农业部负责农产品质量安全监督管理。将商务部的生猪定点屠宰监督管理职责划入农业部。不再保留国家食品药品监督管理局和单设的国务院食品安全委员会办公室。

（4）组建国家新闻出版广电总局。不再保留国家广播电影电视总局、国家新闻出版总署。

（5）重新组建国家海洋局。为加强海洋事务的统筹规划和综合协调，设立高层次议事协调机构国家海洋委员会，负责研究制定国家海洋发展战略，统筹协调海洋重大事项。国家海洋委员会的具体工作由国家海洋局承担。为推进海上统一执法，提高执法效能，国家海洋局以中国海警局名义开展海上维权执法，接受公安部业务指导。

（6）重新组建国家能源局。不再保留国家电力监管委员会。

这次改革，国务院正部级机构减少4个，其中组成部门减少2个，副部级机构增减相抵数量不变。改革后，除国务院办公厅外，国务院设置组成部门25个。

二、行政单位会计的含义

行政单位会计是指各级行政单位以货币为主要计量单位，对行政单位预算资金和其他资金的运动进行反映和监督的专业会计。行政单位属于非物质生产部门，它们本身并不能在市场上通过交换获得足够的资金来源，以满足其开展业务活动的需要。行政单位主要依靠政府财政拨款和预算资金的分配，执行立法、行政和司法管理的职能。按照财政部门或上级主管部门核准的预算有计划的领拨经费，同时要按照预算规定的用途使用经费。因此，行政单位会计核算的对象是各级行政单位预算资金的收支运动。其会计核算目标是向会计信息使用者提供与行政单位财务状况、预算执行情况等有关的会计信息，反映行政单位受托责任的履行情况，有助于会计信息使用者进行管理、监督和决策。行政单位会计信息使用者包括人民代表大会、政府及其有关部门、行政单位自身和其他会计信息使用者。

行政单位会计核算执行《行政单位会计制度》，该制度适用于各级各类国家机关、政党组织。在我国执行《行政单位会计制度》的单位或组织包括以下几类。

（1）国家权力机关。国家权力机关是国家权力行使机关，即立法机关。我国的国家权力机关是全国人民代表大会和地方各级人民代表大会及其常务委员会。

（2）国家行政机关。国家行政机关是组织和管理国家行政事务的国家机关，是国家权力机关的执行机关，通常简称“政府”。国家行政机关包括国务院及其组成部门和地方各级人民政府及其所属的各职能部门。

（3）审判和检察机关。审判机关是依照法律规定代表国家独立行使审判权的国家机关。检察机关是国家法律的监督机关，代表国家行使法律监督权，即检察权。在我国指各级人民法院和各级人民检察院。

（4）政党组织。包括中国共产党和各民主党派的中央、地方各级委员会及常设机构。

（5）人民团体。这里是指接受国家预算拨款的人民团体，如中华全国总工会、中国共产主义青年团、中华全国妇女联合会等。它们不属于政府的组成机构，是典型的非政府组织，但由于其经费主要来源于财政拨款，所以也纳入行政单位会计范围。

《行政单位会计制度》规定，行政单位应当对其自身发生的经济业务或事项进行会计核算。会计核算应当以行政单位各项业务活动持续正常地进行为前提，正确划分会计期间，分期结算账目和编制财务报告。会计期间至少分为年度和月度。会计年度、月度等会计期间的起讫日期采用公历日期。会计核算以人民币作为记账本位币，发生外币业务时，应当将有关外币金额折算为人民币金额计量。

三、行政单位会计的特点

行政单位会计是预算会计的重要组成部分，由于行政单位的非营利性质、本身业务活动较为简单以及纳入财政预算管理等管理要求，行政单位会计具有明显区别于企业会计的特点，主要体现在以下几个方面。

（1）行政单位会计具有非营利性。行政单位属于公共部门，其业务活动的目的是为满足社会公众需求，具有非市场性，其运作不以营利为目的，经济业务活动的范围有特定限制，为社会提供服务一般不收费或仅收取少量的费用。企业会计的主体是生产经营性组织，追求利润是企业的经营目的。

（2）行政单位的会计核算一般采用收付实现制。会计的核算基础有权责发生制和收付实现制两种。为了全面真实地反映行政单位的财务状况和预算执行进度，行政单位会计核算一般采用收付实现制，特殊经济业务和事项应当按照《行政单位会计制度》的规定采用权责发生制核算。企业会计由于要合理地确定每一个会计期间的收入和费用，进而正确计量企业的损益，所以采用权责发生制进行会计确认和计量。

（3）行政单位会计无须进行成本核算。成本是为获取收入而付出的价值。行政单位收入来源于财政无偿拨款，不需要付出代价，不进行成本核算。但是要对各项支出情况进行考核和监督，保证国家预算资金的安全。企业是以营利为目的，企业会计需要核算物化劳动和活劳动所消耗的价值，计算盈亏。

（4）行政单位会计收支核算要服从预算管理要求。行政单位会计是预算会计体系的分支，它的核算对象是财政资金的领拨、使用和结果所导致的业务活动。而企业会计核算监督的对象是资金的筹集、运用、退出和盈亏的状况。

（5）行政单位资金的运动具有单向性。行政单位以拨款方式从财政部门取得经费来源，不需偿还；在开展公务活动中实现资金支出，不求资金回报，呈现单向运动状态。而企业资金运动是周转、循环状态，在周转和循环过程中实现价值增值。

第二节　行政单位会计要素与会计科目

一、行政单位会计要素

会计要素是对会计对象进行的基本分类，是会计对象的具体化。行政单位会计应当按照业务或事项的经济特征确定会计要素。《行政单位会计制度》中划分了资产、负债、净资产、收入和支出 5 个会计要素。其中，资产、负债、净资产反映行政单位某一时点的财务状况，是静态会计要素；收入、支出反映行政单位在某一会计期间的收入和支出情况，是动态会计要素。

1. 资产

资产是指行政单位占有或者使用的，能以货币计量的经济资源。行政单位的资产包括流动资产、固定资产、在建工程、无形资产等。

2. 负债

负债是指行政单位所承担的能以货币计量，需要以资产等偿还的债务。行政单位的负债包括应缴财政款、应缴税费、应付职工薪酬、应付账款、应付政府补贴款、其他应付款、长期应付款等。

3. 净资产

净资产是指行政单位资产扣除负债后的余额。行政单位的净资产包括财政拨款结转、财政拨款结余、其他资金结转结余、资产基金和待偿债净资产。

4. 收入

收入是指行政单位依法取得的非偿还性资金。行政单位的收入包括财政拨款收入和其他收入。

5. 支出

支出是指行政单位为保障机构正常运转和完成工作任务所发生的资金耗费和损失。行政单位的支出包括经费支出和拨出经费。

二、行政单位会计科目

行政单位会计科目是对行政单位会计对象的具体内容（会计要素）进行分类核算的项目。行政单位设置会计科目是为正确设置会计账户、登记账簿和编制报表提供依据，也是汇总和检查行政单位资金活动情况及其结果的依据。按照行政单位会计要素的类别，行政单位会计科目分为资产、负债、净资产、收入和支出 5 类。在财政部 2014 年颁布的《行政单位会计制度》中，对行政单位的会计科目及其核算内容做出了具体的规定。各级行政单位统一适用的会计科目如表 3-1 所示。

表 3-1　　行政单位会计科目表

序号	科目编号	会计科目名称	序号	科目编号	会计科目名称
一、资产类			17	1901	受托代理资产
1	1001	库存现金	二、负债类		
2	1002	银行存款	18	2001	应缴财政款
3	1011	零余额账户用款额度	19	2101	应缴税费
4	1021	财政应返还额度	20	2201	应付职工薪酬
	102101	财政直接支付	21	2301	应付账款
	102102	财政授权支付	22	2302	应付政府补贴款
5	1212	应收账款	23	2305	其他应付款
6	1213	预付账款	24	2401	长期应付款
7	1215	其他应收款	25	2901	受托代理负债
8	1301	存货	三、净资产类		
9	1501	固定资产	26	3001	财政拨款结转
10	1502	累计折旧	27	3002	财政拨款结余
11	1511	在建工程	28	3101	其他资金结转结余
12	1601	无形资产	29	3501	资产基金
13	1602	累计摊销		350101	预付款项
14	1701	待处理财产损溢		350111	存货
15	1801	政府储备物资		350121	固定资产
16	1802	公共基础设施		350131	在建工程

续表

序号	科目编号	会计科目名称	序号	科目编号	会计科目名称
29	350141	无形资产	31	4001	财政拨款收入
	350151	政府储备物资	32	4011	其他收入
	350152	公共基础设施	五、支出类		
30	3502	待偿债净资产	33	5001	经费支出
四、收入类			34	5101	拨出经费

各级行政单位在使用《行政单位会计制度》规定的会计科目时，应当按照如下要求。

（1）《行政单位会计制度》规定的会计科目，是行政单位进行会计核算和监督的总账科目，行政单位应当按照本制度的规定设置和使用会计科目。行政单位未经财政部同意，不得减并或自行增设会计科目，不得擅自更改科目名称。因没有相关业务不需要使用的总账科目可以不用。

（2）在不影响会计处理和编报财务报表的前提下，行政单位可以根据实际情况自行增设本制度规定以外的明细科目，或者自行减少、合并本制度规定的明细科目。

（3）《行政单位会计制度》统一规定会计科目的编号，以便于填制会计凭证、登记账簿、查阅账目，实行会计信息化管理。行政单位在使用会计科目的编号时，应同时使用会计科目的名称。行政单位可以只使用会计科目的名称，不使用会计科目的编号，但不得只使用会计科目的编号，不使用会计科目的名称。行政单位不得随意打乱重编本制度规定的会计科目编号。

知识总结

（1）行政单位是指进行国家行政管理、组织经济建设和文化建设、维护社会公共秩序的国家机构，主要包括国家权力机关、行政机关、司法机关以及实行预算管理的其他机关、政党组织等。

（2）按照预算管理权限，行政单位预算管理级次分为一级预算单位、二级预算单位和基层预算单位。一级预算单位有下级预算单位的，为主管预算单位。

（3）行政单位会计是指各级行政单位以货币为主要计量单位，对行政单位预算资金和其他资金的运动进行反映和监督的专业会计。行政单位会计核算执行《行政单位会计制度》，该制度适用于各级各类国家机关、政党组织。

（4）行政单位会计核算具有非营利性、核算基础多样性、无须进行成本核算、服从预算管理要求、资金运动单向性的特点。

（5）行政单位的会计要素包括资产、负债、净资产、收入和支出。按照行政单位会计要素的类别，行政单位的会计科目相应分为资产、负债、净资产、收入和支出 5 类。

练习与实训

一、名词解释

行政单位　行政单位会计　资产　负债　净资产　收入　支出

二、简答题

1. 行政单位的预算管理级次。
2. 行政单位会计的特点。
3.《行政单位会计制度》的适用范围。
4. 行政单位的会计科目使用时应当遵循的基本要求。

第四章 行政单位收入的核算

小金库缘何病灶难除?

“小金库”虽然“姓小”，但容量却并不小。据业内专家估算，随着财政收入的日益增长，我国每年发生的“小金库”资金总额或在 1 000 亿元以上。虽历经 30 年，开展了 13 次清理整顿，但“小金库”并没有被根除，甚至在一些地方和单位愈演愈烈。经国务院批准，财政部和审计署从 2014 年 8 月至 10 月，在全国范围内开展贯彻执行中央八项规定严肃财经纪律和“小金库”专项治理。

在全国范围内，形形色色的“小金库”资金规模到底有多大？对此，并无完整而准确的统计数据。根据审计署披露的“小金库”问题数据，1998 年至 2006 年上半年，全国审计机关共查出“小金库”资金（含挤占挪用）1 406 亿元，平均每年超过 165 亿元。随着财政收支的逐年增长，一个不争的事实是“小金库”也水涨船高，而且正日趋成为一种常态。设立“小金库”的花样也在不断翻新。从昔日转移支付、套取专项资金的“小儿科”手法，演变成违规收费、罚款及摊派的新手法。从原先打着出租收入与资产处理的旗号，到“光明正大”地以会议费、劳务费、培训费和咨询费等名义套取资金，再到“明目张胆”地利用假发票、非法票据骗取资金设立“小金库”。“小金库”已成为贪污腐败的温床。

“小金库”之所以久治不愈，是因为这部分钱属于政府预算外资金，游离于人大以及公众监督视线之外。就目前而言，最紧迫的就是要实现财政预算改革。“十二五”规划中明确提出，实行全口径预算管理，完善公共财政预算。这就要求，用“大预算”来医治“小金库”。在西方发达国家，政府部门的财政收支资金流基本全都实现了信息化和电子货币化。而我国还存在公务卡使用不够普及，有些津贴现金化发放，甚至用假发票报账等问题。媒体报道显示，2011 年全国共发现“小金库”58 225 个，涉及金额 266.54 亿元，给予行政处罚 1 942 人，组织处理 3 242 人，党纪政纪处分 1 862 人，移交司法机关处理 623 人。换言之，对查出的 5.8 万多个“小金库”，只处理了数千人，且处理方式各异。只要权力还没有被关进制度的笼子，“小金库”就难以彻底消失。治理小金库需铲除部门利益链条，严格约束特权扩张，强化部门预算管理，建立小金库追责机制，并将小金库早日列入刑法犯罪内容。

思考：如何加强行政单位收入的管理？

第一节 行政单位收入概述

一、行政单位收入的概念及分类

行政单位的收入是指行政单位依法取得的非偿还性资金，包括财政拨款收入和其他收入。

财政拨款收入是指行政单位从同级财政部门取得的财政预算资金，包括公共财政预算拨款、基金预算拨款、财政专户管理的非税收入拨款。财政拨款收入是行政单位最主要的收入来源，是行政单位开展业务活动的最主要的财力保证。

其他收入是指行政单位依法取得的除财政拨款收入以外的各项收入，如从非同级财政部门、上级主管部门等取得的用于完成项目或专项任务的资金、库存现金溢余等。

行政单位依法取得的应当上缴财政的罚没收入、行政事业性收费、政府性基金、国有资产处置和出租出借收入等，不属于行政单位的收入。

二、行政单位收入的管理要求

收入是行政单位保证其持续运转，履行行政管理职能的财力保障。由于行政单位主要任务就是按照行政管理职责开展业务活动，所从事的业务活动属于满足社会公共需要的范畴，具有公益性和非营利性的特征，所以行政单位开展业务活动所需要的资金，全部或大部分由国家预算进行拨付。行政单位是否能够顺利实现政府职能，是否能够及时提供公共产品和服务，完全取决于其收入的实现。取得的各项收入应当全部纳入单位预算，统一核算，统一管理。按照财务管理的要求，分项如实核算。具体来说：

（1）行政单位的收入要依法取得。行政单位取得收入必须符合国家有关法律、法规和规章制度的规定，不得违反国家的有关规定，通过不正当渠道谋取收入。行政单位不得私设“小金库”转移收入、隐瞒收入、少报和虚报收入。

（2）行政单位的收入需要纳入单位预算。我国取消了预算外资金收入后，要求行政单位的各项收入全部纳入单位预算统一管理，统筹安排各项支出。行政单位不仅要管好财政预算核拨的收入，也要管理好其他方面的合法收入。

（3）行政单位的年度收入原则上不予调整。从预算调整审批权限上看，在年度预算执行中，经财政预算核拨的收入，原则上不予调整。行政单位年度收入因特殊情况确需调整的，需要按照规定程序报财政部门审批。

小资料 全面取消预算外资金 政府性收入全部纳入管理

2011 年，我国预算管理制度改革取得重大成果：全面取消预算外资金，将所有政府性收入全部纳入预算管理，这是我国预算管理制度改革乃至财政制度改革进程中的一个重要里程碑。

预算外资金始于 20 世纪 50 年代，所谓预算外资金，是指国家机关、事业单位、社会团体、具有行政管理职能的企业主管部门和政府委托的其他机构，为履行或代行政府职能，依据国家法律法规和具有法律效力的规章而收取、提取、募集和安排使用，未纳入财政预算管理的各种财政性资金，包括行政事业性收费、主管部门集中收入和其他预算外收入三种类型。预算外收入一度相当于甚至超过预算内收入，成为政府收入的半壁江山，号称“第二财政”。在过去很长时间，预算外收入都游离于人大和公众的监管视野之外，成为一笔看不清道不明的糊涂账。2010 年 11 月 15 日，财政部印发《关于将按预算外资金管理的收入纳入预算管理的通知》（财预〔2010〕88 号），要求从 2011 年 1 月 1 日起，将按预算外资金管理的收入（不含教育收费）全部纳入预算管理。“预算外收入”将从国家文件中消失，取而代之的是规范化程度更高的“非税收入”。更重要的是概念转换背后的变化，即一笔庞大资金的上缴和支出方式将更加规范，监督和管理更加严格。

三、行政单位收入的确认和计量

收入的确认指收入的入账时间。由于行政单位会计的确认基础采用收付实现制，所以行政单位的收入一般应当在收到款项时予以确认，并按照实际收到的金额进行计量。这一点与企业会计的权责发生制确认基础不同。权责发生制是以权益、责任是否发生为标准来确定本期收益、费用的一种会计处理原则。该原则要求企业对一切收入或费用都是以权利已经形成或义务已经发生为标准来确定其相应的归属期间并进行记账。这是由企业会计的会计目标所决定的。企业会计需要向投资者、债权人等报告企业的财务状况和经营成果，需要进行成本计算，考核经营业绩，所以应以权责发生制确认收入和费用。而行政单位会计需要满足预算管理的要求，向会计信息使用者提供行政单位财务状况、预算执行情况和受托责任的履行情况，以当期收入和支出为重点，所以凡是本期已经收到的款项均应计入本期收入。

第二节 财政拨款收入

一、财政拨款收入的内容与管理要求

1. 财政拨款收入的内容

财政拨款收入是指行政单位从同级财政部门取得的财政预算资金，包括公共财政预算拨款、基金预算拨款、财政专户管理的非税收入拨款。财政预算安排用于行政单位的拨款主要有以下几类。

（1）行政管理费。行政管理费是指国家财政用于各级国家权力机关、行政机关、审判机关、检察机关以及外事机构、重要党派团体行使职能所需的经费支出。按费用要素分类，行政管理费包括人员经费和公用经费。

（2）公检法司支出。公检法司支出主要用于各级公安机关、检察院、法院、司法行政机关、监狱和劳教机关的各项经费。

（3）外交外事支出。外交外事支出主要包括外交支出、国际组织支出、偿付外国资产支出、地方外事费、对外联络宣传经费及边境联检费等。

此外，还有行政单位离退休经费等。

2. 财政拨款收入的管理要求

财政拨款收入是行政单位最主要的资金来源，是行政单位开展行政管理活动的基本财力保证。因此，对财政拨款收入的管理是行政单位财务管理的重要内容之一。行政单位对财政拨款收入的管理要求主要如下。

（1）按照单位预算和用款计划取得财政拨款收入。行政单位应按照批准的单位预算和按

季分月用款计划按月申请取得财政拨款收入，有计划地、合理地使用预算资金。在预算执行过程中，财政部门和主管单位根据计划分月拨款，行政单位不得申请无预算、无计划或超预算、超计划的拨款。如果工作任务或业务活动有变动，需要增加拨款的，行政单位应编制追加预算，报财政部门或上级主管部门审批后，方能增加拨款。

（2）按任务进度和资金结余情况取得财政拨款收入。财政部门在根据核定的用款计划拨款的同时，还需结合行政单位各项计划和行政任务执行进度，以及资金、材料物资的结存情况划拨资金。既要保证预算内所需资金的及时供应，保证行政单位完成任务，又要防止分散和积压资金，应做到资金的节约使用，灵活调度，注意提高资金的使用效益。

（3）按支出用途取得财政拨款收入。单位预算是经财政部门或上级主管部门批准核定的，其支出用途是不能随意改变的。行政单位的经费支出分为基本支出和项目支出，用于基本支出和项目支出的财政拨款收入应当分别核算，不能相互混淆。

（4）按预算级次取得财政拨款收入。各行政单位在取得财政拨款时，应当严格按照国家规定的预算管理级次逐级领拨。各级财政部门和主管部门不能向没有经费预算关系的单位拨付经费，同级各主管部门之间、各单位之间，也不能发生经费领拨关系。如果确有必要，行政单位应通过同级财政部门办理预算划转手续，分清资金渠道，加强经费的领拨管理。

二、领拨经费的依据和方式

1. 领拨经费的依据

各级行政单位领拨经费的基本依据，是经过财政部门或主管部门审核批准后的单位预算。单位预算是各级行政单位根据国家相关的方针政策和要求，结合单位的计划和行政工作任务，参照上年度单位预算执行情况和预算年度的变化数据编制的年度预算资金收支计划。单位预算由收入预算和支出预算组成，并需逐级上报主管预算单位或财政部门审批后统一组织实施。实行国库集中支付制度改革后，按季分月用款计划（见表 4-1）是行政单位取得财政拨款收入的重要依据。预算单位应根据批准的部门预算和有关规定，在下达的用款计划范围内，根据用款需求支用资金，编制按季分月用款计划表，包括预算单位基本支出分月用款计划和预算单位项目支出分月用款计划。

表 4-1 预算单位按季分月用款计划表

序号	预算科目	项目内容	合计	财政直接支付				财政授权支付				备注
				小计	预算内资金	财政性专项资金	单位其他资金	小计	预算内资金	财政性专项资金	单位其他资金	
合计												

2. 领拨经费的方式

（1）传统的财政拨款方式。未实行国库集中支付制度之前，中央和地方各级财政部门对主管部门和各行政单位的财政拨款采用实拨资金方式。实拨资金是财政部门根据主管单位的申请，按月开出预算拨款凭证，通知国库将财政资金划转到申请单位在银行的存款户，由主管单位按规定用途办理转拨或支用，月末由用款单位编报单位预算支出报表的一种拨款办法。随着国库集中支付制度的实施，财政资金从国库单一账户直接支付给商品、劳务供应者或用款单位，不再通过实拨资金方式。

（2）国库集中支付制度下的拨款方式。在国库集中支付制度下，财政拨款方式有财政直接支付和财政授权支付两种。在财政直接支付方式下，行政单位根据部门预算和用款计划，在需要财政部门支付资金时，向财政部门提出财政直接支付申请。财政部门经审核无误后，开出支付令，送代理银行，通过国库单一账户体系中的财政零余额账户直接将财政性资金支付到收款人或收款单位账户。行政单位在收到财政部门委托财政零余额账户代理银行转来的财政直接支付入账通知书时，确认财政拨款收入。在这种方式下，行政单位在确认财政拨款收入时，就已经使用了财政资金。在财政授权支付方式下，行政单位按照部门预算和用款计划确定资金用途，向财政部门申请财政授权支付用款额度（财政授权支付申请书见表4-2）。财政部门经审核无误后，将财政授权支付用款额度通知行政单位零余额账户代理银行。行政单位在收到代理银行转来的财政授权支付到账通知书时，确认财政拨款收入。

表 4-2　　财政授权支付申请书

<table>
<tr><th rowspan="2">序号</th><th rowspan="2">预算指标类型</th><th colspan="2">预算科目</th><th rowspan="2">项目</th><th colspan="3">收款人</th><th rowspan="2">本次申请金额</th><th rowspan="2">财政核定金额</th></tr>
<tr><th>类</th><th>款</th><th>全称</th><th>开户银行</th><th>银行账号</th></tr>
<tr><td></td><td></td><td></td><td></td><td></td><td></td><td></td><td></td><td></td><td></td></tr>
<tr><td></td><td></td><td></td><td></td><td></td><td></td><td></td><td></td><td></td><td></td></tr>
<tr><td></td><td></td><td></td><td></td><td></td><td></td><td></td><td></td><td></td><td></td></tr>
<tr><td></td><td></td><td></td><td></td><td></td><td></td><td></td><td></td><td></td><td></td></tr>
<tr><td></td><td></td><td></td><td></td><td></td><td></td><td></td><td></td><td></td><td></td></tr>
<tr><td></td><td></td><td></td><td></td><td></td><td></td><td></td><td></td><td></td><td></td></tr>
<tr><td></td><td></td><td></td><td></td><td></td><td></td><td></td><td></td><td></td><td></td></tr>
<tr><td></td><td></td><td></td><td></td><td></td><td></td><td></td><td></td><td></td><td></td></tr>
<tr><td colspan="8">合　　　　计</td><td></td><td></td></tr>
<tr><td colspan="9">财政核定金额：（大写）</td><td></td></tr>
<tr><td colspan="4">申请支付单位（盖章）</td><td colspan="4">财政国库支付执行机构（盖章）</td><td colspan="2">代理银行（盖章）</td></tr>
<tr><td colspan="2">负责人</td><td colspan="2">经办人</td><td colspan="2">负责人</td><td colspan="2">经办人</td><td>负责人</td><td>经办人</td></tr>
<tr><td colspan="2"></td><td colspan="2"></td><td colspan="2"></td><td colspan="2"></td><td></td><td></td></tr>
<tr><td colspan="2">年　月　日</td><td colspan="2">年　月　日</td><td colspan="2">年　月　日</td><td colspan="2">年　月　日</td><td>年　月　日</td><td>年　月　日</td></tr>
</table>

三、财政拨款收入的核算

为了反映行政单位财政资金的增减变化，行政单位应设置“财政拨款收入”科目，用来核算行政单位从同级财政部门取得的财政预算资金。本科目属于收入类科目，贷方登记取得的财政拨款经费数，借方登记缴回或核销数，平时贷方余额反映财政拨款收入累计数。年末，将本科目本年发生额转入“财政拨款结转”科目。年终结账后，本科目应无余额。

本科目应当根据资金用途和管理要求设置“基本支出拨款”和“项目支出拨款”两个明细科目，分别核算行政单位取得用于基本支出和项目支出的财政拨款资金。同时，按照《政府收支分类科目》中“支出功能分类科目”的项级科目进行明细核算。在“基本支出拨款”明细科目下按照“人员经费”和“日常公用经费”进行明细核算，在“项目支出拨款”明细科目下按照具体项目进行明细核算。有公共财政预算拨款、政府性基金预算拨款等两种或两种以上财政拨款的行政单位，还应当按照财政拨款的种类分别进行明细核算。

1. 实拨资金方式下财政拨款收入的核算

行政单位在收到开户银行转来的收款通知时，确认财政拨款收入。借记“银行存款”科目，贷记“财政拨款收入”科目。行政单位缴回拨款时，借记“财政拨款收入”科目，贷记“银行存款”科目。

【例 4-1】某行政单位尚未纳入国库集中支付制度改革，发生如下财政拨款收入业务。

（1）收到开户银行转来的收款通知，收到同级财政部门拨入的日常办公经费 300 000 元。

借：银行存款　　300 000

　　贷：财政拨款收入——基本支出拨款　　300 000

（2）收到同级财政部门拨入的专项会议经费 50 000 元。

借：银行存款　　50 000

　　贷：财政拨款收入——项目支出拨款　　50 000

2. 财政直接支付方式下财政拨款收入的核算

财政直接支付方式下，行政单位根据收到的“财政直接支付入账通知书”及相关原始凭证，借记“经费支出”科目，贷记“财政拨款收入”科目。年末，行政单位根据本年度财政直接支付预算指标数与财政直接支付实际支出数的差额，借记“财政应返还额度——财政直接支付”科目，贷记“财政拨款收入”科目。本年度财政直接支付的资金收回时，借记“财政拨款收入”科目，贷记“经费支出”等科目。

【例 4-2】某市公安局已经实行国库集中支付制度，发生如下业务。

（1）2014 年 8 月，通过财政直接支付方式支付职工工资 400 000 元。

借：经费支出　　400 000

　　贷：应付职工薪酬——工资　　400 000

借：应付职工薪酬——工资　　400 000

　　贷：财政拨款收入——基本支出拨款　　400 000

（2）购置侦查设备一台，价款 30 000 元，款项由财政直接支付。

借：经费支出　　30 000

　　贷：财政拨款收入——项目支出拨款　　30 000

同时，

借：固定资产　　30 000

　　贷：资产基金——固定资产　　30 000

（3）年末，该单位本年度财政直接支付预算指标数为 1 580 000 元，直接支付实际支出数为 1 500 000 元。

借：财政应返还额度——财政直接支付　　80 000

　　贷：财政拨款收入　　80 000

3. 财政授权支付方式下财政拨款收入的核算

财政授权支付方式下，行政单位根据收到的“财政授权支付额度到账通知书”，借记“零余额账户用款额度”科目，贷记“财政拨款收入”科目。年末，如行政单位本年度财政授权支付预算指标数大于财政授权支付额度下达数，根据两者间的差额，借记“财政应返还额度——财政授权支付”科目，贷记“财政拨款收入”科目。

【例 4-3】2014 年 10 月，该公安局收到代理银行转来的财政授权支付额度到账通知书，收到本月财政授权支付额度 428 000 元。该单位向单位零余额账户代理银行开具支付令，支付办公经费 45 000 元。

（1）收到授权支付额度到账通知书时。

借：零余额账户用款额度　　428 000

　　贷：财政拨款收入　　428 000

（2）支付办公经费时。

借：经费支出　　45 000

　　贷：零余额账户用款额度　　45 000

4. 财政拨款收入的年终结转

年末，行政单位应将“财政拨款收入”科目本年发生额转入“财政拨款结转”科目，借记“财政拨款收入”科目，贷记“财政拨款结转”科目。年终结账后，本科目无余额。

【例 4-4】年末，该单位财政拨款收入总账科目的贷方余额为 2 080 000 元。其中，基本支出拨款明细账余额 1 500 000 元，项目支出拨款明细账余额 580 000 元。

借：财政拨款收入——基本支出拨款　　1 500 000

　　贷：财政拨款结转——收支转账（基本支出结转）　　1 500 000

借：财政拨款收入——项目支出拨款　　580 000

　　贷：财政拨款结转——收支转账（项目支出结转）　　580 000

第三节　其他收入

一、其他收入的内容

其他收入是指行政单位依法取得的除财政拨款收入以外的各项收入，如从非同级财政部门、上级主管部门等取得的用于完成项目或专项任务的资金、库存现金溢余等。

二、其他收入的核算

为了核算行政单位取得的除财政拨款收入以外的其他各项收入，行政单位应设置“其他收入”科目。该科目属于收入类科目，贷方登记其他收入的增加数，借方登记冲销转出数，平时本科目贷方余额反映其他收入累计数。行政单位从非同级财政部门、上级主管部门等取得指定转给其他单位，且未纳入本单位预算管理的资金，不通过本科目核算，应当通过“其他应付款”科目核算。本科目应当按照其他收入的类别、来源单位、项目资金和非项目资金进行明细核算。对于项目资金收入，行政单位还应当按照具体项目进行明细核算。

其他收入的主要账务处理如下。

1. 收到款项的核算

行政单位收到属于其他收入的各种款项时，按照实际收到的金额，借记“银行存款”、“库存现金”等科目，贷记“其他收入”科目。

【例 4-5】某行政单位发生如下其他收入业务。

（1）收到银行转来的存款利息 2 500 元。

借：银行存款　　2 500
　　贷：其他收入　　2 500

（2）收到上级主管部门拨来的设备购置专项资金 200 000 元。

借：银行存款　　200 000
　　贷：其他收入　　200 000

2. 其他收入的年终结转

年末，行政单位将“其他收入”科目本年发生额转入其他资金结转结余时，借记“其他收入”科目，贷记“其他资金结转结余”科目。年终结账后，本科目无余额。

【例 4-6】2014 年年末，该行政单位“其他收入”科目余额 360 000 元，其中非项目资金 120 000 元，项目资金 240 000 元。将其转入“其他资金结转结余”科目。

借：其他收入——非项目资金收入　　120 000
　　　　　　——项目资金收入　　240 000
　　贷：其他资金结转结余——非项目结余　　120 000
　　　　　　　　　　　　——项目结转　　240 000

知识总结

（1）行政单位的收入是指行政单位依法取得的非偿还性资金，包括财政拨款收入和其他收入。

（2）收入是行政单位保证其持续运转，履行行政管理职能的财力保障。取得的各项收入应当全部纳入单位预算，统一核算，统一管理。

（3）行政单位的收入一般应当在收到款项时予以确认，并按照实际收到的金额进行计量。

（4）财政拨款收入是指行政单位从同级财政部门取得的财政预算资金，包括公共财政预算拨款、基金预算拨款、财政专户管理的非税收入拨款。要求按照单位预算和用款计划、按任务进度和资金结余情况、按支出用途和预算级次取得财政拨款收入。

（5）其他收入是指行政单位依法取得的除财政拨款收入以外的各项收入，如从非同级财政部门、上级主管部门等取得的用于完成项目或专项任务的资金、库存现金溢余等。

练习与实训

一、名词解释

财政拨款收入　其他收入　财政直接支付　财政授权支付

二、简答题

1. 行政单位收入的含义及分类。
2. 行政单位收入的管理要求。
3. 财政拨款收入包括的内容。
4. 领拨经费的依据和方式。
5. 其他收入的内容。

三、业务核算题

习题一

1. 目的：练习行政单位收入的核算。

2. 资料：某行政单位（未实行国库集中支付制度改革）发生下列经济业务。

（1）收到财政部门通过银行拨入的行政运行经费 50 万元。

（2）通过银行缴回财政部门多拨经费 5 000 元。

（3）收到财政部门通过银行拨来的信息化建设专项经费 20 万元。

（4）收到上级部门拨来的非财政专项资金 80 000 元。

（5）年终结转时，“财政拨款收入”账户贷方余额 2 430 000 元，其中，基本支出拨款明细账余额 1 500 000 元，项目支出拨款明细账余额 930 000 元。

3. 要求：根据上述经济业务编制会计分录。

习题二

1. 目的：练习国库集中支付制度下行政单位收入的核算。

2. 资料：某行政单位发生下列经济业务。

（1）以财政直接支付方式支付职工工资 500 000 元，购入各种材料 6 000 元入库管理，购置一台不需要安装的办公设备，价款 80 000 元。

（2）收到“财政授权支付到账通知书”，本期用款额度为 100 000 元，并以财政授权支付方式支付办公经费 56 000 元。

（3）从零余额账户提取现金 3 000 元，支付日常办公费用 2 900 元。

3. 要求：根据上述经济业务编制会计分录。

第五章　行政单位支出的核算

中央部门“两预算公开”传递什么信号?

2013 年 4 月 18 日，随着国家发展和改革委员会等中央政府部门向社会公开各自 2013 年的部门预算，2013 年中央部门预算公开全面启动，一并亮相的还有中央部门“三公经费”预算。这是中央各部门自 2010 年首次公开部门预算以来，连续第四年推进部门预算公开。

2013 年中央部门预算公开有很多新变化：一是 2013 年中央各部门在公开部门预算的同

时，一并公开了部门“三公经费”预算。二是今年中央部门预算公开的内容更加详细，专门增加公开了政府性基金收入情况，公开的内容更加全面。这次公开预算，不仅把所有经费晒在百姓面前，更为地方财政预算公开、三公消费公开起到了“上行下效”的引导作用。

透明带来信任，暗处滋生蚊蝇。把政府的支出花费晾晒在人民面前，是呼声，更应是行动。加快实行财政、三公预算公开，让人民知道政府花了多少钱，办了什么事，是对民意的呼应，也是对政府财政公开的一次重要督促。面对人民，政府的花费没有理由成为“秘密”。公开支出花费，不仅让人民看得到，更要让人民看得懂、看得明。一个有诚意公开自己财政支出的政府，晒出的一定是一个能让人一目了然、清清楚楚的账本。人民之所以希望知道政府花了多少钱，更重要的是表达了一种愿望，希望在政府的花费中，多为百姓做一些实事，少一些铺张浪费；多搞一些民生工程，少一些“政绩项目”。说到底是对“取之于民、用之于民”的期待。

随着建设法治政府进程的推进，预算公开在我国将成遍地开花之势，预算公开潮流将无法阻挡，任何企图蒙混过关的投机主义思维，都不过是自欺欺人的不识时务。权力大手恣意摆布预算的时代一去不复返，预算的公共主义时代登上历史舞台，各级政府机构唯有明智地遵从时代大势，敦促预算公开，增进人民福祉，才能建设廉洁高效、人民满意的政府，为实现中国梦注入不竭动力。

思考：如何加强行政单位的支出管理？

第一节　行政单位支出概述

一、行政单位支出的概念

行政单位的支出是指行政单位为保障机构正常运转和完成工作任务所发生的资金耗费和损失，包括经费支出和拨出经费。经费支出是指行政单位自身开展业务活动使用各项资金发生的基本支出和项目支出。拨出经费是指行政单位纳入单位预算管理、拨付给所属单位的非同级财政拨款资金。

行政单位作为国家政权机关和管理机构，负有组织和领导国家经济、文化等各项建设的重大责任。行政单位支出是保证行政单位正常开展工作的基础和前提。因此，行政单位支出是行政单位履行行政管理职能，促进社会发展的资金保证。

二、行政单位支出的管理

行政单位的支出既要保证履行职能的需要，又要遵守各项财政财务制度。行政单位加强对支出的管理，有利于维护国家机器的正常运转，保证行政单位工作任务的完成，同时有利于节约使用各项资金，提高资金使用效益。根据《行政单位财务规则》，国家对行政单位支出的管理主要有以下几个方面。

（1）行政单位应当将各项支出全部纳入单位预算。各项支出由单位财务部门按照批准的预算和有关规定审核办理，其他部门不允许在财务部门之外设立账外账或“小金库”。在办理各项支出时，不得超预算安排支出，不得将批准的预算项目自行变更或废止，将资金挪作他用。

（2）行政单位的支出应当严格执行国家规定的开支范围及标准，建立健全支出管理制度，对节约潜力大、管理薄弱的支出进行重点管理和控制。财政部门应当会同有关部门，根据国内差旅、因公临时出国（境）、公务接待、会议、培训等工作特点，综合考虑经济发展水平、有关货物和服务的市场价格水平，制定分地区的公务活动经费开支范围和开支标准。行政单位严格规范开支范围和标准，严格支出报销审核，不得报销任何超范围、超标准以及与相关公务活动无关的费用。

（3）行政单位从财政部门或者上级预算单位取得的项目资金，应当按照批准的项目和用途使用，专款专用、单独核算，并按照规定向同级财政部门或者上级预算单位报告资金使用情况，接受财政部门和上级预算单位的检查监督。项目完成后，行政单位应当向同级财政部门或者上级预算单位报送项目支出决算和使用效果的书面报告。

（4）行政单位应当严格执行国库集中支付制度和政府采购制度等规定，全面实行公务卡制度，健全公务卡强制结算目录。党政机关国内发生的公务差旅费、公务接待费、公务用车购置及运行费、会议费、培训费等经费支出，除按规定实行财政直接支付或银行转账外，应当使用公务卡结算。党政机关采购货物、工程和服务，应当遵循公开透明、公平竞争、诚实信用原则。政府采购应当依法完整编制采购预算，严格执行经费预算和资产配置标准，合理确定采购需求，不得超标准采购，不得超出办公需要采购服务。

（5）行政单位应当加强支出的绩效管理，提高资金的使用效益。各行政单位应根据设定的绩效目标，运用科学、合理的绩效评价指标、评价标准和评价方法，对财政支出的经济性、效率性和效益性进行客观、公正的评价。绩效评价应当以项目支出为重点，重点评价一定金额以上、与本部门职能密切相关、具有明显社会影响和经济影响的项目。有条件的地方可以对部门整体支出进行评价。

（6）行政单位应当依法加强各类票据管理，确保票据来源合法、内容真实、使用正确，不得使用虚假票据。行政单位应按照《中华人民共和国票据法》、《财政票据管理办法》、《行政事业单位资金往来结算票据使用管理暂行办法》等法律法规的规定，健全和完善财政票据管理制度，规范行政单位资金往来结算票据使用管理，加强行政单位财务管理监督，防止乱收费、乱罚款和各种摊派行为。

小资料　我国公务卡制度全面推行

公务卡，是指财政预算单位工作人员持有的、主要用于日常公务支出和财务报销业务的贷记卡。公务卡消费的资金范围主要包括差旅费、会议费、招待费和零星购买支出等费用。从2007年开始，在借鉴国际经验基础上，我国实施了公务卡制度改革，通过在公务支出领域使用具有“消费留痕”特点的信用卡，逐步替代预算单位现金支付。实行公务卡制度，公务卡代理银行要将公务卡消费时间、金额、刷卡商户等公务支出的详细信息传输给预算单位，单位财务部门可通过公务卡支持系统查询，并与发票、签购单等票据进行核对，有效保障了公务支出的真实性。财政部门可以对公务卡支付的每一笔公务支出实施动态监控，对违规支付进行快速核查处理，有利于从源头上防治腐败。

目前，除部分偏远地区预算单位因缺乏公务卡受理环境暂无法实施改革等特殊因素外，公务卡制度基本实现全覆盖，成为我国公务支出管理领域的一项基础性制度。

三、行政单位支出的确认和计量

由于行政单位会计核算一般采用收付实现制，特殊经济业务和事项应当按照《行政单位会计制度》的规定采用权责发生制核算，所以行政单位的支出一般应当在支付款项时予以确认，并按照实际支付金额进行计量。采用权责发生制确认的支出，应当在其发生时予以确认，并按照实际发生额进行计量。

第二节 经费支出

一、经费支出的概念

经费支出是指行政单位开展业务活动时使用各项资金发生的基本支出和项目支出，它是行政单位最主要的支出。行政单位为了实现社会管理职能，完成行政任务必然需要一定的资金消耗，经费支出包括为开展业务活动发生的所有支出，如工资及福利费、公务活动费用、设备的修缮费等。经费支出的资金来源主要是财政部门或上级部门的拨款。

二、经费支出的分类

经费支出是行政单位的重点核算项目，其内容繁多、开支范围广泛。为了有效加强对财政资金的监管，便于开展对行政单位支出的财务分析，有必要对行政单位的支出进行科学的分类。根据会计制度和实际业务核算的需要，对行政单位的经费支出通常从以下几个角度进行分类。

1. 按照资金的来源分类

行政单位的经费支出按照资金来源，分为财政拨款支出和其他资金支出。

财政拨款支出是用财政拨款的收入完成的各项支出。财政拨款支出又可以按照财政拨款的种类分为公共预算财政拨款支出和政府性基金预算拨款支出两类。公共预算财政拨款支出是指行政单位使用财政一般预算拨款收入发生的经费支出。政府性基金预算拨款支出是指行政单位使用财政政府性基金预算收入发生的经费支出。

其他资金支出是使用财政拨款收入以外的收入完成的各项支出。

2. 按照资金的不同用途分类

行政单位的经费支出按照资金的不同用途，分为基本支出和项目支出。

基本支出，是指行政单位为保障机构正常运转和完成日常工作任务发生的支出，包括人员支出和公用支出。如行政单位按规定支付给工作人员的基本工资、津贴补贴等；为完成日常工作所发生的办公费、差旅费、公务接待费等。基本支出是行政单位的基本资金消耗，没有基本支出作保证，行政单位就无法正常运转，也无法完成日常的行政工作任务。

项目支出，是指行政单位为完成特定的工作任务，在基本支出之外发生的支出，如专项会议支出、房屋建筑物购建支出、基础设施建设支出、大型修缮支出、专项任务支出等。行政单位的项目支出一般都有专项资金来源。

3. 按照《政府收支分类科目》的要求分类

《政府收支分类科目》中的“支出经济分类科目”分为类、款两级科目。行政单位的经费支出按照《政府收支分类科目》中的“支出经济分类科目”分设类级科目，类级科目下再设款级科目。类、款两级科目在内容上逐渐细化。具体分为：

（1）工资福利支出。反映单位开支的在职职工和编制外长期聘用人员的各类劳动报酬，以及为上述人员缴纳的各项社会保险费等。该科目又设如下款级科目：基本工资、津贴补贴、奖金、社会保障缴费、伙食费、伙食补助费和其他工资福利支出。

（2）商品和服务支出。反映单位购买商品和服务的支出（不包括用于购置固定资产的支出、战略性和应急储备支出，但军事方面的耐用消费品和设备的购置费、军事性建设费以及军事建筑物的购置费等在本科目中反映。）该科目又设如下款级科目：办公费、印刷费、咨询费、手续费、水费、电费、邮电费、取暖费、物业管理费、差旅费、因公出国（境）费用、维修（护）费、租赁费、会议费、培训费、公务接待费、专用材料费、装备购置费、工程建设费、作战费、军用油料费、军队其他运行维护费、被装购置费、专用燃料费、劳务费、委托业务费、工会经费、福利费、公务用车运行维护费、其他交通费用、其他商品和服务支出。

（3）对个人和家庭的补助。反映政府用于对个人和家庭的补助支出。该科目又设如下款级科目：离休费、退休费、退职（役）费、抚恤金、生活补助、救济费、医疗费、奖励金、生产补贴、住房公积金、提租补贴、购房补贴、其他对个人和家庭的补助支出。

（4）基本建设支出。反映各级发展与改革部门集中安排的一般预算财政拨款（不包括政府性基金、预算外资金以及各类拼盘自筹资金等）用于购置固定资产、战略性和应急性储备、土地和无形资产，以及购建基础设施、大型修缮所发生的支出。该科目又设如下款级科目：房屋建筑物购建、办公设备购置、专用设备购置、基础设施建设、大型修缮、信息网络及软件购置更新、物资储备、公务用车购置、其他交通工具购置和其他基本建设支出。

（5）其他资本性支出。反映非各级发展与改革部门集中安排的用于购置固定资产、战略性和应急性储备、土地和无形资产，以及购建基础设施、大型修缮和财政支持企业更新改造所发生的支出。该科目又设如下款级科目：房屋建筑物购建、办公设备购置、专用设备购置、基础设施建设、大型修缮、信息网络及软件购置更新、物资储备、土地补偿、安置补助、地上附着物和青苗补偿、拆迁补偿、公务用车购置、其他交通工具购置和其他资本性支出。

（6）其他支出。有预算分配权的部门专用科目。反映不能划分到上述经济科目的其他支出。

三、经费支出的核算

为了核算行政单位在开展业务活动中发生的各项支出，行政单位应设置“经费支出”科目。该科目属于支出类科目，借方登记经费实际支出数，贷方登记支出收回或冲销转出数，平时借方余额反映经费支出累计数。年末，将该科目本年发生额分别转入“财政拨款结转”和“其他资金结转结余”科目。年终结账后，该科目无余额。

“经费支出”科目应当分别按照“财政拨款支出”和“其他资金支出”、“基本支出”和“项目支出”等分类进行明细核算，并按照《政府收支分类科目》中“支出功能分类科目”的项级科目进行明细核算。“基本支出”和“项目支出”明细科目下应当按照《政府收支分类科目》中“支出经济分类科目”的款级科目进行明细核算，同时在“项目支出”明细科目下按照具体项目进行明细核算。有公共财政预算拨款、政府性基金预算拨款等两种或两种以上财政拨款的行政单位，还应当按照财政拨款的种类分别进行明细核算。

1. 经费支出的日常核算

行政单位发生各项支出时，按照实际支付的金额，借记“经费支出”科目，贷记“财政拨款收入”、“零余额账户用款额度”、“银行存款”等科目。因退货等原因发生支出收回的，属于当年支出收回的，借记“财政拨款收入”、“零余额账户用款额度”、“银行存款”等科目，贷记“经费支出”科目；属于以前年度支出收回的，借记“财政应返还额度”、“零余额账户用款额度”、“银行存款”等科目，贷记“财政拨款结转”、“财政拨款结余”、“其他资金结转结余”等科目。

【例 5-1】某行政单位 2014 年 5 月发生如下经济业务。

（1）收到代理银行转来的财政直接支付入账通知书，支付职工工资 258 000 元。

① 计提单位职工薪酬时。

	借方	贷方
借：经费支出	258 000	
贷：应付职工薪酬		258 000

② 发放工资时。

	借方	贷方
借：应付职工薪酬	258 000	
贷：财政拨款收入		258 000

（2）通过零余额账户购置一批办公用品 5 000 元，直接交付有关部门使用。

	借方	贷方
借：经费支出	5 000	
贷：零余额账户用款额度		5 000

（3）通过银行转账方式购买修理用材料一批，价款 6 500 元，材料验收入库。

	借方	贷方
借：经费支出	6 500	
贷：银行存款		6 500
借：存货	6 500	
贷：资产基金——存货		6 500

（4）通过零余额账户支付上月水电费 850 元。

	借方	贷方
借：经费支出	850	
贷：零余额账户用款额度		850

（5）通过零余额账户支付设备购置款 26 000 元，该设备不需要安装，已经投入使用。

	借方	贷方
借：经费支出	26 000	
贷：零余额账户用款额度		26 000
借：固定资产	26 000	
贷：资产基金——固定资产		26 000

（6）开出转账支票一张，预付购买专用设备款 10 000 元。

	借方	贷方
借：经费支出	10 000	
贷：银行存款		10 000
借：预付账款	10 000	
贷：资产基金——预付款项		10 000

2. 经费支出的年终结转

年末，行政单位将“经费支出”科目本年发生额分别转入“财政拨款结转”和“其他资金结转结余”时，借记“财政拨款结转”、“其他资金结转结余”科目，贷记“经费支出”科目。年终结账后，本科目应无余额。

【例 5-2】年末，行政单位“经费支出”总账科目借方余额 7 890 000 元。其中，“财政拨款支出”明细科目借方余额 7 800 000 元，“其他资金支出”明细科目借方余额 90 000 元。将上述科目余额转入结转结余。

借：财政拨款结转　　7 800 000
　　其他资金结转结余　　90 000
　　贷：经费支出——财政拨款支出　　7 800 000
　　　　　　　　——其他资金支出　　90 000

第三节　拨出经费

一、拨出经费的概念

拨出经费是指行政单位向所属单位拨出的纳入单位预算管理的非同级财政拨款资金，如拨给所属单位的专项经费和补助经费等。在实拨资金方式下，如果行政单位是主管预算单位或二级预算单位，那么，它们从财政部门或上级主管单位取得的预算经费中就包含着其所属单位的预算经费。主管预算单位或二级预算单位应当在取得预算经费时，及时将归其所属单位部分转拨给这些所属单位，包括拨出基本支出经费和项目支出经费。实行国库集中支付制度后，财政部门通过财政零余额账户或单位零余额账户直接将预算经费拨付给收款人或用款单位，不再通过“拨出经费”。

二、拨出经费的核算

为了核算行政单位向所属单位拨出的纳入单位预算管理的非同级财政拨款资金，行政单位应设置“拨出经费”科目。本科目应当分别按照“基本支出”和“项目支出”进行明细核算，还应当按照接受拨出经费的具体单位和款项类别等分别进行明细核算。

行政单位向所属单位拨付非同级财政拨款资金等款项时，借记“拨出经费”科目，贷记“银行存款”等科目。行政单位收回拨出经费时，借记“银行存款”等科目，贷记“拨出经费”科目。年末，行政单位将“拨出经费”科目本年发生额转入其他资金结转结余时，借记“其他资金结转结余”科目，贷记“拨出经费”科目。年终结账后，本科目应无余额。

【例 5-3】某行政单位为主管预算单位，发生如下拨出经费业务。

（1）通过开户银行向所属预算单位拨付预算经费 34 000 元，其中基本支出 12 000 元，项目支出 22 000 元。

借：拨出经费——基本支出　　12 000
　　　　　　——项目支出　　22 000
　　贷：银行存款　　34 000

（2）收到所属单位缴回的多余专项经费 5 000 元，存入银行。

借：银行存款　　5 000

　　贷：拨出经费——项目支出　　5 000

（3）年终，“拨出经费”账户借方余额 96 000 元，其中基本支出余额 30 000 元，项目支出余额 66 000 元。

借：其他资金结转结余——非项目结余　　30 000

　　　　　　　　　　——项目结转　　66 000

　　贷：拨出经费——基本支出　　30 000

　　　　　　　　——项目支出　　66 000

知识总结

（1）行政单位的支出是指行政单位为保障机构正常运转和完成工作任务所发生的资金耗费和损失，包括经费支出和拨出经费。

（2）行政单位应当将各项支出全部纳入单位预算，严格执行国家规定的开支范围及标准，建立健全支出管理制度，对节约潜力大、管理薄弱的支出进行重点管理和控制。行政单位从财政部门或者上级预算单位取得的项目资金，应当按照批准的项目和用途使用，专款专用、单独核算。行政单位严格执行国库集中支付制度和政府采购制度等规定。行政单位应当加强支出的绩效管理，提高资金的使用效益。

（3）经费支出是指行政单位开展业务活动时使用各项资金发生的基本支出和项目支出。经费支出按照资金来源，分为财政拨款支出和其他资金支出；按照资金的不同用途，分为基本支出和项目支出。行政单位的经费支出按照《政府收支分类科目》中的“支出经济分类科目”分设类级科目，类级科目下再设款级科目。

（4）拨出经费是指行政单位向所属单位拨出的纳入单位预算管理的非同级财政拨款资金，如拨给所属单位的专项经费和补助经费等。

练习与实训

一、名词解释

支出　经费支出　拨出经费　基本支出　项目支出

二、简答题

1. 什么是行政单位的支出？行政单位的支出包括哪些内容？
2. 行政单位支出的管理应当遵循哪些要求？
3. 什么是行政单位的经费支出？
4. 行政单位的经费支出可以按照哪些标准进行分类？
5. 什么是行政单位的拨出经费？

三、业务核算题

习题一

1. 目的：练习行政单位支出的核算。

2. 资料：某行政单位（未实行国库集中支付制度改革）发生下列经济业务。

（1）开出转账支票，支付本月办公费用 5 000 元，支付汽车修理费用 6 000 元；

（2）用专项经费，开展某项活动，发生支出 8 500 元，以存款支付；

（3）购入办公用材料一批，价值 7 000 元，材料验收入库；

（4）购入一批计算机设备，价值 120 000 元；

（5）根据预算转拨所属单位本月经费，基本支出 20 000 元，项目支出 50 000 元；

（6）年终结转时，“经费支出”账户借方余额 3 830 000 元，其中，财政拨款支出明细账余额 1 000 000 元，其他资金支出明细账余额 2 830 000 元。

3. 要求：根据上述经济业务编制会计分录。

习题二

1. 目的：练习行政单位支出的核算。

2. 资料：某行政单位（已经实行国库集中支付制度改革）发生下列经济业务。

（1）收到财政直接支付入账通知书，本月工资 200 000 元已由财政直接转入个人账户；

（2）通过财政直接支付，购买一台不需要安装的设备，价值 80 000 元；

（3）用财政授权支付额度购入零星办公用品，价值 600 元；

（4）用财政授权支付额度购入一项非专利技术，价值 50 000 元。

3. 要求：根据上述经济业务编制会计分录。

第六章 行政单位资产的核算

政府部门报废资产有了新出路

——大连对行政事业单位废旧固定资产实行市场化处置

辽宁省大连市行政事业单位报废固定资产处置体系“再添新丁”——2013 年 1 月起，大连市行政事业单位报废固定资产中无回收价值的非电子类资产，如废旧破损的桌椅、柜子、家具等，将统一由大连新天地环境清洁有限公司集中处置，处置过程中发生的费用与该公司可能获得的收益相抵。

大连新天地环境清洁有限公司是大连市大件生活垃圾、装修垃圾处理业务独家经营许可企业。根据双方协议，该公司将大件垃圾回收后进行分类，对功能完好的旧家具安排帮扶贫困地区使用，对可进行资源再利用的部分进行再利用处理，对不可利用部分，由该公司运至垃圾处理厂。这样既可以减少自行处置中发生的雇人雇车的费用，又避免直接堆放垃圾处理点造成的环境危害，同时挖掘了部分废旧家具的再利用价值。更重要的是，可以以此加强政府资产管理。例如，电子电器设备，从近年报废的情况来看，部分产品报废是因为配置无法满足特定工作需求，并不是无法使用。为此，在对各单位固定资产清查摸底的前提下，2009 年大连市财政局下发通知，明确市本级行政事业单位在履行电子电器设备报废批准手续后，由政府采购确定的废弃物处理企业上门回收。在回收过程中，回收企业首先对申请报废的产品进行检测，对其中仍可使用的产品，财政局将其调拨到有需求的地区、部门和单位，待设备无法使用后，由上述企业进行无害化拆解处理。截至目前，大连市财政局对仍可使用设备调拨 244 件，涉及金额 300 余万元。2009 年至 2012 年 8 月末，上述企业共计拉运报废设备 370.977 吨，涉及 440 户次，24 734 件，上缴财政 26.6 万元。

通过以上做法，大连市的资产处置工作实现了财政审批、单位参与、实物资产市场化处置。在资产处置过程中，财政部门、主管部门、事业单位、平台企业在履行自身职责的同时，客观上形成了相互间的监督、制约机制，保证了资产处置过程的严谨和科学，避免了违规现象的发生。由于处置收入形成在平台企业，便于上缴财政，解决了处置收入支出两条线管理的难点。

思考：行政单位应如何加强资产管理，防止国有资产流失？

第一节 行政单位资产概述

一、资产的含义及管理要求

行政单位的资产是指行政单位占有或者使用的，能以货币计量的经济资源。这里所称的“占有”，是指行政单位对经济资源拥有法律上的占有权。另外，由行政单位直接支配，供社会公众使用的政府储备物资、公共基础设施等，也属于行政单位核算的资产。行政单位的资产依法确认为国家所有，即国有（公共）财产。

资产是行政单位开展各项活动的物质基础，行政单位开展业务活动，为社会提供各类管理服务，必须有一定数额的资产作保障。行政单位的国有资产包括行政单位用国家财政性资金形成的资产、国家调拨给行政单位的资产、行政单位按照国家规定组织收入形成的资产，以及接受捐赠和其他经法律确认为国家所有的资产，包括各类财产和债权等，其表现形式为流动资产、固定资产和无形资产等。

为了规范和加强行政单位国有资产管理，维护国有资产的安全和完整，合理配置国有资产，提高国有资产使用效益，保障行政单位履行职能，《行政单位国有资产管理暂行办法》中规定，行政单位国有资产管理，实行国家统一所有，政府分级监管，单位占有、使用的管理体制。各级财政部门是政府负责行政单位国有资产管理的职能部门，对行政单位国有资产实行综合管理。行政单位对本单位占有、使用的国有资产实施具体管理。行政单位应当建立健全国有资产使用管理制度，规范国有资产使用行为。行政单位应认真做好国有资产的使用管理工作，做到物尽其用，充分发挥国有资产的使用效益；保障国有资产的安全完整，防止国有资产使用中的不当损失和浪费。行政单位应对其占有、使用的国有资产定期清查盘点，做到家底清楚，账、卡、实相符，防止国有资产流失。行政单位应当建立严格的国有资产管理责任制，将国有资产管理责任落实到人；不得用国有资产对外担保，法律另有规定的除外；不得以任何形式用占有、使用的国有资产举办经济实体。行政单位拟将占有、使用的国有资产对外出租、出借的，必须事先上报同级财政部门审核批准，未经批准，不得对外出租、出借。同级财政部门应当根据实际情况对行政单位国有资产对外出租、出借事项严格控制，从严审批。行政单位出租、出借的国有资产，其所有权性质不变，仍归国家所有；所形成的收入，按照政府非税收入管理的规定，实行“收支两条线”管理。对行政单位中超标配置、低效运转或者长期闲置的国有资产，同级财政部门有权调剂使用或者处置。

小资料　行政事业单位资产管理信息系统推出“升级版”

财政部下发通知，于2014年6月30日前完成行政事业单位资产系统二期部署实施工作。

据了解，行政事业单位资产管理信息系统于2009年起在全国范围内推广实施。财政部在此基础上，对系统进行了升级。采用了在线/离线双模式的B/S架构，同时调整了资产分类代码、细化了资产卡片信息项、完善了相关管理功能等，在4个中央部门和5个省级财政部门进行了试用，并根据试用情况进一步完善，目前已具备正式部署实施条件。

资产系统二期的部署实施，对于进一步摸清家底、规范流程、实现动态监管、降低单位运行成本、预防腐败有重要意义。具体来说，有利于促进解决财政部门、主管部门和行政事业单位信息不对称问题，消除信息孤岛，切实“摸清家底”，为各级管理和决策提供有效支撑；可以在技术上实现资产数据与政府采购数据、国库支付数据等的互通互用，为资产管理与预算管理、政府采购管理、国库支付管理等财政业务的融合提供技术支持；有利于优化管理流程，逐步实现资产管理由事后监管到事前事中监管的转变，从而有利于从源头上防止资产的不合理使用和国有资产流失行为的发生。

同时，为了规范系统应用，财政部还印发了《行政事业单位国有资产管理信息系统管理规程》，自2014年1月31日起施行。该《规程》明确，财政部制订统一的资产管理信息系统数据规范，负责资产管理信息系统的建立、推广和升级完善。

二、资产的分类

为了便于加强对资产的管理，需要根据行政单位资产的性质和特点对其进行科学的分类。按照是否具有实物形态，可以分为有形资产和无形资产；按其与货币的关系，可以分为货币性资产和非货币性资产；按照流动性的大小，可以分为流动资产和非流动资产。

现行《行政单位会计制度》中，将行政单位的资产按照流动性，分为流动资产和非流动资产。

1. 流动资产

流动资产是指可以在1年以内（含1年）变现或者耗用的资产，包括库存现金、银行存款、零余额账户用款额度、财政应返还额度、应收及预付款项、存货等。

2. 非流动资产

非流动资产是流动资产以外的资产，包括固定资产、在建工程、无形资产等。

三、资产的确认和计量

行政单位对符合资产定义的经济资源，应当在取得对其相关的权利并且能够可靠地进行货币计量时确认。符合资产定义并确认的资产项目，应当列入资产负债表。行政单位的资产应当按照取得时的实际成本进行计量。除国家另有规定外，行政单位不得自行调整其账面价值。具体包括以下几个方面。

（1）应收及预付款项应当按照实际发生额计量。

（2）以支付对价方式取得的资产，应当按照取得资产时支付的现金或者现金等价物的金额，以及所付出的非货币性资产的评估价值等金额计量。

（3）取得资产时没有支付对价的，其计量金额应当按照有关凭据注明的金额加上相关税费、运输费等确定；没有相关凭据但依法经过资产评估的，其计量金额应当按照评估价值加上相关税费、运输费等确定；没有相关凭据也未经评估的，其计量金额比照同类或类似资产的市场价格加上相关税费、运输费等确定；没有相关凭据也未经评估，其同类或类似资产的市场价格无法可靠取得的，按照名义金额（即人民币1元）入账。

第二节 货币资金

货币资金是指行政单位在日常开展业务活动过程中处于货币形态的那部分资金，按其存放地点和用途不同，可分为库存现金、银行存款和零余额账户用款额度。货币资金是行政单位最活跃的资金，流动性强，是重要的支付手段和流通手段，因而是流动资产的管理重点。大多数贪污、诈骗、挪用公款等违法乱纪的行为都与货币资金有关，因此，必须加强对行政单位货币资金的管理和控制，建立健全货币资金内部控制制度，确保各项业务活动合法有效。

一、库存现金

1. 库存现金的特点与管理要求

行政单位的库存现金是指行政单位为保证日常零星开支需要而存放在财务部门的货币资金。库存现金是行政单位资产中流动性最强的一种货币资金，既可以直接用于支付各项费用，也可以立即投入流通，随时购买所需物品。同时，库存现金的诱惑力也很大，容易被人挪用和侵吞，因此任何单位都必须加强对现金的管理，对行政单位来说，现金管理是财务管理中最基本、最重要的一项管理。行政单位现金管理主要包括以下几个方面。

（1）现金使用范围的管理。根据国务院颁布的《现金管理暂行条例》的规定，行政单位可以在以下范围内使用现金：职工工资、津贴；个人劳务报酬；根据国家规定颁发给个人的科学技术、文化艺术、体育等各种奖金；各种劳保、福利费用以及国家规定的对个人的其他支出；向个人收购农副产品和其他物资的价款；出差人员必须随身携带的差旅费；结算起点（1 000元）以下的零星支出；中国人民银行确定需要支付现金的其他支出。行政单位与其他单位的经济往来，不属于上述现金结算范围的款项支付一律通过银行办理转账结算。

（2）库存现金限额的管理。库存现金限额是指为保证行政单位日常零星支出按规定允许留存的现金的最高数额。银行根据实际需要核定3～5天的日常零星开支数额作为该单位的库存现金限额。边远地区和交通不便地区的开户单位，其库存现金限额的核定天数可以适当放宽在5天以上，但最多不得超过15天的日常零星开支的需要量。

（3）现金收支的日常管理。现金收入应于当日送存开户银行。当日送存确有困难的，由开户银行确定送存时间。支付现金，可以从本单位库存现金限额中支付或者从开户银行提取，不得从本单位的现金收入中直接支付（即坐支）。

（4）现金管理的内部控制制度。行政单位应当建立健全货币资金管理岗位责任制，合理设置岗位，会计人员和出纳人员应当要有明确的分工，严格遵守“管账不管钱，管钱不管账，账款分开管理”的原则，确保不相容岗位相互分离。出纳不得兼管稽核、会计档案保管和收入、支出、债权、债务账目的登记工作。

2. 库存现金收支业务的核算

为了核算行政单位库存现金的增减变化及结存情况，行政单位应设置“库存现金”科目。该科目属于资产类科目，借方登记库存现金的增加额，贷方登记库存现金的减少额，期末借方余额，反映行政单位实际持有的库存现金。

行政单位从银行等金融机构提取现金或因开展业务及其他事项收到现金时，借记“库存现金”科目，贷记“银行存款”、“零余额账户用款额度”等科目；因购买服务、商品或者其他事项支出现金时，借记有关科目，贷记“库存现金”科目。

【例 6-1】某行政单位发生如下现金收支业务。

（1）该单位出纳签发现金支票一张，金额 2 000 元，从银行提取现金以备日常开支。

借：库存现金　　2 000

　　贷：银行存款　　2 000

（2）用现金 100 元购买办公用品。

借：经费支出　　100

　　贷：库存现金　　100

（3）将现金 5 000 元送存银行。

借：银行存款　　5 000

　　贷：库存现金　　5 000

【例 6-2】某行政单位已实行国库集中支付制度，发生如下现金业务。

（1）从财政部门为本单位在商业银行开设的零余额账户中提取现金 1 000 元，准备采购办公用品。

借：库存现金　　1 000

　　贷：零余额账户用款额度　　1 000

（2）该单位用现金购买了一批办公用品，共计 650 元，直接交有关部门使用。

借：经费支出　　650

　　贷：库存现金　　650

3. 库存现金日记账的设置

行政单位应当设置“现金日记账”，由出纳人员根据收付款凭证，按照业务发生顺序逐笔登记。每日终了，出纳人员应当计算当日的现金收入合计数、现金支出合计数和结余数，并将结余数与实际库存数核对，做到账款相符。行政单位有外币现金的，应当分别按照人民币、外币种类设置“现金日记账”进行明细核算。有关外币现金业务的账务处理参见“银行存款”科目的相关规定。

4. 库存现金的清查

每日终了结算现金收支，核对库存现金时发现有待查明原因的现金短缺或溢余，应通过“待处理财产损溢”科目核算。属于现金短缺，应当按照实际短缺的金额，借记“待处理财产损溢”科目，贷记“库存现金”科目；属于现金溢余，应当按照实际溢余的金额，借记“库存现金”科目，贷记“待处理财产损溢” 科目。待查明原因后作如下处理：

（1）如为现金短缺，属于应由责任人赔偿或向有关人员追回的部分，借记“其他应收款”科目，贷记“待处理财产损溢”科目。

（2）如为现金溢余，属于应支付给有关人员或单位的，借记“待处理财产损溢”科目，贷记“其他应付款”科目。

【例6-3】某行政单位2014年8月发生如下现金溢余或短缺业务。

（1）在2014年8月25日现金清查中，发现现金短缺500元，原因待查。

借：待处理财产损溢　500
　　贷：库存现金　500

（2）8月30日查明上例现金短缺的原因，其中150元是出纳人员王亮工作失职造成的，由其负责赔偿；剩余350元原因无法查明，经批准转作支出。

借：其他应收款——王亮　150
　　经费支出　350
　　贷：待处理财产损溢　500

（3）在2014年8月25日现金清查中，发现现金溢余390元，原因待查。

借：库存现金　390
　　贷：待处理财产损溢　390

（4）8月30日查明，上例溢余的390元系应支付给A单位的场地租赁费，款项尚未付讫。

借：待处理财产损溢　390
　　贷：其他应付款——A单位　390

二、银行存款

1. 银行存款的管理

银行存款，是指行政单位存放在开户银行或其他金融机构的货币资金。凡独立编报预决算的行政单位，都必须在国家核定设立的银行或其他金融机构开立存款户。行政单位的货币资金，除保留限额内的库存现金外，其余都必须存入开户银行，用于办理转账结算。行政单位开设银行存款账户，应当报同级财政部门审批，并由财务部门统一开立和管理，避免多头开户。对于尚未实行国库集中支付制度的行政单位，财政部门将行政单位开展公务活动所需经费拨入其在开户银行的存款账户，行政单位通过开户银行提取现金或转账向收款人支付。由于行政单位的资金来源主要依靠财政拨款，所以其银行存款账户为实存财政资金的账户。对于已经实行国库集中支付制度的行政单位，财政资金通过国库单一账户体系结算，不再设立与财政资金相关的银行账户，财政性资金存放在国库单一账户中，预算单位使用财政资金，通过财政部门为预算单位开设的单位零余额账户或财政零余额账户实现支付，但行政单位党、团、工会经费等项目还需要开设银行账户结算。因此，严格控制并规范行政单位的银行账户，既是加强预算管理、推进国库管理制度改革的基础性工作，也是强化资金监管、从源头上预防和治理腐败的重要措施。行政单位应当严格按照国家有关支付结算办法的规定办理银行存款收支业务，并按照《行政单位会计制度》规定核算银行存款的各项收支业务。

2. 银行结算方式

“结算”是指行政单位与国家、其他单位或个人之间由于业务往来而引起的货币收付行为。根据中国人民银行《支付结算办法》的规定，银行结算方式主要包括银行汇票、银行本票、商业汇票、支票、汇兑、委托收款、托收承付等。由于行政单位涉及银行结算的业务主要是由预算资金的领拨和经费的支用所引起的，在实际工作中行政单位经常使用的银行结算方式主要是支票和汇兑。除此以外，行政单位还有办理预算拨款的预算拨款凭证。

（1）支票结算方式。支票是出票人签发的，委托办理支票存款业务的银行在见票时无条件支付确定的金额给收款人或者持票人的票据。我国《票据法》按照支付票款的方式，将支票分为现金支票、转账支票和普通支票三种。支票上印有“现金”字样的为现金支票，现金支票只能用于支取现金。支票上印有“转账”字样的为转账支票，转账支票只能用于转账。支票上未印有“现金”或“转账”字样的为普通支票，普通支票可以用于支取现金，也可以用于转账。在普通支票左上角划两条平行线的，为划线支票，划线支票只能用于转账，不得支取现金。

支票结算方式是银行结算中应用比较广泛的一种结算方式。单位和个人在同一票据交换区域的各种款项结算，均可以使用支票。支票的提示付款期限自出票日起 10 日，但中国人民银行另有规定的除外。采用支票结算方式，行政单位收到支票时，应在收到支票的当天填写进账单，并将进账单连同支票一起送交开户银行，根据开户银行盖章退回的进账单和有关原始凭证，编制收款凭证；开出支票付款时，根据开出支票的存根和有关原始凭证，编制付款凭证。

（2）汇兑结算方式。汇兑是汇款人委托银行将其款项支付给收款人的结算方式。按款项划转方式不同，汇兑分为信汇、电汇两种，由汇款人选择使用。信汇是指汇款人委托银行通过邮寄方式将款项划转给收款人。电汇是指汇款人委托银行通过电报方式将款项划转给收款人。

汇兑结算属于汇款人向异地主动付款的一种结算方式。它对于异地上下级单位之间的资金调剂、清理旧欠以及往来款项的结算等都十分方便。汇兑结算适用范围广，手续简便易行，灵活方便，因而是目前应用极为广泛的一种结算方式。单位和个人的各种款项的结算，均可使用汇兑结算方式。财政部门拨给异地预算单位的各种财政资金和主管部门转拨给异地所属单位的预算经费，可使用银行印发的信汇凭证，紧急用款时，也可使用电汇凭证办理拨款。采用汇兑结算方式，对于汇入的款项，行政单位在收到银行收款通知时，据以编制收款凭证；对于汇出的款项，行政单位在向银行办理完汇款手续时，根据汇款回单编制付款凭证。

（3）预算拨款凭证。预算拨款凭证是财政部门与主管部门或基层单位之间办理预算拨款时使用的一种结算凭证。财政部门拨付给同城预算单位的经费拨款和主管部门转拨给同城所属单位的预算经费拨款一律使用专用的“预算拨款凭证”。主管部门或基层单位收到银行转来的“预算拨款凭证”收款通知时，据以编制收款凭证。预算拨款凭证的格式如表 6-1 所示。

表 6-1　　　　　　　　　　　　预算拨款凭证

拨款日期　　年　　月　　日　　　　　　　　　　　　　　　　　　　　　　第　　号

<table>
<tr><td rowspan="3">付款单位</td><td>全称</td><td></td><td rowspan="3">收款单位</td><td>全称</td><td></td></tr>
<tr><td>账号</td><td></td><td>账号或地址</td><td></td></tr>
<tr><td>开户银行</td><td></td><td>开户银行</td><td></td></tr>
<tr><td rowspan="2">拨款金额</td><td colspan="4" rowspan="2">人民币：
（大写）</td><td>金额（小写）</td></tr>
<tr><td></td></tr>
<tr><td>用途</td><td colspan="2"></td><td colspan="3">类：　　　款：　　　项：</td></tr>
<tr><td colspan="2">拨款单位盖章：</td><td>银行会计分录</td><td colspan="3">（借）________
对方科目________
复核员：　　　记账员：</td></tr>
</table>

3. 银行存款的核算

为了核算行政单位存入银行或者其他金融机构的各种存款的增减变化及结存情况，应设置“银行存款”科目。该科目属于资产类科目，借方登记存款的增加数，贷方登记存款的减少数，期末借方余额，反映行政单位实际存放在银行或其他金融机构的款项。

行政单位将款项存入银行或者其他金融机构，借记“银行存款”科目，按存款来源贷记“库存现金”、“其他收入”等有关科目；提取和支出存款时，借记“经费支出”等科目，贷记“银行存款”科目。

【例 6-4】某行政单位尚未实行国库集中收付制度，发生如下经济业务。

（1）收到财政部门拨入本月日常经费 150 000 元。

借：银行存款　　　　　　　　　　　　　　150 000

　　贷：财政拨款收入　　　　　　　　　　　　　150 000

（2）购买办公用品 5 000 元，开出转账支票支付款项。

借：经费支出　　　　　　　　　　　　　　5 000

　　贷：银行存款　　　　　　　　　　　　　　　5 000

（3）按照预算关系向所属预算单位转拨专项预算经费 16 000 元。

借：拨出经费　　　　　　　　　　　　　　16 000

　　贷：银行存款　　　　　　　　　　　　　　　16 000

有外币存款的行政单位，应在“银行存款”账户下分别人民币和各种外币设置银行存款日记账，进行明细核算。

行政单位发生外币业务的，应当按照业务发生当日或当期期初的即期汇率，将外币金额折算为人民币金额记账，并登记外币金额和汇率。期末，各种外币账户的期末余额，应当按照期末的即期汇率折算为人民币，作为外币账户期末人民币余额。调整后的各种外币账户人民币余额与原账面余额的差额，作为汇兑损溢计入当期支出。

【例 6-5】某行政单位发生如下外币业务。

（1）收到外事服务收入 500 美元，当日人民币汇率为 1 美元对人民币 6.10 元。

借：银行存款——美元户　　3 050
　　贷：其他收入　　3 050

（2）发生外事服务支出，使用外汇 200 美元，当日人民币汇率为 1 美元对人民币 6.06 元。

借：经费支出　　1 212
　　贷：银行存款——美元户　　1 212

（3）年末，人民币汇率为 1 美元对人民币 6.04 元，该行政单位美元户存款余额为 300 美元，汇兑损失为人民币 26 元。

汇兑损失=（3050-1212）-300×6.04=26（元）

借：经费支出　　26
　　贷：银行存款——美元户　　26

如为汇兑收益，则做相反的会计分录。

4. 银行存款日记账的设置

行政单位应当按开户银行或其他金融机构、存款种类及币种等，分别设置“银行存款日记账”，由出纳人员根据收付款凭证，按照业务的发生顺序逐笔登记，每日终了应结出余额。“银行存款日记账”应定期与“银行对账单”核对，至少每月核对一次。月度终了，行政单位“银行存款”账面余额与银行对账单余额之间如有差额，必须逐笔查明原因并进行处理，按月编制“银行存款余额调节表”，调节相符。银行存款余额调节表的编制方法参见事业单位会计。

三、零余额账户款额度

1. 零余额账户用款额度的概念

零余额账户用款额度是指实行国库集中支付的行政单位根据财政部门批复的用款计划收到和支用的零余额账户用款额度。这是实行国库集中支付制度后，财政部门给预算单位划拨资金的方式。在国库集中支付制度下，政府财政资金支付都在国库单一账户体系下统一进行。通过零余额账户，政府财政资金采取财政直接支付和财政授权支付两种方式支付到商品和劳务供应商或收款人。商业银行代理支付的财政资金，每日与财政部门开设在中国人民银行的国库单一账户进行清算。预算单位的零余额账户是用于办理国库集中支付业务的银行结算账户，用于财政授权支付，并与国库单一账户清算。零余额账户的用款额度具有与人民币存款相同的支付结算功能。预算单位零余额账户可办理转账、汇兑、委托收款和提取现金等支付结算业务。

2. 零余额账户用款额度的核算

为了适应财政国库管理制度改革资金核算的需要，规范财政国库集中支付改革后预算单位会计核算工作，财政部在 2001 年颁发的《财政国库管理制度改革试点会计核算暂行办法》中，增设了“零余额账户用款额度”科目，用于核算预算单位在授权支付额度内办理授权支付业务。该科目属于资产类科目，借方登记财政下达预算单位的授权支付用款额度，贷方登记零余额账户用款额度的减少数，期末借方余额，反映行政单位尚未支用的零余额账户用款额度。年度终了注销单位零余额账户用款额度后，本科目应无余额。

行政单位收到“财政授权支付额度到账通知书”（见表 6-2）时，根据通知书所列数额，借记“零余额账户用款额度”科目，贷记“财政拨款收入”科目；按规定支用额度或从零余额账户提取现金时，借记“经费支出”、“库存现金”等科目，贷记“零余额账户用款额度”科目。年末，行政单位根据代理银行提供的对账单作银行注销额度的相关账务处理。下年度年初，行政单位根据代理银行提供的额度恢复到账通知书作恢复额度的相关账务处理。具体账务处理参见“财政应返还额度”科目。

表 6-2　　财政授权支付额度到账通知书

______________：

零余额账户账号：　　　　第 1 页/共 1 页

你单位____月份的财政授权支付额度已经中心核准，特予通知。　　　　金额单位：元

<table>
<tr><th rowspan="3">资金性质</th><th colspan="4">功能分类</th><th rowspan="3">财政授权支付额度</th><th rowspan="3">备　注</th></tr>
<tr><th colspan="3">编　码</th><th rowspan="2">名　称</th></tr>
<tr><th>类</th><th>款</th><th>项</th></tr>
<tr><td></td><td></td><td></td><td></td><td></td><td></td><td></td></tr>
<tr><td></td><td></td><td></td><td></td><td></td><td></td><td></td></tr>
<tr><td></td><td></td><td></td><td></td><td></td><td></td><td></td></tr>
<tr><td></td><td></td><td></td><td></td><td></td><td></td><td></td></tr>
<tr><td></td><td></td><td></td><td></td><td></td><td></td><td></td></tr>
<tr><td colspan="5">本页小计</td><td></td><td></td></tr>
<tr><td>合计（大写）</td><td colspan="2"></td><td colspan="2">（小写）</td><td></td><td></td></tr>
</table>

银行（签章）　　　　经办人：　　　　打印日期：

注：本通知书一式两联，第一联预算单位作财政授权支付额度到账通知；第二联留代理银行备查。

【例 6-6】某行政单位已实行国库集中支付制度，发生如下经济业务。

（1）3 月 5 日，收到代理银行转来的“财政授权支付额度到账通知书”，取得财政授权支付额度 650 000 元。

借：零余额账户用款额度　　650 000

　　贷：财政拨款收入　　650 000

（2）3 月 10 日，该单位通过零余额账户购买了一批办公用品，金额共计 8 000 元，直接交有关部门使用。

借：经费支出　　8 000

　　贷：零余额账户用款额度　　8 000

（3）3 月 15 日，从零余额账户提取现金 2 000 元，以备日常开支。

借：库存现金　　2 000

　　贷：零余额账户用款额度　　2 000

第三节　应收及预付款项

应收及预付款项是指行政单位在开展业务活动中形成的各项债权，包括财政应返还额度、应收账款、预付账款、其他应收款等。

一、财政应返还额度

1. 财政应返还额度的概念

财政应返还额度指实行国库集中支付的行政单位应收财政返还的资金额度。国库集中支

付制度下，行政单位的年度支出预算经过批准后，则形成了行政单位的支出预算指标数。年度终了，当本年度财政直接支付预算指标数大于当年财政直接支付实际支出数，财政授权支付预算指标数大于零余额账户用款额度下达数，即行政单位年终还存在尚未使用的预算指标和用款额度，财政部门对这部分额度采取先注销后恢复的管理办法。年度终了，这部分额度要由财政收回，即注销，然后于下一年年初恢复，供行政单位继续使用。这样，当年结余的预算指标和用款额度即构成行政单位应收财政部门返还的额度，形成预算单位对财政部门的一项债权。

2. 财政应返还额度的核算

为了核算实行国库集中支付的行政单位应收财政返还的资金额度，行政单位应设置“财政应返还额度”科目。该科目属于资产类科目，借方登记财政应返还的额度，贷方登记下年度实际支出的冲减数（财政直接支付方式）或下年度恢复额度数（财政授权支付方式），期末借方余额，反映行政单位应收财政返还的资金额度。该科目应当设置“财政直接支付”、“财政授权支付”两个明细科目进行明细核算。

在财政直接支付方式下，年末，行政单位根据本年度财政直接支付预算指标数与财政直接支付实际支出数的差额，借记“财政应返还额度——财政直接支付”科目，贷记“财政拨款收入”科目。下年度财政部门恢复财政直接支付额度时，行政单位不作会计处理。待行政单位以财政直接支付方式发生实际支出时，借记“经费支出”等科目，贷记“财政应返还额度——财政直接支付”科目。

在财政授权支付方式下，年末，行政单位根据代理银行提供的对账单作银行注销额度的相关账务处理，借记“财政应返还额度——财政授权支付”科目，贷记“零余额账户用款额度”。如单位本年度财政授权支付预算指标数大于财政授权支付额度下达数，根据两者间的差额，借记“财政应返还额度——财政授权支付”科目，贷记“财政拨款收入”科目。下年度年初，行政单位根据代理银行提供的额度恢复到账通知书作恢复额度的相关账务处理，借记“零余额账户用款额度”科目，贷记“财政应返还额度——财政授权支付”科目。行政单位收到财政部门批复的上年末下达零余额账户用款额度时，借记“零余额账户用款额度”科目，贷记“财政应返还额度——财政授权支付”科目。

【例 6-7】某行政单位已经实行国库集中支付制度。年终，本年度财政直接支付预算指标数为 985 000 元，财政直接支付实际支出数 974 000 元。行政单位存在尚未使用的财政直接支付预算指标。年末，则编制如下会计分录。

借：财政应返还额度——财政直接支付	11 000	
贷：财政拨款收入		11 000

【例 6-8】接上例，次年初，该行政单位获得财政部门批复同意恢复财政直接支付额度总额 11 000 元，1 月可用额度 3 000 元。该单位在 1 月使用恢复额度支付办公经费 1 500 元。则编制如下会计分录。

借：经费支出	1 500	
贷：财政应返还额度——财政直接支付		1 500

【例 6-9】某行政单位已经实行国库集中支付制度。年终，本年度财政授权支付预算指标数为 555 000 元，单位零余额账户代理银行收到的零余额账户用款额度 545 000 元，本年度财政授权支付实际支出数为 544 000 元。该单位存在尚未使用的财政授权支付预算额度 1 000

元，存在尚未收到的财政授权支付预算指标 10 000 元。则编制如下会计分录。

借：财政应返还额度——财政授权支付 1 000

贷：零余额账户用款额度 1 000

同时，

借：财政应返还额度——财政授权支付 10 000

贷：财政拨款收入 10 000

【例 6-10】接上例，次年初，该单位收到代理银行提供的额度恢复到账通知书，恢复财政授权支付额度 1 000 元。收到财政部门恢复的上年末未下达的单位零余额账户用款额度 10 000 元。则编制如下会计分录。

（1）恢复财政授权支付额度时。

借：零余额账户用款额度 1 000

贷：财政应返还额度——财政授权支付 1 000

（2）收到上年年末未下达的单位零余额账户用款额度时。

借：零余额账户用款额度 10 000

贷：财政应返还额度——财政授权支付 10 000

二、应收账款

1. 应收账款的确认

应收账款是指行政单位出租资产、出售物资等应当收取的款项。应收账款是流动资产性质的债权，有其特定的范围，是指行政单位因出租资产、出售物资等形成的债权，不包括应收取的各种赔款、罚款和应向职工收取的各种垫付款，也不包括本单位付出的各类押金、预付款项等。应收账款应当在资产已出租或物资已出售、且尚未收到款项时确认。

2. 应收账款的核算

为了核算行政单位出租资产、出售物资等应当收取的款项，行政单位应设置“应收账款”科目。该科目属于资产类科目，借方登记应收账款的增加数，贷方登记应收账款的减少数，期末借方余额，反映行政单位尚未收回的应收账款。由于行政单位会计制度中未设置“应收票据”科目，所以行政单位收到的商业汇票，也通过“应收账款”科目核算，并按照购货、接受服务单位（或个人）或开出、承兑商业汇票的单位等进行明细核算。

应收账款的主要账务处理如下。

（1）出租资产发生的应收账款。行政单位出租资产尚未收到款项或收到商业汇票时，按照应收未收金额或商业汇票的票面金额，借记“应收账款”科目，贷记“其他应付款”科目。行政单位收回应收账款或商业汇票到期收回款项时，借记“银行存款”等科目，贷记“应收账款”科目；同时，借记“其他应付款”科目，按照应缴的税费，贷记“应缴税费”科目，按照扣除应缴税费后的净额，贷记“应缴财政款”科目。

【例 6-11】2014 年 5 月 10 日，某行政单位出租给 A 单位一间多媒体会议室，租金 5 000 元，款项尚未收到。5 月 12 日，对方通过转账方式支付租金。

① 出租时。

借：应收账款——A 单位 5 000

贷：其他应付款 5 000

② 收到款项时。

借：银行存款　　5 000

　　贷：应收账款——A 单位　　5 000

同时，

借：其他应付款　　5 000

　　贷：应缴税费——应缴营业税　　250

　　　　应缴财政款　　4 750

（2）出售物资发生的应收账款。行政单位物资已发出并到达约定状态且尚未收到款项或收到商业汇票时，按照应收未收金额或商业汇票的票面金额，借记“应收账款”科目，贷记“待处理财产损溢”科目。行政单位收回应收账款或商业汇票到期收回款项时，借记“银行存款”等科目，贷记“应收账款”科目。

【例 6-12】某行政单位出售一批闲置的办公材料，合计价款 50 000 元，材料已发出，收到对方交来的一张 30 天到期的商业承兑汇票，面值 50 000 元。

① 发出材料时。

借：应收账款　　50 000

　　贷：待处理财产损溢　　50 000

② 商业承兑汇票到期时。

借：银行存款　　50 000

　　贷：应收账款　　50 000

行政单位应当设置“商业汇票备查簿”，逐笔登记每一笔应收商业汇票的种类、号数、出票日期、到期日、票面金额、交易合同号等相关信息资料。商业汇票到期结清票款或退票后，应当在备查簿内逐笔注销。

3. 应收账款的核销

按照《行政单位会计制度》的规定，逾期 3 年或以上、有确凿证据表明确实无法收回的应收账款，按规定报经批准后予以核销。核销的应收账款应在备查簿中保留登记。具体账务处理如下。

（1）转入待处理财产损溢时，按照待核销的应收账款金额，借记“待处理财产损溢”科目，贷记“应收账款”科目。

（2）报经批准对无法收回的应收账款予以核销时，借记“经费支出”科目，贷记“待处理财产损溢”科目。

（3）已核销的应收账款在以后期间收回的，借记“银行存款”科目，贷记“应缴财政款”等科目。

【例 6-13】2014 年 6 月 20 日，某行政单位对其应收款项进行清理时确认应收 A 单位的账款 65 000 元无法收回。该单位按规定报有关部门批准并核销该项应收款项。编制会计分录如下。

① 转入待处理财产损溢时。

借：待处理财产损溢　　65 000

　　贷：应收账款——A 单位　　65 000

② 核销该项应收账款时。

借：经费支出 65 000

贷：待处理财产损溢 65 000

三、预付账款

1. 预付账款的确认

预付账款是指行政单位按照购货、服务合同规定预付给供应单位（或个人）的款项。预付账款应当在已支付款项且尚未收到物资或服务时确认。

预付账款和应收账款一样，都是行政单位的短期债权，但是两者又有区别。应收账款是行政单位对外出租资产或出售物资应向购货方收取的款项；而预付账款是行政单位由于购货或接受劳务，预先支付给供货方或劳务方的款项。

2. 预付账款的核算

为了核算行政单位预付给供应单位（或个人）的款项，行政单位应设置“预付账款”科目。该科目属于资产类科目，借方登记行政单位向供应方预付的货款，贷方登记行政单位收到所购货物时结转的预付款项，期末借方余额，反映行政单位实际预付但尚未结算的款项。行政单位依据合同规定支付的定金，也通过本科目核算。行政单位支付可以收回的订金，不通过本科目核算，应当通过“其他应收款”科目核算。预付账款科目应当按照供应单位（或个人）进行明细核算。

行政单位发生预付账款时，借记“预付账款”科目，贷记“资产基金——预付款项”科目；同时，借记“经费支出”科目，贷记“财政拨款收入”、“零余额账户用款额度”、“银行存款”等科目。行政单位收到所购物资或服务时，按照相应预付账款金额，借记“资产基金——预付款项”科目，贷记“预付账款”科目；发生补付款项的，按照实际补付的款项，借记“经费支出”科目，贷记“财政拨款收入”、“零余额账户用款额度”、“银行存款”等科目。行政单位收到物资的，同时按照收到所购物资的成本，借记有关资产科目，贷记“资产基金”及相关明细科目。

【例 6-14】某行政单位 2014 年 5 月 20 日与 B 公司签订购买合同，购入一台专用设备，价款为 22 000 元。按照合同约定，该行政单位预付货款 12 000 元。剩余款项于设备安装调试成功后支付。

① 预付设备款时。

借：预付账款 12 000

贷：资产基金——预付款项 12 000

借：经费支出 12 000

贷：银行存款 12 000

② 设备安装调试成功，并支付剩余货款时。

借：资产基金——预付款项 12 000

贷：预付账款 12 000

借：经费支出 10 000

贷：银行存款 10 000

借：固定资产　　22 000

　　贷：资产基金——固定资产　　22 000

如行政单位发生当年预付账款退回的，借记“资产基金——预付款项”科目，贷记“预付账款”科目；同时，借记“财政拨款收入”、“零余额账户用款额度”、“银行存款”等科目，贷记“经费支出”科目。行政单位发生以前年度预付账款退回的，借记“资产基金——预付款项”科目，贷记“预付账款”科目；同时，借记“财政应返还额度”、“零余额账户用款额度”、“银行存款”等科目，贷记“财政拨款结转”、“财政拨款结余”、“其他资金结转结余”等科目。

【例 6-15】2014 年 5 月 12 日，某行政单位订购材料一批，预付款项 5 000 元，后因材料脱销，款项于 6 月 10 日被退回。

借：资产基金——预付款项　　5 000

　　贷：预付账款　　5 000

借：银行存款　　5 000

　　贷：经费支出　　5 000

3. 预付账款的核销

逾期 3 年或以上、有确凿证据表明确实无法收到所购物资和服务，且无法收回的预付账款，按照规定报经批准后予以核销。核销的预付账款应在备查簿中保留登记。具体账务处理如下。

（1）转入待处理财产损溢时，按照待核销的预付账款金额，借记“待处理财产损溢”科目，贷记“预付账款”科目。

（2）报经批准予以核销时，借记“资产基金——预付款项”科目，贷记“待处理财产损溢”科目。

（3）已核销的预付账款在以后期间又收回的，借记“零余额账户用款额度”、“银行存款”等科目，贷记“财政拨款结转”、“财政拨款结余”、“其他资金结转结余”等科目。

【例 6-16】某行政单位有确凿证据表明，预付 A 单位的设备款 3 000 元因其撤销而无法收回。经报批予以核销。

① 将款项转入待处理财产损溢时。

借：待处理财产损溢　　3 000

　　贷：预付账款——A 单位　　3 000

② 报经批准予以核销预付账款时。

借：资产基金——预付款项　　3 000

　　贷：待处理财产损溢　　3 000

四、其他应收款

1. 其他应收款的内容

其他应收款是指行政单位除应收账款、预付账款以外的其他各项应收及暂付款项，主要包括职工出差预借的差旅费、拨付给内部有关部门的备用金、应向职工收取的各种垫付款项等。

2. 其他应收款的核算

为了核算行政单位其他各项应收及暂付款项，行政单位应设置“其他应收款”科目。该科目属于资产类科目，借方登记发生的各种其他应收款，贷方登记收到的或转销的款项，期末借方余额，反映行政单位尚未收回的其他应收款。本科目应当按照其他应收款的类别以及债务单位（或个人）进行明细核算。

行政单位发生其他应收及暂付款项时，借记“其他应收款”科目，贷记“零余额账户用款额度”、“银行存款”等科目。行政单位收回或转销上述款项时，借记“银行存款”、“零余额账户用款额度”或有关支出等科目，贷记“其他应收款”科目。

【例 6-17】某行政单位根据发生的有关其他应收款经济业务，编制会计分录如下。

（1）8 月 1 日，公务员王亮出差，预借差旅费 1 200 元，以现金支付。

借：其他应收款——王亮　　1 200
　　贷：库存现金　　1 200

（2）8 月 8 日，王亮出差归来，报销差旅费 1 100 元，余款退回。

借：经费支出　　1 100
　　库存现金　　100
　　贷：其他应收款——王亮　　1 200

（3）9 月 2 日，为职工李某垫付医疗费现金 3 000 元。

借：其他应收款——李某　　3 000
　　贷：库存现金　　3 000

（4）9 月 15 日，收到职工李某归还资金 3 000 元。

借：库存现金　　3 000
　　贷：其他应收款——李某　　3 000

在其他应收款业务中，特别需要指出的是备用金的核算。备用金是行政单位为了满足内部有关部门的需要，暂付给有关部门和人员使用的备用现金。行政单位内部实行备用金制度的，有关部门使用备用金以后应当及时到财务部门报销并补足备用金。财务部门核定并发放备用金时，借记“其他应收款”科目，贷记“库存现金”等科目。根据报销数用现金补足备用金定额时，借记“经费支出”科目，贷记“库存现金”等科目，报销数和拨补数都不再通过“其他应收款”科目核算。

【例 6-18】某行政单位后勤服务部门实行定额备用金制度，当年核定的定额为 6 000 元。1 月 5 日，财务部门开出现金支票拨付后勤服务部门备用金定额 6 000 元；2 月 19 日，后勤服务部门报销购买办公用品支出 600 元，经财务部门审核后予以报销，并用现金补足备用金定额。

① 拨付备用金定额时。

借：其他应收款——后勤服务部门　　6 000
　　贷：库存现金　　6 000

② 报销办公用品支出时。

借：经费支出　　600
　　贷：库存现金　　600

3. 其他应收款的核销

行政单位应定期对其他应收款进行检查，对于不能收回的其他应收款，应当查明原因，追究相关人员的责任。逾期3年或以上、有确凿证据表明确实无法收回的其他应收款，按规定报经批准后予以核销。核销的其他应收款应在备查簿中保留登记。具体账务处理如下：

（1）转入待处理财产损溢时，按照待核销的其他应收款金额，借记“待处理财产损溢”科目，贷记“其他应收款”科目。

（2）报经批准对无法收回的其他应收款予以核销时，借记“经费支出”科目，贷记“待处理财产损溢”科目。

（3）已核销的其他应收款在以后期间又收回的，如属于在核销年度内收回的，借记“银行存款”等科目，贷记“经费支出”科目；如属于在核销年度以后收回的，借记“银行存款”等科目，贷记“财政拨款结转”、“财政拨款结余”、“其他资金结转结余”等科目。

【例 6-19】某行政单位为职工王某垫付的现金 1 000 元因职工离开单位而无法收回，经有关部门批准予以核销。

① 转入待处理财产损溢时。

借：待处理财产损溢　　1 000

　　贷：其他应收款——王某　　1 000

② 核销该款项时。

借：经费支出　　1 000

　　贷：待处理财产损溢　　1 000

第四节　存货

一、存货的概念

存货是指行政单位在开展业务活动及其他活动中为耗用而储存的各种物资，包括材料、燃料、包装物和低值易耗品及未达到固定资产标准的家具、用具、装具等。

行政单位的存货具有以下特征：

（1）存货属于有形资产，有别于专利权、商标权等无形资产；

（2）存货属于流动资产，具有较强的变现能力和流动性；

（3）行政单位的存货是为了开展业务活动而储存的财产物资，持有存货的目的是自用或者耗用，而不是为了出售。

二、存货的计量

1. 初始计量

存货的初始计量是指增加的存货的实际成本构成。存货成本包括采购成本、加工成本和其他成本。存货在取得时，应当按照其实际成本入账。具体来说：

（1）购入的存货，其成本包括购买价款、相关税费、运输费、装卸费、保险费以及其他使得存货达到目前场所和状态所发生的支出。

（2）置换换入的存货，其成本按照换出资产的评估价值，加上支付的补价或减去收到的补价，加上为换入存货支付的其他费用（运输费等）确定。

（3）接受捐赠、无偿调入的存货，其成本按照有关凭据注明的金额加上相关税费、运输费等确定；没有相关凭据可供取得，但依法经过资产评估的，其成本应当按照评估价值加上相关税费、运输费等确定；没有相关凭据可供取得、也未经评估的，其成本比照同类或类似存货的市场价格加上相关税费、运输费等确定；没有相关凭据也未经评估，其同类或类似存货的市场价格无法可靠取得的，该存货按照名义金额（即人民币1元）入账。

（4）委托加工的存货，其成本按照未加工存货的成本加上加工费用和往返运输费等确定。

（5）盘盈的存货，按照取得同类或类似存货的实际成本确定入账价值；没有同类或类似存货的实际成本，按照同类或类似存货的市场价格确定入账价值；同类或类似存货的实际成本或市场价格无法可靠取得的，按照名义金额入账。

2. 发出存货的计量

存货发出时，行政单位应当根据各类存货的实物流转方式、管理要求、存货的性质等实际情况，合理确定发出存货的实际成本。行政单位可以采用的发出存货成本的计价方法有先进先出法、加权平均法或者个别计价法。计价方法一经确定，不得随意变更。

（1）先进先出法。先进先出法是假定先收进的存货最先发出，或先收到的存货先被耗用，并根据这种假定的成本流转次序对发出存货进行计价的一种方法。具体做法是：收入有关存货时，逐笔登记每一批存货的数量、单价和金额；发出存货时，按照先进先出法的原则计价，并逐笔登记存货的发出和结存金额。

先进先出法是以“先入库的存货先发出”这一假定为前提，并根据这种假定的成本流转顺序对发出存货和结存存货进行计价。采用这种方法的优点是能够随时确定和计算每次发出和结存的金额，使期末存货的价值接近于现行市价；缺点是每次发货都必须计算其实际成本，在存货收发业务频繁，单价经常变动的情况下，核算工作繁重。

（2）加权平均法。加权平均法分为月末一次加权平均法和移动加权平均法两种。本书仅介绍月末一次加权平均法。

月末一次加权平均法，是根据期初结存存货和本期收入存货的数量和进货成本，月末一次计算存货的加权平均单价，作为计算本期发出存货成本和期末结存存货成本的单价，以求得本期发出存货成本和结存存货成本的一种方法。其计算公式如下：

$$加权平均单价=\frac{期初结存存货实际成本+本期收入存货实际成本}{期初结存存货量+本期收入存数量}$$

$$本期发出存货实际成本=本期发出存货的数量\times加权平均单价$$

$$期末结存存货实际成本=期末结存存货的数量\times加权平均单价$$

或

$$期末结存存货实际成本=期初结存存货实际成本+本期收入存货实际成本-本期发出存货实际成本$$

【例6-20】假设某行政单位2014年1月甲商品入库、发出和结存数量资料，如表6-3所示。

表6-3　　某行政单位2014年1月甲商品出入库结存表

2014年		摘要	收入			发出			结存		
月	日		数量	单价	金额	数量	单价	金额	数量	单价	金额
1	1	期初结存							2 000	1.00	2 000
1	8	购入	3 000	1.10	3 300						

续表

2014年		摘要	收入			发出			结存		
月	日		数量	单价	金额	数量	单价	金额	数量	单价	金额
1	10	发出				4 000					
1	15	购入	4 000	1.15	4 600						
1	20	发出				3 000					
1	28	购入	1 000	1.20	1 200						
1	31	合计	8 000		9 100						

采用月末一次加权平均法计算，则

加权平均单价=（2 000+9 100）/（2 000+8 000）=1.11（元/件）

本期发出存货成本=7 000×1.11=7 770（元）

期末结存存货成本=3 000×1.11=3 330（元）

采用月末一次加权平均法计算发出该商品的实际成本为7 770元。

采用月末一次加权平均法，日常收到存货时，按实收数量、单价和金额登记。对于本期发出的存货，平时只登记数量，不登记单价和金额，期末计算出加权平均单价后，用其计算本期发出存货和期末存货的成本。

按月末一次加权平均法说明明细账的登记方法，如表6-4所示。

表6-4　　加权平均法登记表

2014年		摘　要	收　入			发　出			结　存		
月	日		数量	单价	金额	数量	单价	金额	数量	单价	金额
1	1	期初结存							2 000	1.00	2 000
1	8	购入	3 000	1.10	3 300				5 000		
1	10	发出				4 000			1 000		
1	15	购入	4 000	1.15	4 600				5 000		
1	20	发出				3 000			2 000		
1	28	购入	1 000	1.20	1 200				3 000		
1	31	合计	8 000		9 100	7 000	1.11	7 770	3 000	1.11	3 330

采用月末一次加权平均法，月末一次计算发出存货和期末存货的实际成本，大大减少了日常核算的工作量。由于行政单位一种材料每次进料的来源、单价可能不完全一样，月末一次加权平均法是行政单位计算发出材料成本常用的一种方法。

（3）个别计价法。个别计价法又称个别认定法或分批计价法，采用这一方法是假定存货具体项目的实物流转与成本流转相一致，按照各种存货逐一辨认各批发出存货和期末存货所属的购进批别或生产批别，分别按其购入或生产时所确定的单位成本计算各批发出存货和期末存货成本的方法。

采用个别计价法确定的存货成本，实事求是，准确合理，但会给具体的操作带来很大的工作量，必须分批记录、分批存放，记录保管繁琐个别计价法。一般适用于不能替代使用的存货和为特定项目专门购入或制造的存货等。

三、存货的核算

为了核算行政单位在工作中为耗用而储存的资产的实际成本，行政单位需设置“存货”科目。该科目属于资产类科目，借方登记外购、自制、委托加工、盘盈等而增加的存货的实际成本；贷方登记发出、领用、对外销售、盘亏等原因减少存货的实际成本，期末借方余额，反映行政单位存货的实际成本。存货应当在其到达存放地点并验收时确认。本科目应当按照存货的种类、规格和保管地点等进行明细核算。行政单位有委托加工存货业务的，应当在本科目下设置“委托加工存货成本”明细科目。行政单位出租、出借的存货，应当设置备查簿进行登记。

行政单位随买随用的零星办公用品等，可以在购进时直接列作支出，不通过本科目核算。

1. 存货增加的核算

（1）购入或换入的存货。行政单位购入或换入的存货验收入库，按照确定的成本，借记“存货”科目，贷记“资产基金——存货”科目；同时，按照实际支付的金额或实际支付的补价、运输费等金额，借记“经费支出”科目，贷记“财政拨款收入”、“零余额账户用款额度”、“银行存款”等科目；对于尚未付款的，应当按照应付未付的金额，借记“待偿债净资产”科目，贷记“应付账款”科目。

【例 6-21】某行政单位购入材料 500 千克，每千克 15 元，共计 7 500 元，税款 1 275 元，支付运输费、装卸费 300 元，款项已用支票付讫，材料已验收入库。

借：存货　　9 075
　　贷：资产基金——存货　　9 075
借：经费支出　　9 075
　　贷：银行存款　　9 075

【例 6-22】某行政单位 3 月 5 日购入甲材料一批，价款（含税）35 100 元，另以现金支付运杂费 500 元。材料验收入库，款项尚未支付。3 月 10 日，通过银行转账支付货款。

① 购入材料时。

借：存货　　35 600
　　贷：资产基金——存货　　35 600
借：待偿债净资产　　35 100
　　贷：应付账款　　35 100
借：经费支出　　500
　　贷：库存现金　　500

② 支付货款时。

借：应付账款　　35 100
　　贷：待偿债净资产　　35 100

同时，

借：经费支出　　35 100
　　贷：银行存款　　35 100

（2）接受捐赠、无偿调入的存货。行政单位接受捐赠、无偿调入的存货验收入库，按照确定的成本，借记“存货”科目，贷记“资产基金——存货”科目；同时，按实际支付的相关税费、运输费等金额，借记“经费支出”科目，贷记“财政拨款收入”、“零余额账户用款额度”、“银行存款”等科目。

【例 6-23】某行政单位接受 A 单位捐赠办公用具一批，发票上注明的价款共计 50 000 元，该单位以现金支付运费 450 元。办公用具验收入库。

借：存货　　50 450

　　贷：资产基金——存货　　50 450

借：经费支出　　450

　　贷：库存现金　　450

2. 存货发出的核算

（1）领用、发出存货。行政单位开展业务活动等领用、发出存货，按照领用、发出存货的实际成本，借记“资产基金——存货”科目，贷记“存货”科目。

【例 6-24】某行政单位为修缮房屋领用材料，成本为 6 000 元。

借：资产基金——存货　　6 000

　　贷：存货　　6 000

（2）对外捐赠、无偿调出存货。行政单位经批准对外捐赠、无偿调出存货时，按照对外捐赠、无偿调出存货的实际成本，借记“资产基金——存货”科目，贷记“存货”科目。对外捐赠、无偿调出存货发生由行政单位承担的运输费等支出，借记“经费支出”科目，贷记“财政拨款收入”、“零余额账户用款额度”、“银行存款”等科目。

【例 6-25】某行政单位将一批办公用品捐赠某希望小学，成本为 12 000 元，通过当地邮局邮寄，支付邮寄费 200 元。

借：资产基金——存货　　12 000

　　贷：存货　　12 000

借：经费支出　　200

　　贷：库存现金　　200

（3）出售、置换换出存货。行政单位经批准对外出售、置换换出的存货，应当转入待处理财产损溢，按照相关存货的实际成本，借记“待处理财产损溢”科目，贷记“存货”科目。行政单位实现出售、置换换出时，借记“资产基金——存货”科目，贷记“待处理财产损溢”科目。

【例 6-26】某行政单位将一批闲置材料对外出售，材料账面余额为 5 100 元。

① 将材料转入待处理财产损溢时。

借：待处理财产损溢　　5 100

　　贷：存货　　5 100

② 材料出售时。

借：资产基金——存货　　5 100

　　贷：待处理财产损溢　　5 100

行政单位出售、置换换出资产过程中收到价款、补价等收入，借记“库存现金”、“银行存款”等科目，贷记“待处理财产损溢——处理净收入”科目。行政单位出售、置换换出资产过程中发生相关费用，借记“待处理财产损溢——处理净收入”科目，贷记“库存现金”、“银行存款”、“应缴税费”等科目。行政单位出售、置换换出完毕并收回相关的应收账款后，按照处置收入扣除相关税费后的净收入，借记“待处理财产损溢——处理净收入”科目，贷记“应缴财政款”；如果处置收入小于相关税费的，按照相关税费减去处置收入后的净支出，借记“经费支出”科目，贷记“待处理财产损溢——处理净收入”科目。

【例 6-27】接上例，出售该材料取得价款 6 000 元，在处理过程中以现金支付清理费 300 元。

① 取得出售款项时。

借：银行存款　　6 000

　　贷：待处理财产损溢——处理净收入　　6 000

② 支付清理费时。

借：待处理财产损溢——处理净收入　　300

　　贷：库存现金　　300

③ 出售完毕后。

借：待处理财产损溢——处理净收入　　5 700

　　贷：应缴财政款　　5 700

（4）报废、毁损的存货。报废、毁损的存货，应当转入待处理财产损溢，按照相关存货的账面余额，借记“待处理财产损溢”科目，贷记“存货”科目；报经批准予以核销时，借记“资产基金——存货”科目，贷记“待处理财产损溢”科目。

【例 6-28】某行政单位一批材料因保管不当造成毁损，该材料的账面成本为 1 400 元，报经批准予以核销。

① 转入待处理财产损溢时。

借：待处理财产损溢　　1 400

　　贷：存货　　1 400

② 报经批准予以核销时。

借：资产基金——存货　　1 400

　　贷：待处理财产损溢　　1 400

行政单位毁损、报废各种实物资产过程中取得的残值变价收入、发生相关费用，以及取得的残值变价收入扣除相关费用后的净收入或净支出的账务处理，比照有关出售资产进行处理。

3. 存货清查的核算

行政单位的存货应当定期进行清查盘点，每年至少盘点一次。对于发生的存货盘盈、盘亏，行政单位应当及时查明原因，按规定报经批准后进行账务处理。具体处理如下。

（1）盘盈的存货，按照确定的入账价值，借记“存货”科目，贷记“待处理财产损溢”科目；报经批准予以处理时，借记“待处理财产损溢”科目，贷记“资产基金——存货”科目。

（2）盘亏的存货，转入待处理财产损溢时，按照其账面余额，借记“待处理财产损溢”科目，贷记“存货”科目；报经批准予以核销时，借记“资产基金——存货”科目，贷记“待处理财产损溢”科目。

【例 6-29】某行政单位年终盘点，盘盈电风扇两台，重置完全价值 400 元；盘亏乙材料一批 20 千克，单价 10 元，系自然灾害损失。

① 盘盈电风扇时。

借：存货　400

　　贷：待处理财产损溢　400

② 报经批准予以处理时。

借：待处理财产损溢　400

　　贷：资产基金——存货　400

③ 盘亏材料时。

借：待处理财产损溢　200

　　贷：存货　200

④ 报经批准予以核销时。

借：资产基金——存货　200

　　贷：待处理财产损溢　200

第五节　固定资产

一、固定资产的概念与分类

固定资产是指使用期限超过 1 年（不含 1 年）、单位价值在规定标准以上，并在使用过程中基本保持原有物质形态的资产。这里的规定标准是指一般设备的单位价值在 1 000 元以上，专用设备的单位价值在 1 500 元以上。单位价值虽未达到规定标准，但是耐用时间超过 1 年（不含 1 年）的大批同类物资，应当作为固定资产核算。

行政单位的固定资产按其自然属性、用途和管理要求，一般分为以下 6 类。

（1）房屋及构筑物。是指行政单位占用或者使用的房屋和构筑物。房屋一般包括办公用房、业务用房、仓库用房、职工宿舍用房等；构筑物一般包括水塔、围墙、雕塑等。

（2）通用设备。是指行政单位业务活动需要的通用性设备，如小汽车等各种车辆、办公用的电脑、复印机等。

（3）专用设备。是指行政单位根据业务活动需要占用或者使用的各种具有专门用途的设备，如刑侦人员使用的特殊仪器设备、安全部门使用的监测设备等。

（4）文物和陈列品。是指行政单位占用或者使用的具有特殊价值的文物和陈列品，如古玩、字画、纪念品、装饰品、展品、藏品等。

（5）图书、档案。是指行政单位统一管理使用的批量业务用书，如单位图书馆、阅览室的图书等，以及由单位保管的人事档案、会计档案等。

（6）家具、用具、装具及动植物。家具、用具、装具是指行政单位办公用的家具及在业务活动中使用的工具、包装物等；动植物是指非流动资产的动植物，包括经济林、薪炭林、产畜、役畜等。

二、固定资产的确认与计价

1. 固定资产的确认

固定资产应当按照以下条件确认。

（1）购入、换入、无偿调入、接受捐赠不需安装的固定资产，在固定资产验收合格时确认。

（2）购入、换入、无偿调入、接受捐赠需要安装的固定资产，在固定资产安装完成交付使用时确认。

（3）自行建造、改建、扩建的固定资产，在建造完成交付使用时确认。

2. 固定资产的计价

（1）购入的固定资产，其成本包括实际支付的购买价款、相关税费、使固定资产交付使用前所发生的可归属于该项资产的运输费、装卸费、安装费和专业人员服务费等。

（2）自行建造的固定资产，其成本包括建造该项资产至交付使用前所发生的全部必要支出。

（3）自行繁育的动植物，其成本包括在达到可使用状态前所发生的全部必要支出。

（4）在原有固定资产基础上进行改建、扩建、修缮的固定资产，其成本按照原固定资产的账面价值①加上改建、扩建、修缮发生的支出，再扣除固定资产拆除部分账面价值后的金额确定。

（5）置换取得的固定资产，其成本按照换出资产的评估价值加上支付的补价或减去收到的补价，加上为换入固定资产支付的其他费用（运输费等）确定。

（6）接受捐赠、无偿调入的固定资产，其成本按照有关凭据注明的金额加上相关税费、运输费等确定；没有相关凭据可供取得，但依法经过资产评估的，其成本应当按照评估价值加上相关税费、运输费等确定；没有相关凭据可供取得、也未经评估的，其成本比照同类或类似固定资产的市场价格加上相关税费、运输费等确定；没有相关凭据也未经评估，其同类或类似固定资产的市场价格无法可靠取得的，按照名义金额入账。

（7）盘盈的固定资产，按照取得同类或类似固定资产的实际成本确定入账价值；没有同类或类似固定资产的实际成本，按照同类或类似固定资产的市场价格确定入账价值；同类或类似固定资产的实际成本或市场价格无法可靠取得的，按照名义金额入账。

三、固定资产核算的科目设置

为了核算固定资产，行政单位一般需要设置“固定资产”、“累计折旧”、“在建工程”、“资产基金”等科目，核算固定资产的取得、计提折旧和处置等情况。

1. “固定资产”科目

本科目核算行政单位各类固定资产的原价。借方登记增加的固定资产的原始价值，贷方登记减少的固定资产的原始价值，期末借方余额，反映行政单位固定资产的原价。

行政单位应当根据固定资产定义、有关主管部门对固定资产的统一分类，结合本单位的具体情况，制定适合本单位的固定资产目录、具体分类方法，作为进行固定资产核算的依据。行政单位通过设置“固定资产登记簿”和“固定资产卡片”，按照固定资产类别、项目和使用部门等进行明细核算。固定资产的各组成部分具有不同的使用寿命、适用不同折旧率的，应当分别将各组成部分确认为单项固定资产。对于借入、以经营租赁方式租入的固定资产，不通过本科目核算，应当设置备查簿进行登记。出租、出借的固定资产，也应当设置备查簿进

① “固定资产”科目账面余额减去“累计折旧”科目账面余额后的净值。

行登记。

行政单位的软件，如果其是构成相关硬件不可缺少的组成部分，应当将该软件的价值包含在所属的硬件价值中，一并作为固定资产核算；如果其不是构成相关硬件不可缺少的组成部分，应当将该软件作为无形资产核算。

购入需要安装的固定资产，应当先通过“在建工程”科目核算，安装完毕交付使用时再转入“固定资产”科目核算。

2. “累计折旧”科目

本科目核算行政单位固定资产、公共基础设施计提的累计折旧。其借方登记减少的固定资产注销的折旧，贷方登记提取的折旧等折旧增加额，期末贷方余额，反映行政单位计提的固定资产、公共基础设施折旧累计数。该账户是“固定资产”账户的备抵账户，两者相抵的差额为固定资产的净值。累计折旧应当按照固定资产、公共基础设施的类别、项目等进行明细核算。占有公共基础设施的行政单位，应当在本科目下设置“固定资产累计折旧”和“公共基础设施累计折旧”两个一级明细科目，分别核算对固定资产和公共基础设施计提的折旧。

3. “在建工程”科目

在建工程是指行政单位已经发生必要支出，但尚未完工交付使用的建设工程，包括新建、改建、扩建及修缮各种建筑物、设备安装工程和信息系统建设工程。

为了核算行政单位在建工程的实际成本，行政单位应设置“在建工程”科目。本科目借方登记工程建设发生的各项支出，贷方登记工程交付使用的工程实际成本，期末借方余额，反映行政单位尚未完工的在建工程的实际成本。不能增加固定资产、公共基础设施使用效能或延长其使用寿命的修缮、维护等，不通过本科目核算。本科目应当按照具体工程项目进行明细核算。

4. “资产基金”科目

“资产基金”科目下的“固定资产”、“在建工程”、“公共基础设施”等明细科目，核算行政单位的固定资产、在建工程、公共基础设施等非货币性资产在净资产中占用的金额。

四、固定资产的增加

行政单位固定资产的增加一般包括：基本建设竣工移交的房屋、建筑物，购入或自制及从其他单位无偿、有偿调入的固定资产，外单位或个人捐赠等原因增加的固定资产。行政单位取得固定资产时，应当按照其成本入账。

1. 外购固定资产

（1）购入不需要安装的固定资产。行政单位购入不需要安装的固定资产，按照确定的固定资产成本，借记“固定资产”科目，贷记“资产基金——固定资产”科目；同时，按照实际支付的金额，借记“经费支出”科目，贷记“财政拨款收入”、“零余额账户用款额度”、“银行存款”等科目。

【例 6-30】某行政单位购买不需要安装的专用仪器一台，价款 30 000 元，以银行存款支付，仪器验收合格。

	借方	贷方
借：固定资产	30 000	
贷：资产基金——固定资产		30 000

借：经费支出　　30 000

　　贷：银行存款　　30 000

（2）购入需要安装的固定资产。行政单位购入需要安装的固定资产，先通过“在建工程”科目核算。固定资产安装完工交付使用时，借记“固定资产”科目，贷记“资产基金——固定资产”科目；同时，借记“资产基金——在建工程”科目，贷记“在建工程”科目。

【例 6-31】某行政单位 2014 年 1 月购入一台需要安装的设备，价款 31 000 元，安装费用 2 000 元，上述款项均通过银行存款付讫，不考虑其他费用。

① 支付设备款时。

借：在建工程　　31 000

　　贷：资产基金——在建工程　　31 000

同时，

借：经费支出　　31 000

　　贷：银行存款　　31 000

② 支付安装费时。

借：在建工程　　2 000

　　贷：资产基金——在建工程　　2 000

同时，

借：经费支出　　2 000

　　贷：银行存款　　2 000

③ 设备交付使用时。

借：固定资产　　33 000

　　贷：资产基金——固定资产　　33 000

同时，

借：资产基金——在建工程　　33 000

　　贷：在建工程　　33 000

2. 自行建造的固定资产

行政单位自行建造的固定资产，在工程完工交付使用时，按照自行建造过程中发生的实际支出，借记“固定资产”科目，贷记“资产基金——固定资产”科目；同时，借记“资产基金——在建工程”科目，贷记“在建工程”科目；已交付使用但尚未办理竣工决算手续的固定资产，按照估计价值入账，待确定实际成本后再进行调整。

3. 接受捐赠、无偿调入的固定资产

按照确定的成本，借记“固定资产”科目（不需安装）或“在建工程”科目（需要安装），贷记“资产基金——固定资产、在建工程”科目；按照实际支付的相关税费、运输费等，借记“经费支出”科目，贷记“财政拨款收入”、“零余额账户用款额度”、“银行存款”等科目。

【例 6-32】2014 年 1 月 20 日，某行政单位接受外单位捐赠不需要安装的设备一台，根据发票等单据确定价值为 20 000 元，同时以银行存款支付设备的运输费 1 200 元。

借：固定资产　　21 200

　　贷：资产基金——固定资产　　21 200

支付运费时：

借：经费支出　　1 200
　贷：银行存款　　1 200

五、固定资产的折旧

1. 固定资产折旧的性质

固定资产、公共基础设施计提折旧是指在固定资产、公共基础设施预计使用寿命内，按照确定的方法对应折旧金额进行系统分摊。

使用寿命，是指行政单位使用固定资产的预计期间及公共基础设施发挥效能的有效期间。行政单位应当根据固定资产、公共基础设施的性质和实际使用情况，合理确定其折旧年限。省级以上财政部门、主管部门对行政单位固定资产、公共基础设施折旧年限作出规定的，行政单位按规定进行折旧。

应折旧金额，是指应当计提折旧的固定资产的原值扣除其预计净残值后的余额。现行《行政单位会计制度》规定，行政单位固定资产、公共基础设施的应折旧金额为其成本，计提固定资产、公共基础设施折旧不考虑预计净残值。

2. 固定资产折旧的范围

（1）行政单位对除下列固定资产以外的固定资产计提折旧。

① 文物及陈列品；

② 图书、档案；

③ 动植物；

④ 以名义金额入账的固定资产；

⑤ 境外行政单位持有的能够与房屋及构筑物区分、拥有所有权的土地。

（2）在确定计提折旧的范围时还应注意以下几点。

① 行政单位一般应当按月计提固定资产、公共基础设施折旧。当月增加的固定资产、公共基础设施，当月不提折旧，从下月起计提折旧；当月减少的固定资产、公共基础设施，当月照提折旧，从下月起不提折旧。

② 固定资产、公共基础设施提足折旧后，无论能否继续使用，均不再计提折旧；提前报废的固定资产、公共基础设施，也不再补提折旧；已提足折旧的固定资产、公共基础设施，可以继续使用的，应当继续使用，规范管理。

③ 固定资产、公共基础设施因改建、扩建或修缮等原因而提高使用效能或延长使用年限的，应当按照重新确定的固定资产、公共基础设施成本以及重新确定的折旧年限，重新计算折旧额。

3. 固定资产折旧的方法

行政单位一般应当采用年限平均法或工作量法计提固定资产、公共基础设施折旧。具体方法参见事业单位会计。

4. 固定资产折旧的核算

行政单位按月计提固定资产、公共基础设施折旧时，按照应计提折旧金额，借记“资产基金——固定资产、公共基础设施”科目，贷记“累计折旧”科目。

【例 6-33】某行政单位 2014 年 6 月对办公用车计提折旧 16 800 元。编制如下会计分录。

借：资产基金——固定资产　　16 800

　　贷：累计折旧　　16 800

六、固定资产的后续支出

与固定资产有关的后续支出，分以下情况处理。

（1）为增加固定资产使用效能或延长其使用寿命而发生的改建、扩建或修缮等后续支出，应当计入固定资产成本，通过“在建工程”科目核算，完工交付使用时转入“固定资产”科目。

行政单位将固定资产转入改建、扩建、修缮时，按照固定资产的账面价值，借记“在建工程”科目，贷记“资产基金——在建工程”科目；同时，按照固定资产的账面价值，借记“资产基金——固定资产”科目，按照固定资产已计提折旧，借记“累计折旧”科目，按照固定资产的账面余额，贷记“固定资产”科目。

工程完工交付使用时，按照确定的固定资产成本，行政单位借记“固定资产”科目，贷记“资产基金——固定资产”科目；同时，借记“资产基金——在建工程”科目，贷记“在建工程”科目。

【例 6-34】2014 年 5 月，某行政单位因工作需要对多媒体办公室进行改建。该多媒体办公室建造成本 100 000 元，已计提折旧 30 000 元。以银行存款支付新设备购置费 21 000 元，安装维修费 5 600 元。6 月 30 日完工交付使用。

借：在建工程　　70 000

　　贷：资产基金——在建工程　　70 000

借：资产基金——固定资产　　70 000

　　累计折旧　　30 000

　　贷：固定资产　　100 000

① 支付设备购置款时。

借：经费支出　　21 000

　　贷：银行存款　　21 000

借：在建工程　　21 000

　　贷：资产基金——在建工程　　21 000

② 支付安装费时。

借：经费支出　　5 600

　　贷：银行存款　　5 600

借：在建工程　　5 600

　　贷：资产基金——在建工程　　5 600

③ 工程完工交付使用时。

固定资产成本=70 000+21 000+5 600=96 600（元）

借：固定资产　　96 600

　　贷：资产基金——固定资产　　96 600

同时，

借：资产基金——在建工程　　96 600

　　贷：在建工程　　96 600

（2）行政单位为维护固定资产正常使用而发生的日常修理等后续支出，应当计入当期支出但不计入固定资产成本，借记“经费支出”科目，贷记“财政拨款收入”、“零余额账户用款额度”、“银行存款”等科目。

七、固定资产的处置

1. 出售、置换换出固定资产

行政单位经批准出售、置换换出的固定资产转入待处理财产损溢时，按照固定资产的账面价值，借记“待处理财产损溢”科目，按照已计提折旧，借记“累计折旧”科目，按照固定资产的账面余额，贷记“固定资产”科目。行政单位实现出售、置换换出时，借记“资产基金（固定资产）”，贷记“待处理财产损溢（待处理财产价值）”科目。

出售、置换换出资产过程中取得价款、支付相关费用以及处置净收入或净支出的账务处理如下。

（1）出售、置换换出资产过程中收到价款、补价等收入，借记“库存现金”、“银行存款”等科目，贷记“待处理财产损溢——处理净收入”科目。

（2）出售、置换换出资产过程中发生的相关费用，借记“待处理财产损溢——处理净收入”，贷记“库存现金”、“银行存款”、“应缴税费”等科目。

（3）出售、置换换出完毕并收回相关的应收账款后，按照处置收入扣除相关税费后的净收入，借记“待处理财产损溢——处理净收入”，贷记“应缴财政款”。如果处置收入小于相关税费的，按照相关税费减去处置收入后的净支出，借记“经费支出”科目，贷记“待处理财产损溢——处理净收入”。

【例 6-35】2014 年 5 月 31 日，经批准，甲行政单位将一固定资产转让给乙公司，合同价款为 25 000 元，乙公司已用银行存款付讫。出售时，该固定资产原值为 50 000 元，已计提折旧 15 000 元，用银行存款支付清理费 3 000 元。按有关规定该固定资产出售的净收入应上缴国库。

① 转入待处理财产损溢时。

借：待处理财产损溢——待处理财产价值　　35 000
　　累计折旧　　15 000
　　贷：固定资产　　50 000

② 出售时。

借：资产基金——固定资产　　35 000
　　贷：待处理财产损溢——待处理财产价值　　35 000

③ 收到处置价款时。

借：银行存款　　25 000
　　贷：待处理财产损溢——处理净收入　　25 000

④ 支付清理费时。

借：待处理财产损溢——处理净收入　　3 000
　　贷：银行存款　　3 000

⑤ 确认净收入时。

处置净收入=25 000−3 000=22 000（元）

借：待处理财产损溢——处理净收入　　22 000
　　贷：应缴财政款　　22 000

2. 无偿调出、对外捐赠固定资产

行政单位经批准无偿调出、对外捐赠固定资产时，按照固定资产的账面价值，借记“资产基金——固定资产”科目，按照已计提折旧，借记“累计折旧”科目，按照固定资产的账面余额，贷记“固定资产”科目。

无偿调出、对外捐赠固定资产发生的由行政单位承担的拆除费用、运输费等，行政单位按照实际支付的金额，借记“经费支出”科目，贷记“财政拨款收入”、“零余额账户用款额度”、“银行存款”等科目。

【例 6-36】某行政单位向希望小学捐赠 10 台两年前购入的电脑，账面原值 35 000 元，已计提折旧 7 000 元。以银行存款支付运费 1 500 元，不考虑其他费用。编制如下会计分录。

借：资产基金——固定资产　　28 000
　　累计折旧　　7 000
　　贷：固定资产　　35 000
借：经费支出　　1 500
　　贷：银行存款　　1 500

3. 报废、毁损的固定资产

报废、毁损的固定资产，按照固定资产的账面价值，转入待处理财产损溢，借记“待处理财产损溢”科目，按照已计提折旧，借记“累计折旧”科目，按照固定资产的账面余额，贷记“固定资产”科目。

行政单位报经批准予以核销时，借记“资产基金——固定资产”科目，贷记“待处理财产损溢——待处理财产价值”科目。毁损、报废各种实物资产过程中取得的残值变价收入、发生的相关费用，以及取得的残值变价收入扣除相关费用后的净收入或净支出的账务处理，比照有关出售资产进行处理。

【例 6-37】某行政单位因自然灾害而毁损专用设备一台，该设备原价 85 000 元，已计提折旧 34 000 元。经批准予以核销。

借：待处理财产损溢——待处理财产价值　　51 000
　　累计折旧　　34 000
　　贷：固定资产　　85 000
借：资产基金——固定资产　　51 000
　　贷：待处理财产损溢——待处理财产价值　　51 000

八、固定资产的清查

行政单位的固定资产应当定期进行清查盘点，每年至少盘点一次。对于固定资产发生盘盈、盘亏的，应当及时查明原因，按照规定报经批准后进行账务处理。

1. 盘盈的固定资产

盘盈的固定资产，按照确定的入账价值，借记“固定资产”科目，贷记“待处理财产损溢”科目。报经批准予以处理时，借记“待处理财产损溢”科目，贷记“资产基金——固定资产”科目。

2. 盘亏的固定资产

按照盘亏固定资产的账面价值，借记“待处理财产损溢”科目，按照已计提折旧，借记“累计折旧”科目，按照固定资产账面余额，贷记“固定资产”科目。报经批准予以核销时，借记“资产基金——固定资产”科目，贷记“待处理财产损溢”科目。

【例 6-38】根据年终财产清查盘点结果，盘盈电风扇两台，重置完全价值 500 元；盘亏打字机一台，原价 2 000 元，已计提折旧 350 元。按规定程序批准后，分别予以处理。

① 盘盈时。

借：固定资产	500	
贷：待处理财产损溢		500

予以补账时。

借：待处理财产损溢	500	
贷：资产基金——固定资产		500

② 盘亏时。

借：待处理财产损溢	1 650	
累计折旧	350	
贷：固定资产		2 000

销账时。

借：资产基金——固定资产	1 650	
贷：待处理财产损溢		1 650

第六节　无形资产

一、无形资产的概念与内容

无形资产是指不具有实物形态而能为行政单位提供某种权利的非货币性资产，包括著作权、土地使用权、专利权、非专利技术等。

随着信息化、办公自动化和电子政务的推广，软件类无形资产在行政单位的使用越来越普遍，且其单位价值较大。原《行政单位会计制度》中没有“无形资产”这一会计科目，这一会计制度的限制使软件类无形资产无法在账务上得以处理，不按照资产管理容易造成资产流失。新制度中规定，行政单位购入的不构成相关硬件不可缺少组成部分的软件，应当作为无形资产核算。

二、无形资产的确认与计价

无形资产应当在完成对其权属的规定登记或其他证明行政单位已经取得无形资产时确认。

行政单位取得无形资产时，应当按照其实际成本进行初始计量。

（1）外购的无形资产，其成本包括实际支付的购买价款、相关税费以及可归属于该项资产达到预定用途所发生的其他支出。委托软件公司开发软件，视同外购无形资产进行处理。

（2）自行开发并按法律程序申请取得的无形资产，按照依法取得时发生的注册费、聘请律师费等费用确定成本。

（3）置换取得的无形资产，其成本按照换出资产的评估价值加上支付的补价或减去收到的补价，加上为换入无形资产支付的其他费用（登记费等）确定。

（4）接受捐赠、无偿调入的无形资产，其成本按照有关凭据注明的金额加上相关税费确定；没有相关凭据可供取得，但依法经过资产评估的，其成本应当按照评估价值加上相关税费确定；没有相关凭据可供取得，也未经评估的，其成本比照同类或类似资产的市场价格加上相关税费确定；没有相关凭据也未经评估，其同类或类似无形资产的市场价格无法可靠取得的，按照名义金额入账。

三、无形资产核算的科目设置

1. “无形资产”科目

本科目核算行政单位各项无形资产的原价。该科目借方登记取得无形资产的成本，贷方登记处置无形资产的成本，期末借方余额，反映行政单位无形资产的原价。本科目应当按照无形资产的类别、项目等进行明细核算。

2. “累计摊销”科目

本科目核算行政单位无形资产（以名义金额计量的无形资产除外）计提的累计摊销。该科目贷方登记计提的无形资产的摊销额，借方登记因无形资产减少而转销的摊销额。期末贷方余额，反映行政单位计提的无形资产摊销累计数。本科目应当按照无形资产的类别、项目等进行明细核算。

3. “资产基金”科目

“资产基金”科目下的“无形资产”明细科目，核算行政单位的无形资产在净资产中占用的金额。

四、无形资产取得的核算

根据《行政单位会计制度》的规定，取得无形资产时，应当按照其实际成本入账。

1. 外购的无形资产

行政单位购入的无形资产，按照确定的成本，借记“无形资产”科目，贷记“资产基金——无形资产”科目；同时，按照实际支付的金额，借记“经费支出”科目，贷记“财政拨款收入”、“零余额账户用款额度”、“银行存款”等科目。

购入无形资产尚未付款的，取得无形资产时，按照确定的成本，借记“无形资产”科目，贷记“资产基金——无形资产”科目；同时，按照应付未付的款项金额，借记“待偿债净资产”科目，贷记“应付账款”科目。

【例 6-39】某行政单位购入一项非专利技术，价款 30 000 元，另支付手续费 2 000 元。款项以银行存款支付。

借：无形资产	32 000	
贷：资产基金——无形资产		32 000
借：经费支出	32 000	
贷：银行存款		32 000

行政单位委托软件公司开发软件，视同外购无形资产进行处理。

2. 自行开发的无形资产

行政单位自行开发并按法律程序申请取得的无形资产，按照依法取得时发生的注册费、聘请律师费等费用，借记“无形资产”科目，贷记“资产基金——无形资产”科目；同时，按照实际支付的金额，借记“经费支出”科目，贷记“财政拨款收入”、“零余额账户用款额度”、“银行存款”等科目。

行政单位依法取得无形资产前所发生的研究开发支出，应当于发生时直接计入当期支出，不计入无形资产的成本，借记“经费支出”科目，贷记“财政拨款收入”、“零余额账户用款额度”、“财政应返还额度”、“银行存款”等科目。

【例 6-40】某行政单位自行开发一套计算机软件系统，开发期间发生的相关支出有：软件测试费 8 800 元，领用办公耗材 1 500 元，研发人员劳务报酬 12 000 元。该软件在国家专利局申请注册，注册时发生的注册费、聘请律师费等费用 16 800 元。上述款项均以零余额账户支付。

① 开发期间发生相关费用时。

	借方	贷方
借：经费支出	22 300	
贷：零余额账户用款额度		8 800
应付职工薪酬		12 000
存货		1 500

② 确认无形资产时。

	借方	贷方
借：无形资产	16 800	
贷：资产基金——无形资产		16 800
借：经费支出	16 800	
贷：零余额账户用款额度		16 800

3. 接受捐赠、无偿调入的无形资产

行政单位接受捐赠、无偿调入无形资产时，按照确定的无形资产成本，借记“无形资产”科目，贷记“资产基金——无形资产”科目；按照发生的相关税费，借记“经费支出”科目，贷记“零余额账户用款额度”、“银行存款”等科目。

【例 6-41】某行政单位接受上级主管部门无偿调入的一项专利技术，有关凭据上注明的金额 62 000 元，该单位以银行存款支付手续费 1 200 元。

	借方	贷方
借：无形资产	63 200	
贷：资产基金——无形资产		63 200
借：经费支出	1 200	
贷：银行存款		1 200

五、无形资产的摊销

1. 无形资产摊销的基本要求

摊销，是指在无形资产使用寿命内，按照确定的方法对应摊销金额进行系统分摊。行政单位应当对除以名义金额计量的无形资产以外的无形资产进行摊销。行政单位无形资产的应摊销金额为其成本。因发生后续支出而增加无形资产成本的，应当按照重新确定的无形资产成本，重新计算摊销额。

2. 无形资产摊销的方法与摊销年限

行政单位应当采用年限平均法计提无形资产摊销，即将无形资产的应摊销金额均衡地分摊到无形资产预计使用年限内。自无形资产取得当月起，按月计提摊销；无形资产减少的当月，不再计提摊销。无形资产提足摊销后，无论能否继续带来服务潜力或经济利益，均不再计提摊销；核销的无形资产，如果未提足摊销，也不再补提摊销。

行政单位应当按照以下原则确定无形资产的摊销年限。

（1）法律规定了有效年限的，按照法律规定的有效年限作为摊销年限；

（2）法律没有规定有效年限的，按照相关合同或单位申请书中的受益年限作为摊销年限；

（3）法律没有规定有效年限、相关合同或单位申请书也没有规定受益年限的，按照不少于10年的期限摊销。

（4）非大批量购入、单价小于1 000元的无形资产，可以于购买的当期，一次将成本全部摊销。

3. 无形资产摊销的账务处理

行政单位按月计提无形资产摊销时，按照应计提摊销金额，借记“资产基金——无形资产”科目，贷记“累计摊销”科目。

【例6-42】某行政单位2014年3月从某科研机构购入一项专利技术，取得成本为72 000元，该专利技术期限为6年，不考虑其他相关税费。

则该专利技术的月摊销额=72 000÷6÷12=1 000（元）

借：资产基金——无形资产　　1 000

　　贷：累计摊销　　1 000

六、无形资产的后续支出

1. 为增加无形资产使用效能而发生的后续支出

行政单位为增加无形资产使用效能而发生的后续支出，如对软件进行升级改造或扩展其功能等所发生的支出，应当计入无形资产的成本，借记“无形资产”科目，贷记“资产基金——无形资产”科目；同时，借记“经费支出”科目，贷记“财政拨款收入”、“零余额账户用款额度”、“银行存款”等科目。

【例6-43】某行政单位对工资系统软件进行升级改造，发生支出8 900元，以银行存款支付。

借：无形资产　　8 900

　　贷：资产基金——无形资产　　8 900

借：经费支出　　8 900

　　贷：银行存款　　8 900

2. 为维护无形资产的正常使用而发生的后续支出

行政单位为维护无形资产的正常使用而发生的后续支出，如对软件进行的漏洞修补、技术维护等所发生的支出，应当计入当期支出而不计入无形资产的成本，借记“经费支出”科目，贷记“财政拨款收入”、“零余额账户用款额度”、“银行存款”等科目。

【例 6-44】2014 年 3 月 1 日，某行政单位对其业务活动使用的计算机软件系统进行技术维护，用零余额账户用款额度支付软件公司技术服务费 15 000 元。

借：经费支出　　15 000

　　贷：零余额账户用款额度　　15 000

七、无形资产的处置

1. 出售、置换换出无形资产

行政单位报经批准出售、置换换出无形资产，转入待处理财产损溢时，按照待出售、置换换出无形资产的账面价值，借记“待处理财产损溢”科目，按照已计提摊销，借记“累计摊销”科目，按照无形资产的账面余额，贷记“无形资产”科目。行政单位实现出售、置换换出时，借记“资产基金——无形资产”科目，贷记“待处理财产损溢——待处理财产价值”科目。

【例 6-45】某行政单位拟出售一项土地使用权，账面原值 500 000 元，已计提累计摊销额 150 000 元。编制如下会计分录。

① 转入待处理财产损溢时。

借：待处理财产损溢——待处理财产价值　　350 000

　　累计摊销　　150 000

　　贷：无形资产　　500 000

② 实现出售时。

借：资产基金——无形资产　　350 000

　　贷：待处理财产损溢——待处理财产价值　　350 000

2. 无偿调出、对外捐赠无形资产

行政单位报经批准无偿调出、对外捐赠无形资产，按照无偿调出、对外捐赠无形资产的账面价值，借记“资产基金——无形资产”科目，按照已计提摊销，借记“累计摊销”科目，按照无形资产的账面余额，贷记“无形资产”科目。无偿调出、对外捐赠无形资产发生的由行政单位承担的相关费用支出等，行政单位按照实际支付的金额，借记“经费支出”科目，贷记“财政拨款收入”、“零余额账户用款额度”、“银行存款”等科目。

【例 6-46】某行政单位向其下属事业单位无偿调出一项专利权，该专利权的账面原值为 98 000 元，计划使用年限为 10 年，按年限平均法进行摊销，已摊销 5 年。该行政单位以银行存款支付手续费 500 元。

编制如下会计分录。

借：资产基金——无形资产　　49 000

　　累计摊销　　49 000

　　贷：无形资产　　98 000

借：经费支出　　500

　　贷：银行存款　　500

八、无形资产的核销

无形资产预期不能为行政单位带来服务潜力或经济利益的，行政单位应当按规定报经批

准后将无形资产的账面价值予以核销。

行政单位待核销的无形资产转入待处理财产损溢时，按照待核销无形资产的账面价值，借记“待处理财产损溢”科目，按照已计提摊销，借记“累计摊销”科目，按照无形资产的账面余额，贷记“无形资产”科目。

行政单位报经批准予以核销时，借记“资产基金——无形资产”科目，贷记“待处理财产损溢”科目。

【例 6-47】某行政单位专利权的账面余额为 200 000 元，采用年限平均法摊销，摊销期 10 年。该专利已使用 8 年，不能再提供服务，经批准后予以核销。

① 转入待处理财产损溢时。

核销时累计摊销额=200 000÷10×8=160 000（元）

借：待处理财产损溢　　40 000

　　累计摊销　　160 000

　　贷：无形资产　　200 000

② 报经批准予以核销时。

借：资产基金——无形资产　　40 000

　　贷：待处理财产损溢　　40 000

知识总结

（1）行政单位的资产是指行政单位占有或使用的，能以货币计量的经济资源。行政单位对符合资产定义的经济资源，应当在取得对其相关的权利并且能够可靠地进行货币计量时确认。

（2）按照是否具有实物形态，资产可以分为有形资产和无形资产；按其与货币的关系，资产可以分为货币性资产和非货币性资产；按照流动性的大小，资产可以分为流动资产和非流动资产。

（3）货币资金是指行政单位在日常开展业务活动过程中处于货币形态的那部分资金，按其存放地点和用途不同，可分为库存现金、银行存款和零余额账户用款额度。

（4）应收及预付款项是指行政单位在开展业务活动中形成的各项债权，包括财政应返还额度、应收账款、预付账款、其他应收款等。

（5）存货是指行政单位在开展业务活动及其他活动中为耗用而储存的各种物资，包括材料、燃料、包装物和低值易耗品及未达到固定资产标准的家具、用具、装具等。

（6）固定资产是指使用期限超过 1 年（不含 1 年）、单位价值在规定标准以上，并在使用过程中基本保持原有物质形态的资产。行政单位对固定资产、公共基础设施是否计提折旧由财政部另行规定；按照规定对固定资产、公共基础设施计提折旧的，折旧金额应当根据固定资产、公共基础设施原价和折旧年限确定。

（7）在建工程是指行政单位已经发生必要支出，但尚未完工交付使用的建设工程。

（8）无形资产是指不具有实物形态而能为行政单位提供某种权利的非货币性资产。对无形资产计提摊销的金额，应当根据无形资产原价和摊销年限确定。

练习与实训

一、名词解释

资产　零余额账户用款额度　财政应返还额度　应收账款　预付账款　其他应收款　存货　固定资产　在建工程　无形资产

二、简答题

1. 行政单位的资产有哪些分类方法？
2. 行政单位库存现金管理的基本要求。
3. 行政单位使用的银行结算方式有哪些？
4. 应收账款与预付账款的区别。
5. 行政单位存货的特征。
6. 行政单位固定资产的分类。
7. 行政单位的无形资产应当如何计价？

三、业务核算题

习题一

1. 目的：练习行政单位货币资产的核算。
2. 资料：某行政单位发生下列经济业务。

（1）用现金购买了一批办公用品，金额共计 500 元，直接交付有关部门使用。

（2）从开户银行提取现金 2 500 元，以备日常开支。

（3）开出银行结算凭证，支付业务费 1 200 元。

（4）收到代理银行转来的财政授权支付到账通知书，获得财政授权支付额度 65 000 元。

3. 要求：根据上述经济业务编制会计分录。

习题二

1. 目的：练习行政单位应收及预付款项的核算。
2. 资料：某行政单位发生下列经济业务。

（1）公务员王某出差预借差旅费 1 500 元，以现金支付。

（2）出售一批闲置的办公用品，价款 35 000 元，收到对方交来的一张 30 天到期的商业承兑汇票，面值 35 000 元。

（3）该商业承兑汇票到期，款项已转入其银行存款账户。

（4）购买一专用设备，预付款项 10 000 元。

（5）王某出差归来，报销差旅费 1 400 元，剩余款项退回。

3. 要求：根据上述经济业务编制会计分录。

习题三

1. 目的：练习行政单位存货的核算。
2. 资料：某行政单位发生下列经济业务。

（1）购入甲类办公用品，共计价款 3 500 元，以银行存款支付。办公用品已验收入库。

（2）某部门领用乙类办公用品 10 件，每件单价 11 元，共计 110 元。

（3）月末对存货盘点时，发现甲类办公用品有 4 件已经不能使用，每件单价 8 元。同时，盘盈乙类办公用品 3 件，每件单价 15 元。经查，甲类办公用品不能使用属于产品自然变质所致，乙类办公用品盘盈属于漏记账所致。经批准予以处理。

3. 要求：根据上述经济业务编制会计分录。

习题四

1. 目的：练习行政单位固定资产的核算。

2. 资料：某行政单位发生下列经济业务。

（1）购买办公设备 3 台，每台单价 5 000 元。同时，发生运输费用 300 元，以上款项以通过银行转账方式支付。该设备不需要安装即投入使用。

（2）收到上级单位无偿调入某种专用设备，估计价值 6 000 元。

（3）购入一台需要安装的设备，价款 36 000 元，安装费用 1 000 元，款项已通过银行存款付讫。

（4）对固定资产计提折旧，共计 25 000 元。

（5）将一固定资产转让给某公司，出售价款为 35 000 元，该公司已用银行存款付讫。出售时，该固定资产原值为 60 000 元，已计提折旧 15 000 元，用银行存款支付清理费 2 000 元。按有关规定该固定资产出售的净收入应上缴国库。

3. 要求：根据上述经济业务编制会计分录。

习题五

1. 目的：练习行政单位无形资产的核算。

2. 资料：某行政单位发生下列经济业务。

（1）购入一项专利权，价款 40 000 元，另支付手续费 500 元。款项以银行存款支付。

（2）计提某无形资产摊销额，月摊销额为 2 000 元。

（3）拟出售一项土地使用权，账面原值 100 000 元，已计提累计摊销额 80 000 元。

3. 要求：根据上述经济业务编制会计分录。

第七章　行政单位负债的核算

股票黑嘴汪建中吐巨款　2.5亿元最大罚单上缴国库

2009 年 11 月 19 日，曾被称为中国证监会最大一笔个人罚单经西城法院法官近两周的工作，顺利执结。北京首放投资顾问有限公司总经理汪建中因被认定操纵市场，被没收违法所得 1.25 亿余元，并处罚款 1.25 亿余元。总额超过 2.5 亿元的钱款已上缴国库。

2009 年 6 月，中国证监会向西城法院申请强制执行，扣划北京首放投资顾问有限公司总经理汪建中 2.5 亿余元钱款。证监会虽然早在 2008 年年底就开出罚单，却因没有执行权而一直无法实际履行。

证监会认为，汪建中在公开推荐前买入证券，在公开推荐后卖出该种证券，通过或意图通过市场波动获取不当利益，其行为本身是违法行为，通过这种违法交易行为而获取的所有利益应当被认定为违法所得。而且北京首放发布的咨询报告，对投资者有比较广泛、重要的影响，汪建中的行为充分说明他存在利用北京首放的推荐来影响普通投资者的投资判断，进而影响所推荐证券交易价格或交易量，从中谋取不当利益的意图。既有主观故意，又有操纵行为。

2008 年 10 月 23 日，中国证监会对汪建中做出《行政处罚决定书》，没收违法所得 1.25 亿余元，并处罚款 1.25 亿余元。此外，北京首放的证券投资咨询业务资格被撤销，汪建中也被终身禁入证券市场。对于处罚决定，汪建中没有提出行政诉讼。在该决定书生效后，汪建中没有缴纳罚没款，证监会将其账户资金予以冻结，向西城法院申请强制执行。由于此案标的巨大、在业内影响较大，法官在第一时间详细了解案情，并找到汪建中本人。汪建中对处罚决定都没有提出异议，但是由于资金被冻结，他也无力缴纳罚没款。汪建中实际控制的账户多达 20 余个，执行起来难度很大，还有一部分账户在外地。法官亲自到各家银行和证券营业所办理扣划手续，经过近两周的紧张工作，使此案顺利执结。

目前，这笔 2.5 亿余元的罚没款已上缴国库。证监会专门发来感谢信，称赞法官为确保国家行政罚没款及时、足额上缴国库做出的贡献。

思考：行政单位的负债同企业的负债有哪些区别？

第一节　行政单位负债概述

一、行政单位负债的概念

负债是指行政单位所承担的能以货币计量，需要以资产等偿还的债务。行政单位的负债主要是在执行公务过程中承担了一些代收任务以及在资金运行和结算过程中发生的应付未付款项。这些体现政府职能的代收和应付的资金，虽然由行政单位收取，但各行政单位无权支配和使用，它们的所有权属于政府。应缴和代收款项在未上缴国库或未结算付出之前，就表现为对政府的负债。

二、行政单位负债的分类

行政单位的负债按照流动性，分为流动负债和非流动负债两大类。

1. 流动负债

流动负债是指预计在 1 年内（含 1 年）偿还的负债。行政单位的流动负债包括应缴财政款、应缴税费、应付职工薪酬、应付及暂存款项、应付政府补贴款等。

2. 非流动负债

非流动负债是指流动负债以外的负债。行政单位的非流动负债包括长期应付款。

三、行政单位负债的确认和计量

行政单位的负债，应当按照承担的相关合同金额或实际发生额进行计量。

对于符合《行政单位会计制度》第二十三条负债定义的债务，应当在确定承担偿债责任并且能够可靠地进行货币计量时确认。

符合负债定义并确认的负债项目，应当列入资产负债表；行政单位承担或有责任（偿债责任需要通过未来不确定事项的发生或不发生予以证实）的负债，不列入资产负债表，但应当在报表附注中披露。

第二节 应缴款项

一、应缴财政款

1. 应缴财政款的内容

应缴财政款是指行政单位按照规定取得的应当上缴财政的款项。主要包括以下内容。

（1）政府性基金收入。政府性基金，是指各级人民政府及其所属部门根据法律、行政法规和中共中央、国务院文件规定，为支持特定公共基础设施建设和公共事业发展，向公民、法人和其他组织无偿征收的具有专项用途的财政资金。主要包括各种基金、资金、附加和专项收费等，如国家重大水利工程建设基金、民航发展基金、铁路建设基金、港口建设费、农网还贷资金、水利建设基金、城市公用事业附加、文化事业建设费、教育费附加等。政府性基金属于政府非税收入，全额纳入财政预算，实行“收支两条线”管理。

（2）行政性收费收入。行政性收费是指国家行政机关、司法机关和法律、法规授权的机构，依据国家法律、法规行使其管理职能，向公民、法人和其他组织收取的费用。如各级公安、司法、民政、工商行政管理部门因颁发各种证照簿册或审批登记等业务而向有关单位和个人收取的工本费、手续费、商标注册费、企业登记费、公证费等。

（3）罚没收入。罚没收入是指国家司法、公安、行政、海关或其他经济管理部门对违反法律或行政法规的行为按规定课以罚金、罚款或没收赃款、赃物变价款而上缴国库的收入。

（4）国有资产处置收入。行政单位国有资产处置收入是指行政单位国有资产产权的转移或核销所产生的收入，包括国有资产的出售收入、出让收入、置换差价收入、报废报损残值变价收入等。

（5）国有资产出租、出借收入。行政单位国有资产出租、出借收入是指行政单位在保证完成正常工作的前提下，经审批同意，出租、出借国有资产所取得的收入。

小资料 政府性基金管理出新规

2010 年 9 月 10 日，财政部发布了《政府性基金管理暂行办法》（以下简称《办法》），对政府性基金的概念、申请和审批程序、征收和缴库、预决算管理、监督检查和法律责任等做了全面系统的规定。政府性基金是指各级人民政府及其所属部门根据法律，行政法规和中共中央、国务院文件规定，为支持特定公共基础设施建设和公共事业发展，向公民、法人和其他组织无偿征收的具有专项用途的财政资金，是国家财政收入的重要组成部分。截至目前，全国共设立了铁路建设基金、国家重大水利工程建设基金、教育费附加等 31 项政府性基金。

《办法》要求，政府性基金收支纳入政府性基金预算管理。政府性基金使用单位应当按照财政部统一要求以及同级财政部门的有关规定，认真编制年度相关政府性基金预决算，逐级汇总后报同级财政部门审核；各级财政部门在审核汇总使用单位年度政府性基金预决算的基础上，编制本级政府年度政府性基金预决算草案，经同级人民政府审定后，报同级人民代表大会或其常务委员会审查批准。财政部汇总中央和地方政府性基金预决算，形成全国政府性基金预决算草案，经国务院审定后，报全国人民代表大会或其常务委员会审查批准。

《办法》强调，政府性基金按照规定实行国库集中收缴制度，及时、足额缴入相应级次国库，不得截留、坐支和挪作他用。政府性基金征收机构在征收政府性基金时，应当按照规定开具财政部或者省级政府财政部门统一印制或监制的财政票据。对违反规定设立、征收、缴纳、管理和使用政府性基金等行为，将依照《财政违法行为处罚处分条例》等国家有关规定追究法律责任。

2. 应缴财政款的核算

为了核算行政单位取得的按规定应当上缴财政的款项，行政单位应设置“应缴财政款”科目。该科目属于负债类科目，贷方登记应缴数，借方登记已缴数，期末贷方余额，反映行政单位应当上缴财政但尚未缴纳的款项。年终清缴后，本科目一般应无余额。行政单位按照国家税法等有关规定应当缴纳的各种税费，通过“应缴税费”科目核算，不在本科目核算。本科目按照应缴财政款项的类别进行明细核算。应缴财政款应当在收到应缴财政的款项时确认。

行政单位取得按照规定应当上缴财政的款项时，借记“银行存款”等科目，贷记“应缴财政款”科目；上缴应缴财政的款项时，按照实际上缴的金额，借记“应缴财政款”科目，贷记“银行存款”科目。

【例 7-1】某行政单位尚未纳入国库集中收付制度改革，应缴财政款的收入过渡科目暂未取消，发生如下业务。

（1）收到应上缴国家的罚没款 5 000 元，款项已存入银行。

	借方	贷方
借：银行存款	5 000	
贷：应缴财政款——罚没收入		5 000

（2）将按规定收取的行政性收费 8 200 元存入银行。

	借方	贷方
借：银行存款	8 200	
贷：应缴财政款——行政性收费		8 200

（3）该行政单位按照要求在月末将应缴财政款累计数 24 000 元上缴财政国库。

	借方	贷方
借：应缴财政款	24 000	
贷：银行存款		24 000

二、应缴税费

1. 应缴税费的内容

应缴税费是指行政单位按照国家税法等有关规定应当缴纳的各种税费，包括营业税、城市维护建设税、教育费附加、房产税、车船税、城镇土地使用税等。

2. 应缴税费的核算

为了核算行政单位按照税法等规定应当缴纳的各种税费，行政单位应设置“应缴税费”科目。该科目属于负债类科目，贷方登记应缴纳的各种税费，借方登记实际缴纳的税费，期末贷方余额，反映行政单位应缴未缴的税费金额。行政单位代扣代缴的个人所得税，也通过本科目核算。本科目应当按照应缴纳的税费种类进行明细核算。应缴税费应当在产生缴纳税费义务时进行确认。

应缴税费的主要账务处理如下。

（1）行政单位因资产处置等发生营业税、城市维护建设税、教育费附加等缴纳义务的，按照税法等规定计算的应缴税费金额，借记“待处理财产损溢”科目，贷记“应缴税费”科目；实际缴纳时，借记“应缴税费”科目，贷记“银行存款”等科目。

【例 7-2】某行政单位经批准出售一处位于城市的房产，取得收入 200 000 元，按税法规定应当缴纳营业税 10 000 元，城市维护建设税 700 元，教育费附加 300 元。于下月 5 日上缴。有关会计处理如下。

因资产处置发生应缴税费。

借：待处理财产损溢　　11 000

　　贷：应缴税费——应缴营业税　　10 000

　　　　　　　　——应缴城市维护建设税　　700

　　　　　　　　——教育费附加　　300

实际上缴时。

借：应缴税费——应缴营业税　　10 000

　　　　　　——应缴城市维护建设税　　700

　　　　　　——教育费附加　　300

　　贷：银行存款　　11 000

（2）行政单位因出租资产等发生营业税、城市维护建设税、教育费附加等缴纳义务的，按照税法等规定计算的应缴税费金额，借记“应缴财政款”等科目，贷记“应缴税费”科目；实际缴纳时，借记“应缴税费”科目，贷记“银行存款”等科目。

【例 7-3】某行政单位将其闲置的一处房产对外出租，按月取得租金收入 20 000 元，税务机关要求其按月上缴营业税 1 000 元，城市维护建设税 70 元，教育费附加 30 元。有关会计处理如下。

因出租资产发生应缴税费。

借：应缴财政款　　1100

　　贷：应缴税费——应缴营业税　　1 000

　　　　　　　　——应缴城市维护建设税　　70

　　　　　　　　——教育费附加　　30

实际缴纳时。

借：应缴税费——应缴营业税　　1 000

　　　　　　——应缴城市维护建设税　　70

　　　　　　——教育费附加　　30

　　贷：银行存款　　1 100

（3）行政单位代扣代缴个人所得税，按照税法等规定计算的应代扣代缴的个人所得税金额，借记“应付职工薪酬”科目（从职工工资中代扣个人所得税）或“经费支出”科目（从劳务费中代扣个人所得税），贷记“应缴税费”科目；实际缴纳时，借记“应缴税费”科目，贷记“财政拨款收入”、“零余额账户用款额度”、“银行存款”等科目。具体账务处理参见“应付职工薪酬”科目。

第三节 应付职工薪酬

一、职工薪酬的概念及构成

应付职工薪酬是指行政单位按照有关规定应付给职工及为职工支付的各种薪酬，包括基本工资、奖金、国家统一规定的津贴补贴、社会保险费、住房公积金等。具体内容如下。

1. 工资、奖金、津贴和补贴

根据我国《公务员法》第七十三条规定，公务员实行国家统一的职务与级别相结合的工资制度。公务员工资包括基本工资、津贴、补贴和奖金；按照国家规定享受地区附加津贴、艰苦边远地区津贴、岗位津贴等津贴；按照国家规定享受住房、医疗等补贴、补助。公务员在定期考核中被确定为优秀、称职的，按照国家规定享受年终奖金。公务员工资、福利、保险、退休金以及录用、培训、奖励、辞退等所需经费，应当列入财政预算，予以保障。

2. 社会保险费

社会保险费是指按照国家规定的基准和比例计算，向社会保险经办机构缴纳的医疗保险金、养老保险金、失业保险金、工伤保险费和生育保险费等。《公务员法》第七十七条规定，国家建立公务员保险制度，保障公务员在退休、患病、工伤、生育、失业等情况下获得帮助和补偿。

3. 住房公积金

住房公积金是行政单位按照国家《住房公积金管理条例》规定的基准和比例计算，向住房公积金管理机构缴存的长期住房储金，主要用于职工购房和偿还贷款。

二、职工薪酬的核算

为了核算行政单位支付给职工的各种薪酬，行政单位应设置“应付职工薪酬”科目。该科目属于负债类科目，贷方登记计提的职工薪酬数，借方登记实际发放和代扣职工薪酬的金额，期末贷方余额，反映行政单位应付未付的职工薪酬。本科目应当根据国家有关规定按照“工资（离退休费）”、“地方（部门）津贴补贴”、“其他个人收入”以及“社会保险费”、“住房公积金”等进行明细核算。应付职工薪酬应当在规定支付职工薪酬的时间确认。

1. 工资、津贴、补贴等薪酬的核算

行政单位发生应付职工薪酬时，按照计算出的应付职工薪酬金额，借记“经费支出”科目，贷记“应付职工薪酬”科目；向职工支付工资、津贴、补贴等薪酬时，按照实际支付的金额，借记“应付职工薪酬”科目，贷记“财政拨款收入”、“零余额账户用款额度”、“银行存款”等科目。

2. 代扣水电费等和代扣代缴个人所得税的核算

行政单位从应付职工薪酬中代扣为职工垫付的水电费、房租等费用时，按照实际扣除的金额，借记“应付职工薪酬（工资）”科目，贷记“其他应收款”等科目。行政单位从应付职工薪酬中代扣代缴个人所得税，按照代扣代缴的金额，借记“应付职工薪酬（工资）”科目，贷记“应缴税费”科目。

3. 职工社会保险费和住房公积金的核算

行政单位从应付职工薪酬中代扣代缴社会保险费和住房公积金，按照代扣代缴的金额，借记“应付职工薪酬（工资）”科目，贷记“其他应付款”科目。行政单位缴纳单位为职工承担的社会保险费和住房公积金时，借记“应付职工薪酬（社会保险费、住房公积金）”科目，贷记 “财政拨款收入”、“零余额账户用款额度”、“银行存款”等科目。

【例 7-4】某行政单位 2014 年 7 月计算职工工资应发总额 240 000 元，代扣代缴个人所得税 25 000 元，代扣住房公积金 24 000 元。根据代理银行转来的“财政直接支付入账通知书”和工资发放明细表支付工资。

（1）计提工资时。

借：经费支出　　240 000

　　贷：应付职工薪酬——工资　　240 000

（2）代扣代缴个人所得税时。

借：应付职工薪酬——工资　　25 000

　　贷：应缴税费——应缴个人所得税　　25 000

（3）代扣住房公积金时。

借：应付职工薪酬——工资　　24 000

　　贷：其他应付款——住房公积金　　24 000

（4）实际发放时。

借：应付职工薪酬——工资　　191 000

　　贷：财政拨款收入　　191 000

第四节　应付及暂存款项

应付及暂存款项是指行政单位在开展业务活动中发生的各项债务，包括应付账款和其他应付款。

一、应付账款

1. 应付账款的内容

应付账款是指行政单位因购买物资或服务、工程建设等而应付的偿还期限在 1 年以内（含 1 年）的款项。应付账款是由于买卖双方在购销活动中取得货物和支付货款时间不一致而产生的负债。应付账款应当在收到所购物资或服务、完成工程时确认。

2. 应付账款的核算

为了核算应付账款的发生、偿还、转销等情况，行政单位应设置“应付账款”科目。该科目属于负债类科目，贷方登记行政单位购买物资、服务或工程建设等而应付给供应单位的款项，借方登记归还的应付账款或已冲销的无法支付的应付账款，期末贷方余额，反映行政单位尚未支付的应付账款。本科目应当按照债权单位（或个人）进行明细核算。

行政单位收到所购物资或服务、完成工程但尚未付款时，按照应付未付款项的金额，借记“待偿债净资产”科目，贷记“应付账款”科目。行政单位偿付应付账款时，借记“应付账款”科目，贷记“待偿债净资产”科目；同时，借记“经费支出”科目，贷记“财政拨款收入”、“零余额账户用款额度”、“银行存款”等科目。

【例 7-5】2014 年 6 月，某行政单位发生如下应付账款业务。

（1）1 日，从 A 公司购入修理用材料一批，货款 10 000 元，增值税 1 700 元，对方代垫运杂费 200 元。材料已验收入库，款项尚未支付。

借：存货　　11 900

　　贷：资产基金——存货　　11 900

借：待偿债净资产　　11 900

　　贷：应付账款　　11 900

（2）5 日，通过预算单位的零余额账户支付上述款项。

借：应付账款　　11 900

　　贷：待偿债净资产　　11 900

借：经费支出　　11 900

　　贷：零余额账户用款额度　　11 900

无法偿付或债权人豁免偿还的应付账款，行政单位应当按照规定报经批准后进行账务处理，经批准核销时，借记“应付账款”科目，贷记“待偿债净资产”科目。核销的应付账款应在备查簿中保留登记。

二、其他应付款

1. 其他应付款的内容

其他应付款指行政单位除应缴财政款、应缴税费、应付职工薪酬、应付政府补贴款、应付账款以外的其他各项偿还期在 1 年以内（含 1 年）的应付及暂存款项，如收取的押金、保证金、未纳入行政单位预算管理的转拨资金、代扣代缴职工社会保险费和住房公积金等。

2. 其他应付款的核算

为了核算行政单位其他应付及暂存款项的增减变动情况，行政单位应设置“其他应付款”科目，并应当按照其他应付款的类别以及债权单位（或个人）进行明细核算。该科目的贷方登记发生的其他应付款，借方登记偿付的其他应付款，期末贷方余额，反映行政单位尚未支付的其他应付款。

行政单位发生其他各项应付及暂存款项时，借记“银行存款”等科目，贷记“其他应付款”科目。支付其他各项应付及暂存款项时，借记“其他应付款”科目，贷记“银行存款”等科目。

【例 7-6】某行政单位发生如下其他应付款业务。

（1）收到 M 单位欲租用本单位专用设备而交来的押金 15 000 元，款项存入银行。

借：银行存款　　15 000

　　贷：其他应付款——M 单位　　15 000

（2）1 个月后，M 单位将该项设备归还，押金退还。

借：其他应付款——M 单位　　15 000

　　贷：银行存款　　15 000

因故无法偿付或债权人豁免偿还的其他应付款项，行政单位应当按规定报经批准后进行账务处理，经批准核销时，借记“其他应付款”科目，贷记“其他收入”科目。核销的其他应付款应在备查簿中保留登记。

第五节　应付政府补贴款

一、应付政府补贴款的内容

应付政府补贴款是指负责发放政府补贴的行政单位，按照有关规定应付给政府补贴接受者的各种政府补贴款。

二、应付政府补贴款的核算

为了核算各种政府补贴款的发放，行政单位应设置“应付政府补贴款”科目，并按照应支付的政府补贴种类进行明细核算。行政单位还应按照补贴接受者建立备查簿，进行相应的明细核算。本科目期末贷方余额，反映行政单位应付未付的政府补贴金额。应付政府补贴款应当在规定发放政府补贴的时间确认。

行政单位发生应付政府补贴时，按照规定计算出的应付政府补贴金额，借记“经费支出”科目，贷记“应付政府补贴款”科目。行政单位支付应付的政府补贴款时，借记“应付政府补贴款”科目，贷记“零余额账户用款额度”、“银行存款”等科目。

【例 7-7】某市政府林业部门支付给县级林业部门退耕还林政府补贴款 120 000 元，款项已通过银行转账。

借：经费支出　　120 000
　　贷：应付政府补贴款　　120 000
借：应付政府补贴款　　120 000
　　贷：银行存款　　120 000

第六节　非流动负债

非流动负债是指流动负债以外的负债。行政单位的非流动负债主要包括长期应付款。

一、长期应付款的确认

长期应付款是指行政单位发生的偿还期限超过 1 年（不含 1 年）的应付款项，如跨年度分期付款购入固定资产的价款等。长期应付款应当按照以下条件确认。

（1）因购买物资、服务等发生的长期应付款，应当在收到所购物资或服务时确认。

（2）因其他原因发生的长期应付款，应当在承担付款义务时确认。

二、长期应付款的核算

为了核算行政单位发生的偿还期限超过 1 年（不含 1 年）的应付款项，行政单位应设置“长期应付款”科目。该科目属于负债类科目，贷方登记应付未付的金额，借方登记归还的或已冲销的无法支付的款项，期末贷方余额，反映行政单位尚未支付的长期应付款。本科目应当按照长期应付款的类别以及债权单位（或个人）进行明细核算。

行政单位发生长期应付款时，按照应付未付的金额，借记“待偿债净资产”科目，贷记“长期应付款”科目。行政单位偿付长期应付款时，借记“经费支出”科目，贷记“财政拨款收入”、“零余额账户用款额度”、“银行存款”等科目；同时，借记“长期应付款”科目，贷记“待偿债净资产”科目。

【例 7-8】F 软件公司为某行政单位的财务管理软件系统提供售后技术支持服务，服务期三年，服务费共计 30 000 元，按照合同约定每年年末支付一次。

借：待偿债净资产　　30 000

　　贷：长期应付款　　30 000

每年年末支付款项时。

借：经费支出　　10 000

　　贷：银行存款　　10 000

同时，

借：长期应付款　　10 000

　　贷：待偿债净资产　　10 000

无法偿付或债权人豁免偿还的长期应付款，行政单位应当按照规定报经批准后进行账务处理，经批准核销时，借记“长期应付款”科目，贷记“待偿债净资产”科目。核销的长期应付款应在备查簿中保留登记。

知识总结

（1）负债是指行政单位所承担的能以货币计量，需要以资产等偿还的债务。按照流动性，负债分为流动负债和非流动负债两大类。

（2）应缴财政款是指行政单位按照规定取得的应当上缴财政的款项。主要包括政府性基金收入、行政性收费收入、罚没收入、国有资产处置收入、国有资产出租、出借收入等。

（3）应缴税费是指行政单位按照国家税法等有关规定应当缴纳的各种税费，包括营业税、城市维护建设税、教育费附加、房产税、车船税、城镇土地使用税等。

（4）应付职工薪酬是指行政单位按照有关规定应付给职工及为职工支付的各种薪酬，包括基本工资、奖金、国家统一规定的津贴补贴、社会保险费、住房公积金等。

（5）应付及暂存款项是指行政单位在开展业务活动中发生的各项债务，包括应付账款和其他应付款。

（6）应付政府补贴款是指负责发放政府补贴的行政单位，按照有关规定应付给政府补贴接受者的各种政府补贴款。

（7）长期应付款是指行政单位发生的偿还期限超过 1 年（不含 1 年）的应付款项。

练习与实训

一、名词解释

负债　应缴财政款　应缴税费　应付职工薪酬　应付账款　其他应付款　应付政府补贴款　长期应付款

二、简答题

1. 什么是行政单位的负债？具体包括哪些内容？
2. 什么是应缴财政款？主要包括哪些内容？
3. 行政单位应付账款的核算和企业核算有什么区别？

三、业务核算题

习题一

1. 目的：练习行政单位应缴款项的核算。
2. 资料：某行政单位发生下列经济业务。

（1）收到一项应缴预算的政府性基金 1 500 元，款项于当日存入银行。

（2）收到行政性收费收入 2 300 元，款项于当日存入银行。

（3）按照财政部门的规定，将有关的应缴财政款上缴国库，共计 26 000 元。

3. 要求：根据上述经济业务编制会计分录。

习题二

1. 目的：练习行政单位应付及暂存款项的核算。
2. 资料：某行政单位发生下列经济业务。

（1）通过财政零余额账户向在职职工发放工资 520 000 元。

（2）向某企业购入物资材料一批 32 000 元，已验收入库，款项尚未支付。

（3）通过预算单位零余额账户支付上述款项。

（4）在职工工资中代扣住房公积金 98 000 元。

（5）支付给某企业节能补贴款 10 000 元。

3. 要求：根据上述经济业务编制会计分录。

第八章 行政单位净资产的核算

引入案例

如何避免年底突击花钱

组织考察借机公费旅游、大操大办豪华年会、滥发年终福利……每到岁末年初，这类新闻报道总是会集中出现在公众面前，“有钱不花，过期作废”，如何花钱成为各单位头疼的事。

据财政部数据，2012 年 12 月，全国财政支出 20 817 亿元，占全年支出的 16.6%。纵观近 5 年来财政部公布的数据，年底突击花钱可以说是每年的“规定动作”。2007 年年底突击花掉 1.2 万亿元，2008 年年底突击花掉 1.5 万亿元，2009 年年底突击花掉 2 万亿元，2011 年年底突击花掉的钱居然已膨胀到 3.5 万亿元。每年 12 月的财政支出都大大超出前面 11 个月，成为名副其实的突击花钱月。

年底突击花钱，从预算编制来看，并不违规，因为突击花掉的钱都是预算内的。既然是预算内的钱，为何都集中到年底使用？这和我国现行的“12 月关闸、来年 4 月开闸”的预算管理有关，一年的预算只允许用 8 个月的时间花，年度支出进度慢导致很多本该年初或年中花的钱拖延到 12 月支出。

事实上，我国预算制度是增量预算而非零基预算，今年的钱如果花不完，明年得到的钱可能就少了，在这种反向激励机制下，中国的财政浪费几乎成为一种潜规则。而岁末突击花钱总是引来众多关注，实质是公众担心政府部门突击乱花钱，这些突击花掉的都是政府通过征税从百姓口袋里掏来的血汗钱。要想规避突击花钱，在法律层面要加强立法，完善预算编制制度，改善以收定支、收支挂钩的财政体制及“基数加增长”预算编制法，细化预算项目以及加强财政收支的透明度。人大要更多发挥自身的监督权，进一步加强对财政收支体制的监管。

此外，公众对财政支出应有更多的监督权和发言权。对于整个财政制度而言，预算是起点也是重要的参照点，预算的详细程度，是后期执行和监督的依据。财政支出更加透明，才能让公众真正了解年底突击花钱的真实情况，打消公众的顾虑和质疑，政府的突击花钱才能不沦为突击乱花钱。

思考：从完善预算管理体制的角度，考虑如何加强行政单位结余资金的管理？

第一节　结转和结余

一、结转和结余的含义

结转和结余指行政单位一定期间各项收入与支出相抵后的余额。结转资金是指当年预算已执行但尚未完成，或因故未执行，下一年度需要按照原用途继续使用的资金。结余资金是指当年预算工作目标已完成，或因故终止，当年剩余的资金。按照资金后续的使用要求和资金性质的不同，行政单位的结转和结余包括财政拨款结转、财政拨款结余和其他资金结转结余。

二、财政拨款结转

1. 财政拨款结转的含义

财政拨款结转是指行政单位当年预算已执行但尚未完成，或因故未执行，下一年度需要按照原用途继续使用的财政拨款滚存资金，包括基本支出结转和项目支出结转。基本支出结转是财政拨款收入中的基本支出拨款与财政拨款支出中的基本支出相抵后的差额，包括人员经费和日常公用经费。项目支出结转是财政拨款收入中的项目支出拨款与财政拨款支出中的项目支出相抵后的差额。财政拨款结转资金一般结转下一年度继续使用，或按照同级财政部门的规定处理。

2. 财政拨款结转核算的科目设置

为了核算行政单位滚存的财政拨款结转资金，行政单位应设置“财政拨款结转”科目。本科目属于净资产类的科目，借方登记本年度财政拨款支出发生额的转入数，贷方登记本年度财政拨款收入发生额的转入数。期末贷方余额，反映行政单位滚存的财政拨款结转资金数额。

“财政拨款结转”科目应当设置“基本支出结转”、“项目支出结转”两个明细科目；在“基本支出结转”明细科目下按照“人员经费”和“日常公用经费”进行明细核算，在“项目支出结转”明细科目下按照具体项目进行明细核算。本科目还应当按照《政府收支分类科目》中“支出功能分类科目”的项级科目进行明细核算。

有公共财政预算拨款、政府性基金预算拨款等两种或两种以上财政拨款的行政单位，还应当按照财政拨款种类分别进行明细核算。

“财政拨款结转”科目还可以根据管理需要按照财政拨款结转变动原因，设置“收支转账”、“结余转账”、“年初余额调整”、“归集上缴”、“归集调入”、“单位内部调剂”、“剩余结转”等明细科目，进行明细核算。

3. 财政拨款结转的主要账务处理

（1）结转本年财政拨款收入和支出。年末，行政单位将财政拨款收入本年发生额转入“财政拨款结转”科目，借记“财政拨款收入——基本支出拨款、项目支出拨款”科目及其明细，贷记“财政拨款结转——收支转账（基本支出结转、项目支出结转）”科目及其明细；将财政拨款支出本年发生额转入“财政拨款结转”科目，借记“财政拨款结转——收支转账（基本支出结转、项目支出结转）”科目及其明细，贷记“经费支出——财政拨款支出（基本支出、项目支出）”科目及其明细。

（2）将完成项目的结转资金转入财政拨款结余。年末完成上述财政拨款收支转账后，行政单位对各项目执行情况进行分析，按照有关规定将符合财政拨款结余性质的项目余额转入财政拨款结余，借记“财政拨款结转——结余转账（项目支出结转）”科目及其明细，贷记“财政拨款结余——结余转账（项目支出结余）”科目及其明细。

（3）上缴财政拨款结转。行政单位按照规定上缴财政拨款结转资金时，按照实际核销的额度数额或上缴的资金数额，借记“财政拨款结转（归集上缴）”科目及其明细，贷记“财政应返还额度”、“零余额账户用款额度”、“银行存款”等科目。

（4）年末冲销有关明细科目余额。年末收支转账后，行政单位将“财政拨款结转”科目所属“收支转账”、“结余转账”、“年初余额调整”、“归集上缴”、“归集调入”、“单位内部调剂”等明细科目余额转入“剩余结转”明细科目；转账后，“财政拨款结转”科目除“剩余结转”明细科目外，其他明细科目应无余额。

【例 8-1】某市中级人民法院 2014 年年末有关“财政拨款收入”科目及其明细科目的余额和有关“经费支出”科目中“财政拨款支出”明细科目的余额如表 8-1 所示。

表 8-1 例 8-1 表 单位：元

总账科目	明细账科目	余额（借方或贷方）
财政拨款收入	基本支出拨款——人员经费	1 350 000
	基本支出拨款——日常公用经费	2 670 000
合计		4 020 000
	项目支出拨款——案件审判	2 540 000
	项目支出拨款——案件执行	1 360 000
合计		3 900 000
经费支出	财政拨款支出——基本支出（人员经费）	1 350 000
	财政拨款支出——基本支出（日常公用经费）	2 650 000
合计		4 000 000
	财政拨款支出——项目支出（案件审判）	2 510 000
	财政拨款支出——项目支出（案件执行）	1 300 000
合计		3 810 000

（1）结转本年财政拨款收入和支出。

借：财政拨款收入——基本支出拨款——人员经费　1 350 000
——基本支出拨款——日常公用经费　2 670 000
——项目支出拨款——案件审判　2 540 000
——项目支出拨款——案件执行　1 360 000
贷：财政拨款结转——收支转账——基本支出　4 020 000
——收支转账——项目支出　3 900 000

借：财政拨款结转——收支转账——基本支出　4 000 000
——收支转账——项目支出　3 810 000
贷：经费支出——财政拨款支出——基本支出（人员经费）　1 350 000
——财政拨款支出——基本支出（日常公用经费）　2 650 000
——财政拨款支出——项目支出（案件审判）　2 510 000
——财政拨款支出——项目支出（案件执行）　1 300 000

（2）对财政拨款各项目执行情况进行分析，截至2014年12月31日，案件审判已完成，案件执行尚未完成。按照有关规定，案件审判项目结余资金转入财政拨款结余。

借：财政拨款结转——结余转账（项目支出结转）　30 000
贷：财政拨款结余——结余转账（项目支出结余）　30 000

（3）按规定，日常公用经费剩余资金和案件执行项目结余资金结转下年继续使用。年末冲销有关明细科目余额。

借：财政拨款结转——收支转账　110 000
贷：财政拨款结转——剩余结转　110 000

借：财政拨款结转——剩余结转　30 000
贷：财政拨款结转——结余转账　30 000

三、财政拨款结余

1．财政拨款结余的含义及管理

财政拨款结余是指行政单位当年预算工作目标已完成，或因故终止，剩余的财政拨款滚存资金。

为了加强财政拨款结转和结余资金的管理，优化财政资源配置，提高财政资金使用效益，财政部先后制定发布了《中央部门财政拨款结转和结余资金管理办法》、《关于加强地方财政结余结转资金管理的通知》、《关于进一步加强地方财政结余结转资金管理的通知》等规定。对于中央各部门，预算年度结束后，应对本部门和所属预算单位的结转和结余资金情况逐级汇总，并对形成结转或结余资金的原因进行分析说明，于下年2月底前，将本部门《20××年度财政拨款结转和结余资金情况表》（见表8-2）和有关说明文件报送财政部。国库集中支付形成的年终预算结转和结余资金，中央部门还须按照财政部关于国库管理制度改革试点年终结转和结余资金管理有关规定，在下年1月20日之前报送相关报表。财政部负责对中央部门结转和结余资金数额进行审核确认，并于3月底前将审核意见通知中央部门。财政部批复的部门预算中的结转资金数额与财政部审核确认的结转资金数额不一致的，以审核确认数为准。

表 8-2

20××年度财政拨款结转和结余资金情况表

编制单位：　　　　　　　　　　　　　　　　　　　　　　　　　　单位：万元

科目编码			科目名称（项目）	项目代码	项目单位	预算批复年份	截至上年年底累计结转和结余资金			20××年度										截至20××年底累计结转和结余资金				是否建设性资金	结转资金产生原因	备注
										预算数	当年实际支出					当年形成结转和结余资金				金额						
							小计	结转	结余		合计	当年财政拨款支出	使用以前年度结转和结余资金			小计	结转	其中：暂付款	结余	小计	结转	其中：暂付款	结余			
													小计	结转	结余											
类	款	项	栏次	1	2	3	4=5+6	5	6	7	8=9+10	9	10=11+12	11	12	13=14+16=7−9	14	15	16	17=18+20=4+7−8	18	19	20	21	22	23
			科目名称																							
			基本支出																							
			人员经费						— —						— —								—			
			日常公用经费						—						—				—				—			
			项目支出																							
			项目 1																							
			项目 2																							
			……																							
			基本支出小计						—						—				—				—			
			项目支出小计																							
			合计																							

2. 财政拨款结余核算的科目设置

为了核算行政单位滚存的财政拨款项目支出结余资金，行政单位应设置“财政拨款结余”科目。本科目贷方登记财政拨款结余资金的增加数，借方登记财政拨款结余资金的减少数，期末贷方余额，反映行政单位滚存的财政拨款结余资金数额。

“财政拨款结余”科目应当按照具体项目、《政府收支分类科目》中“支出功能分类科目”的项级科目等进行明细核算。

有公共财政预算拨款、政府性基金预算拨款等两种或两种以上财政拨款的行政单位，还应当按照财政拨款的种类分别进行明细核算。

“财政拨款结余”科目还可以根据管理需要按照财政拨款结余变动原因，设置“结余转账”、“年初余额调整”、“归集上缴”、“单位内部调剂”、“剩余结余”等明细科目，进行明细核算。

3. 财政拨款结余的主要账务处理

（1）将完成项目的结转资金转入财政拨款结余。年末，行政单位对财政拨款各项目执行情况进行分析，按照有关规定将符合财政拨款结余性质的项目余额转入“财政拨款结余”科目，借记“财政拨款结转（结余转账——项目支出结转）”科目及其明细，贷记“财政拨款结余（结余转账——项目支出结余）”科目及其明细。

（2）上缴财政拨款结余。行政单位按照规定上缴财政拨款结余时，按照实际核销的额度数额或上缴的资金数额，借记“财政拨款结余（归集上缴）”科目及其明细，贷记“财政应返还额度”、“零余额账户用款额度”、“银行存款”等科目。

（3）年末冲销有关明细科目余额。年末，行政单位将“财政拨款结余”科目所属“结余转账”、“年初余额调整”、“归集上缴”、“单位内部调剂”等明细科目余额转入“剩余结余”明细科目；转账后，“财政拨款结余”科目除“剩余结余”明细科目外，其他明细科目应无余额。

【例 8-2】2014 年年末，对财政拨款各项目执行情况进行分析，其中甲项目已经完成，结余资金 15 000 元，按照有关规定，将其转入财政拨款结余，并将结余资金的 50%上缴财政，该行政单位用零余额账户上缴。

（1）结转结余资金。

借：财政拨款结转——结余转账——项目支出结转（甲项目）　15 000
　　贷：财政拨款结余——结余转账——项目支出结余（甲项目）　15 000

（2）上缴结余资金。

借：财政拨款结余——归集上缴　7 500
　　贷：零余额账户用款额度　7 500

（3）年末冲销有关明细科目余额。

借：财政拨款结余——结余转账　15 000
　　贷：财政拨款结余——剩余结余　15 000
借：财政拨款结余——剩余结余　7 500
　　贷：财政拨款结余——归集上缴　7 500

四、其他资金结转结余

其他资金结转结余是指行政单位除财政拨款收支以外的各项收支相抵后剩余的滚存资金。

1. 其他资金结转结余核算的科目设置

为了核算行政单位除财政拨款收支以外的其他各项收支相抵后剩余的滚存资金，行政单位应设置“其他资金结转结余”科目。本科目贷方反映其他资金结转结余的增加数，借方反映其他资金结转结余的减少数，期末贷方余额，反映行政单位滚存的各项非财政拨款资金结转结余数额。

“其他资金结转结余”科目应当设置“项目结转”和“非项目结余”明细科目，分别对项目资金和非项目资金进行明细核算。对于项目结转，还应当按照具体项目进行明细核算。

根据管理需要，“其他资金结转结余”科目还可以按照其他资金结转结余变动原因，设置“收支转账”、“年初余额调整”、“结余调剂”、“剩余结转结余”等明细科目，进行明细核算。

2. 其他资金结转结余的主要账务处理

（1）结转本年其他资金收入和支出。年末，行政单位将其他收入中的项目资金收入本年发生额转入“其他资金结转结余”科目，借记“其他收入”科目及其明细，贷记“其他资金结转结余（项目结转——收支转账）”科目及其明细；将其他收入中的非项目资金收入本年发生额转入“其他资金结转结余”科目，借记“其他收入”科目及其明细，贷记“其他资金结转结余（非项目结余——收支转账）”科目。年末，行政单位将其他资金支出中的项目支出本年发生额转入“其他资金结转结余”科目，借记“其他资金结转结余（项目结转——收支转账）”科目及其明细，贷记“经费支出——其他资金支出（项目支出）”科目及其明细、“拨出经费（项目支出）”科目及其明细；将其他资金支出中的基本支出本年发生额转入“其他资金结转结余”科目，借记“其他资金结转结余——非项目结余（收支转账）”科目，贷记“经费支出——其他资金支出（基本支出）”科目、“拨出经费（基本支出）”科目。

（2）缴回或转出项目结余。完成上述转账后，行政单位对本年末各项目执行情况进行分析，区分年末已完成项目和尚未完成项目，在此基础上，对完成项目的剩余资金根据不同情况进行账务处理。

① 需要缴回原项目资金出资单位的，按照缴回的金额，借记“其他资金结转结余（项目结转——结余调剂）”科目及其明细，贷记“银行存款”、“其他应付款”等科目。

② 将项目剩余资金留归本单位用于其他非项目用途的，按照剩余的项目资金金额，借记“其他资金结转结余（项目结转——结余调剂）”科目及其明细，贷记“其他资金结转结余（非项目结余——结余调剂）”科目。

（3）年末冲销有关明细科目余额。年末收支转账后，行政单位将“其他资金结转结余”科目所属“收支转账”、“年初余额调整”、“结余调剂”等明细科目余额转入“剩余结转结余”明细科目；转账后，“其他资金结转结余”科目除“剩余结转结余”明细科目外，其他明细科目应无余额。

【例 8-3】2014 年年末，某行政单位有关“其他收入”科目及其明细科目的余额和有关“经费支出”和“拨出经费”科目及其明细科目的余额如表 8-3 所示。

表 8-3　　例 8-3 表

总账科目	明细科目	余额（借方或贷方）
其他收入	非项目资金收入	350 000
	项目资金收入	370 000

续表

总账科目	明细科目	余额（借方或贷方）
经费支出	其他资金支出（基本支出）	340 000
	其他资金支出（项目支出）	350 000

① 结转本年其他资金收入和支出。

借：其他收入——项目资金收入 370 000
　　贷：其他资金结转结余——项目结转（收支转账） 370 000
借：其他收入——非项目资金收入 350 000
　　贷：其他资金结转结余——非项目结余（收支转账） 350 000
借：其他资金结转结余——非项目结余（收支转账） 340 000
　　贷：经费支出——其他资金支出（基本支出） 340 000
借：其他资金结转结余——项目结转（收支转账） 350 000
　　贷：经费支出——其他资金支出（项目支出） 350 000

② 对本年末各项目执行情况进行分析，所有项目均已完成，剩余资金需要缴回原项目资金出资单位。

借：其他资金结转结余——项目结转（结余调剂） 20 000
　　贷：其他应付款 20 000

③ 年末冲销有关明细科目余额。

借：其他资金结转结余——项目结转（收支转账） 20 000
　　　　　　　　　　——非项目结余（收支转账） 10 000
　　贷：其他资金结转结余——项目结转（剩余结转结余） 20 000
　　　　　　　　　　　　——非项目结余（剩余结转结余） 10 000
借：其他资金结转结余——项目结转（剩余结转结余） 20 000
　　贷：其他资金结转结余——项目结转（结余调剂） 20 000

第二节　资产基金

一、资产基金的内容

资产基金是指行政单位的非货币性资产在净资产中占用的金额，非货币性资产包括预付账款、存货、固定资产、在建工程、无形资产、政府储备物资、公共基础设施等。资产基金不能作为以后支出的资金来源。

行政单位会计核算的目标是提供的信息既要全面反映行政单位财务状况，也要准确反映预算执行情况。由于我国预算编制基础是收付实现制，实际收支也只有采用收付实现制基础确认和报告，才能与预算形成有效对比，准确反映预算执行情况。在会计核算中，一方面将取得非货币性资产的实际发生额计入当期的支出，另一方面通过资产基金反映该类资产在净资产中占用的金额，即采用“双分录”核算方法。原《行政单位会计制度》仅对固定资产采用“双分录”核算方法，新《制度》进一步扩大了“双分录”核算方法的应用范围，除固定资产外，增加了在建工程、无形资产、政府储备物资、公共基础设施、存货、预付账款、应付账款、长期应付款等 9 个科目的“双分录”核算。这种做法实际上是由行政单位会计核算目标决定的，既有利于部门决算和财政决算口径的一致，还能够准确反映单位结转结余资金。例如，单位发生预付账款时，如果只记“预付账款”，不记支出，会造成单位资金已经支付，但仍反映在账面的结余中，虚增了结余。

二、资产基金核算的科目设置

为了核算行政单位的非货币性资产在净资产中占用的金额，行政单位应设置“资产基金”科目，并根据资产类别设置“预付款项”、“存货”、“固定资产”、“在建工程”、“无形资产”、“政府储备物资”、“公共基础设施”等明细科目，进行明细核算。该科目贷方登记某类资产对应的资产基金的增加数，借方登记冲减的资产基金，期末贷方余额，反映行政单位非货币性资产在净资产中占用的金额。

资产基金应当在发生预付账款，取得存货、固定资产、在建工程、无形资产、政府储备物资、公共基础设施时予以确认。

三、资产基金的主要账务处理

1. 预付账款

（1）行政单位发生预付账款时，按照实际发生的金额，借记“预付账款”科目，贷记“资产基金（预付款项）”科目；同时，按照实际支付的金额，借记“经费支出”科目，贷记“财政拨款收入”、“零余额账户用款额度”、“银行存款”等科目。

（2）行政单位收到预付账款购买的物资或服务时，应当相应冲减资产基金。按照相应的预付账款金额，借记“资产基金（预付款项）”科目，贷记“预付账款”科目。

【例 8-4】 2014 年 5 月 10 日，某行政单位拟购置一台专用设备，以银行存款预付设备价款 15 000 元。5 月 30 日，收到该设备，同时通过银行转账支付剩余货款 23 000 元。

① 预付设备款时。

会计分录	借方	贷方
借：预付账款	15 000	
贷：资产基金——预付款项		15 000
借：经费支出	15 000	
贷：银行存款		15 000

② 收到设备时。

会计分录	借方	贷方
借：资产基金——预付款项	15 000	
贷：预付账款		15 000
借：固定资产	38 000	
贷：资产基金——固定资产		38 000
借：经费支出	23 000	
贷：银行存款		23 000

2. 存货、固定资产、在建工程、无形资产等

（1）行政单位取得存货、固定资产、在建工程、无形资产、政府储备物资、公共基础设施等资产时，按照取得资产的成本，借记“存货”、“固定资产”、“在建工程”、“无形资

产”、“政府储备物资”、“公共基础设施”等科目，贷记“资产基金（存货、固定资产、在建工程、无形资产、政府储备物资、公共基础设施）”科目；同时，按照实际发生的支出，借记“经费支出”科目，贷记“财政拨款收入”、“零余额账户用款额度”、“银行存款”等科目。

【例 8-5】2014 年 4 月 2 日，某行政单位购入修理用材料一批，价税合计 1 170 元，材料验收入库，款项通过银行转账支付。

借：存货　　1 170
　　贷：资产基金——存货　　1 170
借：经费支出　　1 170
　　贷：银行存款　　1 170

（2）行政单位领用和发出存货、政府储备物资时，应当相应冲减资产基金，按照领用和发出存货、政府储备物资的成本，借记“资产基金（存货、政府储备物资）”科目，贷记“存货”、“政府储备物资”科目。

【例 8-6】接上例，4 月 15 日，领用材料 500 元。

借：资产基金——存货　　500
　　贷：存货　　500

（3）行政单位计提固定资产折旧、公共基础设施折旧、无形资产摊销时，应当冲减资产基金，按照计提的折旧、摊销金额，借记“资产基金（固定资产、公共基础设施、无形资产）”科目，贷记“累计折旧”、“累计摊销”科目。

【例 8-7】2014 年 6 月 30 日，某行政单位计提固定资产折旧 12 000 元，无形资产摊销 8 000 元。

借：资产基金——固定资产　　12 000
　　贷：累计折旧　　12 000
借：资产基金——无形资产　　8 000
　　贷：累计摊销　　8 000

（4）行政单位无偿调出、对外捐赠存货、固定资产、无形资产、政府储备物资、公共基础设施时，应当冲减该资产对应的资产基金。

① 行政单位无偿调出、对外捐赠存货、政府储备物资时，按照存货、政府储备物资的账面余额，借记“资产基金”科目及其明细，贷记“存货”、“政府储备物资”等科目。

② 行政单位无偿调出、对外捐赠固定资产、公共基础设施、无形资产时，按照相关固定资产、公共基础设施、无形资产的账面价值，借记“资产基金”科目及其明细，按照已计提折旧、已计提摊销的金额，借记“累计折旧”、“累计摊销”科目，按照固定资产、公共基础设施、无形资产的账面余额，贷记“固定资产”、“公共基础设施”、“无形资产”科目。

【例 8-8】某行政单位无偿调拨给下属事业单位材料一批，该批材料的账面成本为 43 000 元。

借：资产基金——存货　　43 000
　　贷：存货　　43 000

【例 8-9】某行政单位给某希望小学捐赠二手电脑一批，该批电脑的账面余额为 28 000 元，已计提折旧 9 000 元。

借：资产基金——固定资产　　19 000
　　累计折旧　　9 000
　　贷：固定资产　　28 000

第三节　待偿债净资产

待偿债净资产是指行政单位因发生应付账款和长期应付款而相应需在净资产中冲减的金额。

一、待偿债净资产核算的科目设置

为了核算行政单位因发生应付账款和长期应付款而相应需在净资产中冲减的金额，行政单位应设置“待偿债净资产”科目。该科目借方登记发生应付账款、长期应付款时需冲减净资产的金额，贷方登记偿付应付账款、长期应付款时恢复净资产的金额。期末借方余额，反映行政单位因尚未支付的应付账款和长期应付款而需相应冲减净资产的金额。

二、待偿债净资产的主要账务处理

（1）行政单位发生应付账款、长期应付款时，按照实际发生的金额，借记“待偿债净资产”科目，贷记“应付账款”、“长期应付款”等科目。

（2）行政单位偿付应付账款、长期应付款时，按照实际偿付的金额，借记“应付账款”、“长期应付款”等科目，贷记“待偿债净资产”科目；同时，按照实际支付的金额，借记“经费支出”科目，贷记“财政拨款收入”、“零余额账户用款额度”、“银行存款”等科目。

（3）因债权人原因，核销确定无法支付的应付账款、长期应付款时，行政单位按照报经批准核销的金额，借记“应付账款”、“长期应付款”科目，贷记“待偿债净资产”科目。

【例 8-10】2014 年 3 月 20 日，某行政单位购入材料一批，共计 2 340 元，材料已验收入库，贷款尚未支付。3 月 26 日，通过银行转账支付货款。

① 购入材料时。

借：存货　　2 340
　　贷：资产基金——存货　　2 340
借：待偿债净资产　　2 340
　　贷：应付账款　　2 340

② 支付货款时。

借：应付账款　　2 340
　　贷：待偿债净资产　　2 340
借：经费支出　　2 340
　　贷：银行存款　　2 340

知识总结

（1）净资产是指行政单位资产扣除负债后的余额。行政单位的净资产包括财政拨款结转、财政拨款结余、其他资金结转结余、资产基金、待偿债净资产等。

（2）财政拨款结转是指行政单位当年预算已执行但尚未完成，或因故未执行，下一年度需要按照原用途继续使用的财政拨款滚存资金。

（3）财政拨款结余是指行政单位当年预算工作目标已完成，或因故终止，剩余的财政拨款滚存资金。

（4）其他资金结转结余是指行政单位除财政拨款收支以外的各项收支相抵后剩余的滚存资金。

（5）资产基金是指行政单位的非货币性资产在净资产中占用的金额，非货币性资产包括预付账款、存货、固定资产、在建工程、无形资产、政府储备物资、公共基础设施等。

（6）待偿债净资产是指行政单位因发生应付账款和长期应付款而相应需在净资产中冲减的金额。

练习与实训

一、名词解释

净资产　财政拨款结转　财政拨款结余　其他资金结转结余　资产基金　待偿债净资产

二、简答题

1. 结转和结余的含义及区别。
2. 财政拨款结转的内容。
3. 如何加强财政拨款结转结余资金的管理。
4. 行政单位为什么要设置“资产基金”科目？
5. 待偿债净资产的内容。

三、业务核算题

习题一

1. 目的：练习行政单位结转结余的核算。

2. 资料：某行政单位 2014 年年末有关收支科目的余额如下。

（1）“财政拨款收入”总账科目贷方余额 388 000 元，明细科目“基本支出拨款”贷方余额 243 000 元，“项目支出拨款”贷方余额 145 000 元。

（2）“其他收入”总账科目贷方余额 10 000 元，明细科目“项目资金收入”贷方余额 6 000 元，“非项目资金收入”贷方余额 4 000 元。

（3）“经费支出”总账科目借方余额 360 000 元，明细科目“财政拨款支出（基本支出）”借方余额 200 000 元，“财政拨款支出（项目支出）”借方余额 100 000 元，“其他资金支出（基本支出）”借方余额 20 000 元，“其他资金支出（项目支出）”借方余额 40 000 元。

（4）甲项目已完成，将结余资金 3 000 元转入财政拨款结余。

3. 要求：根据上述经济业务编制行政单位年终结账的会计分录。

习题二

1. 目的：练习行政单位资产基金的核算。

2. 资料：某行政单位2014年发生如下经济业务。

（1）购入燃料一批，价款共计3 510元，燃料验收入库，款项通过银行转账支付。

（2）领用该燃料800元。

（3）购入一台不需要安装的设备，价款25 000元，款项通过银行转账支付。

（4）计提固定资产折旧8 000元，计提无形资产摊销7 000元。

3. 要求：根据上述经济业务编制会计分录。

习题三

1. 目的：练习行政单位待偿债净资产的核算。

2. 资料：某行政单位2014年发生如下经济业务。

（1）购入一批未达到固定资产标准的家具，共计900元，款项尚未支付。

（2）开出转账支票一张，支付上述家具款。

3. 要求：根据上述经济业务编制会计分录。

第九章　行政单位财务报表

政府会计改革瞄准准则建立

“建立一套科学规范的政府会计准则体系，编制权责发生制的政府综合财务报告是政府会计改革的目标。”这是财政部会计司司长、中国会计学会副会长杨敏在日前于厦门召开的第三届“公共管理、公共财政与政府会计跨学科论坛”暨第五届“政府会计改革理论与实务研讨会”上提出的观点。

近年来，各界关于加快推进政府会计改革、建立能够真实反映政府资产负债等“家底”、成本费用等绩效以及预算执行情况的政府会计体系的呼声越来越高，十八届三中全会更是从全面深化改革的战略高度提出了建立权责发生制的政府综合财务报告制度的要求。同时，政府会计改革在加强公共资金管理、推进国家治理体系和治理能力现代化中所能发挥的重要作用，也使新时期政府会计改革势在必行。

从世界各国政府会计改革的基本做法以及我国政府会计改革的研究和实践经验来看，政府会计改革的基本路径是，从政府财务报告的基石——政府会计准则的建立入手，再由各级政府及其组成主体依据统一、规范的政府会计准则进行会计核算、编制财务报表。在此基础上，通过专门的会计方法和程序，合并形成真实、完整、准确的权责发生制的政府综合财务报告。此外，还要注意处理好财务会计与预算会计、总体规划与分步实施、当前与长远、立足国情与借鉴国际等方面的关系。

中国会计学会副会长、厦门大学副校长李建发表示，政府会计迎来了历史上最好的时期，十八届三中全会所作《决定》明确了政府会计改革的目标。他强调了试编权责发生制政府综合财务报告的重要性，但这方面工作仍存在改革准备不充分、报告内容不完整、报告方法不科学、报告依据不充分、报告基础不灵活、报告条件不具备、报告内容不公开等问题。他认为，政府会计改革需要总体规划、顶层设计、先易后难、重点突破、逐步推进。

思考：行政单位会计作为政府会计的重要组成部分，如何编制权责发生制的财务报告？

第一节　行政单位财务报表概述

一、财务报表的内容及分类

1. 财务报表的内容

财务报表是反映行政单位财务状况和预算执行结果等的书面文件，由会计报表及其附注构成。会计报表包括资产负债表、收入支出表、财政拨款收入支出表等。

资产负债表是反映行政单位在某一特定日期财务状况的报表。资产负债表应当按照资产、负债和净资产分类、分项列示。

收入支出表是反映行政单位在某一会计期间全部预算收支执行结果的报表。收入支出表应当按照收入、支出的构成和结转结余情况分类、分项列示。

财政拨款收入支出表是反映行政单位在某一会计期间财政拨款收入、支出、结转及结余情况的报表。

附注是指对在会计报表中列示项目的文字描述或明细资料，以及对未能在会计报表中列示项目的说明等。行政单位的报表附注应当至少披露下列内容。

（1）遵循《行政单位会计制度》的声明；

（2）单位整体财务状况、预算执行情况的说明；

（3）会计报表中列示的重要项目的进一步说明，包括其主要构成、增减变动情况等；

（4）重要资产处置、资产重大损失情况的说明；

（5）以名义金额计量的资产名称、数量等情况，以及以名义金额计量理由的说明；

（6）或有负债情况的说明、1 年以上到期负债预计偿还时间和数量的说明；

（7）以前年度结转结余调整情况的说明；

（8）有助于理解和分析会计报表的其他需要说明事项。

2. 财务报表的分类

行政单位的财务报表可以按照不同标准进行分类，主要有以下几种分类方法。

（1）按反映的内容分为静态会计报表和动态会计报表。静态会计报表是反映行政单位特定日期资产、负债和净资产构成情况的报表，如资产负债表。动态会计报表是反映行政单位在一定时期收入和支出情况的报表，如收入支出表、财政拨款收入支出表。

（2）按编报时间分为月报和年报。月报是反映行政单位截止报告月度资金活动和经费收支情况的报表。月报的信息要求简明扼要，能及时地反映行政单位的主要情况与存在的主要问题。月报要求编制资产负债表、收入支出表。年报是全面反映年度资金活动和经费收支执行结果的报表。年报要求的种类和列示的信息最为完整齐全，能全面反映行政单位全年的业务活动。资产负债表、收入支出表、财政拨款收入支出表和附注都必须至少每年编报一次。

（3）按编制单位分为本级报表和汇总报表。本级报表是指行政单位在日常会计核算的基础上，对会计账簿记录进行加工而编制的，仅反映自身财务状况和预算执行情况的会计报表。汇总报表是主管单位对自身及其所属单位的财务状况和预算执行情况进行汇总加工后编制的报表。汇总财务报表所反映的信息超出了某一单独的会计主体的空间。在编制汇总报表时，必须将上下级之间的拨缴往来账项相互冲销，以免重复计算。

二、财务报表的编制要求

《行政单位会计制度》第四十二条指出，行政单位应当按照下列规定编制财务报表：

（1）行政单位资产负债表、财政拨款收入支出表和附注应当至少按照年度编制，收入支出表应当按照月度和年度编制。

（2）行政单位应当根据会计制度编制并提供真实、完整的财务报表。行政单位不得违反规定，随意改变会计制度规定的会计报表格式、编制依据和方法，不得随意改变会计制度规定的会计报表有关数据的会计口径。

（3）行政单位的财务报表应当根据登记完整、核对无误的账簿记录和其他有关资料编制，要做到数字真实、计算准确、内容完整、报送及时。

（4）行政单位财务报表应当由单位负责人和主管会计工作的负责人、会计机构负责人（会计主管人员）签名并盖章。

第二节　资产负债表

一、资产负债表的内容及结构

资产负债表是反映行政单位在某一特定日期财务状况的报表。资产负债表应当按照资产、负债和净资产分类、分项列示，其中资产分流动资产和非流动资产列示。资产按照其流动程度进行排序，流动性强的项目排前，即先流动资产项目，后非流动资产项目，而非流动资产又划分为若干项目。负债分流动负债和非流动负债列示。按其到期日由近及远的顺序排列，即先流动负债，后非流动负债。

资产负债表的格式一般有表首、正表两部分。其中表首概括地说明报表名称、编制单位、编制日期、报表编号、货币名称、计量单位等。正表是资产负债表的主体，列示了用以说明行政单位财务状况的各个项目。行政单位的资产负债表采用账户式结构，它依据“资产=负债+净资产”的会计平衡公式，利用账户形式列示各类项目，在报表的左方列示资产类的各个项目数额，右方列示负债类和净资产类的各个项目数额，并使资产负债表左右两方的数额保持平衡。我国行政单位资产负债表的格式如表 9-1 所示。

表 9-1　　资产负债表

会行政 01 表

编制单位：　　_____年_____月_____日　　单位：元

资　　产	年初余额	期末余额	负债和净资产	年初余额	期末余额
流动资产：			流动负债：		
库存现金			应缴财政款		
银行存款			应缴税费		
财政应返还额度			应付职工薪酬		
应收账款			应付账款		
预付账款			应付政府补贴款		
其他应收款			其他应付款		
存货			一年内到期的非流动负债		

续表

资　　产	年初余额	期末余额	负债和净资产	年初余额	期末余额
流动资产合计			流动负债合计		
固定资产			非流动负债：		
固定资产原价			长期应付款		
减：固定资产累计折旧			受托代理负债		
在建工程			负债合计		
无形资产					
无形资产原价					
减：累计摊销					
待处理财产损溢			财政拨款结转		
政府储备物资			财政拨款结余		
公共基础设施			其他资金结转结余		
公共基础设施原价			其中：项目结转		
减：公共基础设施累计折旧			资产基金		
公共基础设施在建工程			待偿债净资产		
受托代理资产			净资产合计		
资产总计			负债和净资产总计		

二、资产负债表的填列方法

资产负债表各项目都设有两栏，即“年初余额”和“期末余额”。其中，“年初余额”栏内各项数字，应当根据上年年末资产负债表“期末余额”栏内数字填列。如果本年度资产负债表规定的各个项目的名称和内容同上年度不相一致，应对上年年末资产负债表各项目的名称和数字按照本年度的规定进行调整，填入本表“年初余额”栏内。

“期末余额”栏各项目的内容和填列方法如下。

1. 资产类项目

（1）“库存现金”项目，反映行政单位期末库存现金的金额。本项目应当根据“库存现金”科目的期末余额填列；期末库存现金中有属于受托代理现金的，本项目应当根据“库存现金”科目的期末余额减去其中属于受托代理的现金金额后的余额填列。

（2）“银行存款”项目，反映行政单位期末银行存款的金额。本项目应当根据“银行存款”科目的期末余额填列；期末银行存款中有属于受托代理存款的，本项目应当根据“银行存款”科目的期末余额减去其中属于受托代理的存款金额后的余额填列。

（3）“财政应返还额度”、“应收账款”、“预付账款”、“其他应收款”、“存货”项目反映行政单位期末持有的各项资产的金额。这些项目应当根据总账科目的期末余额填列。

（4）“固定资产”项目，反映行政单位期末各项固定资产的账面价值。本项目应当根据“固定资产”科目的期末余额减去“累计折旧”科目中“固定资产累计折旧”明细科目的期末余额后的金额填列。

“固定资产原价”项目，反映行政单位期末各项固定资产的原价。本项目应当根据“固定资产”科目的期末余额填列。

"固定资产累计折旧"项目，反映行政单位期末各项固定资产的累计折旧金额。本项目应当根据"累计折旧"科目中"固定资产累计折旧"明细科目的期末余额填列。

（5）"在建工程"项目，反映行政单位期末除公共基础设施在建工程以外的尚未完工交付使用的在建工程的实际成本。本项目应当根据"在建工程"科目中属于非公共基础设施在建工程的期末余额填列。

（6）"无形资产"项目，反映行政单位期末各项无形资产的账面价值。本项目应当根据"无形资产"科目的期末余额减去"累计摊销"科目的期末余额后的金额填列。

"无形资产原价"项目，反映行政单位期末各项无形资产的原价。本项目应当根据"无形资产"科目的期末余额填列。

"累计摊销"项目，反映行政单位期末各项无形资产的累计摊销金额。本项目应当根据"累计摊销"科目的期末余额填列。

（7）"待处理财产损溢"项目，反映行政单位期末待处理财产的价值及处理损溢。本项目应当根据"待处理财产损溢"科目的期末借方余额填列；如"待处理财产损溢"科目期末为贷方余额，则以"-"号填列。

（8）"政府储备物资"项目，反映行政单位期末储存管理的各种政府储备物资的实际成本。本项目应当根据"政府储备物资"科目的期末余额填列。

（9）"公共基础设施"项目，反映行政单位期末占有并直接管理的公共基础设施的账面价值。本项目应当根据"公共基础设施"科目的期末余额减去"累计折旧"科目中"公共基础设施累计折旧"明细科目的期末余额后的金额填列。

"公共基础设施原价"项目，反映行政单位期末占有并直接管理的公共基础设施的原价。本项目应当根据"公共基础设施"科目的期末余额填列。

"公共基础设施累计折旧"项目，反映行政单位期末占有并直接管理的公共基础设施的累计折旧金额。本项目应当根据"累计折旧"科目中"公共基础设施累计折旧"明细科目的期末余额填列。

（10）"公共基础设施在建工程"项目，反映行政单位期末尚未完工交付使用的公共基础设施在建工程的实际成本。本项目应当根据"在建工程"科目中属于公共基础设施在建工程的期末余额填列。

（11）"受托代理资产"项目，反映行政单位期末受托代理资产的价值。本项目应当根据"受托代理资产"科目的期末余额（扣除其中受托储存管理物资的金额）加上"库存现金"、"银行存款"科目中属于受托代理资产的现金余额和银行存款余额的合计数填列。

2. 负债类项目

（1）"应缴财政款"、"应付职工薪酬"、"应付账款"、"应付政府补贴款"、"其他应付款"项目，反映行政单位期末尚未偿还的各项负债的账面余额。这些项目应当根据总账科目的期末余额填列。

（2）"应缴税费"项目，反映行政单位期末应缴未缴的各种税费。本项目应当根据"应缴税费"科目的期末贷方余额填列；如"应缴税费"科目期末为借方余额，则以"-"号填列。

（3）"一年内到期的非流动负债"项目，反映行政单位期末承担的1年以内（含1年）到偿还期的非流动负债。本项目应当根据"长期应付款"等科目的期末余额分析填列。

（4）"长期应付款"项目，反映行政单位期末承担的偿还期限超过1年的应付款项。本项目应当根据“长期应付款”科目的期末余额减去其中1年以内（含1年）到偿还期的长期应付款金额后的余额填列。

（5）“受托代理负债”项目，反映行政单位期末受托代理负债的金额。本项目应当根据“受托代理负债”科目的期末余额（扣除其中受托储存管理物资对应的金额）填列。

3. 净资产类项目

（1）“财政拨款结转”、“财政拨款结余”项目，反映行政单位期末滚存的财政拨款结转、结余资金。本项目应当根据“财政拨款结转”、“财政拨款结余”科目的期末余额填列。

（2）“其他资金结转结余”项目，反映行政单位期末滚存的除财政拨款以外的其他资金结转结余的金额。本项目应当根据“其他资金结转结余”科目的期末余额填列。

“项目结转”项目，反映行政单位期末滚存的非财政拨款未完成项目结转资金。本项目应当根据“其他资金结转结余”科目中“项目结转”明细科目的期末余额填列。

（3）“资产基金”项目，反映行政单位期末预付账款、存货、固定资产、在建工程、无形资产、政府储备物资、公共基础设施等非货币性资产在净资产中占用的金额。本项目应当根据“资产基金”科目的期末余额填列。

（4）“待偿债净资产”项目，反映行政单位期末因应付账款和长期应付款等负债而相应需在净资产中冲减的金额。本项目应当根据“待偿债净资产”科目的期末借方余额以“－”号填列。

行政单位按月编制资产负债表的，还应当遵照以下规定。

（1）月度资产负债表应在资产部分“银行存款”项目下增加“零余额账户用款额度”项目。“零余额账户用款额度”项目，反映行政单位期末零余额账户用款额度的金额。本项目应当根据“零余额账户用款额度”科目的期末余额填列。由于零余额账户用款额度在年终要进行注销，所以该项目只可能出现在资产负债表的月报中，不会出现在年报中。

（2）“财政拨款结转”项目。本项目应当根据“财政拨款结转”科目的期末余额，加上“财政拨款收入”科目本年累计发生额，减去“经费支出——财政拨款支出”科目本年累计发生额后的余额填列。

（3）“其他资金结转结余”项目。本项目应当根据“其他资金结转结余”科目的期末余额，加上“其他收入”科目本年累计发生额，减去“经费支出——其他资金支出”科目本年累计发生额，再减去“拨出经费”科目本年累计发生额后的余额填列。

其中的“项目结转”项目。本项目应当根据“其他资金结转结余”科目中“项目结转”明细科目的期末余额，加上“其他收入”科目中项目收入的本年累计发生额，减去“经费支出——其他资金支出”科目中项目支出本年累计发生额，再减去“拨出经费”科目中项目支出本年累计发生额后的余额填列。

（4）月度资产负债表中其他项目的填列方法与年度资产负债表的填列方法相同。

第三节　收入支出表

一、收入支出表的内容及结构

行政单位的收入支出表是反映行政单位月份以及年度收支预算执行情况及其结果的会计报表。收入支出表应当按照收入、支出的构成和资金结转结余情况分项列示。

行政单位收入支出表的结构为多步式，其格式如表 9-2 所示。

表 9-2　　收入支出表

会行政 02 表

编制单位：　　　　____年____月　　　　单位：元

项　　目	本 月 数	本年累计数
一、年初各项资金结转结余		
（一）年初财政拨款结转结余		
1. 财政拨款结转		
2. 财政拨款结余		
（二）年初其他资金结转结余		
二、各项资金结转结余调整及变动		
（一）财政拨款结转结余调整及变动		
（二）其他资金结转结余调整及变动		
三、收入合计		
（一）财政拨款收入		
1. 基本支出拨款		
2. 项目支出拨款		
（二）其他资金收入		
1. 非项目收入		
2. 项目收入		
四、支出合计		
（一）财政拨款支出		
1. 基本支出		
2. 项目支出		
（二）其他资金支出		
1. 非项目支出		
2. 项目支出		
五、本期收支差额		
（一）财政拨款收支差额		
（二）其他资金收支差额		
六、年末各项资金结转结余		
（一）年末财政拨款结转结余		
1. 财政拨款结转		
2. 财政拨款结余		
（二）年末其他资金结转结余		

二、收入支出表的填列方法

收入支出表各项目都设有两栏，即“本月数”和“本年累计数”。其中，“本月数”栏反映各项目的本月实际发生数。在编制年度收入支出表时，应当将本栏改为“上年数”栏，反映上年度各项目的实际发生数。如果本年度收入支出表规定的各个项目的名称和内容同上年度不一致，应对上年度收入支出表各项目的名称和数字按照本年度的规定进行调整，填入本年度收入支出表的“上年数”栏。

“本年累计数”栏反映各项目自年初起至报告期末止的累计实际发生数。编制年度收入支出表时，应当将本栏改为“本年数”。“本月数”一栏各项目的内容和填列方法如下。

1. 年初各项资金结转结余

“年初各项资金结转结余”项目及其所属各明细项目，反映行政单位本年初所有资金结转结余的金额。各明细项目应当根据“财政拨款结转”、“财政拨款结余”、“其他资金结转结余”及其明细科目的年初余额填列。本项目及其所属各明细项目的数额，应当与上年度收入支出表中“年末各项资金结转结余”中各明细项目的数额相等。

2. 各项资金结转结余调整及变动

“各项资金结转结余调整及变动”项目及其所属各明细项目，反映行政单位因发生需要调整以前年度各项资金结转结余的事项，以及本年因调入、上缴或交回等导致各项资金结转结余变动的金额。

（1）“财政拨款结转结余调整及变动”项目，根据“财政拨款结转”、“财政拨款结余”科目下的“年初余额调整”、“归集上缴”、“归集调入”明细科目的本期贷方发生额合计数减去本期借方发生额合计数的差额填列；如为负数，以“-”号填列。

（2）“其他资金结转结余调整及变动”项目，根据“其他资金结转结余”科目下的“年初余额调整”、“结余调剂”明细科目的本期贷方发生额合计数减去本期借方发生额合计数的差额填列；如为负数，以“-”号填列。

3. 收入合计

“收入合计”项目，反映行政单位本期取得的各项收入的金额。本项目应当根据“财政拨款收入”科目的本期发生额加上“其他收入”科目的本期发生额的合计数填列。

（1）“财政拨款收入”项目及其所属明细项目，反映行政单位本期从同级财政部门取得的各类财政拨款的金额。本项目应当根据“财政拨款收入”科目及其所属明细科目的本期发生额填列。

（2）“其他资金收入”项目及其所属明细项目，反映行政单位本期取得的各类非财政拨款的金额。本项目应当根据“其他收入”科目及其所属明细科目的本期发生额填列。

4. 支出合计

“支出合计”项目，反映行政单位本期发生的各项资金支出金额。本项目应当根据“经费支出”和“拨出经费”科目的本期发生额的合计数填列。

（1）“财政拨款支出”项目及其所属明细项目，反映行政单位本期发生的财政拨款支出金额。本项目应当根据“经费支出——财政拨款支出”科目及其所属明细科目的本期发生额填列。

（2）“其他资金支出”项目及其所属明细项目，反映行政单位本期使用各类非财政拨款资金发生的支出金额。本项目应当根据“经费支出——其他资金支出”和“拨出经费”科目及其所属明细科目的本期发生额的合计数填列。

5. 本期收支差额

“本期收支差额”项目及其所属各明细项目，反映行政单位本期发生的各项资金收入和支出相抵后的余额。

（1）“财政拨款收支差额”项目，反映行政单位本期发生的财政拨款资金收入和支出相抵后的余额。本项目应当根据本表中“财政拨款收入”项目金额减去“财政拨款支出”项目金额后的余额填列；如为负数，以“－”号填列。

（2）“其他资金收支差额”项目，反映行政单位本期发生的非财政拨款资金收入和支出相抵后的余额。本项目应当根据本表中“其他资金收入”项目金额减去“其他资金支出”项目金额后的余额填列；如为负数，以“－”号填列。

6. 年末各项资金结转结余

“年末各项资金结转结余”项目及其所属各明细项目，反映行政单位截至本年末的各项资金结转结余金额。各明细项目应当根据“财政拨款结转”、“财政拨款结余”、“其他资金结转结余”科目的年末余额填列。

上述“年初各项资金结转结余”、“年末各项资金结转结余”项目及其所属各明细项目，只在编制年度收入支出表时填列，编制月度收入支出表时，可以不设此项目。

第四节　财政拨款收入支出表

一、财政拨款收入支出表的内容及结构

财政拨款收入支出表是反映行政单位在某一会计期间财政拨款收入、支出、结转及结余情况的报表。该表是根据行政单位的实际情况，满足财务管理、预算管理等多方面的信息需求，在行政单位会计报表体系中新增的会计报表。

财政拨款收入支出表采用矩阵的形式列示：一方面，按照资金项目，即财政拨款的种类列示，有公共财政预算拨款、政府性基金预算拨款等两种或两种以上财政拨款的行政单位，需要分别列示公共财政预算资金、政府性基金预算资金等；另一方面，根据管理需要，按照每项资金的财政拨款结转结余及其收支变动原因进行明细列示，包括年初财政拨款结转结余、调整年初财政拨款结转结余、归集调入或上缴、单位内部调剂、本年财政拨款收入、本年财政拨款支出、年末财政拨款结转结余。

财政拨款收入支出表的格式如表 9-3 所示。

表 9-3　　财政拨款收入支出表

会行政 03 表

编制单位：　　________年度　　单位：元

项　目	年初财政拨款结转结余		调整年初财政拨款结转结余	归集调入或上缴	单位内部调剂		本年财政拨款收入	本年财政拨款支出	年末财政拨款结转结余	
	结转	结余			结转	结余			结转	结余
一、公共财政预算资金										
（一）基本支出										
1. 人员经费										
2. 日常公用经费										
（二）项目支出										

续表

项　　目	年初财政拨款结转结余		调整年初财政拨款结转结余	归集调入或上缴	单位内部调剂		本年财政拨款收入	本年财政拨款支出	年末财政拨款结转结余	
	结转	结余			结转	结余			结转	结余
1. ××项目										
2. ××项目										
………										
二、政府性基金预算资金										
（一）基本支出										
1. 人员经费										
2. 日常公用经费										
（二）项目支出										
1. ××项目										
2. ××项目										
………										
总计										

二、财政拨款收入支出表的填列方法

本表“项目”栏内各项目，应当根据行政单位取得的财政拨款种类分项设置；其中“项目支出”下，根据每个项目设置。行政单位取得除公共财政预算拨款和政府性基金预算拨款以外的其他财政拨款的，应当按照财政拨款种类增加相应的资金项目及其明细项目。

本表各栏及其对应项目的内容和填列方法如下。

1. 年初财政拨款结转结余

“年初财政拨款结转结余”栏中各项目，反映行政单位年初各项财政拨款结转和结余的金额。各项目应当根据“财政拨款结转”、“财政拨款结余”及其明细科目的年初余额填列。本栏目中各项目的数额，应当与上年度财政拨款收入支出表中“年末财政拨款结转结余”栏中各项目的数额相等。

2. 调整年初财政拨款结转结余

“调整年初财政拨款结转结余”栏中各项目，反映行政单位对年初财政拨款结转结余的调整金额。各项目应当根据“财政拨款结转”、“财政拨款结余”科目中“年初余额调整”科目及其所属明细科目的本年发生额填列。如调整减少年初财政拨款结转结余，以“－”号填列。

3. 归集调入或上缴

“归集调入或上缴”栏中各项目，反映行政单位本年取得主管部门归集调入的财政拨款结转结余资金和按规定实际上缴的财政拨款结转结余资金金额。各项目应当根据“财政拨款结转”、“财政拨款结余”科目中“归集上缴”和“归集调入”科目及其所属明细科目的本年发生额填列。对归集上缴的财政拨款结转结余资金，以“－”号填列。

4. 单位内部调剂

“单位内部调剂”栏中各项目，反映行政单位本年财政拨款结转结余资金在内部不同项目之间的调剂金额。各项目应当根据“财政拨款结转”和“财政拨款结余”科目中的“单位内部调剂”及其所属明细科目的本年发生额填列。对单位内部调剂减少的财政拨款结转结余项目，以“-”号填列。

5. 本年财政拨款收入

“本年财政拨款收入”栏中各项目，反映行政单位本年从同级财政部门取得的各类财政预算拨款金额。各项目应当根据“财政拨款收入”科目及其所属明细科目的本年发生额填列。

6. 本年财政拨款支出

“本年财政拨款支出”栏中各项目，反映行政单位本年发生的财政拨款支出金额。各项目应当根据“经费支出”科目及其所属明细科目的本年发生额填列。

7. 年末财政拨款结转结余

“年末财政拨款结转结余”栏中各项目，反映行政单位年末财政拨款结转结余的金额。各项目应当根据“财政拨款结转”、“财政拨款结余”科目及其所属明细科目的年末余额填列。

（1）财务报表是反映行政单位财务状况和预算执行结果等的书面文件，由会计报表及其附注构成。会计报表包括资产负债表、收入支出表、财政拨款收入支出表等。

（2）行政单位的财务报表按反映的内容分为静态会计报表和动态会计报表；按编报时间分为月报和年报；按编制单位分为本级报表和汇总报表。

（3）资产负债表是反映行政单位在某一特定日期财务状况的报表。资产负债表应当按照资产、负债和净资产分类、分项列示。

（4）收入支出表是反映行政单位在某一会计期间全部预算收支执行结果的报表。收入支出表应当按照收入、支出的构成和结转结余情况分类、分项列示。

（5）财政拨款收入支出表是反映行政单位在某一会计期间财政拨款收入、支出、结转及结余情况的报表。

（6）附注是指对在会计报表中列示项目的文字描述或明细资料，以及对未能在会计报表中列示项目的说明等。

练习与实训

一、名词解释

财务报表　资产负债表　收入支出表　财政拨款收入支出表

二、简答题

1. 什么是行政单位的财务报表？它由哪几部分构成？
2. 行政单位财务报表有哪些分类方法？
3. 什么是行政单位的资产负债表？资产负债表如何列示？
4. 简述收入支出表的内容及结构。
5. 财政拨款收入支出表采用哪种列示方式？

综合练习二

一、单项选择题

1. 各党派和社会团体在预算管理和会计核算上比照（　　）处理。

A. 事业单位　　B. 行政单位　　C. 财政机关　　D. 企业单位

2. 我国行政单位的收入来源主要是（　　）。

A. 财政拨款收入　　B. 预算外资金收入　　C. 经营收入　　D. 其他收入

3. 向上一级预算单位申报预算并有下级预算单位的行政单位为（　　）。

A. 一级预算单位　　B. 二级预算单位　　C. 基层预算单位　　D. 主管预算单位

4. 下列关于行政单位会计的特点说法错误的是（　　）。

A. 具有非营利性　　B. 会计核算一般采用收付实现制

C. 进行成本核算　　D. 收支核算服从预算管理要求

5. 下列各项不属于行政单位负债的是（　　）。

A. 应缴财政款　　B. 应付职工薪酬　　C. 应付账款　　D. 待偿债净资产

6. 在财政直接支付方式下，行政单位在确认财政拨款收入的同时确认（　　）。

A. 银行存款增加　　B. 零余额账户用款额度增加

C. 财政零余额账户存款增加　　D. 经费支出

7. 行政单位实行国库集中支付后，财政授权支付方式下财政拨款收入的确认时间为（　　）。

A. 收到额度到账通知时　　B. 使用授权额度时

C. 财政应返还额度时　　D. 年度终了注销额度时

8. 行政单位为职工缴纳的基本医疗、失业、工伤等社会保险费属于行政单位的（　　）。

A. 商品和服务支出　　B. 工资福利支出

C. 对个人和家庭的补助　　D. 其他资本性支出

9. 行政单位的项目支出通常不包括（　　）。

A. 专项会议支出　　B. 专项基本建设支出

C. 专项任务支出　　D. 日常会议支出

10. 下列项目中，不属于行政单位流动资产的是（　　）。

A. 库存现金　　B. 银行存款　　C. 存货　　D. 固定资产

11. 行政单位因出租资产、出售物资等应当收取的款项，通过（　　）账户进行核算。

A. 财政应返还额度　　B. 预付账款　　C. 应收账款　　D. 其他应收款

12. 行政单位购入需要安装的固定资产，先通过（　　）科目核算。

A. 固定资产　　B. 经费支出　　C. 资产基金　　D. 在建工程

13. 行政单位收到所购物资但尚未付款时，按照应付未付款项的金额，借记（　　）科目，贷记“应付账款”科目。

A. 经费支出　　B. 待偿债净资产　　C. 银行存款　　D. 存货

14. 行政单位当年预算已执行但尚未完成，或因故未执行，下一年度需要按照原用途继续使用的财政拨款滚存资金是（　　）。

A. 财政拨款结转　　B. 财政拨款结余

C. 其他资金结转结余　　D. 财政补助结余

15. 下列资产需要通过“双分录”进行核算的是（　　）。

A. 银行存款　　B. 应收账款　　C. 库存现金　　D. 固定资产

二、多项选择题

1. 下列各项属于行政单位预算管理办法的有（　　）。

A. 收支统一管理　　B. 定额、定项拨款

C. 超支不补　　D. 结转和结余按规定使用

2. 下列适用行政单位会计的有（　　）。

A. 国家权力机关　　B. 国家行政机关　　C. 审判和检察机关　　D. 国有企业

3. 行政单位会计中，收入类账户包括（　　）。

A. 财政拨款收入　　B. 经营收入　　C. 事业收入　　D. 其他收入

4. 下列属于行政单位基本支出的有（　　）。

A. 办公费　　B. 差旅费

C. 公务接待费　　D. 房屋建筑物购建支出

5. 行政单位的经费支出按照资金的不同用途分为（　　）。

A. 基本支出　　B. 项目支出　　C. 财政拨款支出　　D. 其他资金支出

6. 下列项目需要计入存货成本的有（　　）。

A. 购买价款　　B. 相关税费　　C. 运输费　　D. 保险费

7. 行政单位可以采用的发出存货成本的计价方法有（　　）。

A. 先进先出法　　B. 后进先出法　　C. 加权平均法　　D. 个别计价法

8. 下列属于行政单位固定资产的有（　　）。

A. 房屋及构筑物　　B. 专用设备　　C. 图书、档案　　D. 文物和陈列品

9. 下列关于行政单位固定资产折旧说法正确的有（　　）。

A. 行政单位固定资产计提折旧不考虑预计净残值

B. 以名义金额入账的固定资产也提取折旧

C. 行政单位一般应当采用年限平均法或工作量法计提固定资产折旧

D. 当月增加的固定资产当月不提折旧，从下月起计提折旧

10. 下列属于行政单位纳入应缴财政款核算的是（　　）。

A. 政府性基金收入　　B. 行政性收费收入

C. 罚没收入　　D. 国有资产处置收入

11. 下列属于行政单位会计核算的结转结余种类有（　　）。

A. 事业结余　　B. 财政拨款结转　　C. 财政拨款结余　　D. 财政补助结余

12. 下列属于行政单位的非货币性资产的是（　　）。

A. 存货　　B. 固定资产　　C. 无形资产　　D. 银行存款

13. 行政单位会计中，净资产类科目包括（　　）。

A. 财政拨款结转　　B. 财政拨款结余　　C. 资产基金　　D. 待偿债净资产

14. 行政单位的会计报表主要有（　　）。

A. 资产负债表　　B. 收入支出表

C. 财政拨款收入支出表　　　　D. 现金流量表

15. 下列项目根据总账科目的期末余额直接填列的有（　　）。

A. 应收账款　　B. 固定资产　　C. 无形资产　　D. 存货

三、判断题

1. 行政单位会计核算目标是向会计信息使用者提供与行政单位财务状况、预算执行情况等有关的会计信息，反映行政单位受托责任的履行情况，有助于会计信息使用者进行管理、监督和决策。(　　)

2. 行政单位依法取得的应当上缴财政的罚没收入、行政事业性收费等也属于行政单位的收入。(　　)

3. 行政单位在办理各项支出时，不得超预算安排支出，不得将批准的预算项目自行变更或废止，将资金挪作他用。(　　)

4. 行政单位的单位零余额账户用于财政直接支付。(　　)

5. 行政单位的零余额账户可办理转账、汇兑、委托收款等支付结算业务，但不能提取现金。(　　)

6. 逾期 3 年或以上、有确凿证据表明确实无法收到所购物资和服务，且无法收回的预付账款，按照规定报经批准后予以核销。(　　)

7. 行政单位应当对除以名义金额计量的无形资产以外的无形资产进行摊销。(　　)

8. 财政拨款结余是指行政单位当年预算工作目标已完成，或因故终止，剩余的财政拨款滚存资金。(　　)

9. 行政单位收入支出表只需要编制年报。(　　)

10. 本级报表是主管单位对自身及其所属单位的财务状况和预算执行情况进行汇总加工后编制的报表。(　　)

四、业务核算题

某行政单位（未实行国库集中收付制度）发生如下会计事项，编制会计分录。

1. 收到开户银行转来的收款通知，收到同级财政部门拨入的日常会议经费 100 000 元。

2. 通过银行转账方式购置一批办公用品 4 000 元，直接交付有关部门使用。

3. 向所属预算单位拨付预算经费 54 000 元。

4. 购置一批修理用材料，预付货款 22 000 元。

5. 购入材料 9 000 元，支付运输费、装卸费 300 元，款项已用支票付讫，材料已验收入库。

6. 购买不需要安装的专用仪器一台，价款 50 000 元，以银行存款支付，仪器验收合格。

7. 计提无形资产摊销 20 000 元。

8. 收到应上缴国家的行政性收费 6 000 元，款项已存入单位银行账户。

9. 从某公司购入安装用材料一批，货款 20 000 元，增值税 3 400 元，对方代垫运杂费 200 元。材料已验收入库，款项尚未支付。

10. 年末，“财政拨款收入”账户贷方余额 5 600 000 元，将其转入“财政拨款结转”账户。

模块三

事业单位会计

【学习目标】

- 了解事业单位及事业单位会计的含义及特点。
- 熟练掌握资产、负债、净资产、收入、支出或费用五大会计要素的内容和核算方法。
- 熟悉事业单位会计报表的编制。
- 了解事业单位会计改革的进程及对事业单位会计核算的影响。

【教学重点】

- 事业单位会计的含义及特点。
- 事业单位收支的核算。
- 事业单位资产、负债、净资产的核算。

第十章 事业单位会计基本理论

引入案例

事业单位改革时间表首次明确 5年内完成分类

2011 年 6 月 2 日，全国分类推进事业单位改革工作座谈会在北京的京西宾馆召开。一度雾里看花的中国事业单位改革，终于勾勒出了清晰脉络。伴随着《分类推进事业单位改革实施指导意见》(下称《意见》)的下发，事业单位改革开始正式推进。

目前，全国共有 126 万个事业单位，其中，有 3 000 多万名正式职工，900 万名离退休人员。这次改革几乎涉及所有的事业单位机构和人员。《意见》显示，中央已经确定了一张事业单位分类改革的时间表：用 2011—2015 年的五年时间，我国将在清理规范基础上完成事业单位分类；到 2020 年，我国将形成新的事业单位管理体制和运行机制，形成中国特色公益服务体系。在这张时间表中，事业单位分类将成为第一个五年改革目标的一项硬性指标。

在清理规范基础上，按照社会功能将现有事业单位划分为承担行政职能、从事生产经营活动和从事公益服务三个类别。对承担行政职能的，逐步将其行政职能划归行政机构或转为行政机构；对从事生产经营活动的，逐步将其转为企业；对从事公益服务的，继续将其保留在事业单位序列、强化其公益属性。今后，不再批准设立承担行政职能的事业单位和从事生产经营活动的事业单位，细分从事公益服务的事业单位。根据职责任务、服务对象和资源配置方式等情况，将从事公益服务的事业单位细分为两类：承担义务教育、基础性科研、公共文化、公共卫生及基层的基本医疗服务等基本公益服务，不能或不宜由市场配置资源的，划入公益一类；承担高等教育、非营利医疗等公益服务，可部分由市场配置资源的，划入公益二类。

在这场改革中，政府部门既是推动者，又是被改革对象，改革中的“主客同体”现象使其陷入了尴尬的境地。有专家分析，各类利益的维护也让这场史上最大规模的改革举步维艰。

思考：事业单位分类改革对于完善我国公共服务体系的意义？

第一节　事业单位会计概述

一、事业单位的含义及特点

事业单位，是指国家为了社会公益目的，由国家机关举办或者其他组织利用国有资产举办的，以提供各种社会服务为直接目的的社会组织。我国事业单位涉及的行业广泛，包括教育、科研、文化、卫生、体育、新闻出版、广播电视、社会福利、救助减灾、统计调查、技术推广与实验、公用设施管理、物资仓储、监测、勘探与勘察、测绘、检验检测与鉴定、法律服务、资源管理事务、质量技术监督事务、经济监督事务、知识产权事务、公证与认证、信息与咨询、人才交流、就业服务、机关后勤服务等活动的社会服务组织。按照《事业单位登记管理暂行条例》的规定，我国事业单位实行登记管理制度。事业单位经县级以上各级人民政府及其有关主管部门批准成立后，应当依照规定登记或者备案。事业单位应当具备法人条件，需要经审批机关批准设立，有自己的名称、组织机构和场所，有与其业务活动相适应的从业人员，有与其业务活动相适应的经费来源，能够独立承担民事责任。

同其他各类组织相比，事业单位具有以下几个特点。

（1）国有性。我国的事业单位具有国有性质，大多数事业单位都是由国家出资建立或者其他组织利用国有资产举办的，包括各级政府直属事业单位，各级国家机关各部门举办的事业单位，直接或者间接使用财政经费的社会团体举办的事业单位，国有资产监督管理机构履行出资人职责的企业和国有重点金融机构举办的事业单位等。这些事业单位定期或不定期的接受国家的财政拨款，并作为行政单位的下属单位，接受所属行政单位的领导。

（2）公益性。公益性是由事业单位的社会功能和市场经济体制的要求决定的。在社会主义市场经济条件下，市场对资源配置起决定性作用，但在一些领域，某些产品或服务，不能或无法由市场来提供，如教育、卫生、基础研究、市场管理等。为了保证社会生活的正常进行，就要由政府组织、管理或委托社会公共服务机构从事社会公共产品的生产，以满足社会发展和公众的需求。我国的事业单位大都分布在公益性领域中，主要从事精神产品的生产和服务，有的虽然也从事某些物质产品的生产，但多数不属于竞争性生产经营活动，不以营利为目的。

（3）专业性。事业单位大多从事需要专业技术知识支撑的服务性活动。绝大多数事业单位是以脑力劳动为主体的知识密集型组织，专业人才是事业单位的主要人员构成，利用科技文化知识为社会各方面提供服务是事业单位的主要手段。虽然事业单位不主要从事物质产品的生产，但由于其在科技文化领域的地位，对社会进步起着重要的推动作用，是社会生产力的重要组成部分，在国家科技创新体系中，居于核心地位。

（4）资金来源多样性。同行政单位的收入主要来源于财政预算资金和企业的收入主要来源于市场不同，事业单位的资金来源具有多样性。事业单位资金来源既有在开展业务活动中取得的事业收入和经营收入，也有来自财政部门对事业单位的预算补助，还有上级单位或主管部门补助给事业单位的资金以及附属企业或事业单位向上级事业单位缴纳的款项。

小资料 《事业单位人事管理条例》出台

2014 年 4 月 25 日，国务院总理李克强签署第 652 号国务院令，公布《事业单位人事管理条例》。《条例》共 10 章 44 条，自 2014 年 7 月 1 日起施行。这是我国第一部系统规范事业单位人事管理的行政法规。

《条例》适应事业单位改革发展的新形势新要求，将岗位设置、公开招聘、竞聘上岗、聘用合同、考核培训、奖励处分、工资福利、社会保险、人事争议处理，以及法律责任作为基本内容，确立了事业单位人事管理的基本制度。《条例》中规定，国家对事业单位工作人员实行分级分类管理。中央事业单位人事综合管理部门负责全国事业单位人事综合管理工作。县级以上地方各级事业单位人事综合管理部门负责本辖区事业单位人事综合管理工作。事业单位主管部门具体负责所属事业单位人事管理工作。事业单位按照国家有关规定设置岗位，明确岗位类别、等级。事业单位新聘用工作人员，应当面向社会公开招聘。建立激励与约束相结合的事业单位工资制度。事业单位工资分配应当结合不同行业事业单位特点，体现岗位职责、工作业绩、实际贡献等因素。

《条例》的颁布和实施，对于建立权责清晰、分类科学、机制灵活、监管有力、符合事业单位特点和人才成长规律的人事管理制度，建设高素质的事业单位工作人员队伍，促进公共服务发展，具有十分重要的意义。

二、事业单位会计的含义及特点

事业单位会计是各级事业单位以货币为主要计量单位，对自身发生的经济业务或事项进行全面、系统、连续的核算和监督的专业会计。事业单位应当将其实际发生的各项经济业务或事项统一纳入会计核算，确保会计信息能够全面反映事业单位的财务状况、事业成果、预算执行情况。

事业单位会计是预算会计的重要组成部分，以资产、负债、净资产、收入、支出情况为主要核算内容，反映单位财务状况和预算执行等有关的会计信息，既要满足预算管理的需要，也要满足单位财务管理的需要。相对于企业会计而言，事业单位会计主要有以下几个特点。

（1）事业单位会计核算的目标是向会计信息使用者提供与事业单位财务状况、事业成果、预算执行等有关的会计信息，反映事业单位受托责任的履行情况，有助于会计信息使用者进行社会管理、做出经济决策。事业单位会计信息使用者包括政府及其有关部门、举办（上级）单位、债权人、事业单位自身和其他利益相关者。

（2）事业单位会计核算一般采用收付实现制，部分经济业务或事项采用权责发生制核算。为反映预算执行情况，事业单位的会计核算以收付实现制为主，收入一般在实际收到款项时确认，支出一般在实际支付时确认。事业单位对其经营活动按照权责发生制原则核算，对应收应付款项等部分经济业务或事项也采用权责发生制核算。行业事业单位的会计核算采用权责发生制的，由财政部在相关会计制度中规定。

（3）事业单位的净资产一般不存在向投资者分配结余的概念。同企业有明确的所有者权益不同，事业单位属于社会公益性质，不以盈利为目的。事业单位的投资者在对事业单位投资时一般不要求投入资产的回报，也不准备收回投入资产，而且有些事业单位也不存在明确的所有者权益。事业单位的收支结余主要用于事业单位进一步发展社会事业以及弥补以后年度事业活动收支差额的需要。

第二节　事业单位会计要素与会计科目

一、事业单位会计要素

事业单位会计的核算对象是事业单位在从事公益性活动中发生的资金运动，包括预算资金运动和业务资金运动。会计要素是会计对象内容的基本分类，事业单位会计根据其资金运动的特点设置了资产、负债、净资产、收入、支出或费用 5 个会计要素。

1. 资产

资产是指事业单位占有或者使用的能以货币计量的经济资源，包括各种财产、债权和其他权利，如货币资金、短期投资、应收及预付款项、存货、长期投资、在建工程、固定资产、无形资产等。

2. 负债

负债是指事业单位所承担的能以货币计量，需要以资产或者劳务偿还的债务，包括短期借款、应付及预收款项、应付职工薪酬、应缴款项、长期借款、长期应付款等。

3. 净资产

净资产是指事业单位资产扣除负债后的余额，包括事业基金、非流动资产基金、专用基金、财政补助结转结余、非财政补助结转结余等。

4. 收入

收入是指事业单位开展业务及其他活动依法取得的非偿还性资金，包括财政补助收入、事业收入、上级补助收入、附属单位上缴收入、经营收入和其他收入等。

5. 支出或费用

支出或者费用是指事业单位开展业务及其他活动发生的资金耗费和损失，包括事业支出、对附属单位补助支出、上缴上级支出、经营支出和其他支出等。

二、事业单位会计科目

按照事业单位会计要素的类别，事业单位会计科目分为资产、负债、净资产、收入和支出五类。在财政部2013年颁布实施的《事业单位会计制度》中，对事业单位的会计科目及其核算内容做出了具体的规定。各级事业单位统一适用的会计科目如表10-1所示。

表10-1 事业单位会计科目表

序号	科目编号	会计科目名称
一、资产类		
1	1001	库存现金
2	1002	银行存款
3	1011	零余额账户用款额度
4	1101	短期投资
5	1201 120101 120102	财政应返还额度 财政直接支付 财政授权支付
6	1211	应收票据
7	1212	应收账款
8	1213	预付账款
9	1215	其他应收款
10	1301	存货
11	1401	长期投资
12	1501	固定资产
13	1502	累计折旧
14	1511	在建工程
15	1601	无形资产
16	1602	累计摊销
17	1701	待处置资产损溢
二、负债类		
18	2001	短期借款
19	2101	应缴税费
20	2102	应缴国库款
21	2103	应缴财政专户款
22	2201	应付职工薪酬
23	2301	应付票据
24	2302	应付账款
25	2303	预收账款
26	2305	其他应付款
27	2401	长期借款
28	2402	长期应付款

序号	科目编号	会计科目名称
三、净资产类		
29	3001	事业基金
30	3101 310101 310102 310103 310104	非流动资产基金 长期投资 固定资产 在建工程 无形资产
31	3201	专用基金
32	3301 330101 330102	财政补助结转 基本支出结转 项目支出结转
33	3302	财政补助结余
34	3401	非财政补助结转
35	3402	事业结余
36	3403	经营结余
37	3404	非财政补助结余分配
四、收入类		
38	4001	财政补助收入
39	4101	事业收入
40	4201	上级补助收入
41	4301	附属单位上缴收入
42	4401	经营收入
43	4501	其他收入
五、支出类		
44	5001	事业支出
45	5101	上缴上级支出
46	5201	对附属单位补助支出
47	5301	经营支出
48	5401	其他支出

事业单位应当按照下列规定运用会计科目。

（1）事业单位应当按照《事业单位会计制度》的规定设置和使用会计科目。在不影响会计处理和编报财务报表的前提下，可以根据实际情况自行增设、减少或合并某些明细科目。

（2）事业单位必须使用《事业单位会计制度》统一规定会计科目的编号，以便于填制会计凭证、登记账簿、查阅账目，实行会计信息化管理，不得打乱重编。

（3）事业单位在填制会计凭证、登记会计账簿时，应当填列会计科目的名称，可同时填列会计科目的名称和编号，不得只填列科目编号、不填列科目名称。

（1）事业单位，是指国家为了社会公益目的，由国家机关举办或者其他组织利用国有资产举办的，以提供各种社会服务为直接目的的社会组织。同其他各类组织相比，事业单位具有国有性、公益性、专业性、资金来源多样性的特点。

（2）国家对事业单位实行“核定收支、定额或者定项补助、超支不补、结转和结余按规定使用”的预算管理办法。

（3）事业单位会计是各级事业单位以货币为主要计量单位，对自身发生的经济业务或事项进行全面、系统、连续的核算和监督的专业会计。

（4）事业单位会计核算的目标是向会计信息使用者提供与事业单位财务状况、事业成果、预算执行等有关的会计信息，反映事业单位受托责任的履行情况，有助于会计信息使用者进行社会管理、做出经济决策。

（5）事业单位会计核算一般采用收付实现制，部分经济业务或者事项采用权责发生制核算。

（6）事业单位的净资产一般不存在向投资者分配结余的概念。

（7）事业单位的会计要素包括资产、负债、净资产、收入和支出或费用。按照事业单位会计要素的类别，事业单位的会计科目相应分为资产、负债、净资产、收入和支出 5 类。

一、名词解释

事业单位 事业单位会计 资产 负债 净资产 收入 支出或费用

二、简答题

1. 什么是事业单位？我国事业单位具有哪些特点？
2. 国家对事业单位的预算管理办法。
3. 事业单位会计具有哪些特点？
4. 事业单位通用会计科目分为哪 5 类？使用时应当遵循哪些要求？

第十一章 事业单位收入的核算

八所学校乱收费被查处 最多乱收费达两百余万元

国家发展和改革委员会公布了华北电力大学等 8 所学校的乱收费典型案件，涉及乱收学费、服务性费用、教辅资料费、代收费、工本费等方面。国家发展和改革委员会要求学校限期整改，责令学校将多收费用限期全额退还给学生及家长，并依法给予行政处罚。

这些被查处的高校，有的违反教育部、国务院纠风办、发展改革委等七部门关于治理教育乱收费工作实施意见的有关规定，以研究生培养机制改革为名，对部分计划内国家安排财政拨款的硕士研究生收取学费。有的在招生中，违反国家关于捐资助学不得与招生入学挂钩的规定，对录入本校的“专升本”学生，通过生源学校要求每生捐赠 1 万元，先后向 59 名学生收取与入学挂钩的捐资助学款 59 万元。有的违反高校服务性收费、代收费必须坚持自愿和非营利原则的政策规定，代入学新生购买物品时，军训服装费进价为每套 54.80 元，卖给学生 85 元，多收 175 311 元；床上用品进价为每套 286 元，卖给学生 350 元，多收 372 864 元；耳机进价每套 22 元，卖给学生 40 元，多收 104 868 元；违反自愿原则按专科生每生 300 元、本科生每生 400 元的标准收取直供饮水费；有的违反国家关于公办高中严禁在“三限”政策之外，以其他任何名义招收高收费学生的政策规定，在招收“三限”政策规定的择校生外，以借读生名义超比例招收择校生，按每生每学期 3 000 元的标准收取学费，违规收取 18 万多元。

发展改革委重申，严禁各级各类学校擅自制定收费项目和收费标准乱收费；严禁以研究生培养机制改革为名向国家安排财政拨款的研究生收费；严禁公办高中违反“三限”政策（限分数、限人数、限钱数）规定乱收费；严禁义务教育阶段学校收取与入学挂钩的捐资助学款；严禁幼儿园所擅自提高标准收费；严禁违反非营利原则和自愿原则收取服务性收费、代收费。

思考：如何规范和加强事业单位收入的管理？

第一节 事业单位收入概述

一、事业单位收入的概念和特点

收入是指事业单位开展业务及其他活动依法取得的非偿还性资金。由于事业单位业务活动的专业性和资金来源渠道的多样性，事业单位的收入既有自身业务活动组织的收入，也有来自财政部门和上级主管部门补助的收入，具体包括财政补助收入、事业收入、上级补助收入、附属单位上缴收入、经营收入和其他收入。同行政单位和企业的收入相比较，事业单位收入具有以下几个特点。

（1）事业单位的收入主要是非生产性的。事业单位是以政府职能、公益服务为主要宗旨的一些公益性单位、非公益性职能部门等。事业单位参与社会事务管理，履行管理和服务职能，宗旨是为社会服务，主要从事教育、科技、文化、卫生等活动，一般不直接从事物资资料生产、交通运输和商品流通等活动，具有非生产性的特点。

（2）事业单位的收入是依法取得的。事业单位必须按照国家有关法律、法规和规章制度的规定取得收入。财政补助收入是事业单位按照国家有关规定，经过法定程序批准后才能取得。事业收入的项目和标准也必须按照法定程序经政府有关部门批准后，才能向服务对象收取。经营收入也要遵照国家有关规定取得。

（3）事业单位收入取得的形式和渠道是多样的。事业单位的收入来源渠道同行政单位基本依靠财政拨款不同。事业单位在开展专业业务活动中取得事业收入，这是事业单位的“主营业务收入”。某些事业单位还有部分经营活动收入。事业单位还有从财政部门取得的财政补助收入，从主管部门或上级单位取得的上级补助收入，用以弥补业务活动的费用消耗。除此以外，还有附属单位上缴收入、投资收益、利息收入、捐赠收入等。

（4）事业单位的收入是非偿还性资金。是否具有“非偿还性”，也是事业单位收入确认的标准之一。事业单位取得的各项收入是不需要偿还的，可以安排用于各项专业活动及其他活动。如果事业单位取得了需要偿还的资金，如需要上缴财政或财政专户的款项，应当作为一项负债处理，不是事业单位的收入。

二、事业单位收入的确认和计量

由于事业单位的会计核算一般采用收付实现制，部分经济业务或事项可以采用权责发生制核算，所以事业单位的收入一般应当在收到款项时予以确认，并按照实际收到的金额进行计量。采用权责发生制确认的收入，应当在提供服务或发出存货，同时收讫价款或取得索取价款的凭据时予以确认，并按照实际收到的金额或者有关凭据注明的金额进行计量。

第二节　财政补助收入

一、财政补助收入的内容

财政补助收入是指事业单位从同级财政部门取得的各类财政拨款，包括基本支出补助和项目支出补助。这是国家按照部门预算，对事业单位的经费拨款或弥补事业开支不足的补助款项，可以促进事业单位更好地开展社会公益性活动。财政补助收入的资金来源于国家财政预算资金。

在我国传统预算体制下，按照事业单位的收入和支出情况，国家对事业单位采取三种不同的预算资金供应管理方式：对没有事业收入和收入不经常、不固定的事业单位实行全额拨款；对有经常性的、固定性业务收入的事业单位实行差额拨款；对提供一定产品或劳务的有固定收入的事业单位实行自收自支。根据新的《事业单位财务规则》，国家取消了三种预算资金供应方式的划分，对事业单位的事业补助拨款实行统一的“核定收支、定额或者定项补助、超支不补、结转和结余按规定使用”的预算管理办法。定额或者定项补助根据国家有关政策和财力可能，结合事业特点、事业发展目标和计划、事业单位收支及资产状况等确定。定额或者定项补助可以为零。事业单位应当严格按照经批准的年度部门预算和按季分月用款计划申请取得财政补助收入，同时按照规定的用途使用财政补助收入，未经财政部门同意，不得擅自改变财政补助收入的用途。

二、财政补助收入的确认和计量

事业单位取得财政补助收入有财政直接支付、财政授权支付和财政划拨资金 3 种方式。3 种支付方式业务流程不同，事业单位财政补助收入的确认与计量原则也有所差异。

1. 财政直接支付方式下财政补助收入的确认和计量

在财政直接支付方式下，取得财政补助收入的程序是：事业单位在需要支付财政资金时，应根据部门预算和用款计划向财政部门提出直接支付申请。经财政部门审核后，由财政部门通过财政零余额账户直接将款项支付给收款人。因此，事业单位应在收到财政部门委托财政零余额账户代理银行转来的《财政直接支付入账通知书》（见表 11-1）时，按照财政实际支付的金额确认财政补助收入。即财政直接支付方式下，事业单位在实际使用了财政资金的同时确认财政补助收入。

表 11-1　　财政直接支付入账通知书

基层预算单位　　一级预算单位：　　第 1 页/共 1 页

账号：　　金额单位：元

<table>
<tr><th colspan="4">预算科目</th><th colspan="2">支出目级</th><th rowspan="3">项目</th><th rowspan="3">用途</th><th rowspan="3">资金性质</th><th rowspan="3">预算类型</th><th rowspan="3">收款人全称</th><th rowspan="3">金额</th><th rowspan="3">备注</th></tr>
<tr><th colspan="3">科目编码</th><th rowspan="2">科目名称</th><th rowspan="2">编码</th><th rowspan="2">名称</th></tr>
<tr><th>类</th><th>款</th><th>项</th></tr>
<tr><td></td><td></td><td></td><td></td><td></td><td></td><td></td><td></td><td></td><td></td><td></td><td></td><td></td></tr>
<tr><td></td><td></td><td></td><td></td><td></td><td></td><td></td><td></td><td></td><td></td><td></td><td></td><td></td></tr>
<tr><td></td><td></td><td></td><td></td><td></td><td></td><td></td><td></td><td></td><td></td><td></td><td></td><td></td></tr>
<tr><td></td><td></td><td></td><td></td><td></td><td></td><td></td><td></td><td></td><td></td><td></td><td></td><td></td></tr>
<tr><td></td><td></td><td></td><td></td><td></td><td></td><td></td><td></td><td></td><td></td><td></td><td></td><td></td></tr>
<tr><td></td><td></td><td></td><td></td><td></td><td></td><td></td><td></td><td></td><td></td><td></td><td></td><td></td></tr>
<tr><td></td><td></td><td></td><td></td><td></td><td></td><td></td><td></td><td></td><td></td><td></td><td></td><td></td></tr>
<tr><td colspan="11">本 页 小 计</td><td></td><td></td></tr>
<tr><td colspan="3">合计（大写）</td><td colspan="7"></td><td>（小写）</td><td></td><td></td></tr>
</table>

以上款项，已由财政国库集中支付执行机构直接支付，请据此入账。

__________ 银行（签章）　　日期：

本通知书一式四联，第一联一级预算单位备查；第二联基层预算单位作记账依据；第三联财政国库集中支付执行机构备查；第四联代理银行备查。

2. 财政授权支付方式下财政补助收入的确认和计量

在财政授权支付方式下，取得财政补助收入的程序是：事业单位根据部门预算和用款计划，按照规定的时间和程序向财政部门申请财政授权支付用款额度。经过财政部门审核后，将财政授权支付额度下达到事业单位零余额账户代理银行。在财政授权支付方式下事业单位收到的用款额度，可以用于结算和支付。因此，事业单位在收到单位的零余额账户代理银行转来的《财政授权支付额度到账通知书》（示例见表 6-2）时，按照通知书上所列的用款额度确认财政补助收入。事业单位收到的用款额度不是实际的货币资金，在商业银行开设的单位零余额账户不是实存资金账户，是一个过渡性的待结算账户。

3. 财政划拨资金方式下财政补助收入的确认和计量

在财政划拨资金方式下，取得财政补助收入的程序是：事业单位根据部门预算和用款计划，按照规定的时间和程序向财政部门提出资金拨入请求。经过财政部门审核后，将财政资金直接拨入事业单位的开户银行。因此，事业单位在收到单位的开户银行转来的收款通知书时，按照通知书上所列的收款金额确认财政补助收入。在财政实拨资金方式下，事业单位收到的是货币资金，在商业银行开设的是实存资金账户。

三、财政补助收入的核算

为了反映事业单位取得的各类财政拨款资金的增减变化，事业单位应设置“财政补助收入”科目。本科目属于收入类科目，贷方登记取得的财政补助金额，借方登记缴回或核销数，平时贷方余额反映财政补助收入累计数。期末，将本科目本年发生额转入“财政拨款结转”科目。期末结账后，本科目应无余额。

本科目应当设置“基本支出”和“项目支出”两个明细科目；两个明细科目按照《政府收支分类科目》中“支出功能分类”的相关科目进行明细核算；同时在“基本支出”明细科目下按照“人员经费”和“日常公用经费”进行明细核算，在“项目支出”明细科目下按照具体项目进行明细核算。这种科目设置方法主要是为了满足部门决算对基本支出业务、项目支出业务资金及其结转结余资金分别管理和报告的需要，以及对外提供支出功能分类信息的需要。

1．财政直接支付方式下财政补助收入取得的核算

财政直接支付方式下，事业单位根据财政国库支付执行机构委托代理银行转来的《财政直接支付入账通知书》及原始凭证，按照通知书中的直接支付入账金额，借记有关科目，贷记“财政补助收入”科目。

【例 11-1】某事业单位已经实行国库集中支付制度改革，发生如下经济业务。

（1）收到财政部门委托代理银行转来的《财政直接支付入账通知书》和“工资发放明细表”，财政部门为事业单位支付了在职人员工资 320 000 元，代理银行已将款项划入单位职工个人账户。

① 计提工资时。

借：事业支出　　320 000

　　贷：应付职工薪酬　　320 000

② 支付工资时。

借：应付职工薪酬　　320 000

　　贷：财政补助收入——基本支出　　320 000

（2）收到财政部门委托代理银行转来的《财政直接支付入账通知书》，财政部门为事业单位支付了开展日常业务活动的事业经费 36 000 元。

借：事业支出　　36 000

　　贷：财政补助收入——基本支出　　36 000

（3）收到财政部门委托代理银行转来的《财政直接支付入账通知书》，财政部门为事业单位支付了为开展某项专业活动所发生的事业经费 25 000 元。

借：事业支出　　25 000

　　贷：财政补助收入——项目支出　　25 000

2．财政授权支付方式下财政补助收入取得的核算

财政授权支付方式下，事业单位根据代理银行转来的《授权支付到账通知书》，按照通知书中的授权支付额度，借记“零余额账户用款额度”科目，贷记“财政补助收入”科目。

【例 11-2】接例 11-1，该单位收到代理银行转来的《授权支付到账通知书》，收到财政授权支付额度 365 000 元。该单位向单位零余额账户代理银行开具支付令，支付专业业务活动经费 63 000 元。

① 接到授权支付到账通知书时。

借：零余额账户用款额度　　365 000

　　贷：财政补助收入　　365 000

② 支付活动经费时。

借：事业支出　　63 000

　　贷：零余额账户用款额度　　63 000

3. 划拨资金方式下财政补助收入取得的核算

划拨资金方式下，实际收到财政补助收入时，按照实际收到的金额，借记“银行存款”等科目，贷记“财政补助收入”科目。

【例 11-3】某事业单位尚未纳入国库集中支付制度改革，发生如下财政补助收入业务：

（1）收到开户银行转来的收款通知，收到同级财政部门拨入的日常办公经费 200 000 元。

借：银行存款　　200 000

　　贷：财政补助收入——基本支出　　200 000

（2）收到同级财政部门拨入的专项事业经费 30 000 元。

借：银行存款　　30 000

　　贷：财政补助收入——项目支出　　30 000

4. 财政补助收入的期末结转

期末，事业单位将“财政补助收入”科目本期发生额转入财政补助结转，借记“财政补助收入”科目，贷记“财政补助结转”科目。在结转时，应区分基本支出和项目支出。基本支出结转应区分人员支出和日常公用支出，项目支出按具体项目进行结转。

【例 11-4】某事业单位年末“财政补助收入”总账科目的贷方余额为 238 000 元。其明细科目“基本支出”贷方余额 38 000 元，“项目支出”贷方余额 200 000 元。将以上“财政补助收入”科目余额转入“财政补助结转”科目。

借：财政补助收入——基本支出　　38 000

　　　　　　　　——项目支出　　200 000

　　贷：财政补助结转——基本支出结转　　38 000

　　　　　　　　　　——项目支出结转　　200 000

第三节　事业收入

一、事业收入的内容

事业收入是指事业单位开展专业业务活动及其辅助活动取得的收入。专业业务活动又称主营业务，是事业单位根据本单位专业特点所从事或开展的主要业务活动。如教育事业单位的教学活动、科学事业单位的科研活动、文化事业单位的演出活动、卫生事业单位的医疗保健活动等；辅助活动是指与专业业务活动相关，直接为专业业务活动服务的单位行政管理、后勤服务活动及其他有关活动。通过开展上述活动取得的收入，均作为事业收入核算。由于我国事业单位涉及行业广泛，其所从事的专业业务活动及其辅助活动各有不同，所以事业单位的事业收入的内容也就具有多样性。

需要说明的是，对于实行财政专户返还方式管理的事业收入，在取得资金时不能直接作为事业收入处理，收取时应缴入同级财政专户，待同级财政拨付本单位使用时，才能确认为事业收入。

二、事业收入的核算

为了反映事业单位开展专业业务活动及其辅助活动取得的收入，事业单位应设置“事业收入”科目。本科目属于收入类科目，贷方登记取得的事业收入，借方登记缴回或核销数，平时贷方余额反映事业收入累计数。期末，将本科目本期发生额按照资金性质分别转入“非财政补助结转”或“事业结余”科目。期末结账后，本科目应无余额。

“事业收入”科目应当按照事业收入类别、项目、《政府收支分类科目》中“支出功能分类”相关科目等进行明细核算。事业收入中如有专项资金收入，还应按具体项目进行明细核算。

1. 采用财政专户返还方式管理的事业收入

采用财政专户返还方式管理的事业收入主要是非税收入。事业单位依法利用政府权力（代行政府职能，包括接受行政机关委托）、政府信誉、国家资源、国有资产，提供公共服务征收或收取的税收以外的财政性资金都属于政府非税收入。财政专户返还方式管理的事业收入的特点是：取得时，事业单位确认为负债，上缴同级财政专户，收到财政专户返还款项时再确认为收入。

（1）收到应上缴财政专户的事业收入时，按照收到的款项金额，借记“银行存款”、“库存现金”等科目，贷记“应缴财政专户款”科目。

（2）向财政专户上缴款项时，按照实际上缴的款项金额，借记“应缴财政专户款”科目，贷记“银行存款”等科目。

（3）收到从财政专户返还的事业收入时，按照实际收到的返还金额，借记“银行存款”等科目，贷记“事业收入”科目。

【例 11-5】某事业单位 2014 年 1 月收取培训费 364 000 元，存入银行。月末将该款项上缴财政专户，按照相关政策，从财政专户取得返还款项 251 000 元，并已存入该单位的银行存款账户。

① 收到培训费时。

借：银行存款　　364 000
　　贷：应缴财政专户款　　364 000

② 上缴该款项时。

借：应缴财政专户款　　364 000
　　贷：银行存款　　364 000

③ 收到财政专户返还款时。

借：银行存款　　251 000
　　贷：事业收入　　251 000

2. 其他事业收入

对于不需要上缴财政专户的事业收入，事业单位在收取时可以直接确认为收入。收到事业收入时，按照收到的款项金额，借记“银行存款”、“库存现金”等科目，贷记“事业收入”科目。

【例 11-6】某事业单位在开展专业业务活动中取得事业收入 56 000 元，不需要上缴财政专户，款项已存入银行。

借：银行存款　　56 000
　　贷：事业收入　　56 000

3. **事业收入的期末结转**

期末，事业收入结转时，事业单位要根据资金的性质，区分专项资金收入和非专项资金收入，分别结转。

（1）将“事业收入”科目本期发生额中的专项资金收入结转入“非财政补助结转”，借记“事业收入”科目下各专项资金收入明细科目，贷记“非财政补助结转”科目；

（2）将“事业收入”科目本期发生额中的非专项资金收入结转入“事业结余”，借记“事业收入”科目下各非专项资金收入明细科目，贷记“事业结余”科目。

【例 11-7】2014 年年末，某事业单位“事业收入”科目贷方余额 850 000 元，其中“专项资金收入”余额 420 000 元，“非专项资金收入”余额 430 000 元。将“事业收入”科目余额转入“非财政补助结转”和“事业结余”科目。

借：事业收入　　850 000
　　贷：非财政补助结转　　420 000
　　　　事业结余　　430 000

第四节　上级补助收入

一、上级补助收入的概念

上级补助收入是指事业单位从主管部门和上级单位取得的非财政补助收入。为了促进各类事业单位的发展或弥补事业单位的经费不足，事业单位的主管部门或上级单位用自身组织的收入或集中下级单位的收入以一定的方式对事业单位予以拨款补助，这部分资金形成了事业单位的上级补助收入。财政部门通过主管部门和上级单位转拨的事业经费，计入财政补助收入，不属于事业单位的上级补助收入。

二、上级补助收入的核算

为了核算事业单位从主管部门和上级单位取得的非财政补助收入，事业单位应设置“上级补助收入”科目。本科目属于收入类科目，贷方登记从主管部门和上级单位取得的非财政补助收入，借方登记缴回或核销数，平时贷方余额反映上级补助收入的累计数。期末，将本科目本期发生额按照资金性质分别转入“非财政补助结转”或“事业结余”科目。期末结账后，本科目应无余额。

“上级补助收入”科目应当按照发放补助单位、补助项目、《政府收支分类科目》中“支出功能分类”相关科目等进行明细核算。上级补助收入中如有专项资金收入，还应按具体项目进行明细核算。

1. **收到上级补助收入**

事业单位收到上级补助收入时，按照实际收到的金额，借记“银行存款”等科目，贷记“上级补助收入”科目。

【例 11-8】2014 年 7 月 9 日，某事业单位收到上级主管部门用自有资金拨入的非财政补助收入 56 000 元，款项已存入银行。

借：银行存款　　56 000

　　贷：上级补助收入　　56 000

2. 上级补助收入的期末结转

期末，上级补助收入结转时，事业单位要根据资金的性质，区分专项资金收入和非专项资金收入，分别结转。

（1）将“上级补助收入”科目本期发生额中的专项资金收入结转入“非财政补助结转”，借记“上级补助收入”科目下各专项资金收入明细科目，贷记“非财政补助结转”科目；

（2）将“上级补助收入”科目本期发生额中的非专项资金收入结转入“事业结余”，借记“上级补助收入”科目下各非专项资金收入明细科目，贷记“事业结余”科目。

【例 11-9】2014 年年末，某事业单位“上级补助收入”科目贷方余额 790 000 元，其中“专项资金收入”余额 380 000 元，“非专项资金收入”余额 410 000 元。将“上级补助收入”科目余额转入“非财政补助结转”和“事业结余”科目。

借：上级补助收入　　790 000

　　贷：非财政补助结转　　380 000

　　　　事业结余　　410 000

第五节　附属单位上缴收入

一、附属单位上缴收入的概念

附属单位上缴收入是指事业单位附属独立核算单位按照有关规定上缴的收入，包括附属的事业单位上缴的收入和附属的企业上缴的利润等。

附属单位是指与该事业单位（或称主体单位）间除资金联系之外还存在其他联系的事业单位或企业，具有独立的法人资格。一般而言，附属事业单位与主体事业单位之间存在预算上的拨付关系及行政上的隶属关系。附属企业通常在历史上曾经属于主体事业单位的一个组成部分，从事专业业务及其辅助业务，后因种种原因，从原事业单位中独立出来，成为管理上和财务上独立核算的法人实体。但它仍旧在许多方面与原事业单位存在联系。这些联系一般包括：主体事业单位有权任免其管理人员的职务；修改或通过其预算；支持、否决或修改其决策。如果只存在资金上的联系，则一般认为该单位只是事业单位的投资单位，而非附属单位。

二、附属单位上缴收入的核算

为了反映事业单位附属单位上缴收入的增减变动情况，事业单位应设置“附属单位上缴收入”科目。本科目属于收入类科目，贷方登记附属单位上缴的款项，借方登记期末结转数，平时贷方余额反映附属单位上缴收入的累计数。期末，将本科目本期发生额按照资金性质分别转入“非财政补助结转”或“事业结余”科目。期末结账后，本科目应无余额。

“附属单位上缴收入”科目应当按照附属单位、缴款项目、《政府收支分类科目》中“支出功能分类”相关科目等进行明细核算。附属单位上缴收入中如有专项资金收入，还应按具体项目进行明细核算。

1. 收到附属单位缴款

事业单位收到附属单位缴来款项时，按照实际收到金额，借记“银行存款”等科目，贷记“附属单位上缴收入”科目。

【例 11-10】某事业单位发生如下附属单位缴款业务。

（1）收到所属甲预算单位上缴的款项 42 000 元，款项存入银行。

借：银行存款	42 000	
贷：附属单位上缴收入——甲单位		42 000

（2）收到所属乙企业上缴利润 86 000 元，款项已存入银行。

借：银行存款	86 000	
贷：附属单位上缴收入——乙企业		86 000

2. 附属单位上缴收入的期末结转

期末，附属单位上缴收入结转时，事业单位要根据资金的性质，区分专项资金收入和非专项资金收入，分别结转。

（1）将“附属单位上缴收入”科目本期发生额中的专项资金收入结转入“非财政补助结转”，借记“附属单位上缴收入”科目下各专项资金收入明细科目，贷记“非财政补助结转”科目；

（2）将“附属单位上缴收入”科目本期发生额中的非专项资金收入结转入“事业结余”，借记“附属单位上缴收入”科目下各非专项资金收入明细科目，贷记“事业结余”科目。

【例 11-11】2014 年年末，某事业单位“附属单位上缴收入”科目贷方余额 53 000 元，其中“专项资金收入”余额 23 000 元，“非专项资金收入”余额 30 000 元。将“附属单位上缴收入”科目余额转入“非财政补助结转”和“事业结余”科目。

借：附属单位上缴收入	53 000	
贷：非财政补助结转		23 000
事业结余		30 000

第六节 经营收入

一、经营收入的内容

经营收入是指事业单位在专业业务活动及其辅助活动之外开展非独立核算经营活动取得的收入。

事业单位存在某些与自身正常业务活动及其辅助活动之外开展非独立核算经营活动取得的收入，其定价可以市场公平价格为标准，保本的基础上含有一些利润，类似企业营利活动。具体包括以下几个方面。

（1）商品销售收入。事业单位通过销售定型、批量产品和单位职工食堂、单位内部商店等非独立核算部门销售商品取得的收入。该类收入一般存在于科学研究型事业单位。

（2）提供劳务收入。事业单位对外提供餐饮、住宿、交通运输等经营服务活动取得的收入。

（3）让渡资产使用权收入。事业单位对外出租房屋、车辆、场地、设备等取得的收入。

事业单位的经营收入要与附属单位上缴收入相区别。经营收入是非独立核算单位开展经营活动所取得的收入，事业单位所属的实行独立核算的单位上缴的收入应作为“附属单位上缴收入”核算。例如，学校的后勤单位，如果是一个独立的法人实体，单独设置会计机构、配备会计人员，单独设置账目，独立计算盈亏，则其开展的经营活动属于独立核算的经营活动。该后勤单位将一部分收入上缴学校时，学校应当作为“附属单位上缴收入”处理。如果后勤单位不单独设置会计机构，不单独计算盈亏，收支报由学校统一进行会计核算，这部分收入应当作为“经营收入”处理。

二、经营收入的确认和计量

对于经营收入，事业单位可以采用权责发生制核算。经营收入应当在提供服务或发出存货，同时收讫价款或者取得索取价款的凭据时，按照实际收到或应收的金额确认收入。

三、经营收入的核算

为了核算事业单位在专业业务活动及其辅助活动之外开展非独立核算经营活动取得的收入，事业单位应设置“经营收入”科目。本科目属于收入类科目，贷方登记取得的经营收入，借方登记缴回或结转数，平时贷方余额反映经营收入的累计数。期末，将本科目本期发生额转入“经营结余”。期末结账后，本科目应无余额。

“经营收入”科目应当按照经营活动类别、项目、《政府收支分类科目》中“支出功能分类”相关科目等进行明细核算。

1. 取得经营收入

事业单位实现经营收入时，按照确定的收入金额，借记“银行存款”、“应收账款”、“应收票据”等科目，贷记“经营收入”科目。

（1）增值税小规模纳税人的核算。属于增值税小规模纳税人的事业单位实现经营收入，按实际出售价款，借记“银行存款”、“应收账款”、“应收票据”等科目，按出售价款扣除增值税额后的金额，贷记“经营收入”科目，按应缴增值税金额，贷记“应缴税费——应缴增值税”科目。

【例 11-12】某事业单位所属非独立核算的服务部门为增值税小规模纳税人，适用 3%的征收率。对外提供劳务，取得收入 2 300 元，款项存入银行；出售商品不含税收入 50 000 元，款项尚未收到；对外提供资料复印收入现金 500 元。

① 对外提供劳务收到款项时。

	借方	贷方
借：银行存款	2 300	
贷：经营收入		2 300

② 出售商品时。

	借方	贷方
借：应收账款	51 500	
贷：经营收入		50 000
应缴税费——应缴增值税		1 500

③ 收到复印费时。

	借方	贷方
借：库存现金	500	
贷：经营收入		500

（2）增值税一般纳税人的核算。属于增值税一般纳税人的事业单位实现经营收入，按包含增值税的价款总额，借记“银行存款”、“应收账款”、“应收票据”等科目，按扣除增值税销项税额后的价款金额，贷记“经营收入”科目，按增值税专用发票上注明的增值税金额，贷记“应缴税费——应缴增值税（销项税额）”科目。

【例 11-13】某研究所下属非独立核算经营部门为增值税一般纳税人，适用 17%的税率。该部门加工销售自制商品，开具的增值税专用发票上注明的价款 40 000 元，增值税额 6 800 元，款项全部存入银行。

借：银行存款　　46 800
　　贷：经营收入　　40 000
　　　　应缴税费——应缴增值税（销项税额）　　6 800

2. 经营收入的期末结转

期末，将“经营收入”科目本期发生额转入经营结余，借记“经营收入”科目，贷记“经营结余”科目。

【例 11-14】2014 年年末，某事业单位“经营收入”科目贷方余额 58 000 元，转入“经营结余”科目。

借：经营收入　　58 000
　　贷：经营结余　　58 000

第七节　其他收入

一、其他收入的内容

其他收入是指事业单位除财政补助收入、事业收入、上级补助收入、附属单位上缴收入、经营收入以外的各项收入，包括投资收益、银行存款利息收入、租金收入、捐赠收入、现金盘盈收入、存货盘盈收入、收回已核销应收及预付款项、无法偿付的应付及预收款项等。其他收入是事业单位在运营过程中发生的一些零星杂项收入，也是事业单位业务成果的组成部分，应当纳入事业单位收入统一管理。

二、其他收入的核算

为了核算事业单位其他收入的增减变化，事业单位应设置“其他收入”科目。本科目属于收入类科目，贷方登记其他收入的增加数，借方登记缴回或年终结转数，平时贷方余额反映其他收入的累计数。期末，将本科目本期发生额按照资金性质分别转入“非财政补助结转”或“事业结余”科目。期末结账后，本科目应无余额。

“其他收入”科目应当按照其他收入的类别、《政府收支分类科目》中“支出功能分类”相关科目等进行明细核算。对于事业单位对外投资实现的投资净损益，应单设“投资收益”明细科目进行核算；其他收入中如有专项资金收入（如限定用途的捐赠收入），还应按具体项目进行明细核算。

1. 其他收入的日常核算

事业单位发生其他收入时，按实际收到的金额，借记“银行存款”等科目，贷记“其他收入”科目。

【例 11-15】某事业单位发生如下经济业务。

（1）收到联营投资企业分配的利润 400 000 元，存入银行。

借：银行存款　　400 000

　　贷：其他收入——投资收益　　400 000

（2）收到银行存款利息收入 2 300 元。

借：银行存款　　2 300

　　贷：其他收入——利息收入　　2 300

（3）接受捐赠办公用材料一批，该材料的市场价格为 20 000 元，材料已验收入库，并以现金支付运杂费 500 元。

借：存货　　20 500

　　贷：库存现金　　500

　　　　其他收入——捐赠收入　　20 000

（4）在现金账款核对中发现现金溢余 200 元，原因不明。经批准计入其他收入。

借：库存现金　　200

　　贷：其他收入——现金溢余收入　　200

（5）收回已作为坏账处理的丙单位的应收账款 5 000 元。

借：银行存款　　5 000

　　贷：其他收入——收回已核销坏账收入　　5 000

（6）年终，在资产清查中发现，由于丁公司已经破产解散，应付丁公司的账款 65 000 元无法偿还。

借：应付账款——丁公司　　65 000

　　贷：其他收入——无法偿付款项收入　　65 000

2. 其他收入的期末结转

期末，其他收入结转时，事业单位要根据资金的性质，区分专项资金收入和非专项资金收入，分别结转。具体来说：

（1）将“其他收入”科目本期发生额中的专项资金收入结转入“非财政补助结转”，借记“其他收入”科目下各专项资金收入明细科目，贷记“非财政补助结转”科目；

（2）将“其他收入”科目本期发生额中的非专项资金收入结转入“事业结余”，借记“其他收入”科目下各非专项资金收入明细科目，贷记“事业结余”科目。

期末结账后，“其他收入”科目应无余额。

【例 11-16】2014 年年末，某事业单位“其他收入”科目贷方余额 24 000 元，其中“专项资金收入”余额 10 000 元，“非专项资金收入”余额 14 000 元。将“其他收入”科目余额转入“非财政补助结转”和“事业结余”科目。

借：其他收入——专项资金收入　　10 000

　　贷：非财政补助结转　　10 000

借：其他收入——非专项资金收入　　14 000

　　贷：事业结余　　14 000

知识总结

（1）收入是指事业单位开展业务及其他活动依法取得的非偿还性资金，包括财政补助收入、事业收入、上级补助收入、附属单位上缴收入、经营收入和其他收入等。

（2）事业单位的收入一般应当在收到款项时予以确认，并按照实际收到的金额进行计量。采用权责发生制确认的收入，应当在提供服务或者发出存货，同时收讫价款或者取得索取价款的凭据时予以确认，并按照实际收到的金额或者有关凭据注明的金额进行计量。

（3）财政补助收入是指事业单位从同级财政部门取得的各类财政拨款，包括基本支出补助和项目支出补助。

（4）事业收入是指事业单位开展专业业务活动及其辅助活动取得的收入。

（5）上级补助收入是指事业单位从主管部门和上级单位取得的非财政补助收入。

（6）附属单位上缴收入是指事业单位附属独立核算单位按照有关规定上缴的收入，包括附属的事业单位上缴的收入和附属的企业上缴的利润等。

（7）经营收入是指事业单位在专业业务活动及其辅助活动之外开展非独立核算经营活动取得的收入。

（8）其他收入是指事业单位除财政补助收入、事业收入、上级补助收入、附属单位上缴收入、经营收入以外的各项收入，包括投资收益、银行存款利息收入、租金收入、捐赠收入、现金盘盈收入、存货盘盈收入、收回已核销应收及预付款项、无法偿付的应付及预收款项等。

练习与实训

一、名词解释

收入　财政补助收入　事业收入　上级补助收入　附属单位上缴收入　经营收入　其他收入

二、简答题

1. 什么是事业单位的收入？主要包括哪些内容？
2. 如何加强事业单位收入的管理？
3. 事业单位在不同的资金支付方式下，应该如何确认财政补助收入？
4. 采用财政专户返还方式管理的事业收入如何核算？
5. 什么是事业单位的上级补助收入？它与财政补助收入有什么区别？
6. 什么是事业单位的经营收入？经营收入与事业收入、附属单位上缴收入有什么区别？
7. 事业单位的其他收入主要包括哪些内容？

三、业务核算题

习题一

1. 目的：练习事业单位补助类收入的核算。
2. 资料：某事业单位 2014 年发生如下经济业务。

（1）收到财政部门委托代理银行转来的财政直接支付入账通知书，财政部门为该事业单位支付了为开展日常业务活动所发生的事业经费 56 000 元。

（2）收到财政部门委托代理银行转来的财政直接支付入账通知书，财政部门为事业单位支付了为开展某项专业活动所发生的事业经费 12 000 元。

（3）该单位收到代理银行转来的财政授权支付到账通知书，收到财政授权支付额度 236 000 元。

（4）收到上级单位拨来的用于开展日常专业业务活动的补助款项 14 000 元，已经通过银行转账方式支付。

3. 要求：根据上述经济业务编制会计分录。

习题二

1. 目的：练习事业单位业务活动收入的核算。

2. 资料：某事业单位 2014 年发生如下经济业务。

（1）在开展专业业务活动中取得劳务收入 53 000 元，款项存入银行。

（2）收到罚没收入 34 000 元，存入银行。月末将该款项上缴财政专户。按照相关政策，从财政专户取得返还款项 28 000 元，并已存入该单位的银行存款账户。

（3）非独立核算的招待所交来住宿、餐饮等收入共计 5 200 元，款项以现金结算。

（4）非独立核算的车队向外提供运输劳务，取得收入 2 800 元，已存入银行。

3. 要求：根据上述经济业务编制会计分录。

习题三

1. 目的：练习事业单位其他活动收入的核算。

2. 资料：某事业单位 2014 年发生如下经济业务。

（1）收到所属独立核算的甲单位缴来的利润 40 000 元。

（2）收到上年度对投资单位的投资收益 52 000 元。

（3）将闲置房屋出租，到期收到租金收入 42 000 元，已存入银行。

（4）收到其他单位未限定用途的捐赠收入 50 000 元，款项存入银行。

3. 要求：根据上述经济业务编制会计分录。

习题四

1. 目的：练习事业单位收入期末结转的核算。

2. 资料：某事业单位 2014 年 12 月各收入账户的期末余额如下。

（1）“财政补助收入”总账科目的贷方余额为 48 000 元。其明细科目“基本支出”贷方余额 8 000 元，“项目支出”贷方余额 40 000 元。

（2）“事业收入”科目贷方余额 950 000 元，其中“专项资金收入”余额 420 000 元，“非专项资金收入”余额 530 000 元。

（3）“上级补助收入”科目贷方余额 90 000 元，其中“专项资金收入”余额 80 000 元，“非专项资金收入”余额 10 000 元。

（4）“附属单位上缴收入”科目贷方余额 35 000 元，其中“专项资金收入”余额 23 000 元，“非专项资金收入”余额 12 000 元。

（5）“经营收入”科目贷方余额 12 000 元。

（6）“其他收入”科目贷方余额 26 000 元，其中“专项资金收入”余额 10 000 元，“非专项资金收入”余额16 000元。

3. 要求：根据上述资料编制期末结转的会计分录。

第十二章　事业单位支出或费用的核算

乡卫生院领导公款给职工发福利　发票露馅被处分

2013年中秋节，内江市市中区龚家乡卫生院在下乡义诊之后，组织员工一行进行公款聚餐唱歌娱乐活动，被市中区纪委监察局调查。

“9月16日，医院组织会议，对下乡义诊的医护人员进行表扬，随即会后有人提出聚餐，正好中秋节快到了，大家一拍即合。”该院党支部书记赵智道说，当时觉得大家辛苦了，并安排财务部门购买了5 200元的超市购物券，准备发放于医护人员表示节日的慰问。“9月18日晚上，我们职工26人吃完饭后，大家建议去唱歌，当天总共花掉3 200多元。”该院副院长李强说，事后想来，也确实是不应该。该医院组织职工在吃了饭唱了歌之后，购买的超市购物券还没发放，就接到消息称纪委监察局的工作人员对他们的行为开始调查。

据了解，赵智道等人用公款娱乐的行为在市中区还是第一次发生。市中区纪委监察局工作人员介绍，露馅的是一张发票手工对账单。“在不定期的暗访中，通过一超市发票及手工对账单明细中发现，赵智道等人有利用公款进行购买购物券行为，我们立即组织人员进行核查，核查中发现赵智道等人还有公款聚餐、娱乐等行为。”市中区纪委常委王梅说，调查中发现市中区龚家乡卫生院购买某购物券5 200元，聚餐、唱歌娱乐3 250元，全部系公款拨出。

市中区纪委监察局介入调查后，赵智道等人对购买超市购物券及聚餐、唱歌娱乐一事全部表示承认。“赵智道等人主动将未发放的5 200元超市购物券上交至区廉政办，并及时认错检讨。”王梅说，根据当事人情节，市中区纪委监察局通过会议决定，分别对龚家乡卫生院党支部书记赵智道给予党内警告处分，副院长李强、院长助理刘贤友给予政纪处分。就餐、娱乐费用由参与职工承担，未发放的购物卡上交，暂不免除其职务。

思考：事业单位应该如何加强支出管理？

第一节　事业单位支出或费用概述

一、支出或费用的概念和内容

支出或费用是指事业单位开展业务及其他活动发生的资金耗费和损失。事业单位在履行职能或开展业务活动过程中，必然要发生各种各样的耗费或支出，如支付职工薪酬、计提固定资产折旧费、领用存货等，它们都是事业单位从事各类事业活动付出的代价或发生的资金耗费及损失。

事业单位的支出按其用途可分为本单位的支出和对所属单位的支出。本单位支出是为了本单位开展业务及其他活动需要而发生的支出。对所属单位支出是指有下属单位的事业单位用本单位集中的资金补助所属单位的款项。

事业单位的支出按其内容可分为事业支出、对附属单位补助支出、上缴上级支出、经营支出和其他支出。

二、支出的管理要求

事业单位应当将各项支出全部纳入单位预算，建立健全支出管理制度。按照《事业单位财务规则》的要求，国家对事业单位支出的管理主要有以下几个方面。

（1）事业单位的支出应当严格执行国家有关财务规章制度规定的开支范围及开支标准；国家有关财务规章制度没有统一规定的，由事业单位规定，报主管部门和财政部门备案。

（2）事业单位在开展非独立核算经营活动中，应当正确归集实际发生的各项费用数。不能归集的，应当按照规定的比例合理分摊。经营支出应当与经营收入配比。

（3）事业单位从财政部门或主管部门取得的有指定项目和用途的专项资金，应当专款专用、单独核算，并按照规定向财政部门或主管部门报送专项资金使用情况。项目完成后，应当报送专项资金支出决算和使用效果的书面报告，接受检查和验收。

（4）事业单位应当加强经济核算，可以根据开展业务活动及其他活动的实际需要，实行内部成本核算办法。

（5）事业单位应当严格执行国库集中支付制度和政府采购制度等有关规定。

（6）事业单位应当加强支出的绩效管理，提高资金使用的有效性。

（7）事业单位应当依法加强各类票据管理，确保票据来源合法、内容真实、使用正确，不得使用虚假票据。

小资料　行政事业单位资金往来结算票据使用出新规

2013 年 5 月 14 日，财政部下发《关于进一步加强行政事业单位资金往来结算票据使用管理的通知》，以进一步完善财政票据管理制度，加强资金往来结算票据管理。

《通知》中规定，行政事业单位通过国库集中支付方式取得的财政性资金，按照财综〔2010〕111 号文件的规定，不开具资金往来结算票据，使用《财政直接支付入账通知书》或《财政授权支付额度到账通知书》及相关银行结算凭证入账。行政事业单位取得非国库集中支付来源的财政性资金，暂可向付款单位开具资金往来结算票据。各行政事业单位应严格按照财综〔2010〕1 号、财综〔2010〕111 号文件和本通知规定的范围使用资金往来结算票据，不得利用资金往来结算票据收取经营服务性收费、政府非税收入、会费收入、捐赠收入、医疗服务收入，也不得利用资金往来结算票据乱收费、乱集资和各种摊派。

三、支出或费用的确认和计量

现行《事业单位会计准则》中规定，事业单位会计核算一般采用收付实现制；部分经济业务或者事项采用权责发生制核算的以及行业事业单位的会计核算采用权责发生制的，由财政部在会计制度中具体规定。因此，采用收付实现制的事业单位，按支出要素对业务及其他活动发生的资金耗费和损失予以确认、计量和报告。采用权责发生制的事业单位，则按费用要素对业务及其他活动发生的资金耗费和损失予以确认、计量和报告。

事业单位的支出一般应当在实际支付时予以确认，并按照实际支付金额进行计量。采用权责发生制确认的支出或费用，应当在其发生时予以确认，并按照实际发生额进行计量。

第二节 事业支出

一、事业支出的内容

事业支出是指事业单位开展专业业务活动及其辅助活动发生的基本支出和项目支出。事业支出是事业单位从事专业活动及其辅助活动时发生的各项资金耗费和损失，具有经常性、数额大的特点，这是事业单位支出的主要内容。反映了事业单位在履行其职能、提供公共服务过程中发生的必要的耗费，是考核事业成果和资金使用效率的重要依据。事业单位应根据收入情况统筹考虑，制定事业支出预算计划，并按照财政部门批复的当年预算合理安排和控制事业支出。

二、事业支出的分类

1. 按部门预算的要求分类

按照部门预算管理的要求，事业单位的事业支出可以分为基本支出和项目支出两类。

（1）基本支出。基本支出是指事业单位用于维持单位正常运转和完成日常工作任务而发生的各项支出。基本支出具有常规性、稳定性的特点。它是事业单位的基本消耗，没有基本支出做保障，事业单位就无法正常运转。在部门预算中事业支出表现为一般预算经费支出，它包括用于维持单位正常运转而发生的人员支出和日常公用支出两部分。其中人员支出包括工资福利支出和对个人和家庭的补助支出，日常公用支出主要包括用于日常开支的商品和服务支出以及用于日常公用经费实现的其他资本性支出。

（2）项目支出。项目支出是指事业单位为完成专项工作或特定任务而发生的支出，是事业支出的重要组成部分。与基本支出相比，项目支出具有点多面广、非常规性、不稳定性以及繁琐复杂的特点。项目支出需要经过申报、筛选、立项、评审和审批的程序。在部门预算中表现为由省本级财政安排的专项经费支出。一般包括经济支出分类中的基本建设支出以及有专项资金来源的事业任务支出。

2. 按资金来源性质分类

按支出的资金来源性质分类，事业单位的事业支出可以分为财政补助支出、非财政专项资金支出和其他资金支出。这种分类使各类支出与财政补助收入、非财政专项资金收入和其他资金来源相配比，符合年终结转和专项资金需要单独报结的要求。

（1）财政补助支出。财政补助支出是指事业单位使用财政补助收入而发生的事业支出。

（2）非财政专项资金支出。非财政专项资金支出是指事业单位使用财政补助收入以外的、具有指定用途的资金完成的各项事业支出。

（3）其他资金支出。其他资金支出是指事业单位使用财政补助收入以外的、未限定用途的资金完成的事业支出。

3. 支出经济分类

《政府收支分类科目》中的“支出经济分类”反映事业单位支出的经济性质和具体用途，包括工资福利支出、商品和服务支出、对个人和家庭的补助、基本建设支出和其他资本性支出。具体内容在行政单位会计的“经费支出”分类中已做介绍，在此不再赘述。

三、事业支出核算的科目设置

为了反映事业单位开展专业业务活动及其辅助活动发生的各项支出，事业单位应设置“事业支出”科目。该科目属于支出类科目，借方登记事业支出的实际支出数，贷方登记支出收回或冲销转出数，平时借方余额反映事业支出累计数。期末，将该科目本期发生额按照资金来源分别转入“财政补助结转”、“非财政补助结转”、“事业结余”科目。期末结账后，该科目无余额。

“事业支出”科目应当按照“基本支出”和“项目支出”，“财政补助支出”、“非财政专项资金支出”和“其他资金支出”等层级进行明细核算，并按照《政府收支分类科目》中“支出功能分类”相关科目进行明细核算；“基本支出”和“项目支出”明细科目下应当按照《政府收支分类科目》中“支出经济分类”的款级科目进行明细核算；同时在“项目支出”明细科目下按照具体项目进行明细核算。

在《政府收支分类科目》中，“支出经济分类”与“支出功能分类”是两套相互并列的政府支出科目体系。这两套政府支出科目体系，分别从不同的角度对政府的支出进行了全面系统的分类。支出功能分类主要反映政府活动的不同功能和政策目标。支出经济分类主要反映政府支出的经济性质和具体用途。

对于明细科目级次顺序的设置，并没有严格的限制，事业单位可以根据自身业务情况、年终结转和编制报表的需要设置。对于事业支出的明细科目，可以有以下两种方法，如表 12-1 和表 12-2 所示。

表 12-1　“事业支出”明细账的设置方法一

<table>
<tr><th>总账科目</th><th colspan="6">事业支出</th></tr>
<tr><td rowspan="3">明细科目</td><td>一级</td><td colspan="2">财政补助支出</td><td>非财政专项资金支出</td><td colspan="2">其他资金支出</td></tr>
<tr><td>二级</td><td>基本支出</td><td>项目支出</td><td>项目支出</td><td>基本支出</td><td>项目支出</td></tr>
<tr><td>三级</td><td colspan="2">工资福利支出
商品和服务支出
对个人和家庭的补助
基本建设支出
其他资本性支出</td><td colspan="3">项目支出还需设置：
××项目
××项目
………</td></tr>
</table>

表 12-2　“事业支出”明细账的设置方法二

<table>
<tr><th>总账科目</th><th colspan="6">事业支出</th></tr>
<tr><td rowspan="3">明细科目</td><td>一级</td><td colspan="2">基本支出</td><td colspan="3">项目支出</td></tr>
<tr><td>二级</td><td>财政补助支出</td><td>其他资金支出</td><td>财政补助支出</td><td>非财政专项资金支出</td><td>其他资金支出</td></tr>
<tr><td>三级</td><td colspan="2">工资福利支出
商品和服务支出
对个人和家庭的补助
基本建设支出
其他资本性支出</td><td colspan="3">项目支出还需设置：
××项目
××项目
………</td></tr>
</table>

四、事业支出的账务处理

1. 职工薪酬的核算

职工薪酬是指事业单位为获得职工提供的服务而给予的各种形式的报酬以及其他相关支出。预算单位根据编制部门和人事部门的要求，在每月规定的时间内提供下月人员编制、实有人数、工资标准和代扣款项（包括按照国家规定由个人缴纳的住房公积金、医疗保险、养老保险、失业保险和依法缴纳的个人所得税）等数据，编制部门和人事部门审核后，在规定时间内将审核结果报送财政部门。财政部门的国库支付执行机构按照预算科目分类生成发放工资汇总表（见表 12-3），通知代理银行办理资金支付。预算单位根据统发工资入账通知书（见表 12-4）进行账务处理。

表 12-3 年 月统发工资发放汇总表

报表提供：每月 2 日由市会计核算中心提供数据

用途：1. 作为统发工资代理银行拨款的基础数据

2. 作为市会计核算中心“财政零余额账户”记账凭证附件

单位：角分

单位代码	单位名称	姓名	预算科目				合计	基本工资情况							津贴情况										住房公积金	其他	应发工资	扣款情况						补发工资	实发工资
			类	款	项	科目名称		基本工资	职务（岗位）工资	级别（技术等级）工资	工龄工资	规定比例奖金	试用期工资	警衔津贴	职务岗位津贴	市定补贴	保留津补贴	生活补贴	岗位补贴	其他津贴	误餐补贴	住房补贴	差旅费包干	通信补助费				医保金	养老保险金	个人所得税	扣住房公积金	其他扣款	扣款合计		
合计																																			

表 12-4　　预算单位统发工资入账通知书

预算单位：　　　　单位：元

预算科目				收款人全称	金额	备注
类	款	项	内容			
合计金额(大写)					合计金额(小写)	

第一联　一级预算单位备查

以上事项，已由财政国库支付中心直接支付，请据以入账。________银行(印章)

日期：　年　月　日

事业单位为从事专业业务活动及其辅助活动人员计提的薪酬等，借记“事业支出”科目，贷记“应付职工薪酬”等科目。发放职工薪酬时，借记“应付职工薪酬”科目，贷记“财政补助收入”、“零余额账户用款额度”、“银行存款”等科目。

【例 12-1】某事业单位已经实行国库集中支付制度，工资支出实行财政直接支付方式。2014 年 2 月 5 日，收到代理银行开具的工资发放明细表，支付工资总额 212 000 元。

① 计提职工薪酬时。

借：事业支出　　212 000

　　贷：应付职工薪酬　　212 000

② 发放工资时。

借：应付职工薪酬　　212 000

　　贷：财政补助收入　　212 000

2. 领用存货的核算

事业单位开展专业业务活动及其辅助活动领用的存货，按领用存货的实际成本，借记“事业支出”科目，贷记“存货”科目。

【例 12-2】某事业单位开展专业业务活动领用库存材料一批，价值 6 000 元。

借：事业支出　　6 000

　　贷：存货　　6 000

3. 其他各项支出的核算

事业单位开展专业业务活动及其辅助活动中发生的其他各项支出，借记“事业支出”科目，贷记“库存现金”、“银行存款”、“零余额账户用款额度”、“财政补助收入”等科目。

【例 12-3】某事业单位发生如下经济业务。

（1）公务员李磊出差归来报销差旅费 950 元，以现金付讫。

借：事业支出——基本支出　　950

　　贷：库存现金　　950

（2）通过单位零余额账户支付本月水电费860元。

借：事业支出——基本支出　　860

　　贷：零余额账户用款额度　　860

（3）用事业经费购置一台专用设备，价值30 000元，以银行存款支付，设备不需要安装，已经通过验收。

借：事业支出——项目支出　　30 000

　　贷：银行存款　　30 000

借：固定资产　　30 000

　　贷：非流动资产基金——固定资产　　30 000

（4）通过零余额账户购买办公用品3 600元，已交付有关部门使用。

借：事业支出——基本支出　　3 600

　　贷：零余额账户用款额度　　3 600

4. 事业支出的期末结转

期末，事业单位应当按照发生事业支出的资金来源，将“事业支出”科目本期发生额分别转入“财政补助结转”、“非财政补助结转”和“事业结余”科目。期末结账后，本科目应无余额。

（1）将“事业支出（财政补助支出）”科目本期发生额结转入“财政补助结转”科目，借记“财政补助结转——基本支出结转、项目支出结转”科目，贷记“事业支出（财政补助支出——基本支出、项目支出）”科目或“事业支出（基本支出——财政补助支出、项目支出——财政补助支出）”科目；

（2）将“事业支出（非财政专项资金支出）”科目本期发生额结转入“非财政补助结转”科目，借记“非财政补助结转”科目，贷记“事业支出（非财政专项资金支出）”科目或“事业支出（项目支出——非财政专项资金支出）”科目；

（3）将“事业支出（其他资金支出）”科目本期发生额结转入“事业结余”科目，借记“事业结余”科目，贷记“事业支出（其他资金支出）”科目或“事业支出（基本支出——其他资金支出、项目支出——其他资金支出）”科目。

【例12-4】某事业单位2014年年末有关“事业支出”科目及其明细科目的余额如下。

总账科目	明细账科目	余额（借方）（元）
事业支出	财政补助支出——基本支出	465 000
	财政补助支出——项目支出	253 000
	非财政专项资金支出	56 000
	其他资金支出	64 000

结转本年“事业支出”科目余额。

借：财政补助结转——基本支出结转　　465 000

　　　　　　　　——项目支出结转　　253 000

　　贷：事业支出——财政补助支出——基本支出　　465 000

　　　　　　　　——财政补助支出——项目支出　　253 000

借：非财政补助结转　　56 000

　　贷：事业支出——非财政专项资金支出　　56 000

借：事业结余　　64 000

　　贷：事业支出——其他资金支出　　64 000

第三节　对附属单位补助支出

一、对附属单位补助支出的内容

对附属单位补助支出是指事业单位用财政补助收入之外的收入对附属单位补助发生的支出。

附属单位是指实行独立核算的下级单位，事业单位作为上级单位，可以用自己组织的除财政补助收入以外的资金对下属单位进行各项补助，支持所属单位事业的发展。

二、对附属单位补助支出的核算

为了反映事业单位给予所属单位的补助情况，事业单位应设置“对附属单位补助支出”科目。该科目属于支出类科目，借方登记对附属单位补助的实际支出数，贷方登记支出补助收回或冲销转出数，平时借方余额反映对附属单位补助支出累计数。期末，将该科目本年发生额转入“事业结余”科目，期末结账后，该科目无余额。

“对附属单位补助支出”科目应当按照接受补助单位、补助项目、《政府收支分类科目》中“支出功能分类”相关科目等进行明细核算。

1. 发生对附属单位补助支出

事业单位发生对附属单位补助支出的，按照实际支出的金额，借记“对附属单位补助支出”科目，贷记“银行存款”等科目。

【例 12-5】2014 年，某事业单位发生对附属单位补助支出业务。

（1）5 月 10 日，对附属甲单位拨款 60 000 元，款项通过银行支付。

借：对附属单位补助支出——甲单位　　60 000

　　贷：银行存款　　60 000

（2）12 月 20 日，收到附属甲单位根据规定缴回的剩余款项 5 000 元。

借：银行存款　　5 000

　　贷：对附属单位补助支出——甲单位　　5 000

2. 对附属单位补助支出的期末结转

期末，事业单位将“对附属单位补助支出”科目本期发生额转入事业结余，借记“事业结余”科目，贷记“对附属单位补助支出”科目。

【例 12-6】2014 年年末，“对附属单位补助支出”科目借方余额 89 000 元，将其转入“事业结余”科目。

借：事业结余　　89 000

　　贷：对附属单位补助支出　　89 000

第四节　上缴上级支出

一、上缴上级支出的内容

上缴上级支出是指事业单位按照财政部门和主管部门的规定上缴上级单位的支出。

根据我国《事业单位财务规则》的规定，非财政补助收入大于支出较多的事业单位，可以实行收入上缴办法。结合事业单位的具体情况，财政部门会同有关主管部门制定收入上缴办法。收入上缴主要有两种形式：一种是定额上缴，即在核定预算时，确定一个上缴的绝对数额；另一种是按比例上缴，即根据收支情况，确定按收入的一定比例上缴。事业单位上缴上级单位的各项收入，形成事业单位的上缴上级支出。它与上级单位的附属单位上缴收入相对应。

二、上缴上级支出的核算

为了反映事业单位向上级单位缴款情况，事业单位应设置“上缴上级支出”科目。该科目属于支出类科目，借方登记上缴上级单位的实际支出数，贷方登记支出冲销转出数，平时借方余额反映上缴上级支出累计数。期末，将该科目本期发生额转入“事业结余”科目。期末结账后，该科目无余额。

“上缴上级支出”科目应当按照收缴款项单位、缴款项目、《政府收支分类科目》中“支出功能分类”相关科目等进行明细核算。

1. 上缴上级单位

事业单位按规定将款项上缴上级单位的，按照实际上缴的金额，借记“上缴上级支出”科目，贷记“银行存款”等科目。

【例 12-7】某事业单位根据本年收入情况，按规定比例上缴上级单位 100 000 元。

借：上缴上级支出　　100 000

　　贷：银行存款　　100 000

2. 上缴上级支出的期末结转

期末，事业单位将“上缴上级支出”科目本期发生额转入事业结余，借记“事业结余”科目，贷记“上缴上级支出”科目。

【例 12-8】某单位年末“上缴上级支出”科目借方余额 520 000 元，将其转入“事业结余”科目。

借：事业结余　　520 000

　　贷：上缴上级支出　　520 000

第五节　经营支出

一、经营支出的内容与核算原则

经营支出是指事业单位在专业业务活动及其辅助活动之外开展非独立核算经营活动发生的支出。这里的“非独立核算”部门或单位是指事业单位内部的不具有独立法人资格、没有完整会计工作组织体系的部门或单位。这些部门或单位，如生产、销售产品，承包建筑、安装、维修工程，出租、出借仪器设备、房屋场地，向社会提供餐饮、住宿、交通运输等劳务都属于经营活动，在这个过程中所发生的资金耗费和损失属于经营支出。事业单位的经营支出是使用经营收入发生的支出，不能将财政补助收入、事业收入等非经营性收入用于经营支出。

按照《事业单位财务规则》的要求，事业单位经营支出的核算应当遵循以下两个原则。

1. **正确归集与合理分配费用**

事业单位开展非独立核算经营活动的，应当正确归集开展经营活动发生的各项费用数；无法直接归集的，应当按照规定的标准或比例合理分摊。

2. **经营支出与经营收入相配比**

配比性原则是指进行会计核算时，收入与取得该收入发生的成本、费用应当相互配比，以便计算特定业务或特定期间的经营成果。为了提供与事业单位经济业务管理水平相关的信息，对经营活动的核算必须遵循收支配比原则。

二、经营支出的核算

为了核算事业单位在专业业务活动及其辅助活动之外开展非独立核算经营活动发生的支出，事业单位应设置"经营支出"科目。该科目属于支出类科目，借方登记经营支出的实际支出数，贷方登记支出收回或冲销转出数，平时借方余额反映经营支出累计数。期末，将该科目本期发生额转入"经营结余"科目。期末结账后，该科目无余额。

"经营支出"科目应当按照经营活动类别、项目、《政府收支分类科目》中"支出功能分类"相关科目等进行明细核算。

1. **计提职工薪酬**

事业单位为在专业业务活动及其辅助活动之外开展非独立核算经营活动人员计提的薪酬等，借记"经营支出"科目，贷记"应付职工薪酬"等科目。

【例 12-9】某事业单位开展经营活动，发放职工工资 65 000 元，通过单位银行存款账户已转入职工个人账户。

（1）计提职工薪酬时。

借：经营支出　　65 000

　　贷：应付职工薪酬　　65 000

（2）发放工资时。

借：应付职工薪酬　　65 000

　　贷：银行存款　　65 000

2. **领用存货**

事业单位在专业业务活动及其辅助活动之外开展非独立核算经营活动领用、发出的存货，按领用、发出存货的实际成本，借记"经营支出"科目，贷记"存货"科目。

【例 12-10】经营部门领用修理用材料一批，价值 3 000 元。

借：经营支出　　3 000

　　贷：存货　　3 000

3. **其他各项支出**

事业单位在专业业务活动及其辅助活动之外开展非独立核算经营活动中发生的其他各项支出，借记"经营支出"科目，贷记"库存现金"、"银行存款"、"应缴税费"等科目。

【例 12-11】某单位开出转账支票一张，支付本月经营活动水电费 1 100 元。

借：经营支出　　1 100

　　贷：银行存款　　1 100

【例 12-12】某单位购买一批经营活动使用的办公用品 600 元，直接交付有关部门使用，款项以现金付讫。

借：经营支出　　600

　　贷：库存现金　　600

4. 经营支出的期末结转

期末，事业单位将"经营支出"科目本期发生额转入经营结余，借记"经营结余"科目，贷记"经营支出"科目。

【例 12-13】2014 年年末，某事业单位"经营支出"科目借方余额 89 000 元。将其转入"经营结余"科目。

借：经营结余　　89 000

　　贷：经营支出　　89 000

第六节　其他支出

一、其他支出的内容

其他支出是指事业单位除事业支出、上缴上级支出、对附属单位补助支出、经营支出以外的各项支出，包括利息支出、捐赠支出、现金盘亏损失、资产处置损失、接受捐赠（调入）非流动资产发生的税费支出等。

二、其他支出的核算

为了反映事业单位的其他各项支出，事业单位应设置"其他支出"科目。该科目属于支出类科目，借方登记其他支出的增加数，贷方登记其他支出的结转数，期末借方余额反映当期其他支出的累计数。期末，按照资金性质，将本科目本期发生额分别转入"非财政补助结转"和"事业结余"。期末结账后，该科目无余额。

"其他支出"科目应当按照其他支出的类别、《政府收支分类科目》中"支出功能分类"相关科目等进行明细核算。其他支出中如有专项资金支出，还应按具体项目进行明细核算。

1. 其他支出的日常核算

事业单位发生其他各项支出时，借记"其他支出"科目，贷记"银行存款"等有关科目。

【例 12-14】某事业单位发生如下经济业务。

（1）归还从建设银行借入的资金 100 000 元，借款期限 3 个月、年利率为 5%。

借：短期借款　　100 000

　　其他支出——利息支出　　1 250

　　贷：银行存款　　101 250

（2）向儿童福利院捐赠捐赠现金 50 000 元，以支票付讫。

借：其他支出——捐赠支出　　50 000

　　贷：银行存款　　50 000

（3）核销一项无法收回的应收账款 60 000 元，已将其转入"待处置资产损溢"，报经批准予以核销。

借：其他支出　　60 000

贷：待处置资产损溢　　60 000

（4）月末对存货进行盘点，盘亏存货 2 000 元，其中 500 元属于仓库保管人员王某的责任过失，应由其赔偿，其余为非正常损失，报经批准予以核销。

① 将盘亏存货转入待处置资产损溢时。

借：待处置资产损溢　　2 000

贷：存货　　2 000

② 报经批准核销时。

借：其他支出——处置资产损溢　　1 500

其他应收款——王某　　500

贷：待处置资产损溢　　2 000

（5）接受乙企业捐赠设备一台，该设备的评估值为 58 000 元，该单位接受捐赠资产时支付相关税费、运输费 500 元，以银行存款付讫。

① 确认固定资产时。

借：固定资产　　58 500

贷：非流动资产基金——固定资产　　585 00

② 支付相关税费、运输费时。

借：其他支出——资产捐赠支出　　500

贷：银行存款　　500

2. 其他支出的期末结转

期末，事业单位应当按照发生其他支出的资金来源，将“其他支出”科目本期发生额分别转入“非财政补助结转”和“事业结余”科目。

（1）将“其他支出”科目本期发生额中的专项资金支出结转入非财政补助结转，借记“非财政补助结转”科目，贷记“其他支出”科目下各专项资金支出明细科目；

（2）将“其他支出”科目本期发生额中的非专项资金支出结转入事业结余，借记“事业结余”科目，贷记“其他支出”科目下各非专项资金支出明细科目。

【例 12-15】2014 年年末，该事业单位“其他支出”科目借方余额 89 000 元，其中专项资金支出 50 000 元，非专项资金支出 39 000 元。期末结转该账户。

借：非财政补助结转　　50 000

事业结余　　39 000

贷：其他支出——专项资金支出　　50 000

——非专项资金支出　　39 000

知识总结

（1）支出或费用是指事业单位开展业务及其他活动发生的资金耗费和损失。按其用途可分为本单位的支出和对所属单位的支出。按其内容可分为事业支出、对附属单位补助支出、上缴上级支出、经营支出和其他支出。

（2）事业单位的支出一般应当在实际支付时予以确认，并按照实际支付金额进行计量。采用权责发生制确认的支出或者费用，应当在其发生时予以确认，并按照实际发生额进行计量。

（3）事业支出是指事业单位开展专业业务活动及其辅助活动发生的基本支出和项目支

出。按照部门预算管理的要求，可以分为基本支出和项目支出两类。按支出的资金来源性质可以分为财政补助支出、非财政专项资金支出和其他资金支出。按照支出的经济性质和具体用途，分为工资福利支出、商品和服务支出、对个人和家庭的补助、基本建设支出和其他资本性支出。

（4）对附属单位补助支出是指事业单位用财政补助收入之外的收入对附属单位补助发生的支出。

（5）上缴上级支出是指事业单位按照财政部门和主管部门的规定上缴上级单位的支出。

（6）经营支出是指事业单位在专业业务活动及其辅助活动之外开展非独立核算经营活动发生的支出。

（7）其他支出是指事业单位除事业支出、上缴上级支出、对附属单位补助支出、经营支出以外的各项支出，包括利息支出、捐赠支出、现金盘亏损失、资产处置损失、接受捐赠（调入）非流动资产发生的税费支出等。

练习与实训

一、名词解释

支出　基本支出　项目支出　事业支出　对附属单位补助支出　上缴上级支出　经营支出　其他支出

二、简答题

1. 简述支出的含义及内容。
2. 对事业单位支出有哪些管理要求？
3. 事业支出有哪几种分类方法？
4. 什么是事业单位的上缴上级支出？它与上级单位的附属单位上缴收入之间有什么关系？
5. 什么是事业单位的经营支出？它与事业支出有什么区别？

三、业务核算题

习题一

1. 目的：练习事业单位业务活动支出的核算。
2. 资料：某事业单位（增值税一般纳税人）2014 年发生如下经济业务。

（1）经上级批准，购进轿车一辆，价款 150 000 元，以银行存款支付。

（2）以存款购进材料一批 2 000 元，增值税率 17%，材料已验收入库。

（3）本月职工工资总额 654 000 元，代扣水电费 23 000 元，代扣个人所得税 56 000 元，通过单位零余额账户支付工资。

（4）从仓库领用材料 3 500 元，用于业务实验。

（5）购买一批经营活动使用的办公用品 850 元，直接交付有关部门使用，款项以现金付讫。

（6）向某小学捐赠现金 50 000 元。

3. 要求：根据上述经济业务编制会计分录。

习题二

1. 目的：练习事业单位上缴下拨支出的核算。

2. 资料：某事业单位 2014 年发生如下经济业务。

（1）按规定的定额上缴上级单位款项 50 000 元，款项已通过银行支付。

（2）对附属单位拨款 40 000 元，款项通过银行支付。

（3）收到附属单位根据规定缴回的剩余款项 3 000 元。

3. 要求：根据上述经济业务编制会计分录。

习题三

1. 目的：练习事业单位期末支出结转的核算。

2. 资料：某事业单位 2014 年 12 月各支出账户的期末余额如下。

（1）“事业支出”总账科目的借方余额为 88 000 元，其中明细科目“财政补助支出”借方余额 50 000 元，“其他资金支出”贷方余额 38 000 元。

（2）“上缴上级支出”科目借方余额 50 000 元。

（3）“对附属单位补助支出”科目借方余额 90 000 元。

（4）“经营支出”科目借方余额 35 000 元。

（5）“其他支出”科目借方余额 12 000 元，其中，专项资金支出 7 000 元，非专项资金支出 5 000 元。

3. 要求：根据上述资料编制期末结转的会计分录。

第十三章 事业单位资产的核算

引入案例

郴州：让行政事业单位资产“动”起来

2013 年以来，湖南省郴州市财政对行政事业单位资产通过清查、配置、调剂、处置等工作举措，使该市国有资产管理走上了科学化、精细化、制度化的轨道，目前已完成收入 1.354 亿元。

清“家底”，全面排查单位资产。2012 年年底，该市成立了行政事业单位资产管理处，为市财政局下属单位，对市直行政事业单位资产进行统一管理。2013 年起，该局对市直行政事业单位进行全面资产清查，建设动态数据库，目前基本掌握了市直机关事业单位人员情况、房屋、土地、车辆、设备、办公家具等资产状况。

大调剂，提高存量资产效用。按照“资源共享、物尽其用”的理念，对各单位更新置换出来的资产、撤销和合并单位的资产、长期闲置和超标超编配置的资产由市财政统一调拨给全市机关事业单位和临时机构使用。2013 年来，共为有关部门单位调剂车辆 7 台、办公设备 9 宗、调剂办公场所 7 处近 15 000 平方米，节约办公经费 147 万元。

巧盘活，分类处置不同资产。运用市场化方式，挖掘资产效益，促进国有资产收益应收尽收，及时入库。对经营性资产，推行资产出租“评估底价法”公开竞租，确保收益最大化。2013 年来，已对 41 家单位的 396 间门面、89 间（套）公房完成了公开竞租，收回租金 1 100

余万元。

控增量，严格资产配置管理。从今年开始，实行资产配置预算与部门预算同时上报制度，用资产存量调节资产增量，并严格审定年中各单位的追加资产配置计划。在审核资产配置中，坚持定额标准，严格控制个别单位资产配置求新、求全、求高的不合理要求，推动资产合理有效使用。

思考：如何通过对事业单位资产的管理，实现国有资产的保值增值？

第一节　事业单位资产概述

一、资产的含义与特征

事业单位的资产是指事业单位占有或者使用的能以货币计量的经济资源，包括各种财产、债权和其他权利。

事业单位的资产具有以下特征。

1. 资产必须是一种经济资源

从其本质特征来看，资产是一种经济资源，能够借助于它的运用而在未来获得一定的经济利益。这种经济资源具有为事业单位开展业务活动及其他活动提供或创造物质条件的某种经济权利或经济潜能，具有使用价值，能够为事业单位创造社会效益和经济效益。只有具备这种条件的经济资源才可以作为资产被确认。

2. 资产必须是能以货币计量的经济资源

事业单位为开展业务活动拥有各种经济资源，如房屋、仪器、设备、材料、燃料等，这些资源的实物形态各不相同，采用的计量方式也不同。货币作为一般等价物，各种实物形态存在的资产价值都可以通过货币获得统一的计量。货币计量是会计核算的前提条件之一，所以，凡不能用货币量化的经济资源，就不能列入事业单位的资产，如人力资源等。

3. 资产必须为事业单位所占有或使用

从其所有权特征上来看，资产是由事业单位所拥有或者控制的资源。一项资源能否被视为某经济实体的资产，关键要看该实体有无对其自主支配的权利。事业单位对资产拥有所有权，能够从中获得排他性的经济利益。有的时候，某些资产并不为事业单位所拥有，但事业单位能够支配、控制这些资产，而且同样能够在资产使用过程中获得排他性的经济利益，也应将其确认为资产，如融资租入的固定资产。

二、资产的确认和计量

事业单位的资产应当按照取得时的实际成本进行计量。除国家另有规定外，事业单位不得自行调整其账面价值。具体包括以下几个方面。

（1）应收及预付款项应当按照实际发生额计量。

（2）以支付对价方式取得的资产，应当按照取得资产时支付的现金或者现金等价物的金额，或者按照取得资产时所付出的非货币性资产的评估价值等金额计量。

（3）取得资产时没有支付对价的，其计量金额应当按照有关凭据注明的金额加上相关税费、运输费等确定；没有相关凭据的，其计量金额比照同类或类似资产的市场价格加上相关税费、运输费等确定；没有相关凭据、同类或类似资产的市场价格也无法可靠取得的，所取得的资产应当按照名义金额（即人民币 1 元）入账。

三、资产的分类

1. 按照来源分类

（1）国家拨给事业单位的资产；

（2）事业单位按照国家规定运用国有资产组织收入形成的资产；

（3）接受捐赠的资产；

（4）其他经法律确认为国家所有的资产。

2. 按照流动性分类

（1）流动资产。流动资产是指预计在 1 年内（含 1 年）变现或者耗用的资产。事业单位的流动资产包括货币资金、短期投资、应收及预付款项、存货等。

（2）非流动资产。非流动资产是指流动资产以外的资产。事业单位的非流动资产包括长期投资、在建工程、固定资产、无形资产等。

小资料　新《事业单位会计制度》引入固定资产折旧和无形资产摊销

财政部于 2012 年 12 月 19 日修订发布了《事业单位会计制度》规定自 2013 年 1 月 1 日起全面施行。新制度既继承了原制度的合理内容，又体现了若干重大突破和创新，与原制度相比较，创新引入了固定资产折旧和无形资产摊销。新制度要求事业单位按照事业单位财务规则或制度规定确定是否计提折旧，并规定了“虚提”折旧和摊销的创新性处理方法，即在计提折旧和摊销时冲减非流动资产基金，而非计入支出。这一处理兼顾了预算管理和财务管理双重需要，既不影响事业单位支出的预算口径，又有利于反映资产随着时间推移和使用程度发生的价值消耗情况，促进事业单位落实“实物管理与价值管理相结合”的资产管理理念和原则，为事业单位进行内部成本核算提供会计数据支持。

第二节　货币资金

货币资金是以货币形态存在的资产。按照存放地点和用途不同，货币资金分为库存现金、银行存款和零余额账户用款额度。货币资金是流动性最强的资产，在资产负债表中，位于资产项目的首位。

一、库存现金

事业单位的库存现金是指事业单位为保证日常零星开支需要而存放在财务部门的货币资金，包括库存的人民币和外币。由于现金是流动性最强的资产，因此，事业单位应当严格按照国家有关现金管理的规定收支现金，并按照《事业单位会计制度》规定核算现金的各项收支业务。

1. 库存现金日常收支业务核算

为了反映事业单位库存现金的收支及结存情况，事业单位应设置“库存现金”科目。该科目属于资产类科目，借方反映库存现金的增加数，贷方反映库存现金的减少数。期末借方余额，反映事业单位实际持有的库存现金。

事业单位有外币现金的，应当分别按照人民币、各种外币设置“现金日记账”进行明细核算。

事业单位从银行等金融机构提取现金或因开展业务等事项收到现金，按照实际提取或收到的金额，借记“库存现金”科目，贷记“银行存款”、“零余额账户用款额度”、“事业收入”、“经营收入”等科目；将现金存入银行等金融机构，或因购买服务、商品等其他事项支出现金，按照实际存入或支出的金额，借记“银行存款”、“事业支出”等科目，贷记“库存现金”科目。

【例 13-1】某事业单位 2014 年 5 月发生如下现金收支业务。

（1）出纳签发现金支票一张，从银行提取现金 3 000 元以备日常开支。

	借方	贷方
借：库存现金	3 000	
贷：银行存款		3 000

（2）将附属单位上缴的 900 元现金收入存入银行。

	借方	贷方
借：银行存款	900	
贷：库存现金		900

（3）单位职工王刚出差，预借差旅费 1 800 元。

	借方	贷方
借：其他应收款——王刚	1 800	
贷：库存现金		1 800

（4）王刚出差归来报销，交回剩余款项 500 元。

	借方	贷方
借：事业支出	1 300	
库存现金	500	
贷：其他应收款——王刚		1 800

2. 库存现金清查盘点的核算

事业单位应当设置“现金日记账”，由出纳人员根据收付款凭证，按照业务发生顺序逐笔登记。每日终了，出纳人员应当计算当日的现金收入合计数、现金支出合计数和结余数，并将结余数与实际库存数核对，做到账款相符。现金收入业务较多、单独设有收款部门的事业单位，收款部门的收款员应当将每天所收现金连同收款凭据等一并交财务部门核收记账；或者将每天所收现金直接送存开户银行后，将收款凭据及向银行送存现金的凭证等一并交财务部门核收记账。

每日账款核对中发现现金溢余或短缺的，应当及时进行处理。如发现现金溢余，属于应支付给有关人员或单位的部分，借记“库存现金”科目，贷记“其他应付款”科目；属于无法查明原因的部分，借记“库存现金”科目，贷记“其他收入”科目。如发现现金短缺，属于应由责任人赔偿的部分，借记“其他应收款”科目，贷记“库存现金”科目；属于无法查明原因的部分，报经批准后，借记“其他支出”科目，贷记“库存现金”科目。

【例 13-2】某事业单位 2014 年 3 月发生如下现金溢余或短缺业务。

（1）29 日现金清查时，发现库存现金比账面余额多 140 元，原因待查。

	借方	贷方
借：库存现金	140	
贷：其他应付款		140

（2）经查，现金溢余原因不明，月末经批准确认为其他收入。

借：其他应付款　　　　140

　　贷：其他收入　　　　140

（3）29日现金清查时，发现现金短缺110元，原因待查。

借：其他应收款　　　　110

　　贷：库存现金　　　　110

（4）经查，上例现金短缺中的80元是出纳人员张亮工作失职造成的，由其负责赔偿，已收到赔款；剩余30元原因无法查明，经批准转作支出。

借：库存现金　　　　80

　　其他支出——现金短缺支出　　　　30

　　贷：其他应收款　　　　110

二、银行存款

1. 银行存款的概念与管理

银行存款是指事业单位存入银行或其他金融机构的各种存款，包括人民币存款和外币存款。事业单位应当严格按照国家有关支付结算办法的规定办理银行存款收支业务，并按照《事业单位会计制度》的规定核算银行存款的各项收支业务。任何独立核算的事业单位都必须在当地银行开设账户。除规定可用现金直接支付的款项外，其他一切收支业务都要通过银行存款账户核算。事业单位应当加强对银行存款账户的管理，一个事业单位只能开立一个基本存款账户。

2. 银行存款日常收支业务的核算

为了核算事业单位存入银行或者其他金融机构的各种存款的增减变化及结存情况，事业单位应设置“银行存款”科目。该科目属于资产类科目，借方登记存款的增加数，贷方登记存款的减少数。期末借方余额，反映事业单位实际存放在银行或其他金融机构的款项。

事业单位将款项存入银行或其他金融机构，借记“银行存款”科目，贷记“库存现金”、“事业收入”、“经营收入”等有关科目。提取和支出存款时，借记有关科目，贷记“银行存款”科目。

【例13-3】某事业单位尚未纳入国库单一账户制度，2014年5月，发生如下银行存款的收支业务。

（1）收到财政部门拨入的本月经费800 000元。

借：银行存款　　　　800 000

　　贷：财政补助收入　　　　800 000

（2）开展专业业务活动，支付办公费用40 000元，以存款支付。

借：事业支出　　　　40 000

　　贷：银行存款　　　　40 000

（3）以银行存款支付材料款6 800元。

借：存货　　　　6 800

　　贷：银行存款　　　　6 800

（4）经营部门购置设备一台，价值24 000元，款项已付讫。

借：经营支出　　24 000
　　贷：银行存款　　24 000
借：固定资产　　24 000
　　贷：非流动资产基金——固定资产　　24 000

3. 银行存款的清查核对

事业单位应当按开户银行或其他金融机构、存款种类及币种等，分别设置“银行存款日记账”，由出纳人员根据收付款凭证，按照业务的发生顺序逐笔登记，每日终了应结出余额。“银行存款日记账”应定期与“银行对账单”核对，至少每月核对一次。月度终了，事业单位银行存款账面余额与银行对账单余额之间如有差额，必须逐笔查明原因并进行处理。从理论上讲，银行存款日记账的记录与银行开出的银行对账单的记录，无论是发生额还是期末余额都应该是一致的，但在核对中，往往会出现不一致，原因主要有两个：一个双方各自的记账错误，这种错误应由双方及时查明原因，予以更正；二是存在未达账项。所谓未达账项，是指单位与银行之间由于凭证传递上的时间差，一方已登记入账而另一方尚未入账的账项。未达账项具体有 4 种情况。

（1）银行已收账记账，单位尚未收到银行的收账通知而未记账的款项。如单位委托银行收取的款项，银行办妥收款手续后入账，而收款通知尚未到达单位，单位尚未记增加。

（2）银行已付款记账，单位尚未收到银行的付款通知而未记账的款项。如银行向单位收取的借款利息、代单位支付的公用事业费用、到期的商业汇票付款等，银行办妥付款手续后入账，而付款通知尚未到达单位，单位尚未记减少。

（3）单位已收款记账，而银行尚未办妥入账手续的款项。如单位收到外单位的转账支票，填好进账单，并经银行受理盖章，即可入账增加，而银行则要办妥转账手续后，才能入账记增加。

（4）单位已付款记账，而银行尚未支付入账的款项。如单位签发转账支票后记存款减少，而持票人尚未到银行办理转账手续，银行尚未记减少。

在核对中如发现未达账项，应按月编制“银行存款余额调节表”进行调节，使双方余额相等。银行存款余额调节表的具体编制方法通常是：在银行与单位的存款账面余额基础上，加上各自的未收款，减去各自的未付款，然后再计算出各自的余额。经调节后，双方余额如果相等，一般说明双方记账没有错误，该余额就是单位银行存款的实有数；双方余额如果不相等，表明记账有差错，应立即查明错误原因。错误属于本单位原因的，应按规定的改错方法进行更正。属于银行方面原因的，应及时通知银行更正。

【例 13-4】某事业单位月底银行存款日记账余额为 15 478 元，银行对账单余额为 14 125 元，经核对，发现下列情况。

（1）本单位月末开出转账支票一张，金额为 728 元，支付购买图书款，银行未转账支付。

（2）单位委托银行代收外单位劳务款 1 725 元，月底银行已收款入账，但单位尚未收到银行的收款通知。

（3）银行已支付本单位购买固定资产款项 1 097 元，而单位未收到付款通知，故未记账。

（4）本单位月末收到某大学购买业务资料款的转账支票一张，金额为 2 709 元，当日送存银行，但银行尚未入账。

根据以上未达账项，编制“银行存款余额调节表”，见表 13-1。

表 13-1 银行存款余额调节表 单位：元

项目	金额	项目	金额
单位银行存款账户余额	15 478	银行对账单余额	14 125
加：银行已收、单位未收的外单位劳务款 减：银行已付，单位未付的购买固定资产款项	1 725 1 097	加：单位已收、银行未收某大学业务资料费 减：单位已付、银行未付的购书款	2 709 728
调节后的存款余额	16 106	调节后的存款余额	16 106

调整后的余额相等，表示双方记账没有错误，调整后的余额就是单位目前银行存款的实有数。但要说明的是，单位在调节表上调整的未达账项不能记账，也不能据此作账面调整，要待结算凭证到达后再进行账务处理，登记入账。

三、零余额账户用款额度

1. 零余额账户用款额度的概念

零余额账户用款额度是指实行国库集中支付的事业单位根据财政部门批复的用款计划收到和支用的零余额账户用款额度。纳入财政国库单一账户制度改革的事业单位，财政部门为事业单位在商业银行开设预算单位零余额账户。该账户用于财政部门对事业单位的授权支付。

2. 零余额账户用款额度的核算

为了反映事业单位零余额账户用款额度的增减变动情况，事业单位应设置“零余额账户用款额度”科目。该科目属于资产类科目，借方登记财政下达预算单位的授权支付用款额度，贷方登记零余额账户用款额度的减少数。期末借方余额，反映事业单位尚未支用的零余额账户用款额度。年度终了注销单位零余额账户用款额度后，本科目应无余额。

（1）零余额账户用款额度收支的核算。在财政授权支付方式下，事业单位收到代理银行盖章的《授权支付到账通知书》时，根据通知书所列数额，借记“零余额账户用款额度”科目，贷记“财政补助收入”科目；按规定支用额度时，借记有关科目，贷记“零余额账户用款额度”科目；从零余额账户提取现金时，借记“库存现金”科目，贷记“零余额账户用款额度”科目。

【例 13-5】某事业单位已实行国库集中支付制度，发生如下经济业务。

① 收到代理银行转来的“财政授权支付额度到账通知书”，获得财政授权支付额度 860 000 元。

借：零余额账户用款额度 860 000

  贷：财政补助收入 860 000

② 通过零余额账户购买了一批办公用材料，金额共计 9 360 元，材料已验收入库。

借：存货 9 360

  贷：零余额账户用款额度 9 360

③ 用零余额账户用款额度购买了一台不需要安装的专业用设备，支付价款 42 000 元，该设备已投入使用。

借：事业支出 42 000

  贷：零余额账户用款额度 42 000

借：固定资产 42 000

  贷：非流动资产基金——固定资产 42 000

④ 从零余额账户提取现金 3 000 元，以备日常开支。

借：库存现金　　3 000

　　贷：零余额账户用款额度　　3 000

（2）年末注销额度的核算。年度终了，事业单位依据代理银行提供的对账单作注销额度的相关账务处理，借记“财政应返还额度——财政授权支付”科目，贷记“零余额账户用款额度”科目。事业单位本年度财政授权支付预算指标数大于零余额账户用款额度下达数的，根据未下达的用款额度，借记“财政应返还额度——财政授权支付”科目，贷记“财政补助收入”科目。

下年年初，事业单位依据代理银行提供的额度恢复到账通知书（见表 13-2）做恢复额度的相关账务处理，借记“零余额账户用款额度”科目，贷记“财政应返还额度——财政授权支付”科目。事业单位收到财政部门批复的上年年末未下达零余额账户用款额度的，借记“零余额账户用款额度”科目，贷记“财政应返还额度——财政授权支付”科目。

表 13-2　　财政授权支付额度恢复到账通知书

______：

你单位______年度注销的财政授权支付额度已经恢复，特予通知。

银行（盖章）　　单位国标码：　　零余额账户账号：　　单位：元

科目编码			科目名称	项　目	财政授权支付恢复额度	备注
类	款	项				
合　　计						

注：1. 财政授权支付恢复额度为“财政支出年报表”中的“财政授权支付额度”中的“未支用额度”。

2. 本通知一式二联，第一联预算单位作财政授权支付恢复额度到账通知；第二联代理银行备查。

【例 13-6】2014 年年末，某事业单位财政授权支付年终结余资金 56 000 元，依据代理银行提供的对账单注销额度。2015 年 1 月 5 日，收到代理银行提供的额度恢复到账通知书，恢复额度 56 000 元。

① 注销额度时。

借：财政应返还额度——财政授权支付　　56 000

　　贷：零余额账户用款额度　　56 000

② 恢复额度时。

借：零余额账户用款额度　　56 000

　　贷：财政应返还额度——财政授权支付　　56 000

第三节　短期投资

一、短期投资的概念

短期投资是指事业单位依法取得的，持有时间不超过 1 年（含 1 年）的投资，主要是国债投资。事业单位的短期投资具有以下几个特点。

（1）短期投资是现金的暂时存放形式，其流动性仅次于现金，具有很强的变现能力；

（2）投资对象主要是国债；

（3）短期投资通常不是以控制被投资单位，或对被投资单位施加重大影响等为目的所作的投资，只是利用暂时多余的资金，谋求高于银行存款利息收入的利益；

（4）持有时间较短。作为短期投资通常不是为了长期持有，是计划在短期内出售以兑换成现金。这里的“短期内出售”并不代表必须在一年内出售，短期持有是指投资的意向，而非实际持有时间。

随着事业单位业务的不断发展，资金供需矛盾日益突出。为了保障事业单位履行职能、发展事业的需要，在国家法律法规允许的范围内，事业单位可以利用国有资产对外投资。一方面，可以拓展事业单位的业务范围，提高资金的使用效益，在更大范围内发挥事业单位的作用；另一方面，可以取得一定的投资收益，弥补事业单位资金的不足，更好地开展公益性服务。事业单位应当严格遵守国家法律、行政法规以及财政部门、主管部门关于对外投资的有关规定。事业单位不得使用财政拨款及其财政拨款结余资金进行对外投资，不得从事股票、期货、基金、企业债券等投资，国家另有规定的除外。

二、短期投资的核算

为了核算事业单位的短期投资，事业单位应设置“短期投资”科目。该科目属于资产类科目，借方反映取得短期投资的实际成本，贷方反映出售或收回短期投资的成本。期末借方余额，反映事业单位持有的短期投资成本。本科目应当按照国债投资的种类等进行明细核算。

事业单位在取得短期投资时，应当按照其实际成本（包括购买价款以及税金、手续费等相关税费）作为投资成本，借记“短期投资”科目，贷记“银行存款”等科目；短期投资持有期间收到利息时，按实际收到的金额，借记“银行存款”科目，贷记“其他收入——投资收益”科目；出售短期投资或到期收回短期国债本息，按照实际收到的金额，借记“银行存款”科目，按照出售或收回短期国债的成本，贷记“短期投资”科目，按其差额，贷记或借记“其他收入——投资收益”科目。

【例 13-7】2014 年 1 月 1 日，某事业单位购入 2013 年 1 月 1 日发行的 3 年期国债，面值 100 000 元，年利率为 5%，每半年支付一次利息，实际购入价格及税费为 105 800 元。

（1）购入债券时。

借：短期投资　　105 800

　　贷：银行存款　　105 800

（2）收到利息时。

借：银行存款　　2 500

　　贷：其他收入——投资收益　　2 500

【例 13-8】接【例 13-7】，该单位将持有的上述国债于 2014 年 8 月 6 日转让，实际取得价款 106 400 元，款项存入银行。

借：银行存款　　106 400

　　贷：短期投资　　105 800

　　　　其他收入——投资收益　　600

第四节　应收及预付款项

应收及预付款项是指事业单位在开展业务活动中形成的各项债权，包括财政应返还额度、应收票据、应收账款、其他应收款等应收款项和预付账款。

一、财政应返还额度

1. 财政应返还额度的概念

财政应返还额度是指实行国库集中支付的事业单位应收财政返还的资金额度。财政部门对事业单位的财政应返还额度采用先注销后恢复的管理办法。即年度终了，财政部门对事业单位的财政应返还额度先进行注销；第二年年初，财政部门对事业单位的财政应返还额度再予以恢复，供事业单位继续使用。

2. 财政应返还额度的核算

为了核算实行国库集中支付的事业单位应收财政返还的资金额度，事业单位应设置“财政应返还额度”科目。该科目属于资产类科目，借方登记财政应返还的额度，贷方登记下年度实际支出的冲减数（财政直接支付方式）或下年度恢复额度数（财政授权支付方式）。期末借方余额，反映事业单位应收财政返还的资金额度。

“财政应返还额度”科目应当设置“财政直接支付”、“财政授权支付”两个明细科目，进行明细核算。

（1）财政直接支付。年度终了，事业单位根据本年度财政直接支付预算指标数与当年财政直接支付实际支出数的差额，借记“财政应返还额度（财政直接支付）”科目，贷记“财政补助收入”科目。下年度恢复财政直接支付额度后，事业单位以财政直接支付方式发生实际支出时，借记有关科目，贷记“财政应返还额度（财政直接支付）”科目。

【例 13-9】某事业单位年度终了，财政直接支付预算指标数为 885 000 元，财政直接支付实际支出数 874 000 元，存在尚未使用的财政直接支付预算指标。年末，则编制如下会计分录。

借：财政应返还额度——财政直接支付　　11 000

　　贷：财政补助收入　　11 000

【例 13-10】接【例 13-9】，次年年初，该单位获得财政部门批复同意恢复财政直接支付额度总额 11 000 元，1 月份可用额度 5 000 元。该单位在 1 月份使用恢复额度支付办公经费 2 500 元。

借：事业支出　　2 500

　　贷：财政应返还额度——财政直接支付　　2 500

（2）财政授权支付。具体财务处理参见“零余额账户用款额度”。

二、应收票据

1. 应收票据的概念及分类

应收票据是指事业单位因开展经营活动销售产品、提供有偿服务等而收到的商业汇票，包括银行承兑汇票和商业承兑汇票。

商业汇票按承兑人不同，分为商业承兑汇票和银行承兑汇票。商业承兑汇票是由银行以外的付款人承兑的票据。商业汇票的付款人为承兑人。银行承兑汇票是由出票人签发并由其开户银行承兑的票据。商业汇票的出票人，为在银行开立存款账户的法人以及其他组织，与付款人具有真实的委托付款关系，具有支付汇票金额的可靠资金来源。

商业汇票按是否带息分类，分为带息票据和不带息票据。我国商业汇票的期限一般较短，最长为6个月。一般按面值计价，即收到商业汇票时，按照票据的面值入账。

2. 应收票据的核算

为了记录事业单位应收票据的发生和到期收回情况，事业单位应设置“应收票据”科目。本科目属于资产类科目，借方登记收到的商业汇票的面值，贷方登记到期收回、转让给其他单位以及向银行办理贴现的商业汇票的面值。本科目期末借方余额，反映事业单位持有的商业汇票票面金额。

“应收票据”科目应当按照开出、承兑商业汇票的单位等进行明细核算。事业单位应当设置“应收票据备查簿”，逐笔登记每一应收票据的种类、号数、出票日期、到期日、票面金额、交易合同号和付款人、承兑人、背书人姓名或单位名称、背书转让日、贴现日期、贴现率和贴现净额、收款日期、收回金额和退票情况等资料。应收票据到期结清票款或退票后，应当在备查簿内逐笔注销。

（1）收到商业汇票的核算。事业单位因销售产品、提供服务等收到商业汇票，按照商业汇票的票面金额，借记“应收票据”科目，按照确认的收入金额，贷记“经营收入”等科目，按照应缴增值税金额，贷记“应缴税费——应缴增值税”科目。

【例13-11】某事业单位开展经营活动向某企业销售产品一批，价款为100 000元，增值税17 000元，合同约定采用商业汇票结算。同日，收到该企业签发的期限为3个月的无息商业汇票一张，面值为117 000元。

借：应收票据——某企业　117 000
　　贷：经营收入　100 000
　　　　应缴税费——应缴增值税（销项税额）　17 000

（2）商业汇票的贴现。商业汇票到期以前，如果事业单位急需资金，可将其持有的未到期的商业汇票背书后向开户银行申请贴现。银行按一定的贴现率从票据到期价值中扣减自贴现之日起到票据到期日止的贴现息，余额付给事业单位。贴现金额与票据价值之间的差额计入经营支出。贴现利息和贴现金额的计算方法如下：

贴现利息=票据到期值×贴现利率×贴现天数/360

贴现金额=票据到期值－贴现利息

事业单位持未到期的商业汇票向银行贴现，按照实际收到的金额（即扣除贴现息后的净额），借记“银行存款”科目，按照贴现息，借记“经营支出”等科目，按照商业汇票的票面金额，贷记“应收票据”科目。

【例13-12】某事业单位2014年6月1日持一张面值为36 000元的商业承兑汇票向开户银行申请贴现，汇票到期日为当年10月30日，年贴现率为6%。

贴现利息=票据到期值×贴现利率×贴现天数/360=36 000×6%×151/360=906（元）

贴现金额=票据到期值－贴现利息=36 000－906=35094（元）

借：银行存款　35 094
　　经营支出　906
　　贷：应收票据　36 000

（3）商业汇票的背书转让。商业汇票转让是指持票人因偿还前欠货款等原因，将未到期的商业汇票背书后转让给其他单位或个人的业务活动。背书是指持票人在票据背面签字，签字人成为背书人，背书人对票据的到期付款负连带责任。

事业单位将持有的商业汇票背书转让以取得所需物资时，按照取得物资的成本，借记“存货”等有关科目，按照商业汇票的票面金额，贷记“应收票据”科目，如有差额，借记或贷记“银行存款”等科目。

【例 13-13】某事业单位 2014 年 6 月 1 日将原持有的丙公司的不带息商业汇票 110 000 元转让给丁公司，用于购买 A 材料。收到的普通发票上注明的材料价款 117 000 元，余款以银行存款支付。

借：存货——A 材料　　117 000
　　贷：应收票据　　110 000
　　　　银行存款　　7 000

（4）商业汇票到期时的核算。事业单位的商业汇票到期时，应当分别以下情况处理。

① 收回应收票据，按照实际收到的商业汇票票面金额，借记“银行存款”科目，贷记“应收票据”科目。

【例 13-14】接【例 13-11】，该商业汇票到期，款项存入银行。

借：银行存款　　117 000
　　贷：应收票据——某企业　　117 000

② 因付款人无力支付票款，收到银行退回的商业承兑汇票、委托收款凭证、未付票款通知书或拒付款证明等，按照商业汇票的票面金额，借记“应收账款”科目，贷记“应收票据”科目。

【例 13-15】接【例 13-11】，假定票据到期，该企业无力支付票款。该事业单位应编制如下会计分录。

借：应收账款——某企业　　117 000
　　贷：应收票据——某企业　　117 000

三、应收账款

1. 应收账款的确认和计价

应收账款是指事业单位因开展经营活动销售产品、提供有偿服务等而应收取的款项。

应收账款通常应按实际发生额入账，包括销售货物或提供劳务从购货方或接受劳务方应收的合同或协议价款、增值税销项税额，以及代购货单位垫付的包装费、运杂费等。另外，在确定应收账款的入账价值时，还应注意商业折扣和现金折扣等因素。

2. 应收账款的核算

为了核算事业单位应收账款的增减变动情况，事业单位应设置“应收账款”科目。本科目属于资产类科目，借方登记事业单位应收的各种款项，贷方登记已收回的款项。期末借方余额，反映事业单位尚未收回的应收账款。

“应收账款”科目应当按照购货、接受劳务单位（或个人）进行明细核算。

（1）应收账款的发生与收回。事业单位发生应收账款时，按照应收未收金额，借记“应收账款”科目，按照确认的收入金额，贷记“经营收入”等科目，按照应缴增值税金额，贷记“应缴税费——应缴增值税”科目；收回应收账款时，按照实际收到的金额，借记“银行存款”等科目，贷记“应收账款”科目。

【例 13-16】某事业单位（一般纳税人）2014 年 3 月 5 日，向乙公司赊销一批产品，价款为 20 000 元，适用的增值税税率为 17%。产品已发出。3 月 10 日，收回货款。

① 发出产品时。

借：应收账款——乙公司　　23 400

　　贷：经营收入　　20 000

　　　　应缴税费——应缴增值税（销项税额）　　3 400

② 收回货款时。

借：银行存款　　23 400

　　贷：应收账款——乙公司　　23 400

（2）应收账款的核销。事业单位的应收账款，有时因债务人拒付、破产、死亡等原因不能如数收回而使事业单位蒙受损失。在会计上，无法收回或收回可能性极小的款项称为坏账。根据现行《事业单位会计制度》的规定，逾期三年或以上、有确凿证据表明确实无法收回的应收账款，按规定报经批准后予以核销。核销的应收账款应在备查簿中保留登记。

事业单位进行账务处理时，先将待核销的应收账款转入待处置资产，按照待核销的应收账款金额，借记“待处置资产损溢”科目，贷记“应收账款”科目；报经批准予以核销时，借记“其他支出”科目，贷记“待处置资产损溢”科目；已核销应收账款在以后期间收回的，按照实际收回的金额，借记“银行存款”等科目；贷记“其他收入”科目。

【例 13-17】2014 年 6 月 30 日，某事业单位对其应收款项进行清理时确认应收 C 单位的账款 25 000 元无法收回。该单位按规定报有关部门批准并核销该项应收款项。编制会计分录如下。

① 转入待处置资产时。

借：待处置资产损溢　　25 000

　　贷：应收账款——C 单位　　25 000

② 核销该项应收账款时。

借：其他支出　　25 000

　　贷：待处置资产损溢　　25 000

四、预付账款

预付账款是指事业单位按照购货、劳务合同规定预付给供应单位的款项。

为了核算事业单位预付货款的发生和结算情况，事业单位应设置“预付账款”科目。该科目属于资产类科目，借方登记向供应单位预付的货款，贷方登记收到所购货物时结转的预付款项。期末借方余额，反映事业单位实际预付但尚未结算的款项。预付账款不多的单位，可以不设此账户，而将预付的货款记入“应付账款”的借方。但在编制会计报表时，仍然要将“预付账款”和“应付账款”账户的金额分开报告。

“预付账款”科目应当按照供应单位（或个人）进行明细核算。事业单位应当通过明细核算或辅助登记方式，登记预付账款的资金性质（区分财政补助资金、非财政专项资金和其他资金）。

1. 预付账款的发生与结算

事业单位发生预付账款时，按照实际预付的金额，借记“预付账款”科目，贷记“零余额账户用款额度”、“财政补助收入”、“银行存款”等科目。

事业单位收到所购物资或劳务，按照购入物资或劳务的成本，借记有关科目，按照相应预付账款金额，贷记“预付账款”科目，按照补付的款项，贷记“零余额账户用款额度”、“财政补助收入”、“银行存款”等科目。

如果事业单位所购资产为固定资产、无形资产的，按照确定的资产成本，借记“固定资产”、“无形资产”科目，贷记“非流动资产基金——固定资产、无形资产”科目；同时，按资产购置支出，借记“事业支出”、“经营支出”等科目，按照相应预付账款金额，贷记“预付账款”科目，按照补付的款项，贷记“零余额账户用款额度”、“财政补助收入”、“银行存款”等科目。

【例 13-18】某事业单位为非增值税一般纳税人，采用预付款方式向 A 公司购买自用材料一批，价款 23 400 元。根据合同约定，该事业单位预付采购材料款 10 000 元，通过银行转账方式支付。材料验收入库时，补付其余货款。

① 预付货款时。

借：预付账款　　10 000

　　贷：银行存款　　10 000

② 收到材料时。

借：存货　　23 400

　　贷：预付账款　　10 000

　　　　银行存款　　13 400

【例 13-19】某事业单位 2014 年 3 月 20 日与 B 公司签订购买合同，购入一台专业活动用设备，价款为 32 000 元。按照合同约定，该事业单位预付货款 12 000 元。剩余款项于设备安装调试成功后支付。

① 预付设备款时。

借：预付账款　　12 000

　　贷：银行存款　　12 000

② 设备安装调试成功，并支付剩余货款时。

借：固定资产　　32 000

　　贷：非流动资产基金——固定资产　　32 000

同时，

借：事业支出　　32 000

　　贷：预付账款　　12 000

　　　　银行存款　　20 000

2. 预付账款的核销

事业单位逾期三年或以上、有确凿证据表明因供货单位破产、撤销等原因已无望再收到所购物资，且确实无法收回的预付账款，按规定报经批准后予以核销。核销的预付账款应在备查簿中保留登记。

（1）转入待处置资产时，按照待核销的预付账款金额，借记“待处置资产损溢”科目，贷记“预付账款”科目。

（2）报经批准予以核销时，借记“其他支出”科目，贷记“待处置资产损溢”科目。

（3）已核销预付账款在以后期间收回的，按照实际收回的金额，借记“银行存款”等科目，贷记“其他收入”科目。

【例 13-20】某事业单位有确凿证据表明，预付 D 单位的设备款 5 000 元因其撤销而无法收回。经报批予以核销。

① 将款项转入待处置资产时。

借：待处置资产损溢　　5 000

　　贷：预付账款——D 单位　　5 000

② 报经批准予以核销预付账款时。

借：其他支出　　5 000

　　贷：待处置资产损溢　　5 000

五、其他应收款

1. 其他应收款的内容

其他应收款是指事业单位除财政应返还额度、应收票据、应收账款、预付账款以外的其他各项应收及暂付款项，如职工预借的差旅费、拨付给内部有关部门的备用金、应向职工收取的各种垫付款项等。

2. 其他应收款的核算

为了核算事业单位其他各种应收及暂付款项的发生和结算情况，事业单位应设置“其他应收款”科目。该科目属于资产类科目，借方登记发生的各种其他应收款，贷方登记收到的或转销的款项。期末借方余额，反映事业单位尚未收回的其他应收款。

“其他应收款”科目应当按照其他应收款的类别以及债务单位（或个人）进行明细核算。

（1）事业单位发生其他各种应收及暂付款项时，借记“其他应收款”科目，贷记“银行存款”、“库存现金”等科目；收回或转销其他各种应收及暂付款项时，借记“库存现金”、“银行存款”等科目，贷记“其他应收款”科目。

【例 13-21】某事业单位发生如下经济业务。

（1）租入外单位包装物，以银行存款支付押金 1 000 元。

借：其他应收款　　1 000

　　贷：银行存款　　1 000

（2）职工王磊出差预借差旅费 1 500 元，以现金支付。

借：其他应收款——王磊　　1 500

　　贷：库存现金　　1 500

（3）归还包装物，收回押金 1 000 元。

借：银行存款　　1 000

　　贷：其他应收款　　1 000

（2）事业单位逾期三年或以上、有确凿证据表明确实无法收回的其他应收款，按规定报经批准后予以核销。核销的其他应收款应在备查簿中保留登记。

第五节　存货

一、存货的概念及分类

存货是指事业单位在开展业务活动及其他活动中为耗用而储存的各种材料、燃料、包装物、低值易耗品及达不到固定资产标准的用具、装具、动植物等。

事业单位从事各类研究工作、技术开发活动以及各种服务活动，除了有必要的货币资金外，还必须要有各种材料、低值易耗品和其他材料等存货。事业单位的存货处于经常性的不断耗用或重置之中，既是事业单位流动资产的重要组成部分，也是事业单位从事各类业务活动的物质基础。

存货按其反映的经济内容，一般分为以下几类。

（1）材料。材料是指使用后就消耗掉或逐渐消耗，不能保持原有形态的各种原材料，包括主要材料、辅助材料、外购半成品和修理用备件等。

（2）燃料。燃料是指使用后就消失的各种固体、液体和气体燃料。

（3）包装物。包装物是指为包装本单位有关产品而储备的各种包装容器。

（4）低值易耗品。低值易耗品是指单位价值较低、容易损耗，不能作为固定资产的各种用具物品，如工具、管理用具、玻璃器皿、劳动保护用品等。

（5）动植物。动植物是指作为流动资产管理的经济林、薪炭林、产畜和役畜等。

二、存货的计量

1. 初始计量

存货的初始计量指取得存货的实际成本。存货成本包括采购成本、加工成本和其他成本。存货在取得时，应当按照其实际成本入账。具体来说包括以下几个方面。

（1）购入的存货，其成本包括购买价款、相关税费、运输费、装卸费、保险费以及其他使得存货达到目前场所和状态所发生的其他支出。事业单位按照税法规定属于增值税一般纳税人的，其购进非自用（如用于生产对外销售的产品）材料所支付的增值税款不计入材料成本。

（2）自行加工的存货，其成本包括耗用的直接材料费用、发生的直接人工费用和按照一定方法分配的与存货加工有关的间接费用。

（3）接受捐赠、无偿调入的存货，其成本按照有关凭据注明的金额加上相关税费、运输费等确定；没有相关凭据的，其成本比照同类或类似存货的市场价格加上相关税费、运输费等确定；没有相关凭据、同类或类似存货的市场价格也无法可靠取得的，该存货按照名义金额（即人民币 1 元）入账。相关财务制度仅要求进行实物管理的除外。

（4）盘盈的存货，按照同类或类似存货的实际成本或市场价格确定入账价值；同类或类似存货的实际成本、市场价格均无法可靠取得的，按照名义金额入账。

2. 发出存货的计量

发出存货的计量是指事业单位按实际成本计量发出存货成本的计算方法。根据现行《事业单位会计制度》的规定，存货在发出时，应当根据实际情况采用先进先出法、加权平均法或者个别计价法确定发出存货的实际成本。计价方法一经确定，不得随意变更。低值易耗品的成本于领用时一次摊销。具体方法参见行政单位会计存货部分，在此不再赘述。

三、存货的核算

为了核算存货的实际成本，事业单位应设置“存货”科目。该科目属于资产类科目，借方登记外购、自制、接受捐赠、盘盈等而增加的存货的实际成本；贷方登记发出、领用、对外销售、盘亏等原因减少存货的实际成本。期末借方余额，反映事业单位存货的实际成本。

“存货”科目应当按照存货的种类、规格、保管地点等进行明细核算。发生自行加工存货业务的事业单位，应当在本科目下设置“生产成本”明细科目，归集核算自行加工存货所发生的实际成本。

事业单位随买随用的零星办公用品，可以在购进时直接列作支出，不通过本科目核算。

1. 存货增加的核算

（1）购入的存货。事业单位购入的存货验收入库，按确定的成本，借记“存货”科目，贷记“银行存款”、“应付账款”、“财政补助收入”、“零余额账户用款额度”等科目。

属于增值税一般纳税人的事业单位购入非自用材料的，按确定的成本（不含增值税进项税额），借记“存货”科目，按增值税专用发票上注明的增值税额，借记“应缴税费——应缴增值税（进项税额）”科目，按实际支付或应付的金额，贷记“银行存款”、“应付账款”等科目。

【例 13-22】某事业单位为增值税一般纳税人，2014 年 3 月 12 日购入非自用甲材料一批，取得的增值税专用发票上注明的材料价款为 10 000 元，增值税额为 1 700 元，货款已通过银行转账支付。同时，以银行存款支付运费 200 元，材料已验收入库。

借：存货——甲材料　　10 200
　　应缴税费——应缴增值税（进项税额）　　1 700
　　贷：银行存款　　11 900

【例 13-23】某事业单位属于增值税小规模纳税人，向某公司购进乙材料一批，材料价款 20 000 元，增值税 3 400 元，运杂费 300 元。以上款项均尚未支付，材料已验收入库。

借：存货——乙材料　　23 700
　　贷：应付账款——某公司　　23 700

（2）自行加工的存货。事业单位自行加工的存货在加工过程中发生各种费用时，借记“存货”科目下的“生产成本”明细科目，贷记“存货”科目下的领用材料相关的明细科目、“应付职工薪酬”、“银行存款”等科目；加工完成的存货验收入库，按照所发生的实际成本，借记“存货”科目及相关明细科目，贷记“存货（生产成本）”科目。

【例 13-24】某科研所生产新研制的产品一批，领用材料成本 3 000 元，支付研发人员工资 2 500 元。产品完工验收入库。

借：存货——生产成本　　3 000
　　贷：存货——材料　　3 000
借：存货——生产成本　　2 500
　　贷：应付职工薪酬　　2 500
借：存货——产成品　　5 500
　　贷：存货——生产成本　　5 500

（3）接受捐赠、无偿调入的存货。事业单位接受捐赠、无偿调入的存货验收入库，按照确定的成本，借记“存货”科目，按照发生的相关税费、运输费等，贷记“银行存款”等科目，按照其差额，贷记“其他收入”科目。

【例 13-25】某事业单位接受 A 单位捐赠办公用品一批，发票上注明的价款共计 20 000 元，该单位以现金支付运费 150 元。办公用品验收入库。

借：存货　20 150
　　贷：库存现金　150
　　　　其他收入　20 000

按照名义金额入账的情况下，事业单位按照名义金额，借记“存货”科目，贷记“其他收入”科目；按照发生的相关税费、运输费等，借记“其他支出”科目，贷记“银行存款”等科目。

【例 13-26】某博物馆接受捐赠文物一件，按照名义金额入账。以银行存款支付运输费 2 000 元。

① 按照名义金额确认成本。

借：存货　1
　　贷：其他收入　1

② 支付运输费时。

借：其他支出　2 000
　　贷：银行存款　2 000

2. 存货发出的核算

（1）领用、发出存货。事业单位开展业务活动等领用、发出存货，按领用、发出存货的实际成本，借记“事业支出”、“经营支出”等科目，贷记“存货”科目。

【例 13-27】某事业单位开展专业活动领用办公用品一批，价值 2 300 元。经营活动领用材料，价值 5 000 元。

借：事业支出　2 300
　　贷：存货　2 300
借：经营支出　5 000
　　贷：存货　5 000

（2）对外捐赠、无偿调出存货。事业单位对外捐赠、无偿调出存货，转入待处置资产时，按照存货的账面余额，借记“待处置资产损溢”科目，贷记“存货”科目；实际捐出、调出存货时，按照“待处置资产损溢”科目的相应余额，借记“其他支出”科目，贷记“待处置资产损溢”科目。

属于增值税一般纳税人的事业单位对外捐赠、无偿调出购进的非自用材料，转入待处置资产时，按照存货的账面余额与相关增值税进项税额转出金额的合计金额，借记“待处置资产损溢”科目，按存货的账面余额，贷记“存货”科目，按转出的增值税进项税额，贷记“应缴税费——应缴增值税（进项税额转出）”科目。

【例 13-28】某事业单位为增值税一般纳税人，向西部地区某科研机构捐赠非自用材料一批，材料不含税价 20 000 元。捐赠手续已办妥，材料已出库。

① 将材料转入待处置资产时。

借：待处置资产损溢　23 400

贷：存货　　20 000

　　应缴税费——应缴增值税（进项税额转出）　　3 400

② 材料出库时。

借：其他支出　　23 400

　　贷：待处置资产损溢　　23 400

3. 存货清查的核算

事业单位的存货应当定期进行清查盘点，每年至少盘点一次。对于发生的存货盘盈、盘亏或者报废、毁损，事业单位应当及时查明原因，按规定报经批准后进行账务处理。

（1）盘盈的存货。按照确定的入账价值，借记“存货”科目，贷记“其他收入”科目。

（2）盘亏或者毁损、报废的存货。先将其转入待处置资产，按照待处置存货的账面余额，借记“待处置资产损溢”科目，贷记“存货”科目；报经批准予以处置时，按照“待处置资产损溢”科目的相应余额，借记“其他支出”科目，贷记“待处置资产损溢”科目。

【例 13-29】某事业单位年终盘点，盘盈工具两件，重置完全价值 200 元。盘亏乙材料一批 30 千克，单位成本为 10 元，系自然灾害损失。报经批准后予以处理。

① 盘盈工具时。

借：存货　　200

　　贷：其他收入　　200

② 盘亏材料时。

借：待处置资产损溢　　300

　　贷：存货　　300

③ 报经批准予以核销时。

借：其他支出　　300

　　贷：待处置资产损溢　　300

（3）处置净收入。事业单位处置毁损、报废存货过程中收到残值变价收入、保险理赔和过失人赔偿等，借记“库存现金”、“银行存款”等科目，贷记“待处置资产损溢（处置净收入）”科目；处置毁损、报废存货过程中发生相关费用，借记“待处置资产损溢（处置净收入）”科目，贷记“库存现金”、“银行存款”等科目。处置完毕，按照处置收入扣除相关处置费用后的净收入，借记“待处置资产损溢（处置净收入）”科目，贷记“应缴国库款”等科目。

【例 13-30】某事业单位年底盘点，发现一批存货已过期不能使用，将其出售给废旧物资回收部门，取得价款 1 200 元，在处理过程中以现金支付清理费 300 元。

① 取得出售款项时。

借：银行存款　　1 200

　　贷：待处置资产损溢——处置净收入　　1 200

② 支付清理费时。

借：待处置资产损溢——处置净收入　　300

　　贷：库存现金　　300

③ 出售完毕后。

借：待处置资产损溢——处置净收入　　900

　　贷：应缴国库款　　900

第六节　长期投资

一、长期投资的含义及管理要求

长期投资是指事业单位依法取得的，持有时间超过1年（不含1年）的股权和债权性质的投资。

事业单位在保证单位正常运转和事业发展的前提下，可以利用货币资金、实物资产和无形资产等国有资产对外进行投资。事业单位对外投资是国有资产的重要组成部分，是事业单位履行事业职责、完成事业单位任务之外的一种经济活动。有利于盘活存量资产，提高本单位国有资产的使用效率，保证国有资产保值增值。但是事业单位应当严格遵守国家法律、行政法规以及财政部门、主管部门有关事业单位对外投资的规定。根据《事业单位财务规则》的规定，事业单位应当严格控制对外投资。在保证单位正常运转和事业发展的前提下，按照国家有关规定可以对外投资的，应当履行相关审批程序。事业单位不得使用财政拨款及其结余进行对外投资，不得从事股票、期货、基金、企业债券等投资，国家另有规定的除外。事业单位以非货币性资产对外投资的，应当按照国家有关规定进行资产评估，合理确定资产价值。事业单位应对本单位对外投资项目实行专项管理，按对外投资项目设立管理台账，并在单位财务会计报告中对相关信息进行披露。

二、长期投资的分类

按照投资对象的不同，事业单位的对外投资分为长期股权投资和长期债券投资。

1. 长期股权投资

事业单位的长期股权投资是指通过投资持有被投资单位的股份，成为被投资单位的股东，并通过所持有的股份获取经济利益，并承担相应的风险。长期股权投资一般有两种形式：一是直接投资，二是间接投资。直接投资是指将货币资金、实物资产、无形资产等投入被投资单位或与其他单位共同出资组成合营或联营实体。间接投资是指投资者通过在证券市场上购买被投资单位的股票而形成的长期股权投资。由于国家不允许事业单位从事股票投资活动，所以事业单位的长期股权投资一般指直接投资。

2. 长期债券投资

事业单位的长期债券投资是指事业单位购入的一年期以上的国债等债权性质的投资。债券投资不是为了获取被投资单位的所有者权益，债券投资只能获取投资单位的债权，事业单位自投资之日起即成为债务单位的债权人，并按约定的利率收取利息，到期收回本金。由于国家不允许事业单位购买企业债券，所以事业单位的长期债券投资一般指国债投资。

三、长期投资核算的科目设置

1. “长期投资”科目

为了核算事业单位的长期投资，事业单位应设置“长期投资”科目。该科目属于资产类科目，借方登记取得股权或债权的增加数，贷方登记出售或收回长期投资的减少数。期末借方余额，反映事业单位持有的长期投资成本。

“长期投资”科目应当按照长期投资的种类设置“长期股权投资”、“长期债券投资”两个二级明细科目，并在二级明细科目下按照被投资单位和债权投资的种类进行明细核算。

2. “非流动资产基金”科目

事业单位的长期投资还需要通过“非流动资产基金”科目下的长期投资明细科目，核算长期投资占用的金额。

四、长期股权投资的核算

1. 长期股权投资的确认和计量

长期股权投资在取得时，应当按照其实际成本作为投资成本。

（1）以货币资金取得的长期股权投资，按照实际支付的全部价款，包括购买价款以及税金、手续费等相关税费作为投资成本。

（2）以固定资产取得的长期股权投资，按照评估价值加上相关税费作为投资成本。

（3）以无形资产取得的长期股权投资，按照评估价值加上相关税费作为投资成本。

2. 长期股权投资取得的核算

（1）以货币资金取得的长期股权投资。事业单位以货币资金取得的长期股权投资，按照确定的投资成本，借记“长期投资——长期股权投资”科目，贷记“银行存款”等科目；同时，按照投资成本金额，借记“事业基金”科目，贷记“非流动资产基金——长期投资”科目。

【例 13-31】2014 年 5 月，某事业单位经批准以非财政资金 250 000 元投资 AB 公司，取得 AB 公司 25%的股份。编制如下会计分录。

借：长期投资——长期股权投资	250 000	
贷：银行存款		250 000
借：事业基金	250 000	
贷：非流动资产基金——长期投资		250 000

（2）以固定资产取得的长期股权投资。事业单位以固定资产取得的长期股权投资，按照确定的成本，借记“长期投资——长期股权投资”科目，贷记“非流动资产基金——长期投资”科目，按发生的相关税费，借记“其他支出”科目，贷记“银行存款”、“应缴税费”等科目；同时，按照投出固定资产对应的非流动资产基金，借记“非流动资产基金——固定资产”科目，按照投出固定资产已计提折旧，借记“累计折旧”科目，按投出固定资产的账面余额，贷记“固定资产”科目。

【例 13-32】经上级主管部门批准，某事业单位以 3 台专用设备投资乙公司。该设备的原价为每台 24 000 元，每台已提取折旧 4 000 元，单台设备的评估价为 18 000 元。开出转账支票支付手续费 3 200 元。

① 确认长期股权投资时。

借：长期投资——长期股权投资	57 200	
贷：非流动资产基金——长期投资		57 200

② 转销固定资产时。

借：非流动资产基金——固定资产	60 000	
累计折旧	12 000	
贷：固定资产		72 000

③ 支付手续费时。

借：其他支出　　3 200

　　贷：银行存款　　3 200

（3）以无形资产取得的长期股权投资。事业单位以已入账无形资产取得的长期股权投资，按照投资成本，借记“长期投资——长期股权投资”科目，贷记“非流动资产基金——长期投资”科目，按发生的相关税费，借记“其他支出”科目，贷记“银行存款”、“应缴税费”等科目；同时，按照投出无形资产对应的非流动资产基金，借记“非流动资产基金——无形资产”科目，按照投出无形资产已计提摊销，借记“累计摊销”科目，按照投出无形资产的账面余额，贷记“无形资产”科目。

【例 13-33】经上级主管部门批准，某事业单位以一项专利权对外投资丙公司。该专利权的账面原值为 60 000 元，已计提摊销 5 000 元，该专利权评估价为 53 000 元。

① 确认长期股权投资。

借：长期投资——长期股权投资　　53 000

　　贷：非流动资产基金——长期投资　　53 000

② 转销无形资产。

借：非流动资产基金——无形资产　　55 000

　　累计摊销　　5 000

　　贷：无形资产　　60 000

3. 长期股权投资收益的确认

事业单位的长期股权投资持有期间，收到利润等投资收益时，按照实际收到的金额，借记“银行存款”等科目，贷记“其他收入——投资收益”科目。

【例 13-34】接【例 13-42】，AB 公司经营获利，向投资者分配利润，该事业单位获得利润 15 000 元，存入银行。

借：银行存款　　15 000

　　贷：其他收入——投资收益　　15 000

4. 长期股权投资的转让

事业单位转让长期股权投资，先将该项投资转入待处置资产，按照待转让长期股权投资的账面余额，借记“待处置资产损溢——处置资产价值”科目，贷记“长期投资——长期股权投资”科目；实际转让时，按照所转让长期股权投资对应的非流动资产基金，借记“非流动资产基金——长期投资”科目，贷记“待处置资产损溢——处置资产价值”科目；转让长期股权投资过程中取得价款、发生相关税费，以及转让价款扣除相关税费后的净收入通过“待处置资产损溢”科目处理。

【例 13-35】接【例 13-32】，该事业单位决定将对乙公司的长期股权投资转让，该项投资账面余额 57 200 元，转让价款 50 000 元，存入银行，不考虑其他税费。

① 该项投资转入待处置资产时。

借：待处置资产损溢——处置资产价值　　57 200

　　贷：长期投资——长期股权投资　　57 200

② 实际转让时。

借：非流动资产基金——长期投资　　57 200

贷：待处置资产损溢——处置资产价值　　57 200

③ 收到转让收入时。

借：银行存款　　50 000

贷：待处置资产损溢——处置净收入　　50 000

五、长期债券投资的核算

1. 长期债券投资取得的核算

事业单位在取得长期债券投资时，应当按照其实际成本作为投资成本。以货币资金购入的长期债券投资，按照实际支付的全部价款（包括购买价款以及税金、手续费等相关税费）作为投资成本，借记“长期投资——长期债券投资”科目，贷记“银行存款”等科目；同时，按照投资成本金额，借记“事业基金”科目，贷记“非流动资产基金——长期投资”科目。

【例 13-36】2014 年 1 月 10 日，某事业单位经上级主管部门批准，以银行存款购入财政部发行的三年期记账式国债，面值 50 000 元，年利率为 3.5%，支付手续费 200 元，利息到期一次性支付。

借：长期投资——长期债券投资　　50 200

贷：银行存款　　50 200

借：事业基金　　50 200

贷：非流动资产基金——长期投资　　50 200

2. 长期债券投资持有期间收到利息的核算

事业单位的长期债券投资持有期间收到利息时，按照实际收到的金额，借记“银行存款”等科目，贷记“其他收入——投资收益”科目。

3. 长期债券投资对外转让或到期收回的核算

事业单位对外转让或到期收回长期债券投资本息，按照实际收到的金额，借记“银行存款”等科目，按照收回长期投资的成本，贷记“长期投资——长期债券投资”科目，按照其差额，贷记或借记“其他收入——投资收益”科目；同时，按照收回长期投资对应的非流动资产基金，借记“非流动资产基金——长期投资”科目，贷记“事业基金”科目。

【例 13-37】接【例 13-36】，2017 年 1 月 10 日，该国债到期，收回本息共计 55 250 元。

借：银行存款　　55 250

贷：长期投资——长期债券投资　　50 200

其他收入——投资收益　　5 050

借：非流动资产基金——长期投资　　50 200

贷：事业基金　　50 200

第七节　固定资产

一、固定资产的概念与分类

事业单位的固定资产是指使用期限超过一年，单位价值在 1 000 元以上（其中：专用设备单位价值在 1 500 元以上），并在使用过程中基本保持原有物质形态的资产。单位价值虽未达到规定标准，但是耐用时间在一年以上的大批同类物资，作为固定资产管理。

事业单位的固定资产一般分为6类：房屋及构筑物；专用设备；通用设备；文物和陈列品；图书、档案；家具、用具、装具及动植物。

（1）房屋及构筑物，指事业单位占用或者使用的房屋和构筑物。房屋一般包括办公用房、业务用房、仓库用房、职工宿舍用房等；构筑物一般包括水塔、围墙、雕塑等。

（2）专用设备，指事业单位根据业务活动需要占用或者使用的各种具有专门用途的设备，如学校的教学仪器、科研单位的科研仪器、医院的医疗器械等。

（3）通用设备，指事业单位用于业务活动需要的通用性设备，如小汽车等各种车辆、办公用的电脑、复印机等。

（4）文物和陈列品，指博物馆、文化馆、展览馆等文化事业单位的具有特殊价值的文物和陈列品，如古玩、字画、纪念品、装饰品、展品、藏品等。

（5）图书、档案，指图书馆、文化馆贮藏的书籍和事业单位统一管理使用的批量业务用书，如单位图书馆、阅览室的图书等，以及由单位保管的人事档案、会计档案等。

（6）家具、用具、装具及动植物。家具、用具、装具是指事业单位办公用的家具及在业务活动中使用的工具、包装物等；动植物是指非流动资产的动植物，包括经济林、薪炭林、产畜和役畜等。

行业事业单位的固定资产明细目录由国务院主管部门制定，报国务院财政部门备案。

二、固定资产的计价

固定资产在取得时，应当按照其实际成本入账。具体来说包括以下几个方面。

（1）购入的固定资产，其成本包括购买价款、相关税费以及固定资产交付使用前所发生的可归属于该项资产的运输费、装卸费、安装调试费和专业人员服务费等。以一笔款项购入多项没有单独标价的固定资产，按照各项固定资产同类或类似资产市场价格的比例对总成本进行分配，分别确定各项固定资产的入账成本。

（2）自行建造的固定资产，其成本包括建造该项资产至交付使用前所发生的全部必要支出。已交付使用但尚未办理竣工决算手续的固定资产，按照估计价值入账，待确定实际成本后再进行调整。

（3）在原有固定资产基础上进行改建、扩建、修缮后的固定资产，其成本按照原固定资产账面价值（“固定资产”科目账面余额减去“累计折旧”科目账面余额后的净值）加上改建、扩建、修缮发生的支出，再扣除固定资产拆除部分的账面价值后的金额确定。

（4）以融资租赁租入的固定资产，其成本按照租赁协议或者合同确定的租赁价款、相关税费以及固定资产交付使用前所发生的可归属于该项资产的运输费、途中保险费、安装调试费等确定。

（5）接受捐赠、无偿调入的固定资产，其成本按照有关凭据注明的金额加上相关税费、运输费等确定；没有相关凭据的，其成本比照同类或类似固定资产的市场价格加上相关税费、运输费等确定；没有相关凭据、同类或类似固定资产的市场价格也无法可靠取得的，该固定资产按照名义金额（即人民币1元）入账。

（6）盘盈的固定资产，按照同类或类似固定资产的市场价格确定入账价值；同类或类似固定资产的市场价格无法可靠取得的，按照名义金额入账。

三、固定资产核算的科目设置

为了核算固定资产，事业单位一般需要设置“固定资产”、“累计折旧”、“在建工程”、“非流动资产基金”等科目，核算固定资产的取得、计提折旧、处置等情况。

1.“固定资产”科目

本科目核算事业单位各类固定资产的原价。借方登记增加的固定资产的原始价值，贷方登记减少的固定资产的原始价值。期末借方余额，反映事业单位固定资产的原价。

事业单位应当根据固定资产定义，结合本单位的具体情况，制定适合于本单位的固定资产目录、具体分类方法，作为进行固定资产核算的依据。通过设置“固定资产登记簿”和“固定资产卡片”，按照固定资产类别、项目和使用部门等进行明细核算。出租、出借的固定资产，应当设置备查簿进行登记。

对于应用软件，如果其构成相关硬件不可缺少的组成部分，应当将该软件价值包括在所属硬件价值中，一并作为固定资产进行核算；如果其不构成相关硬件不可缺少的组成部分，应当将该软件作为无形资产核算。

事业单位以经营租赁租入的固定资产，不作为固定资产核算，应当另设备查簿进行登记。

购入需要安装的固定资产，应当先通过“在建工程”科目核算，安装完毕交付使用时再转入“固定资产”核算。

2.“累计折旧”科目

本科目核算事业单位固定资产计提的累计折旧。其借方登记减少的固定资产注销的折旧，贷方登记提取的折旧等折旧增加额。期末贷方余额，反映事业单位计提的固定资产折旧累计数。该账户是“固定资产”账户的备抵账户，两者相抵的差额为固定资产的净值。“累计折旧”科目应当按照所对应固定资产的类别、项目等进行明细核算。

3.“在建工程”科目

本科目核算事业单位已经发生必要支出，但尚未完工交付使用的各种建筑（包括新建、改建、扩建、修缮等）和设备安装工程的实际成本。本科目应当按照工程性质和具体工程项目等进行明细核算。

4.“非流动资产基金”科目

“非流动资产基金”科目下的“固定资产”、“在建工程”明细科目，核算事业单位的固定资产、在建工程在净资产中占用的金额。

四、固定资产的增加

1. 购入的固定资产

（1）购入不需安装的固定资产。事业单位购入不需安装的固定资产，按照确定的固定资产成本，借记“固定资产”科目，贷记“非流动资产基金——固定资产”科目；同时，按照实际支付金额，借记“事业支出”、“经营支出”、“专用基金——修购基金”等科目，贷记“财政补助收入”、“零余额账户用款额度”、“银行存款”等科目。

【例 13-38】甲科研单位购买一台不需要安装的实验仪器，价款 28 000 元，以银行存款支付，仪器验收合格，已投入使用。

借：固定资产 28 000
  贷：非流动资产基金——固定资产 28 000
借：事业支出 28 000
  贷：银行存款 28 000

（2）购入需要安装的固定资产。事业单位购入需要安装的固定资产，先通过“在建工程”科目核算，安装完工交付使用时，借记“固定资产”科目，贷记“非流动资产基金——固定资产”科目；同时，借记“非流动资产基金——在建工程”科目，贷记“在建工程”科目。

【例 13-39】甲科研单位 2014 年 1 月购入一台需要安装的机器设备，取得的增值税专用发票上注明的设备价款 30 000 元，增值税为 51 00 元，支付的装卸费为 500 元。安装设备时，领用本单位材料 1 200 元，支付安装工人薪酬 2 300 元，上述款项均通过银行存款付讫，不考虑其他税费。

① 支付设备款时。
借：在建工程 35 600
  贷：非流动资产基金——在建工程 35 600
同时，
借：事业支出 35 600
  贷：银行存款 35 600

② 领用材料、支付工人薪酬时。
借：在建工程 3 500
  贷：非流动资产基金——在建工程 3 500
同时，
借：事业支出 3 500
  贷：存货 1 200
    应付职工薪酬 2 300

③ 设备交付使用时。
固定资产成本=35 600+3 500=39 100
借：固定资产 39 100
  贷：非流动资产基金——固定资产 39 100
同时，
借：非流动资产基金——在建工程 39 100
  贷：在建工程 39 100

2. 自行建造的固定资产

事业单位自行建造的固定资产，在工程完工交付使用时，按自行建造过程中发生的实际支出，借记“固定资产”科目，贷记“非流动资产基金——固定资产”科目；同时，借记“非流动资产基金——在建工程”科目，贷记“在建工程”科目。

【例 13-40】某事业单位自制文件柜 5 个，共耗用料工费 2 600 元，现文件柜完工已交付使用，料工费使用银行存款支付。

① 支付料工费时。
借：在建工程 2 600

贷：非流动资产基金——在建工程　　2 600

借：事业支出　　2 600

贷：银行存款　　2 600

② 制成交付使用时。

借：固定资产　　2 600

贷：非流动资产基金——固定资产　　2 600

同时，

借：非流动资产基金——在建工程　　2 600

贷：在建工程　　2 600

3. 融资租入或跨年度分期付款购入的固定资产

融资租赁，是指实质上转移了与资产所有权有关的全部风险和报酬的租赁。承租单位应将融资租入资产作为一项固定资产入账，并采用与自有应折旧资产相一致的折旧政策计提折旧。

事业单位以融资租赁方式租入的固定资产或采用跨年度分期付款购入的固定资产，按照确定的成本，借记"固定资产"科目（不需安装）或"在建工程"科目（需安装），按照租赁协议或者合同确定的租赁价款，贷记"长期应付款"科目，按照其差额，贷记"非流动资产基金——固定资产、在建工程"科目；同时，按照实际支付的相关税费、运输费、途中保险费、安装调试费等，借记"事业支出"、"经营支出"等科目，贷记"财政补助收入"、"零余额账户用款额度"、"银行存款"等科目。

事业单位定期支付租金时，按照支付的租金金额，借记"事业支出"、"经营支出"等科目，贷记"财政补助收入"、"零余额账户用款额度"、"银行存款"等科目；同时，借记"长期应付款"科目，贷记"非流动资产基金——固定资产"科目。

【例 13-41】某事业单位以融资租赁方式租入一台不需要安装的设备，租赁合同规定：付款总额为 65 000 元，租期 10 年。以银行存款支付设备的运输费、保险费 5 000 元。租赁费每年年底支付一次。

（1）确认租入固定资产。

借：固定资产　　70 000

贷：长期应付款　　65 000

非流动资产基金——固定资产　　5 000

（2）支付运保费时。

借：事业支出　　5 000

贷：银行存款　　5 000

（3）每年支付租金时。

借：事业支出　　6 500

贷：银行存款　　6 500

同时，

借：长期应付款　　6 500

贷：非流动资产基金——固定资产　　6 500

4. 接受捐赠、无偿调入的固定资产

事业单位接受捐赠、无偿调入的固定资产，按照确定的固定资产成本，借记"固定资产"

科目（不需安装）或“在建工程”科目（需安装），贷记“非流动资产基金——固定资产、在建工程”科目；按照发生的相关税费、运输费等，借记“其他支出”科目，贷记“银行存款”等科目。

【例 13-42】某事业单位接受捐赠办公用传真机 10 台，价值 20 000 元。

借：固定资产　　20 000

　　贷：非流动资产基金——固定资产　　20 000

五、固定资产的折旧

1. 固定资产折旧的性质

固定资产折旧是指在固定资产使用寿命内，按照确定的方法对应折旧金额进行系统分摊。

使用寿命，是指事业单位使用固定资产的预计期间，或者该固定资产所能生产产品或提供劳务的数量。事业单位应当根据固定资产的性质和实际使用情况，合理确定其折旧年限。省级以上财政部门、主管部门对事业单位固定资产折旧年限作出规定的，从其规定。

应折旧金额，是指应当计提折旧的固定资产的原值扣除其预计净残值后的余额。现行《事业单位会计制度》规定，事业单位固定资产的应折旧金额为其成本，计提固定资产折旧不考虑预计净残值。

2. 固定资产折旧的范围

（1）事业单位应当对除下列各项资产以外的其他固定资产计提折旧。

① 文物和陈列品；

② 动植物；

③ 图书、档案；

④ 以名义金额计量的固定资产。

（2）事业单位在确定计提折旧的范围时还应注意以下几点。

① 事业单位一般应当按月计提固定资产折旧。当月增加的固定资产，当月不提折旧，从下月起计提折旧；当月减少的固定资产，当月照提折旧，从下月起不提折旧。

② 固定资产提足折旧后，无论能否继续使用，均不再计提折旧；提前报废的固定资产，也不再补提折旧。已提足折旧的固定资产，可以继续使用的，应当继续使用，规范管理。

③ 事业单位计提融资租入固定资产折旧时，应当采用与自有固定资产相一致的折旧政策。能够合理确定租赁期届满时将会取得租入固定资产所有权的，应当在租入固定资产尚可使用年限内计提折旧；无法合理确定租赁期届满时能够取得租入固定资产所有权的，应当在租赁期与租入固定资产尚可使用年限两者中较短的期间内计提折旧。

④ 固定资产因改建、扩建或修缮等原因而延长其使用年限的，应当按照重新确定的固定资产的成本以及重新确定的折旧年限，重新计算折旧额。

3. 固定资产折旧的方法

事业单位一般应当采用年限平均法或工作量法计提固定资产折旧。

（1）年限平均法。年限平均法是指将固定资产的应计折旧额均衡地分摊到固定资产预计使用寿命内的一种方法。采用这种方法计算的每期折旧额均相等。年限平均法是目前会计实务中应用最为广泛的折旧计算方法。计算公式如下。

① 年折旧率=1÷预计使用寿命(年)×100%

月折旧率=年折旧率÷12

月折旧额=固定资产原值×月折旧率

② 年折旧额=固定资产原值÷预计使用寿命(年)

月折旧额=年折旧额÷12

在实际工作中，为了反映固定资产在一定期间内的损耗程度并简化核算，各期折旧额一般根据固定资产原值乘以该期折旧率计算确定。

【例 13-43】某事业单位有一栋办公楼，原值为 500 000 元，预计可使用 40 年，采用年限平均法计提折旧。

年折旧率=1÷40×100%=2.5%

月折旧率=2.5%÷12=0.21%

月折旧额=500 000×0.21%=1 050（元）

采用年限平均法计算固定资产折旧，简单方便，但它也存在着一些明显的局限性。比如，固定资产在不同使用年限提供的经济效益是不同的。一般来讲，固定资产在其使用前期工作效率相对较高，所带来的利益也就多；而在其使用后期，工作效率一般呈下降趋势，因而所带来的利益也就逐渐减少。而年限平均法没有考虑这一因素。

（2）工作量法。工作量法是按照固定资产实际完成的工作总量计算折旧的一种方法。采用这种方法，每期计提的折旧随当期固定资产提供工作量的多少而变动。工作量可以是车辆行驶的里程数，也可以是机器的工作时数或生产产品的产量。计算公式如下。

单位工作量折旧额=固定资产原值/预计总工作量

某项固定资产月折旧额=该项固定资产当月工作量×单位工作折旧额

【例 13-44】某科研单位的一台设备原价 800 000 元，预计生产产品产量为 4 000 000 件。本月生产产品 40 000 个。则该台设备的本月折旧额计算如下。

单个产品折旧额=800 000/4 000 000=0.2（元/件）

本月折旧额=0.2×40 000=8 000（元）

工作量法计提的折旧额与固定资产的使用程度相联系，充分考虑了固定资产有形损耗因素的影响，但是忽视了无形损耗对固定资产的作用。另外，要准确预计固定资产在其使用期间的总工作量也比较困难。该种方法主要适用于车辆、船舶等运输工具以及大型精密设备的折旧计算。

4. 固定资产折旧的核算

事业单位按月计提固定资产折旧时，按照应计提折旧金额，借记“非流动资产基金——固定资产”科目，贷记“累计折旧”科目。

【例 13-45】某事业单位 2014 年 6 月对办公用车计提折旧 26 500 元。

借：非流动资产基金——固定资产　　26 500

　　贷：累计折旧　　26 500

六、固定资产的后续支出

事业单位与固定资产有关的后续支出，应分别以下情况处理。

（1）事业单位为增加固定资产使用效能或延长其使用年限而发生的改建、扩建或修缮等后续支出，应当计入固定资产成本，通过“在建工程”科目核算，完工交付使用时转入“固定资产”科目。

将固定资产转入改建、扩建、修缮时，按固定资产的账面价值，借记“在建工程”科目，贷记“非流动资产基金——在建工程”科目；同时，按固定资产对应的非流动资产基金，借记“非流动资产基金——固定资产”科目，按固定资产已计提折旧，借记“累计折旧”科目，按固定资产的账面余额，贷记“固定资产”科目。

工程完工交付使用时，借记“固定资产”科目，贷记“非流动资产基金——固定资产”科目；同时，借记“非流动资产基金——在建工程”科目，贷记“在建工程”科目。

【例 13-46】某事业单位改扩建多媒体报告厅，发生的经济业务事项及编制的会计分录如下。

① 因设备陈旧，不能满足日常工作需要，2014 年 6 月 30 日，经批准该事业单位对其进行改扩建。该多媒体报告厅于 2008 年 12 月 5 日交付使用，建造成本为 150 000 元，预计使用寿命 15 年，采用年限平均法计提折旧。

将其转入改扩建工程时。

累计折旧=150 000÷15×5.5=55 000（元）

固定资产账面价值=150 000 − 55 000=95 000（元）

借：在建工程　　95 000
　　贷：非流动资产基金——在建工程　　95 000

同时，

借：非流动资产基金——固定资产　　95 000
　　累计折旧　　55 000
　　贷：固定资产　　150 000

② 7 月 5 日，用财政补助收入直接支付新设备购置款 65 000 元。

借：事业支出　　65 000
　　贷：财政补助收入　　65 000

借：在建工程　　65 000
　　贷：非流动资产基金——在建工程　　65 000

③ 用零余额账户用款额度支付设备安装调试费 8 500 元。

借：事业支出　　8 500
　　贷：零余额账户用款额度　　8 500

借：在建工程　　8 500
　　贷：非流动资产基金——在建工程　　8 500

④ 因改扩建购置材料，价款 20 000 元，用银行存款支付。

借：事业支出　　20 000
　　贷：银行存款　　20 000

借：在建工程　　20 000
　　贷：非流动资产基金——在建工程　　20 000

⑤ 10 月 10 日，改扩建工程完成，报告厅交付使用。

结转完工工程成本=95 000+65 000+8 500+20 000=188 500（元）

借：固定资产　　188 500

贷：非流动资产基金——固定资产 188 500

借：非流动资产基金——在建工程 188 500

贷：在建工程 188 500

（2）事业单位为维护固定资产的正常使用而发生的日常修理等后续支出，应当计入当期支出但不计入固定资产成本，借记“事业支出”、“经营支出”等科目，贷记“财政补助收入”、“零余额账户用款额度”、“银行存款”等科目。

【例 13-47】某事业单位用银行存款支付办公用车辆维修费 5 000 元。

借：事业支出 5 000

贷：银行存款 5 000

七、固定资产的处置

事业单位报经批准出售、无偿调出、对外捐赠固定资产，先将固定资产转入待处置资产，按照待处置固定资产的账面价值，借记“待处置资产损溢（处置资产价值）”科目，按照已计提折旧，借记“累计折旧”科目，按照固定资产的账面余额，贷记“固定资产”科目。

实际出售、调出、捐出时，按照处置固定资产对应的非流动资产基金，借记“非流动资产基金——固定资产”科目，贷记“待处置资产损溢”科目。

出售固定资产过程中取得价款、发生相关税费，以及出售价款扣除相关税费后的净收入通过“待处置资产损溢”科目核算。

【例 13-48】某事业单位经上级主管部门批准，将一栋办公楼出售给 A 公司，合同价款 580 000 元。该办公楼原价 250 000 元，已计提折旧 120 000 元，该事业单位用银行存款支付清理费 20 000 元，按照国家税法规定，销售不动产按销售收入的 5%缴纳营业税。A 公司通过银行转账方式支付全部款项，该办公楼出售净收入按规定上缴国库。

① 将固定资产转入待处置资产。

借：待处置资产损溢——处置资产价值 130 000

累计折旧 120 000

贷：固定资产 250 000

② 实际出售时。

借：非流动资产基金——固定资产 130 000

贷：待处置资产损溢——处置资产价值 130 000

③ 收到出售收入。

借：银行存款 580 000

贷：待处置资产损溢——处置净收入 580 000

④ 支付相关费用。

借：待处置资产损溢——处置净收入 49 000

贷：银行存款 20 000

应缴税费——应缴营业税 29 000

⑤ 确认处置净收入。

借：待处置资产损溢——处置净收入 531 000

贷：应缴国库款 531 000

⑥ 将处置净收入上缴国库。

借：应缴国库款　　531 000

　　贷：银行存款　　531 000

八、固定资产的清查

事业单位的固定资产应当定期进行清查盘点，每年至少盘点一次。对于发生的固定资产盘盈、盘亏或者报废、毁损，事业单位应当及时查明原因，按规定报经批准后进行账务处理。

1. 盘盈的固定资产

事业单位盘盈的固定资产，按照确定的入账价值，借记“固定资产”科目，贷记“非流动资产基金——固定资产”科目。

【例 13-49】2014 年 12 月末，某事业单位对固定资产进行盘点，盘盈文件柜一件，系漏记所致。发票上注明的该文件柜的价款为 1 500 元。

借：固定资产　　1 500

　　贷：非流动资产基金——固定资产　　1 500

2. 盘亏或者毁损、报废的固定资产

事业单位盘亏或者毁损、报废的固定资产，先将资产转入待处置资产，按照待处置固定资产的账面价值，借记“待处置资产损溢”科目，按照已计提折旧，借记“累计折旧”科目，按照固定资产的账面余额，贷记“固定资产”科目。

报经批准予以处置时，按照处置固定资产对应的非流动资产基金，借记“非流动资产基金——固定资产”科目，贷记“待处置资产损溢”科目。

处置毁损、报废固定资产过程中所取得的收入、发生的相关费用，以及处置收入扣除相关费用后的净收入通过“待处置资产损溢”科目核算。

【例 13-50】2014 年 12 月末，某事业单位对固定资产进行盘点，盘亏笔记本电脑一台，账面余额为 12 000 元，已计提折旧 2 000 元。经查因被盗丢失，报经批准后予以核销。

① 将固定资产转入待处置资产时。

借：待处置资产损溢　　10 000

　　累计折旧　　2 000

　　贷：固定资产　　12 000

② 固定资产报经批准予以核销时。

借：非流动资产基金——固定资产　　10 000

　　贷：待处置资产损溢　　10 000

第八节　无形资产

一、无形资产的概念与内容

无形资产是指事业单位持有的没有实物形态的可辨认非货币性资产，包括专利权、商标权、著作权、土地使用权、非专利技术等。事业单位购入的不构成相关硬件不可缺少组成部分的应用软件，应当作为无形资产核算。

（1）专利权。专利权，简称“专利”，是发明创造人或其权利受让人对特定的发明创造在一定期限内依法享有的独占实施权，是知识产权的一种。事业单位的专利权是政府授予事业单位制造、销售或处分专利品的权利。

（2）商标权。商标权是商标专用权的简称，是指商标主管机关依法授予商标所有人对其注册商标受国家法律保护的专有权。事业单位的商标权是指事业单位专门在某类指定的商品或产品上使用特定的名称或图案的权利。

（3）著作权。著作权也称版权，是指作者及其他权利人对文学、艺术和科学作品享有的人身权和财产权的总称。著作权包括作品署名权、发表权、修改权和保护作品完整权，还包括复制权、摄制权、发行权、出租权、展览权、表演权、放映权、广播权、信息网络权等其他权利。

（4）土地使用权。土地使用权，是指单位或者个人依法或依约定，对国有土地或集体土地所享有的占有、使用、收益和有限处分的权利。事业单位的土地使用权是指事业单位依法取得的国有土地在一定期间内享有开发、利用、经营等活动的权利。

（5）非专利技术。非专利技术又称专有技术。它是指不为外界所知、在生产经营活动中已采用了的、不享有法律保护的、可以带来经济效益的各种技术和诀窍。非专利技术一般包括工业专有技术、商业贸易专有技术、管理专有技术等。事业单位的非专利技术是指事业单位拥有或使用的未公开和未申请取得专利的先进技术，如事业单位在组织事业收入和经营收入过程中取得的在生产、经营和管理等方面未获得专利权的知识、经验和技巧等。

二、无形资产的确认与计价

无形资产在取得时，应当按照其实际成本入账。对于不同来源取得的无形资产，其初始成本构成也不尽相同。

（1）外购的无形资产，其成本包括购买价款、相关税费以及可归属于该项资产达到预定用途所发生的其他支出。委托软件公司开发软件视同外购无形资产进行处理。

（2）自行开发并按法律程序申请取得的无形资产，按照依法取得时发生的注册费、聘请律师费等费用确定成本。

（3）接受捐赠、无偿调入的无形资产，其成本按照有关凭据注明的金额加上相关税费等确定；没有相关凭据的，其成本比照同类或类似无形资产的市场价格加上相关税费等确定；没有相关凭据、同类或类似无形资产的市场价格也无法可靠取得的，该资产按照名义金额入账。

三、无形资产核算的科目设置

1.“无形资产”科目

本科目核算事业单位各项无形资产的原价。该科目借方登记取得无形资产的成本，贷方登记处置无形资产的成本，期末借方余额，反映事业单位无形资产的原价。本科目应当按照无形资产的类别、项目等进行明细核算。

2.“累计摊销”科目

本科目核算事业单位无形资产（以名义金额计量的无形资产除外）计提的累计摊销。该科目贷方登记计提的无形资产的摊销额，借方登记因无形资产减少而转销的摊销额。期末贷方余额，反映事业单位计提的无形资产摊销累计数。本科目应当按照无形资产的类别、项目等进行明细核算。

3. “非流动资产基金”科目

“非流动资产基金”科目下的“无形资产”明细科目，核算事业单位的无形资产在净资产中占用的金额。

四、无形资产取得的核算

1. 外购的无形资产

事业单位购入的无形资产，按照确定的无形资产成本，借记“无形资产”科目，贷记“非流动资产基金——无形资产”科目；同时，按照实际支付金额，借记“事业支出”等科目，贷记“财政补助收入”、“零余额账户用款额度”、“银行存款”等科目。

【例 13-51】某事业单位为开展专业活动外购商标权一项，价款 80 000 元，另支付手续费 2 000 元。款项以银行存款支付。

借：无形资产——商标权　　82 000
　　贷：非流动资产基金——无形资产　　82 000
借：事业支出　　82 000
　　贷：银行存款　　82 000

2. 自行开发的无形资产

事业单位自行开发并按法律程序申请取得的无形资产，按照依法取得时发生的注册费、聘请律师费等费用，借记“无形资产”科目，贷记“非流动资产基金——无形资产”科目；同时，借记“事业支出”等科目，贷记“财政补助收入”、“零余额账户用款额度”、“银行存款”等科目。

事业单位依法取得无形资产前所发生的研究开发支出，应于发生时直接计入当期支出，借记“事业支出”等科目，贷记“银行存款”等科目。

【例 13-52】某事业单位因业务发展需要，组织研究人员进行一项技术发明。在研究过程中发生测试费 3 000 元，领用办公耗材 2 500 元，应付研发人员劳务报酬 22 000 元。该项技术成功申请了国家专利，在申请专利过程中，发生注册费 26 000 元、聘请律师费 6 500 元。上述款项均以银行存款支付。

（1）研发过程中发生相关支出时。

借：事业支出　　27 500
　　贷：银行存款　　3 000
　　　　应付职工薪酬　　22 000
　　　　存货　　2 500

（2）确认无形资产时。

借：无形资产　　32 5000
　　贷：非流动资产基金——无形资产　　32 500
借：事业支出　　32 500
　　贷：银行存款　　32 500

3. 接受捐赠、无偿调入的无形资产

事业单位接受捐赠、无偿调入的无形资产，按照确定的无形资产成本，借记“无形资产”科目，贷记“非流动资产基金——无形资产”科目；按照发生的相关税费等，借记“其他支出”科目，贷记“银行存款”等科目。

【例 13-53】某事业单位接受与乙单位签订捐赠协议，接受乙单位无偿捐赠的一项专利权，有关凭据上注明的金额 82 000 元，该单位以银行存款支付手续费 2 200 元。

借：无形资产　　84 200

　　贷：非流动资产基金——无形资产　　84 200

借：其他支出　　2 200

　　贷：银行存款　　2 200

五、无形资产的摊销

1. 无形资产摊销的基本要求

摊销是指在无形资产使用寿命内，按照确定的方法对应摊销金额进行系统分摊。事业单位应当对无形资产进行摊销，以名义金额计量的无形资产除外。事业单位无形资产的应摊销金额为其成本。因发生后续支出而增加无形资产成本的，应当按照重新确定的无形资产成本，重新计算摊销额。

2. 无形资产摊销的方法与摊销年限

事业单位应当采用年限平均法对无形资产进行摊销。自无形资产取得当月起，按月计提无形资产摊销。事业单位应当按照如下原则确定无形资产的摊销年限。

（1）法律规定了有效年限的，按照法律规定的有效年限作为摊销年限；

（2）法律没有规定有效年限的，按照相关合同或单位申请书中的受益年限作为摊销年限；

（3）法律没有规定有效年限、相关合同或单位申请书也没有规定受益年限的，按照不少于 10 年的期限摊销。

3. 无形资产摊销的账务处理

事业单位按月计提无形资产摊销时，按照应计提摊销金额，借记“非流动资产基金——无形资产”科目，贷记“累计摊销”科目。无形资产处置时，按照所处置无形资产的账面价值，借记“待处置资产损溢”科目，按照已计提摊销，借记“累计摊销”科目，按照无形资产的账面余额，贷记“无形资产”科目。

【例 13-54】某事业单位 2014 年 3 月购入一项专利权，取得成本为 120 000 元，该专利技术期限为 10 年，不考虑其他相关税费。

则该专利权的月摊销额=120 000÷10÷12=1 000（元）

借：非流动资产基金——无形资产　　1 000

　　贷：累计摊销　　1 000

六、无形资产的后续支出

事业单位与无形资产有关的后续支出，应分别以下情况处理。

1．为增加无形资产的使用效能而发生的后续支出

事业单位为增加无形资产的使用效能而发生的后续支出，如对软件进行升级改造或扩展其功能等所发生的支出，应当计入无形资产的成本，借记“无形资产”科目，贷记“非流动资产基金——无形资产”科目；同时，借记“事业支出”等科目，贷记“财政补助收入”、“零余额账户用款额度”、“银行存款”等科目。

【例 13-55】某事业单位对固定资产管理系统软件进行升级改造，发生支出 7 800 元，以银行存款支付。

借：无形资产　　7 800
　　贷：非流动资产基金——无形资产　　7 800
借：事业支出　　7 800
　　贷：银行存款　　7 800

2．为维护无形资产的正常使用而发生的后续支出

事业单位为维护无形资产的正常使用而发生的后续支出，如对软件进行漏洞修补、技术维护等所发生的支出，应当计入当期支出但不计入无形资产成本，借记“事业支出”等科目，贷记“财政补助收入”、“零余额账户用款额度”、“银行存款”等科目。

【例 13-56】某事业单位对其业务活动使用的计算机软件系统进行技术维护，用银行存款支付软件公司技术服务费 14 000 元。

借：事业支出　　14 000
　　贷：银行存款　　14 000

七、无形资产的处置

事业单位报经批准转让、无偿调出、对外捐赠无形资产时，先将该项资产转入待处置资产，按照待处置无形资产的账面价值，借记“待处置资产损溢”科目，按照已计提摊销，借记“累计摊销”科目，按照无形资产的账面余额，贷记“无形资产”科目。

无形资产实际转让、调出、捐出时，按照处置无形资产对应的非流动资产基金，借记“非流动资产基金——无形资产”科目，贷记“待处置资产损溢”科目。

【例 13-57】某事业单位拟出售一项商标权，账面原值 300 000 元，已计提累计摊销额 150 000 元。编制如下会计分录。

① 转入待处置资产时。

借：待处置资产损溢　　150 000
　　累计摊销　　150 000
　　贷：无形资产　　300 000

② 实现出售时。

借：非流动资产基金——无形资产　　150 000
　　贷：待处置资产损溢　　150 000

八、无形资产的核销

无形资产预期不能为事业单位带来服务潜力或经济利益的，应当按规定报经批准后将该无形资产的账面价值予以核销。

无形资产转入待处置资产时，按照待核销无形资产的账面价值，借记“待处置资产损溢”科目，按照已计提摊销，借记“累计摊销”科目，按照无形资产的账面余额，贷记“无形资产”科目。

无形资产报经批准予以核销时，按照核销无形资产对应的非流动资产基金，借记“非流动资产基金——无形资产”科目，贷记“待处置资产损溢”科目。

【例 13-58】某事业单位专利权的账面余额为 300 000 元，采用年限平均法摊销，摊销期 15 年。该专利已使用 12 年，不能再提供服务，经批准后予以核销。

（1）转入待处置资产时。

核销时累计摊销额=300 000÷15×12=240 000（元）

借：待处置资产损溢　　　　60 000

　　累计摊销　　　　240 000

　　贷：无形资产　　　　300 000

（2）报经批准予以核销时。

借：非流动资产基金——无形资产　　　　60 000

　　贷：待处置资产损溢　　　　60 000

知识总结

（1）事业单位的资产是指事业单位占有或者使用的能以货币计量的经济资源，包括各种财产、债权和其他权利。

（2）事业单位的资产按照流动性可以分为流动资产和非流动资产。流动资产是指预计在 1 年内（含 1 年）变现或者耗用的资产，包括货币资金、短期投资、应收及预付款项、存货等。非流动资产是指流动资产以外的资产，包括长期投资、在建工程、固定资产、无形资产等。

（3）货币资金是以货币形态存在的资产。按照存放地点和用途不同，货币资金分为库存现金、银行存款和零余额账户用款额度。

（4）短期投资是指事业单位依法取得的，持有时间不超过 1 年（含 1 年）的投资，主要是国债投资。

（5）应收及预付款项是指事业单位在开展业务活动中形成的各项债权，包括财政应返还额度、应收票据、应收账款、其他应收款等应收款项和预付账款。

（6）存货是指事业单位在开展业务活动及其他活动中为耗用而储存的各种材料、燃料、包装物、低值易耗品及达不到固定资产标准的用具、载具、动植物等。

（7）长期投资是指事业单位依法取得的，持有时间超过 1 年（不含 1 年）的股权和债权性质的投资。按照投资对象的不同，事业单位的对外投资分为长期股权投资和长期债券投资。

（8）事业单位的固定资产是指使用期限超过一年，单位价值在规定标准以上，并在使用过程中基本保持原有物质形态的资产。事业单位一般应当采用年限平均法或工作量法计提固定资产折旧。

（9）无形资产是指事业单位持有的没有实物形态的可辨认非货币性资产，包括专利权、商标权、著作权、土地使用权、非专利技术等。事业单位应当采用年限平均法对无形资产进行摊销。

练习与实训

一、名词解释

资产　零余额账户用款额度　短期投资　财政应返还额度　应收票据　应收账款　预付账款　其他应收款　存货　长期投资　固定资产　在建工程　无形资产

二、简答题

1. 事业单位的资产具有哪些特征？
2. 事业单位“银行存款余额调节表”的编制方法。
3. 事业单位短期投资具有哪些特点？
4. 商业汇票有哪几种分类方法？
5. 事业单位其他应收款的内容。
6. 事业单位的存货如何进行初始计量？
7. 如何加强事业单位对外投资的管理？
8. 事业单位固定资产的折旧方法。
9. 事业单位包括哪些无形资产？

三、业务核算题

习题一

1. 目的：练习事业单位货币资产的核算。
2. 资料：某事业单位发生下列经济业务。

（1）收到代理银行转来的财政授权支付到账通知书，获得财政授权支付额度 85 000 元。

（2）从零余额账户中提取现金 3 000 元，以备日常开支。

（3）通过零余额账户支付专业活动费用 2 200 元。

（4）收到附属单位上缴的款项 2 300 元，已存入银行。

3. 要求：根据上述经济业务编制会计分录。

习题二

1. 目的：练习事业单位短期投资的核算。
2. 资料：某事业单位发生下列经济业务。

（1）2014 年 1 月 1 日，购入财政部发行的三年期记账式国债，进行短期投资。购买价格 56 000 元。

（2）2014 年 10 月 20 日，将该债券转让，实际取得价款 58 200 元，款项存入银行。

3. 要求：根据上述经济业务编制会计分录。

习题三

1. 目的：练习事业单位应收及预付款项的核算。
2. 资料：某事业单位（增值税一般纳税人）发生下列经济业务。

（1）公务员王某出差预借差旅费 1 500 元，以现金支付。

（2）开展经营活动销售自制产品一批，价款为 10 000 元，增值税为 1 700 元，合同约定采用商业汇票结算。同日，收到购货方签发的期限为 3 个月的无息商业汇票一张，面值为 11 700 元。

（3）该商业承兑汇票到期，款项已转入其银行存款账户。

（4）向乙公司销售一批产品，价款为 30 000 元，适用的增值税税率为 17%。产品已发出，货款尚未收到。

（5）购买一专用设备，预付款项 10 000 元。设备投入使用后，支付剩余货款 5 000 元。

（6）王某出差归来，报销差旅费 1 400 元，剩余款项退回。

3. 要求：根据上述经济业务编制会计分录。

习题四

1. 目的：练习事业单位存货的核算。

2. 资料：某事业单位（增值税一般纳税人）发生下列经济业务。

（1）购入非自用甲材料一批，取得的增值税专用发票上注明的材料价款为 30 000 元，增值税额为 5 100 元，货款已通过银行转账支付。同时，以银行存款支付运费 300 元，材料已验收入库。

（2）开展专业活动领用办公用品一批，价值 1 300 元。经营活动领用材料，价值 2 000 元。

（3）月末对存货盘点时，发现甲类材料已经不能使用，共计 2 100 元。同时，盘盈乙类办公用品 3 件，每件单价 15 元。经查，甲类材料不能使用属于产品自然变质所致，乙类办公用品盘盈属于漏记账所致。经批准予以处理。

3. 要求：根据上述经济业务编制会计分录。

习题五

1. 目的：练习事业单位长期投资的核算。

2. 资料：某事业单位发生下列经济业务。

（1）以专用设备投资甲公司，该设备的原价为 34 000 元，已提取折旧 8 000 元，单台设备的评估价为 25 000 元。开出转账支票支付手续费 3 200 元。

（2）获得投资收益 6 800 元，存入银行。

（3）转让对乙公司的长期股权投资，该项投资账面余额 104 000 元，转让价款 110 000 元，存入银行，不考虑其他税费。

3. 要求：根据上述经济业务编制会计分录。

习题六

1. 目的：练习事业单位固定资产的核算。

2. 资料：某事业单位发生下列经济业务。

（1）购买办公设备共计 15 000 元。同时，发生运输费用 300 元，以上款项以通过银行转账方式支付。该设备不需要安装即投入使用。

（2）收到友好单位无偿调入某种专用设备，估计价值 6 000 元。

（3）购入一台需要安装的设备，价款 36 000 元，安装费用 1 000 元，款项已通过银行存款付讫。

（4）对单位车辆计提折旧，共计 56 000 元。

（5）将一固定资产出售，出售价款为 35 000 元，买方已用银行存款付讫。出售时，该固定资产原值为 100 000 元，已计提折旧 55 000 元，用银行存款支付清理费 2 000 元。按有关规定该固定资产出售的净收入应上缴国库。

3. 要求：根据上述经济业务编制会计分录。

习题七

1. 目的：练习事业单位无形资产的核算。

2. 资料：某事业单位发生下列经济业务。

（1）购入一项专利权，价款 50 000 元，另支付手续费 500 元。款项以银行存款支付。

（2）计提某无形资产摊销额，月摊销额为 3 000 元。

（3）拟出售一项土地使用权，账面原值 200 000 元，已计提累计摊销额 100 000 元。

3. 要求：根据上述经济业务编制会计分录。

第十四章　事业单位负债的核算

山东县级公立医院举债扩建乱象遭四部委发文严禁

规模庞大的县级医院，正在各地拔地而起，它们耗资甚至可达 10 亿元之巨，VIP 病房、VIP 电梯一应俱全。除了高标准“不差钱”的硬件，各地县医院的自我定位，也都随着楼层高度的增加而拔高：在仅有 54 万人口的兖州，其新建的人民医院，预计年门诊量 50 万人次，拟成为“鲁西南一流三级甲等医院”。而百里之外的金乡县人民医院，则谋划着耗资 4.5 亿元的新院区建成后，力图吸引“苏鲁豫皖四省八县市区患者”。光鲜背后，却是这些医院并不可观的年收入和结余。来自卫生部相关机构的数据显示，全国 5311 家县级公立医院中，36.7%的医院存在资产负债，为有资产负债数据以来的最高值，其中基本建设和设备负债占 73%。

2012 年 12 月 2 日，一份由国家发改委、财政部、卫生部、银监会联合下发的《关于严格限制县级公立医院举借新债的紧急通知》，陆续下发至山东省各地卫生部门，要求各地严禁县级公立医院举债进行基础设施建设和设备购置。这份文件的下发日期为 2012 年 10 月 31 日，明确规定自 2012 年 10 月 31 日起，银行业金融机构不得违反有关规定向县级公立医院发放新债，并在不影响医院正常运行情况下，逐步压缩对县级公立医院的授信。同时，还将实行新债责任追究制。

在国家发改委、财政部、卫生部、银监会联合下发的紧急通知中，明确要求禁止县级公立医院举借新债，落实县级公立医院基本建设和设备购置等的政府投入责任，从源头上制止新债。地方发展改革、卫生部门健全县级公立医院建设项目和大型设备购置审批制度，严格审批程序和审批标准，实行新债责任追求制，制止借债建设的行为。

通知中还要求各地要对县级公立医院所有在建和即将开工建设的项目逐一复核、检查，对擅自改变建设性质和超规模、超标准建设的项目立即整改，并限期整改到位。各地还将加强对县级公立医院建设和负债情况的监督和检查，坚决杜绝县级公立医院违规举借任何形式的新债，对违反项目投资和建设规定的单位和当事人，对有以任何形式违规举借新债行为的县级公立医院负责人，严肃追究责任，问题严重的地区将被限批后续项目。

思考：政府应如何规范和引导事业单位借债？

第一节 事业单位负债概述

一、负债的概念

负债是指事业单位所承担的能以货币计量，需要以资产或劳务偿还的债务。负债是由事业单位过去的经济业务或会计事项形成的现时义务，履行该义务预期会导致事业单位经济利益或服务潜力的流出。事业单位的负债既包括事业单位在开展业务活动中与其他单位或个人发生的应付及预收款项，按照国家有关规定应当上缴的代收款项，应付未付的职工工资、津贴补贴等，还包括为弥补一定时期资金的不足或完成特定的任务，从财政部门、上级单位、金融机构借入的款项。事业单位会计准则和会计制度引入负债这一概念，并非鼓励事业单位大量举借债务兴办各项事业，而是负债作为一种客观经济现象一直存在于事业单位的财务活动中。

二、负债的分类

现行《事业单位会计准则》中将事业单位的负债按照流动性，分为流动负债和非流动负债。

1. 流动负债

流动负债是指预计在 1 年内（含 1 年）偿还的负债，包括短期借款、应付及预收款项、应付职工薪酬、应缴款项等。

2. 非流动负债

非流动负债是指流动负债以外的负债，包括长期借款和长期应付款。

三、负债的计量和管理

1. 负债的计量

为了保证会计核算信息的质量，事业单位需要对负债进行正确的计价，以客观、公正地反映事业单位所承担的债务。《事业单位会计准则》规定，事业单位的负债应当按照合同金额或实际发生额进行计量。

2. 负债的管理

事业单位应当对不同性质的负债分类管理，及时清理并按照规定办理结算，保证各项负债在规定期限内归还。对于按规定借入的各种款项，应保证到期还本付息；对于各种应付及预收的款项要及时组织清理，做到按时清算，不得长期挂账；对于各种应缴款项，应严格按照国家规定及时、足额地上缴，不得无故拖欠、截留或坐支。

事业单位还应当建立健全财务风险控制机制，规范和加强借入款项管理，严格执行审批程序，不得违反规定举借债务和提供担保。由于事业单位主要从事一些社会公益性活动，根据其业务特点和承担的任务，资金来源主要是事业收入和财政补助收入。为了防止事业单位借款超过合理额度，无力偿还各种债务，影响债权人的利益和事业单位自身的运转，事业单位的负债必须控制在一定的规模之内，而且只能在国家规定的范围内向有关部门和单位借款。

第二节 流动负债的核算

流动负债是指预计在 1 年内（含 1 年）偿还的负债。事业单位的流动负债包括短期借款、应付及预收款项、应付职工薪酬、应缴款项等。

一、短期借款

短期借款是指事业单位借入的期限在 1 年内（含 1 年）的各种借款。事业单位借入短期借款一般是为了满足临时性运营周转或因季节性等因素而出现的资金不足的需要。短期借款的期限较短，事业单位要向债权人按期偿还借款的本金及利息。

为了反映事业单位短期借款的取得和偿还情况，事业单位应设置“短期借款”科目。该科目属于负债类科目，贷方登记取得借款的本金数额，借方登记偿还借款的本金数额，期末贷方余额，反映事业单位尚未偿还的短期借款本金。本科目应当按照贷款单位和贷款种类进行明细核算。

事业单位借入各种短期借款时，按照实际借入的金额，借记“银行存款”科目，贷记“短期借款”科目。支付短期借款利息时，借记“其他支出”科目，贷记“银行存款”科目；归还短期借款时，借记“短期借款”科目，贷记“银行存款”科目。

【例 14-1】2014 年 4 月 1 日，某事业单位因为临时资金需要，从银行借入一笔短期借款 50 000 元，期限 6 个月，年利率为 6%，利息每季度末支付，借款本金到期后一次性归还。

（1）借入短期借款时。

借：银行存款　　50 000

　　贷：短期借款　　50 000

（2）第一季度支付利息时。

借：其他支出——利息支出　　750

　　贷：银行存款　　750

（3）到期归还本息时。

借：短期借款　　50 000

　　其他支出——利息支出　　750

　　贷：银行存款　　50 750

银行承兑汇票到期，事业单位无力支付票款的，按照银行承兑汇票的票面金额，借记“应付票据”科目，贷记“短期借款”科目。

二、应付及预收款项

应付及预收款项是指事业单位在开展业务活动中发生的各项债务，包括应付票据、应付账款、预收账款和其他应付款。

1. 应付票据

应付票据是指事业单位因购买材料、物资等而开出、承兑的商业汇票，包括银行承兑汇票和商业承兑汇票。

为了核算事业单位商业汇票的发生、偿付等情况，事业单位应设置“应付票据”科目。本科目属于负债类科目，贷方登记商业汇票面值，借方登记到期支付或无力支付而转出的应付票据金额。期末贷方余额，反映事业单位开出、承兑的尚未到期的商业汇票票面金额。本科目应当按照债权单位进行明细核算。

事业单位应当设置“应付票据备查簿”，详细登记每一应付票据的种类、号数、出票日期、到期日、票面金额、交易合同号、收款人姓名或单位名称，以及付款日期和金额等资料。

应付票据到期结清票款后，应当在备查簿内逐笔注销。

（1）商业汇票的签付。通常而言，商业汇票的付款期限不超过 6 个月，因此在会计上作为流动负债管理和核算。同时，由于应付票据的偿付时间较短，在会计实务中，一般均按照开出、承兑的应付票据的面值入账。

事业单位因为购买货物或抵付应付账款等而开出、承兑商业汇票时，借记“存货”、“应付账款”等科目，贷记“应付票据”科目；支付银行承兑汇票的手续费时，借记“事业支出”、“经营支出”等科目，贷记“银行存款”等科目。

【例 14-2】某事业单位 2014 年 2 月 1 日从 A 公司购入一批自用材料，材料价款为 30 000 元，增值税为 5 100 元，按合同规定，开出期限为 2 个月的不带息商业承兑汇票一张。

借：存货　　35 100

　贷：应付票据——A 公司　　35 100

（2）商业汇票到期。商业汇票到期时，应当分别以下情况处理。

① 收到银行支付到期票据的付款通知时，借记“应付票据”科目，贷记“银行存款”科目。

【例 14-3】接【例 14-2】，4 月 1 日，该票据到期，收到银行支付到期票据的付款通知。

借：应付票据——A 公司　　35 100

　贷：银行存款　　35 100

② 银行承兑汇票到期，事业单位无力支付票款的，按照汇票票面金额，借记“应付票据”科目，贷记“短期借款”科目。

③ 商业承兑汇票到期，事业单位无力支付票款的，按照汇票票面金额，借记“应付票据”科目，贷记“应付账款”科目。

【例 14-4】接【例 14-2】，若票据到期该单位无力支付票款。

借：应付票据——A 公司　　35 100

　贷：应付账款——A 公司　　35 100

2. 应付账款

应付账款是指事业单位因购买材料、物资等而应付的款项。应付账款是基于买卖双方在购销活动中，因取得货物和支付货款在时间上的差异而产生的债务责任。

为了核算事业单位应付账款的发生、偿还、转销等情况，事业单位应设置“应付账款”科目。本科目属于负债类科目，贷方登记应付给供应单位的款项，借方登记归还的应付账款，或开出商业汇票抵付应付账款的款项，或已冲销的无法支付的应付账款，期末贷方余额，反映事业单位尚未支付的应付账款。本科目应当按照债权单位（或个人）进行明细核算。

（1）应付账款的日常核算。事业单位购入材料、物资等已验收入库但货款尚未支付的，按照应付未付金额，借记“存货”等科目，贷记“应付账款”科目；偿付应付账款时，按照实际支付的款项金额，借记“应付账款”科目，贷记“银行存款”等科目。

【例 14-5】某事业单位为增值税一般纳税人，2014 年 5 月 12 日购入非自用甲材料一批，取得的增值税专用发票上注明的材料价款为 10 000 元，增值税额为 1 700 元，货款尚未支付。材料已验收入库。5 月 15 日，通过银行转账支付货款。

① 购货时。

借：存货——甲材料　　10 000

应缴税费——应缴增值税（进项税额）　　1 700

贷：应付账款　　11 700

② 付款时。

借：应付账款　　11 700

贷：银行存款　　11 700

（2）商业汇票抵付应付账款。事业单位开出、承兑商业汇票抵付应付账款，借记“应付账款”科目，贷记“应付票据”科目。

（3）注销应付账款。事业单位无法偿付或债权人豁免偿还的应付账款，借记“应付账款”科目，贷记“其他收入”科目。

【例 14-6】2014 年年末，确定一笔应付 C 公司账款 8 000 元为无法支付的账款，应予以注销。

借：应付账款——C 公司　　8 000

贷：其他收入　　8 000

3. 预收账款

预收账款是指事业单位按合同规定预收的款项。预收账款所形成的负债不是以货币偿付，而是以货物或劳务偿付。

为了核算事业单位预收账款的收取和结算情况，事业单位应设置“预收账款”科目。本科目属于负债类科目，贷方登记从付款方预收的款项，借方登记确认有关收入并转销的预收款项，期末贷方余额，反映事业单位按合同规定预收但尚未实际结算的款项。本科目应当按照债权单位（或个人）进行明细核算。“预收账款”业务不多的事业单位也可以不设此账户，将预收的款项记入“应收账款”的贷方，但在编制报表时需要分开填列。

事业单位从付款方预收款项时，按照实际预收的金额，借记“银行存款”等科目，贷记“预收账款”科目；确认有关收入时，借记“预收账款”科目，按照应确认的收入金额，贷记“经营收入”等科目，按照付款方补付或退回付款方的金额，借记或贷记“银行存款”等科目；无法偿付或债权人豁免偿还的预收账款，借记“预收账款”科目，贷记“其他收入”科目。

【例 14-7】某科研所采用预收货款方式向甲公司提供其新研制的产品。按照合同规定，货款金额共计 96 000 元，签订合同时甲公司预付货款的 30%，剩余款项待收到产品时一次性支付。

① 收到预收货款时。

借：银行存款　　28 800

贷：预收账款——甲公司　　28 800

② 交付产品时。

借：预收账款——甲公司　　96 000

贷：经营收入　　96 000

③ 收到补付的剩余货款时。

借：银行存款　　67 200

贷：预收账款——甲公司　　67 200

4. 其他应付款

其他应付款是指事业单位除应缴税费、应缴国库款、应缴财政专户款、应付职工薪酬、应付票据、应付账款、预收账款之外的其他各项偿还期限在 1 年内（含 1 年）的应付及暂收款项，如存入保证金等。

为了核算事业单位其他应付及暂收款项的增减变动情况，事业单位应设置“其他应付款”科目核算，并应当按照其他应付款的类别以及债权单位（或个人）进行明细核算。该科目属于负债类科目，贷方登记发生的其他应付款，借方登记偿付的其他应付款，期末贷方余额，反映事业单位尚未支付的其他应付款。

事业单位发生其他各项应付及暂收款项时，借记“银行存款”等科目，贷记“其他应付款”科目；支付其他应付款项时，借记“其他应付款”科目，贷记“银行存款”等科目；无法偿付或债权人豁免偿还的其他应付款项，借记“其他应付款”科目，贷记“其他收入”科目。

【例 14-8】某事业单位发生如下其他应付款业务。

① 收到 N 单位欲租用本单位包装物而交来的押金 10 000 元，款项存入银行。

借：银行存款　　10 000

　　贷：其他应付款——N 单位　　10 000

② 1 个月后，N 单位将该包装物归还，押金退还。

借：其他应付款——N 单位　　10 000

　　贷：银行存款　　10 000

三、应付职工薪酬

应付职工薪酬是指事业单位按有关规定应付给职工及为职工支付的各种薪酬，包括基本工资、绩效工资、国家统一规定的津贴补贴、社会保险费、住房公积金等。

为了核算事业单位应付未付的职工工资、津贴补贴等，事业单位应设置“应付职工薪酬”科目。本科目属于负债类科目，贷方登记计提的职工薪酬数，借方登记实际发放和代扣职工薪酬的金额，期末贷方余额，反映事业单位应付未付的职工薪酬。本科目应当根据国家有关规定按照“工资（离退休费）”、“地方（部门）津贴补贴”、“其他个人收入”以及“社会保险费”、“住房公积金”等进行明细核算。

事业单位的应付职工薪酬的账务处理主要包括以下几个方面的内容。

（1）计算当期应付职工薪酬。计算当期应付职工薪酬，借记“事业支出”、“经营支出”等科目，贷记“应付职工薪酬”科目。

（2）代扣代缴个人所得税。按税法规定代扣代缴个人所得税，借记“应付职工薪酬”科目，贷记“应缴税费——应缴个人所得税”科目。

（3）代扣代缴社会保险费、住房公积金及其他款项。按照国家有关规定缴纳职工社会保险费、住房公积金以及从应付职工薪酬中支付其他款项，借记“应付职工薪酬”科目，贷记“财政补助收入”、“零余额账户用款额度”、“银行存款”等科目。

（4）由单位负担的社会保险费和住房公积金。在职工个人缴纳一定基本社会保险费、住房公积金的基础上，单位也应为其职工缴纳基本社会保险费和住房公积金。事业单位按照国家有关规定计算确定应由事业单位负担的社会保险费、住房公积金时，借记“事业支出”、“经营支出”等科目，贷记“应付职工薪酬”及其相关明细科目。

（5）支付工资。向职工支付工资、津贴补贴等薪酬，借记“应付职工薪酬”科目，贷记“财政补助收入”、“零余额账户用款额度”、“银行存款”等科目。

【例 14-9】某事业单位 2014 年 6 月计算职工工资应发总额 420 000 元，其中专业业务人员工资 360 000 元，从事经营活动人员工资 60 000 元。代扣代缴个人所得税 25 000 元，代扣由职工个人承担的养老保险费 16 000 元，医疗保险费 12 000，失业保险费 5 000 元，代扣住房公积金 24 000 元。根据代理银行转来的《财政直接支付入账通知书》和工资发放明细表支付工资。

① 计提工资时。

借：事业支出 360 000
　　经营支出 60 000
　　贷：应付职工薪酬——工资 420 000

② 代扣代缴个人所得税时。

借：应付职工薪酬——工资 25 000
　　贷：应缴税费——应缴个人所得税 25 000

③ 代扣社会保险及住房公积金时。

借：应付职工薪酬——工资 57 000
　　贷：应付职工薪酬——养老保险费 16 000
　　　　　　　　　　——医疗保险费 12 000
　　　　　　　　　　——失业保险费 5 000
　　　　　　　　　　——住房公积金 24 000

④ 实际发放时。

借：应付职工薪酬——工资 338 000
　　贷：财政补助收入 338 000

小资料　事业单位全面推行绩效工资

绩效工资又称绩效加薪、奖励工资或与评估挂钩的工资，是以职工被聘上岗的工作岗位为主，根据岗位技术含量、责任大小、劳动强度和环境优劣确定岗级，以企业经济效益和劳动力价位确定工资总量，以职工的劳动成果为依据支付劳动报酬，是劳动制度、人事制度与工资制度密切结合的工资制度。我国事业单位绩效工资改革是分三步完成的。第一步，从 2009 年 1 月 1 日起先在义务教育学校实施；第二步，配合医药卫生体制改革，特别是实行基本药物制度，从 2009 年 10 月 1 日起，在疾病预防控制、健康教育、妇幼保健、精神卫生、应急救治、采供血、卫生监督等专业公共卫生机构和乡镇卫生院、城市社区卫生服务机构等基层医疗卫生事业单位实施；第三步从 2010 年 1 月 1 日起，在其他事业单位实施。事业单位实施绩效工资的同时，对离退休人员发放生活补贴。

四、应缴款项

应缴款项是指事业单位应缴未缴的各种款项，包括应当上缴国库或者财政专户的款项、应缴税费以及其他按照国家有关规定应当上缴的款项。

1. 应缴国库款

应缴国库款是指事业单位按规定应缴入国库的款项（应缴税费除外）。应缴国库款主要包括事业单位代收的纳入预算管理的政府性基金收入、行政事业性收费、罚没收入、国有资产处置和出租出借收入、无主财物变价收入和其他按预算管理规定应上缴预算的款项。上述款项构成国家预算的组成部分，由事业单位代收或暂收，不属于事业单位的收入。事业单位取得的这些收入在未上缴前，便形成了事业单位与国家的债务关系。

为了核算事业单位按规定应缴入国库的款项，事业单位应设置“应缴国库款”科目。本科目属于负债类科目，贷方登记应缴数，借方登记已缴数，期末贷方余额，反映事业单位应缴入国库但尚未缴纳的款项。本科目应当按照应缴国库的各款项类别进行明细核算。

事业单位按规定计算确定或实际取得应缴国库的款项时，借记有关科目，贷记“应缴国库款”科目。上缴款项时，借记“应缴国库款”科目，贷记“银行存款”等科目。

【例 14-10】某事业单位代收政府性基金收入 68 000 元，按规定收取的行政事业性收费 9 200 元，款项已存入银行。月末将上述款项上缴财政国库。

① 收到款项时。

借：银行存款　　77 200
　　贷：应缴国库款——政府性基金收入　　68 000
　　　　　　　　——行政事业性收费　　9 200

② 上缴时。

借：应缴国库款——政府性基金收入　　68 000
　　　　　　——行政事业性收费　　9 200
　　贷：银行存款　　77 200

2. 应缴财政专户款

应缴财政专户款是指事业单位按规定应缴入财政专户的款项。由于我国的预算外资金已纳入预算内管理，所以预算外财政资金专户已经取消。目前在财政专户管理的收入主要是一些教育收费。如高中以上学费、住宿费，高校委托培养费，党校收费，教育考试考务费，函大、电大、夜大及短训班培训费等。

为了核算事业单位按规定应缴入财政专户的款项，事业单位应设置“应缴财政专户款”科目。本科目属于负债类科目，贷方登记收到应缴财政专户的各项收入数，借方登记上缴数，期末贷方余额，反映事业单位应缴入财政专户但尚未缴纳的款项。本科目应当按照应缴财政专户的各款项类别进行明细核算。

事业单位取得应缴财政专户的款项时，借记有关科目，贷记“应缴财政专户款”科目；上缴款项时，借记“应缴财政专户款”科目，贷记“银行存款”等科目。

【例 14-11】某教育机构收取教育考试考务费 36 000 元，全部款项已存入银行。按规定，及时上缴财政专户。

① 收到款项时。

借：银行存款　　36 000
　　贷：应缴财政专户款　　36 000

② 上缴财政专户时。

借：应缴财政专户款　　36 000
　　贷：银行存款　　36 000

3. 应缴税费

应缴税费是指事业单位按照税法等规定计算应缴纳的各种税费，包括营业税、增值税、城市维护建设税、教育费附加、车船税、房产税、城镇土地使用税、企业所得税等。

为了核算事业单位按照税法等规定计算应缴纳的各种税费，事业单位应设置“应缴税费”科目。该科目属于负债类科目，贷方登记应缴纳的各种税费，借方登记实际缴纳的税费。该科目期末借方余额，反映事业单位多缴纳的税费金额；贷方余额，反映事业单位应缴未缴的税费金额。

“应缴税费”科目应当按照应缴纳的税费种类进行明细核算。属于增值税一般纳税人的事业单位，其应缴增值税明细账中应设置“进项税额”、“已交税金”、“销项税额”、“进项税额转出”等专栏。事业单位代扣代缴的个人所得税，也通过本科目核算。事业单位应缴纳的印花税不需要预提应缴税费，直接通过支出等有关科目核算，不在本科目核算。

由于事业单位可以开展部分经营活动，所以事业单位应缴税费的核算主要包括以下税种。

（1）增值税的核算。增值税的纳税人按照其经营规模及会计核算是否健全分为一般纳税人和小规模纳税人，这两类纳税人在增值税的计算与缴纳、会计账户的设置以及账务处理等方面都有较大的差异。

① 一般纳税人。一般纳税人的事业单位应纳增值税的基本计税方法是，以当期销项税额抵扣当期进项税额后的余额，为当期的应纳税额。其计算公式为：

应纳增值税额=当期销项税额－当期进项税额

属于增值税一般纳税人的事业单位销售应税产品或提供应税服务，按包含增值税的价款总额，借记“银行存款”、“应收账款”、“应收票据”等科目，按扣除增值税销项税额后的价款金额，贷记“经营收入”等科目，按增值税专用发票上注明的增值税金额，贷记“应缴税费——应缴增值税（销项税额）”科目。

【例 14-12】某科研事业单位非独立核算部门为增值税一般纳税人，适用税率为 17%。2014 年 10 月销售自产产品一批，增值税专用发票上注明的价款 300 000 元，增值税额为 51 000 元，货物已经发出，对方通过银行转账方式支付货款。

借：银行存款　　351 000

　　贷：经营收入　　300 000

　　　　应缴税费——应缴增值税（销项税额）　　51 000

属于增值税一般纳税人的事业单位购入非自用材料的，按确定的成本（不含增值税进项税额），借记“存货”科目，按增值税专用发票上注明的增值税额，借记“应缴税费——应缴增值税（进项税额）”科目，按实际支付或应付的金额，贷记“银行存款”、“应付账款”等科目。

【例 14-13】本月，该部门购入非自用材料一批，用于生产产品。增值税专用发票上注明的价款 70 000 元，增值税额为 11 900 元，材料验收入库，款项已用银行存款支付。

借：存货　　70 000

　　应缴税费——应缴增值税（进项税额）　　11 900

　　贷：银行存款　　81 900

属于增值税一般纳税人的事业单位所购进的非自用材料发生盘亏、毁损、报废、对外捐赠、无偿调出等税法规定不得从增值税销项税额中抵扣进项税额的，将所购进的非自用材料转入待处置资产时，按照材料的账面余额与相关增值税进项税额转出金额的合计金额，借记“待处置资产损溢”科目，按材料的账面余额，贷记“存货”科目，按转出的增值税进项税额，贷记“应缴税费——应缴增值税（进项税额转出）”科目。

【例 14-14】接【例 14-13】，由于管理不善部分材料霉烂变质，该批材料成本 10 000 元，增值税为 1 700 元，该材料的进项税额已在上月抵扣。

借：待处置资产损溢　　11 700
　　贷：存货　　10 000
　　　　应缴税费——应缴增值税（进项税额转出）　　1 700

属于增值税一般纳税人的事业单位实际缴纳增值税时，借记“应缴税费——应缴增值税（已交税金）”科目，贷记“银行存款”科目。

【例 14-15】某事业单位 2014 年 10 月应缴纳的增值税计算如下。

应纳税额=51 000 –（11 900 – 1 700）=40 800（元）

实际缴纳增值税时。

借：应缴税费——应缴增值税（已交税金）　　40 800
　　贷：银行存款　　40 800

② 小规模纳税人。增值税小规模纳税人采用简易征收的办法。按照销售额和征收率（小规模纳税人的征收率为 3%）计算的税额，即为应纳的增值税。

计算公式为：

应纳增值税额=销售额×征收率

属于增值税小规模纳税人的事业单位销售应税产品或提供应税服务，按实际收到或应收的价款，借记“银行存款”、“应收账款”、“应收票据”等科目，按实际收到或应收价款扣除增值税额后的金额，贷记“经营收入”等科目，按应缴增值税金额，贷记“应缴税费——应缴增值税”科目；实际缴纳增值税时，借记“应缴税费——应缴增值税”科目，贷记“银行存款”科目。

【例 14-16】某事业单位为增值税小规模纳税人，2014 年 1 月销售自产产品，所开出的普通发票中注明贷款 10 300 元，款项已存入银行。

不含税销售额=10 300÷（1+3%）=10 000（元）

应纳增值税=10 000×3%=300（元）

借：银行存款　　10 300
　　贷：经营收入　　10 000
　　　　应缴税费——应缴增值税　　300

实际交税时。

借：应缴税费——应缴增值税　　300
　　贷：银行存款　　300

（2）营业税、城市维护建设税和教育费附加的核算。事业单位如果因为提供营业税应税劳务、转让无形资产或者销售不动产而发生营业税、城市维护建设税、教育费附加纳税义务的，按税法规定计算的应缴税费金额，借记“待处置资产损溢——处置净收入”科目（出售不动产应缴的税费）或有关支出科目，贷记“应缴税费”科目；实际缴纳时，借记“应缴税费”科目，贷记“银行存款”科目。

【例 14-17】某事业单位 2014 年 8 月转让房屋一栋，取得转让收入 90 000 元，款项已存入银行。适用营业税税率为 5%，城市维护建设税的税率为 7%，教育费附加征收率为 3%。

① 取得转让收入时。

借：银行存款　　90 000
　　贷：经营收入　　90 000

② 计提各项税金。

应纳营业税=90 000×5%=4 500（元）

应纳城市维护建设税=4 500×7%=315（元）

应纳教育费附加=4 500×3%=135（元）

借：经营支出　　4 950

　　贷：应缴税费——应缴营业税　　4 500

　　　　　　　——应缴城市维护建设税　　315

　　　　　　　——应缴教育费附加　　135

实际缴纳时。

借：应缴税费——应缴营业税　　4 500

　　　　　　——应缴城市维护建设税　　315

　　　　　　——应缴教育费附加　　135

　　贷：银行存款　　4 950

（3）房产税、城镇土地使用税、车船税的核算。事业单位发生房产税、城镇土地使用税、车船税纳税义务的，按税法规定计算的应缴税金数额，借记有关科目，贷记“应缴税费”科目；实际缴纳时，借记“应缴税费”科目，贷记“银行存款”科目。

【例 14-18】2014 年 6 月，某事业单位为办公用车购买交通强制保险，由保险公司代扣代缴车船税 3 600 元。

① 确认纳税义务。

借：事业支出　　3 600

　　贷：应缴税费——应缴车船税　　3 600

② 实际缴纳时。

借：应缴税费——应缴车船税　　3 600

　　贷：银行存款　　3 600

（4）代扣代缴个人所得税的核算。具体账务处理参见“应付职工薪酬”的核算。

（5）企业所得税的核算。发生企业所得税纳税义务的事业单位，按税法规定计算的应缴税金数额，借记“非财政补助结余分配”科目，贷记“应缴税费”科目；实际缴纳时，借记“应缴税费”科目，贷记“银行存款”科目。

【例 14-19】2014 年，某事业单位取得经营收入 658 000 元，发生经营支出 423 000 元，假定无其他纳税调整事项。

应纳企业所得税税额=（658 000－423 000）×25%=58 750（元）

① 确认应纳税额时。

借：非财政补助结余分配　　58 750

　　贷：应缴税费——应缴企业所得税　　58 750

② 实际上缴时。

借：应缴税费——应缴企业所得税　　58 750

　　贷：银行存款　　58 750

第三节　非流动负债的核算

非流动负债是指流动负债以外的负债。事业单位的非流动负债包括长期借款和长期应付款。

一、长期借款

长期借款是指事业单位借入的期限超过 1 年（不含 1 年）的各种借款。如从各专业银行、商业银行取得的贷款等。

为了核算事业单位举借长期借款的增减变动情况，事业单位应设置“长期借款”科目。本科目属于负债类科目，贷方登记取得借款的本金数额，借方登记偿还借款的本金数额，期末贷方余额，反映事业单位尚未偿还的长期借款本金。

“长期借款”科目应当按照贷款单位和贷款种类进行明细核算，对于基建项目借款，还应按具体项目进行明细核算。

（1）借入款项。事业单位借入各项长期借款时，按照实际借入的金额，借记“银行存款”科目，贷记“长期借款”科目。

（2）为购建固定资产支付的专门借款利息。事业单位为购建固定资产支付的专门借款利息，分别以下情况处理。

① 属于工程项目建设期间支付的，计入工程成本，按照支付的利息，借记“在建工程”科目，贷记“非流动资产基金——在建工程”科目；同时，借记“其他支出”科目，贷记“银行存款”科目。

② 属于工程项目完工交付使用后支付的，计入当期支出但不计入工程成本，按照支付的利息，借记“其他支出”科目，贷记“银行存款”科目。

（3）事业单位的其他长期借款利息，按照支付的利息金额，借记“其他支出”科目，贷记“银行存款”科目。

（4）事业单位归还长期借款时，借记“长期借款”科目，贷记“银行存款”科目。

【例 14-20】2014 年 1 月 1 日，某事业单位经上级主管部门批准，从银行借入两年期贷款 150 000 元用于多功能报告厅的建设，年利率为 6%，每年付息一次。该报告厅于第一年 12 月 31 日即达到可使用状态并交付使用。该事业单位在贷款到期时归还本息。

① 取得长期借款时。

借：银行存款　　150 000

　　贷：长期借款　　150 000

② 第一年年末支付利息。

借：在建工程　　9 000

　　贷：非流动资产基金——在建工程　　9 000

同时，

借：其他支出　　9 000

　　贷：银行存款　　9 000

③ 到期归还本息时。

借：长期借款　　150 000

　　其他支出　　9 000

　　贷：银行存款　　159 000

二、长期应付款

长期应付款是指事业单位发生的偿还期限超过 1 年（不含 1 年）的应付款项，如以融资租赁租入固定资产的租赁费、跨年度分期付款购入固定资产的价款等。

为了核算事业单位长期应付款项，事业单位应设置“长期应付款”科目。本科目属于负债类科目，贷方登记长期应付款的增加金额，借方登记长期应付款的减少金额，期末贷方余额，反映事业单位尚未支付的长期应付款。本科目应当按照长期应付款的类别以及债权单位（或个人）进行明细核算。

事业单位发生长期应付款时，借记“固定资产”、“在建工程”等科目，贷记“长期应付款”科目、“非流动资产基金”等科目；支付长期应付款时，借记“事业支出”、“经营支出”等科目，贷记“银行存款”等科目；同时，借记“长期应付款”科目，贷记“非流动资产基金”科目；无法偿付或债权人豁免偿还的长期应付款，借记“长期应付款”科目，贷记“其他收入”科目。

【例 14-21】某事业单位以融资租赁方式租入一台精密仪器，租赁合同规定：付款总额为 210 000 元，租期 10 年。租赁费每年年底支付一次。

① 确认租入固定资产。

借：固定资产　　210 000

　　贷：长期应付款　　210 000

② 每年支付租金时。

借：事业支出　　21 000

　　贷：银行存款　　21 000

同时，

借：长期应付款　　21 000

　　贷：非流动资产基金——固定资产　　21 000

知识总结

（1）负债是指事业单位所承担的能以货币计量，需要以资产或者劳务偿还的债务。事业单位的负债按照流动性，分为流动负债和非流动负债。

（2）流动负债是指预计在 1 年内（含 1 年）偿还的负债，包括短期借款、应付及预收款项、应付职工薪酬、应缴款项等。

（3）短期借款是指事业单位借入的期限在 1 年内（含 1 年）的各种借款。

（4）应付及预收款项是指事业单位在开展业务活动中发生的各项债务，包括应付票据、应付账款、预收账款和其他应付款。

（5）应付职工薪酬是指事业单位按有关规定应付给职工及为职工支付的各种薪酬，包括基本工资、绩效工资、国家统一规定的津贴补贴、社会保险费、住房公积金等。

（6）应缴款项是指事业单位应缴未缴的各种款项，包括应当上缴国库或者财政专户的款项、应缴税费，以及其他按照国家有关规定应当上缴的款项。

（7）非流动负债是指流动负债以外的负债，包括长期借款和长期应付款。

练习与实训

一、名词解释

负债　短期借款　应付票据　应付账款　预收账款　应付职工薪酬　应缴国库款　应缴

财政专户款　应缴税费　长期借款　长期应付款

二、简答题

1. 事业单位的负债如何进行分类和计量？
2. 什么是短期借款？应当如何核算？
3. 应缴国库款包括哪些？它与应缴财政专户款的区别？
4. 事业单位一般纳税人与小规模纳税人在会计核算上有什么不同？
5. 事业单位的非流动负债包括哪些内容？

三、业务核算题

习题一

1. 目的：练习事业单位应付及预收款项的核算。
2. 资料：某事业单位（小规模纳税人）2014 年发生如下经济业务。

（1）为开展事业活动购入材料一批，价款 15 000 元，开出一张 3 个月到期的商业承兑汇票。
（2）为开展经营活动购入材料一批，价款共计 6 000 元，材料验收入库，款项尚未支付。
（3）在开展事业活动中预收甲单位款项 6 000 元，存入银行。
（4）按合同规定向甲单位提供劳务，应收费 5 800 元，以银行存款退还多收款项 200 元。
（5）按合同收到某单位交来的包装物押金 1 200 元，存入银行。

3. 要求：根据上述经济业务编制会计分录。

习题二

1. 目的：练习事业单位应缴款项的核算。
2. 资料：某事业单位 2014 年发生如下经济业务。

（1）按规定收取行政事业性收费收入 600 元，存入银行。
（2）以银行存款上缴行政事业性收费收入和政府性基金收入共计 3 500 元。
（3）收到应缴财政专户的款项 5 000 元，存入银行。
（4）计算为开展业务活动应缴纳的营业税 2 200 元。
（5）计算为开展经营活动应缴纳的所得税 5 200 元。
（6）以银行存款上缴上述应缴营业税和所得税。

3. 要求：根据上述经济业务编制会计分录。

第十五章　事业单位净资产的核算

引入案例

中科协调查显示仅四成科研资金用于项目本身

日前，财政部部长楼继伟在向全国人大常委会所做的报告中指出，全国财政科技支出从 2006 年的 1 688.5 亿元提高到 2012 年的约 5 600.1 亿元，年均增长 22.73%，7 年累计 2.42 万亿元，占同期全国财政支出的 4.37%。

科研经费投入逐年递增，然而经费的管理和使用却并不如人意，其中暴露的腐败问题触目惊心。一些学者争抢课题、项目的目的，已经不是为了开展研究，而是通过申请课题“致富”。中国科协进行的一项调查显示，在一些高校和研究机构，科研资金用于项目本身仅占40%左右，大量科研经费流失在项目之外。

“新华视点”记者近日梳理近 3 年国家各部委、各省份数百份年度审计报告发现，科研经费被“贪”、“吞”、“挪”、“骗”屡见不鲜——大到发放工资、福利、建经济适用房、购买汽车，小到充饭卡、交电话费，甚至重复报销车票，在一些已曝光和查处的科研腐败案例中，科研经费几乎“无所不能”。浙江大学某教授被指控授意其博士生陆续以开具虚假发票、编造虚假合同、编制虚假账目等手段，将专项科研经费套取或者变现非法占为已有。

有评论指出，科研经费腐败已不是某一个环节出了问题，“吃经费”成了一种内生的潜规则，整个学术生态都发生了异化，从立项、审核、审批到经费拨付以及项目的验收和监管等，每个环节都无一幸免。

财政部财政科学研究所研究员刘军民认为，我国科研经费管理制度存在六大问题：一是对承担科研项目的科研工作者人力价值补偿不足；二是间接成本补偿机制有待完善；三是预算合理性、真实性不足，往往流于形式；四是科研经费内部监督制衡机制不健全；五是预算及使用的僵化亟待改变；六是科研项目和经费管理存在“结题不结账”，导致了大量的账面资金被闲置。

一般来说，科研经费直接与课题项目挂钩。一项课题的经费从几千元到几百万元不等，一些国家、国际重点课题，立项之后经费更是源源不断。立项单位的钱是放出去了，至于项目负责人何时花、怎么花，基本上不闻不问，更奢谈监督检查。只是在结题审查上，看看发表了多少论文、有没有核心期刊的、缺不缺专家鉴定等。这就导致了课题责任人实地调研能少就少，科学实验能取消就取消，从而造就了“结余大量经费”、可以啃“唐僧肉”的土壤。

思考：如何加强事业单位专项基金的管理？

第一节　基金的核算

一、事业基金

1. 事业基金的概念和作用

事业基金是指事业单位拥有的非限定用途的净资产，其来源主要为非财政补助结余扣除结余分配后滚存的金额。事业基金是事业单位最基本的基金，主要用于事业单位的日常业务活动，平衡日常的收入与支出，弥补日常资金的不足，保证事业单位的正常运转。所以事业基金在事业单位起的是“蓄水池”的作用，主要用来调节年度之间的收支平衡。即事业单位以后年度如果收入大于支出，则其差额继续转入事业基金；如果支出大于收入，则其差额可以用以前年度的事业基金来弥补；在确定年初单位预算时，如果支出安排出现缺口，也可以用一部分事业基金来弥补缺口。

事业单位的各项基金按是否存在限制，分为限定性基金和非限定性基金两种。限定性基金只能用于规定的使用方向，是为了保证重点或特殊事项的资金需要。事业单位的非流动资产基金和专用基金属于限定性基金。事业基金则是一种非限定性基金，不限制基金的用途，供事业单位日常周转所用。

《事业单位财务规则》规定，事业单位应当加强事业基金的管理，遵循收支平衡的原则，统筹安排、合理使用，支出不得超出基金规模。

2. 事业基金的核算

为了核算事业单位拥有的非限定用途的净资产，事业单位应设置“事业基金”科目。本科目属于净资产类科目，贷方登记事业基金的转入数，借方登记事业基金的转销数，期末贷方余额，反映事业单位历年积存的非限定用途净资产的金额。事业单位发生需要调整以前年度非财政补助结余的事项，通过本科目核算。

（1）期末结转“非财政补助结余分配”形成的事业基金。年末事业单位对“事业结余”和“经营结余”进行结余分配后，将未分配的结余，即将“非财政补助结余分配”科目的余额转入事业基金，借记或贷记“非财政补助结余分配”科目，贷记或借记“事业基金”科目。

【例 15-1】某事业单位年终“非财政补助结余分配”科目的贷方余额为 32 000 元，结转入“事业基金”科目。

借：非财政补助结余分配　　32 000

　　贷：事业基金　　32 000

（2）已完成项目的非财政补助专项剩余资金形成的事业基金。年末，对于事业单位使用非财政补助专项资金完成的项目，如果剩余资金允许留归本单位使用，将其转入事业基金，借记“非财政补助结转——××项目”科目，贷记“事业基金”科目。

【例 15-2】2014 年年末，甲事业单位使用上级单位拨入的专项资金开展的某专项工程已经完工，结余资金 26 000 元，经上级主管部门批准，留归本单位使用。

借：非财政补助结转——××项目　　26 000

　　贷：事业基金　　26 000

（3）货币资金对外长期投资对事业基金的影响。事业单位以货币资金对外长期投资，需要按照投资成本，相应地增加非流动资产基金（长期投资），冲减事业基金。事业单位长期投资收回，相应地增加事业基金，冲减非流动资产基金（长期投资）。

① 以货币资金取得长期股权投资、长期债券投资，按照实际支付的全部价款（包括购买价款以及税金、手续费等相关税费）作为投资成本，借记“长期投资”科目，贷记“银行存款”等科目；同时，按照投资成本金额，借记“事业基金”科目，贷记“非流动资产基金——长期投资”科目。

【例 15-3】某事业单位用银行存款购买三年期国库券 25 000 元，年利率为 5%，利息到期一次性支付，同时支付购买手续费 300 元。

借：长期投资　　25 300

　　贷：银行存款　　25 300

同时，

借：事业基金　　25 300

　　贷：非流动资产基金——长期投资　　25 300

② 对外转让或到期收回长期债券投资本息，按照实际收到的金额，借记“银行存款”等科目，按照收回长期投资的成本，贷记“长期投资”科目，按照其差额，贷记或借记“其

他收入——投资收益”科目；同时，按照收回长期投资对应的非流动资产基金，借记“非流动资产基金——长期投资”科目，贷记“事业基金”科目。

【例 15-4】接【例 15-3】3 年后，该国库券到期，收到本利和共计 28 750 元，款项已存入银行。

借：银行存款　　28 750
　贷：长期投资　　25 300
　　其他收入——投资收益　　3 450

同时，

借：非流动资产基金——长期投资　　25 300
　贷：事业基金　　25 300

二、非流动资产基金

1. 非流动资产基金的内容

非流动资产基金是指事业单位长期投资、固定资产、在建工程、无形资产等非流动资产占用的金额。新的《事业单位会计制度》为了兼顾事业单位财务管理需求的同时体现财政预算管理的信息需求，为每项非流动资产设置了基金项目，与非流动资产的净额相对应，对非流动资产的核算采用“双分录”。一方面将取得非流动资产付出的资金确认为支出，另一方面通过非流动资产基金反映该项资产在净资产中占用的金额。非流动资产基金属于限定用途的净资产。

2. 非流动资产基金的核算

为了核算事业单位长期投资、固定资产、在建工程、无形资产等非流动资产占用的金额，事业单位应设置“非流动资产基金”科目。本科目是净资产类科目，贷方登记某类资产对应的非流动资产基金的增加数，借方登记冲减的非流动资产基金，期末贷方余额，反映事业单位非流动资产占用的金额。本科目应当设置“长期投资”、“固定资产”、“在建工程”、“无形资产”等明细科目，进行明细核算。

（1）非流动资产基金的增加。非流动资产基金应当在取得长期投资、固定资产、在建工程、无形资产等非流动资产或发生相关支出时予以确认。

事业单位取得相关资产或发生相关支出时，借记“长期投资”、“固定资产”、“在建工程”、“无形资产”等科目，贷记“非流动资产基金”及其有关明细科目；同时或待以后发生相关支出时，借记“事业支出”等有关科目，贷记“财政补助收入”、“零余额账户用款额度”、“银行存款”等科目。

【例 15-5】某事业单位购买一台不需要安装的设备，价款 56 000 元，以银行存款支付，设备验收合格，已投入使用。

借：固定资产　　56 000
　贷：非流动资产基金——固定资产　　56 000
借：事业支出　　56 000
　贷：银行存款　　56 000

（2）非流动资产基金的减少。冲减非流动资产基金主要包括以下几种情况：

① 计提固定资产折旧、无形资产摊销。事业单位计提固定资产折旧、无形资产摊销时，应当冲减非流动资产基金，按照计提的折旧、摊销额，借记“非流动资产基金（固定资产、

无形资产)”科目，贷记“累计折旧”、“累计摊销”科目。

【例 15-6】 2014 年 5 月，某事业单位固定资产折旧、无形资产摊销情况如下：设备计提折旧 25 800 元，车辆计提折旧 54 400 元，一项专利权摊销 5 500 元。

借：非流动资产基金——固定资产　　80 200
　　　　　　　　——无形资产　　5 500
　贷：累计折旧　　80 200
　　　累计摊销　　5 500

② 出售或以其他方式处置长期投资、固定资产、无形资产。事业单位出售或以其他方式处置长期投资、固定资产、无形资产，将资产转入待处置资产时，借记“待处置资产损溢”、“累计折旧”(处置固定资产)或“累计摊销”(处置无形资产)科目，贷记“长期投资”、“固定资产”、“无形资产”等科目；实际处置时，借记“非流动资产基金”及有关资产明细科目，贷记“待处置资产损溢”科目。

【例 15-7】 经上级主管部门批准，某事业单位出售一批即将报废的车辆，其账面余额为 260 000 元，已计提折旧 250 000 元。不考虑相关税费。

① 将该项资产转入待处置资产时。

借：待处置资产损溢　　10 000
　　累计折旧　　250 000
　贷：固定资产　　260 000

② 实际处置时。

借：非流动资产基金——固定资产　　10 000
　贷：待处置资产损溢　　10 000

③ 以固定资产、无形资产对外投资。事业单位以固定资产、无形资产对外投资时，应当冲销该资产对应的非流动资产基金，按照投资成本，借记“长期投资”科目，贷记“非流动资产基金(长期投资)”科目，按发生的相关税费，借记“其他支出”科目，贷记“银行存款”等科目；同时，按照投出固定资产、无形资产对应的非流动资产基金，借记“非流动资产基金(固定资产、无形资产)”科目，按照投出资产已提折旧、摊销，借记“累计折旧”、“累计摊销”科目，按照投出资产的账面余额，贷记“固定资产”、“无形资产”科目。

【例 15-8】 某事业单位以一项专利权对外长期投资，该无形资产的账面原价为 185 000 元，已累计摊销 56 000 元，评估值为 135 000 元，以银行存款支付手续费 500 元。

① 确认长期投资时。

借：长期投资　　135 500
　贷：非流动资产基金——长期投资　　135 500

② 支付手续费时。

借：其他支出　　500
　贷：银行存款　　500

③ 冲销该项无形资产时。

借：非流动资产基金——无形资产　　129 000
　　累计摊销　　56 000
　贷：无形资产　　185 000

三、专用基金

1. 专用基金的内容和特点

专用基金是指事业单位按规定提取或设置的具有专门用途的净资产，主要包括修购基金、职工福利基金等。专用基金的用途明确、单一，要求单位专款专用，不得随意改变资金的用途或挪作他用。专用基金一般不直接参加业务活动，与事业单位的正常业务资金相比，具有以下几个特点。

（1）专用基金的提取均有专门的规定。为了加强事业单位专用基金管理，财政部在《关于事业单位提取专用基金比例问题的通知》[财教（2012）32号]中，对事业单位职工福利基金和修购基金的提取比例做了统一规定。各级事业单位专用基金的提取要按照国家规定执行。

（2）各项专用基金都规定有专门的用途和使用范围，除财务制度规定可以合并使用外，专用基金一般不得相互占用、挪用。

（3）专用基金的使用均属于一次性消耗，不可循环周转，不可能通过专用基金支出直接取得补偿。

专用基金管理应当遵循先提后用、收支平衡、专款专用的原则，支出不得超出基金规模。

2. 专用基金的科目设置

为了核算事业单位按规定提取或者设置的具有专门用途的净资产，事业单位应设置“专用基金”科目。本科目属于净资产类科目，贷方登记专用基金提取、拨入、转入的增加数，借方登记专用基金使用的减少数，期末贷方余额，反映事业单位专用基金余额。本科目应当按照专用基金的类别进行明细核算。

3. 专用基金的核算

（1）修购基金。按照事业收入和经营收入的一定比例提取，以及按照其他规定转入，用于事业单位固定资产维修和购置的资金。修购基金按照规定在相应的购置和修缮科目中各列支50%。

财政部在《关于事业单位提取专用基金比例问题的通知》中规定，中央级事业单位修购基金的提取比例，由主管部门根据单位收入状况和核算管理的需要，按照事业收入和经营收入的一定比例核定，报财政部备案。事业收入和经营收入较少的事业单位可以不提取修购基金，实行固定资产折旧的事业单位不提取修购基金。国家另有规定的，从其规定。地方事业单位修购基金的提取比例，由省级财政部门参照本通知的有关规定，结合本地实际确定。

事业单位按规定提取修购基金的，按照提取金额，借记“事业支出”、“经营支出”科目，贷记“专用基金——修购基金”科目；按规定使用修购基金时，借记“专用基金——修购基金”科目，贷记“银行存款”等科目；使用专用基金形成固定资产的，还应借记“固定资产”科目，贷记“非流动资产基金——固定资产”科目。

【例15-9】某事业单位年度事业收入为2 000 000元，经营收入150 000元，提取修购基金的比例分别为10%和6%。

计算修购基金的提取额=2 000 000×10%+150 000×6%=209 000（元）

借：事业支出　　200 000

　　经营支出　　9 000

贷：专用基金——修购基金　　209 000

【例 15-10】该事业单位使用修购基金支付车辆维修费 3 200 元，以银行存款付讫。

借：专用基金——修购基金　　3 200

贷：银行存款　　3 200

【例 15-11】该事业单位使用修购基金购置一台不需要安装的设备，设备价款 50 000 元，以银行存款支付。

借：专用基金——修购基金　　50 000

贷：银行存款　　50 000

同时，

借：固定资产　　50 000

贷：非流动资产基金——固定资产　　50 000

（2）职工福利基金。是按照非财政补助结余的一定比例提取以及按照其他规定提取转入，用于单位职工的集体福利设施、集体福利待遇等的资金。财政部在《关于事业单位提取专用基金比例问题的通知》中规定，事业单位职工福利基金的提取比例，在单位年度非财政补助结余的 40%以内确定。国家另有规定的，从其规定。这里的非财政补助结余包括事业结余和经营净结余，即转入“非财政补助结余分配”账户的数额扣除应缴企业所得税（有所得税缴纳义务的单位）后的数额。

职工福利基金提取额=（事业结余+经营结余－经营活动应缴企业所得税）×提取比例

年末，事业单位按规定从本年度非财政补助结余中提取职工福利基金的，按照提取金额，借记“非财政补助结余分配”科目，贷记“专用基金——职工福利基金”科目；按规定使用专用基金时，借记“专用基金——职工福利基金”科目，贷记“银行存款”等科目；使用专用基金形成固定资产的，还应借记“固定资产”科目，贷记“非流动资产基金——固定资产”科目。

【例 15-12】某事业单位年终事业结余 120 000 元，经营结余 60 000 元，按 25%的税率缴纳企业所得税，按税后 20%的比例提取职工福利基金。

应缴所得税=60 000×25%=15 000（元）

职工福利基金提取额=（120 000＋60 000－15 000）×20%=33 000（元）

借：非财政补助结余分配　　33 000

贷：专用基金——职工福利基金　　33 000

【例 15-13】接【例 15-12】，该单位为职工修建网球场一个，价值 30 000 元，球场交付使用，款项以转账支票付讫。

借：专用基金——职工福利基金　　30 000

贷：银行存款　　30 000

借：固定资产　　30 000

贷：非流动资产基金——固定资产　　30 000

（3）其他专用基金。事业单位若有按规定提取的其他专用基金，按照提取金额，借记有关支出科目或“非财政补助结余分配”等科目，贷记“专用基金”科目。若有按规定设置的其他专用基金，按照实际收到的基金金额，借记“银行存款”等科目，贷记“专用基金”科目。

第二节　结转结余及其分配的核算

一、结转和结余的含义及分类

结转和结余是指事业单位年度收入与支出相抵后的余额。结转资金是指当年预算已执行但未完成，或者因故未执行，下一年度需要按照原用途继续使用的资金。结余资金是指当年预算工作目标已完成，或者因故终止，当年剩余的资金。事业单位应当根据本单位的职责、任务、事业发展计划和定员定额标准编制单位预算，做到收支平衡。但在业务开展过程中，收入与支出会存在一定的差额，形成事业单位的结转和结余资金。由于事业单位不以盈利为目的，并不追求结余的数额，所以结余的数额不能过大，应当控制在当期收入总额的一定比例之内。

事业单位的结转和结余按照形成的时间，分为当年结转结余资金和累计结转结余资金。当年结转结余资金是当年收支相抵后剩余的资金，累计结转结余资金是截止到年底形成的历年累计的结转结余资金。

事业单位的结转和结余按照资金的性质和管理要求不同，分为财政补助结转结余和非财政补助结转结余。财政补助结转结余是各项财政补助收入与相关支出相抵后剩余的财政资金，包括财政补助结转和财政补助结余。事业单位的财政性资金需要单独核算，不参与事业单位的结余分配。非财政补助结转结余是财政补助收支以外的各项资金收入与其相关支出相抵后的剩余资金，包括非财政补助结转、事业结余和经营结余。事业单位对于经营活动收支结余应当单独反映。

二、财政补助结转

1. 财政补助结转的含义

财政补助结转资金是指当年支出预算已执行但尚未完成或因故未执行，下年需按原用途继续使用的财政补助资金，包括基本支出结转和项目支出结转。基本支出结转是用于基本支出的财政补助收入与财政补助支出中的基本支出相抵后的差额，项目支出结转是用于项目支出的财政补助收入与财政补助支出中的项目支出相抵后的差额。基本支出结转原则上应结转下年继续使用，用于增人增编等人员经费和日常公用经费支出，但在人员经费和日常公用经费间不得挪用，且不得用于提高人员经费开支标准。项目支出结转可结转至下年按原用途继续使用。

2. 财政补助结转的核算

为了核算事业单位滚存的财政补助结转资金，事业单位应设置“财政补助结转”科目。本科目属于净资产类的科目，借方登记财政补助支出发生额的转入数，贷方登记财政补助收入发生额的转入数，期末贷方余额，反映事业单位财政补助结转资金数额。事业单位发生需要调整以前年度财政补助结转的事项，通过本科目核算。

“财政补助结转”科目应当设置“基本支出结转”、“项目支出结转”两个明细科目，并在“基本支出结转”明细科目下按照“人员经费”、“日常公用经费”进行明细核算，在“项目支出结转”明细科目下按照具体项目进行明细核算。本科目还应按照《政府收支分类科目》中“支出功能分类科目”的相关科目进行明细核算。

（1）期末，事业单位将财政补助收入本期发生额结转入“财政补助结转”科目，借记“财政补助收入——基本支出、项目支出”科目，贷记“财政补助结转——基本支出结转、项目支出结转”科目；将事业支出中的财政补助支出本期发生额结转入“财政补助结转”科目，借记“财政补助结转——基本支出结转、项目支出结转”科目，贷记“事业支出——财政补助支出（基本支出、项目支出）”或“事业支出——基本支出（财政补助支出）、项目支出（财政补助支出）”科目。

（2）年末，事业单位完成上述结转后，应当对财政补助各明细项目执行情况进行分析，按照有关规定将符合财政补助结余性质的项目余额转入财政补助结余，借记或贷记“财政补助结转（项目支出结转——××项目）”科目，贷记或借记“财政补助结余”科目。

（3）事业单位按规定上缴财政补助结转资金或注销财政补助结转额度的，按照实际上缴资金数额或注销的资金额度数额，借记“财政补助结转”科目，贷记“财政应返还额度”、“零余额账户用款额度”、“银行存款”等科目；取得主管部门归集调入财政补助结转资金或额度的，做相反会计分录。

【例 15-14】某事业单位 2014 年年末有关“财政补助收入”科目及其明细科目的余额和有关“事业支出”科目中“财政补助支出”明细科目的余额如表 15-1 所示。

表 15-1　　余额　　单位：元

总账科目	明细账科目	余额（借方或贷方）
财政补助收入	基本支出	250 000
	项目支出——项目一	130 000
	项目支出——项目二	20 000
事业支出	财政补助支出——基本支出	240 000
	财政补助支出——项目一	100 000
	财政补助支出——项目二	15 000

（1）结转财政补助收入。

借：财政补助收入——基本支出　　250 000
　　　　　　　——项目支出　　150 000
　贷：财政补助结转——基本支出结转　　250 000
　　　　　　　——项目支出结转　　150 000

（2）结转事业支出。

借：财政补助结转——基本支出结转　　240 000
　　　　　　　——项目支出结转　　115 000
　贷：事业支出——财政补助支出（基本支出）　　240 000
　　　　　　——财政补助支出（项目支出）　　115 000

三、财政补助结余

1. 财政补助结余的含义

财政补助结余资金是指支出预算工作目标已完成，或由于受政策变化、计划调整等因素影响工作终止，当年剩余的财政补助资金。由于基本经费收支差额按规定结转下年继续使用，全部列入财政补助结转项目中，所以财政补助结余指的是项目支出结余。

2. 财政补助结余的核算

为了核算事业单位滚存的财政补助项目支出结余资金，事业单位应设置“财政补助结余”科目。本科目是净资产类科目，贷方登记财政补助结余资金的增加数，借方登记财政补助结余资金的减少数，期末贷方余额，反映事业单位财政补助结余资金数额。事业单位发生需要调整以前年度财政补助结余的事项，通过本科目核算。

“财政补助结余”科目应当按照《政府收支分类科目》中“支出功能分类科目”的相关科目进行明细核算。

（1）年末，事业单位对财政补助各明细项目执行情况进行分析，按照有关规定将符合财政补助结余性质的项目余额转入财政补助结余，借记或贷记“财政补助结转——项目支出结转（××项目）”科目，贷记或借记“财政补助结余”科目。

【例 15-15】接【例 15-14】，年末，完成上述结转后，对财政补助各明细项目执行情况进行分析，其中项目一已经完成，剩余资金 30 000 元，将其转入财政补助结余。

借：财政补助结转——项目支出结转（项目一） 30 000

  贷：财政补助结余 30 000

（2）事业单位按规定上缴财政补助结余资金或注销财政补助结余额度的，按照实际上缴资金数额或注销的资金额度数额，借记“财政补助结余”科目，贷记“财政应返还额度”、“零余额账户用款额度”、“银行存款”等科目；取得主管部门归集调入财政补助结余资金或额度的，做相反会计分录。

【例 15-16】接上例，项目一剩余资金按照财政部门要求 50%上缴财政，剩余资金留归本单位使用。已通过银行转账。

借：财政补助结余 15 000

  贷：银行存款 15 000

四、非财政补助结转

1. 非财政补助结转的含义

非财政补助结转是指事业单位除财政补助收支以外的各专项资金收入与其相关支出相抵后剩余滚存的、须按规定用途使用的结转资金。事业单位使用财政补助收入以外的具有限定用途的资金完成专项活动，其剩余资金需转入非财政补助结转。非财政补助结转资金按照上级单位要求，缴回原拨款单位或者留归本单位使用。留归本单位使用的，用于补充事业基金。

2. 非财政补助结转的核算

为了核算事业单位除财政补助收支以外的各专项资金收入与其相关支出相抵后剩余滚存的、须按规定用途使用的结转资金，事业单位应设置“非财政补助结转”科目。本科目属于净资产类的科目，借方登记各项支出发生额的转入数，贷方登记各项收入发生额的转入数，期末贷方余额，反映事业单位非财政补助专项结转资金数额。本科目应当按照非财政专项资金的具体项目进行明细核算。事业单位发生需要调整以前年度非财政补助结转的事项，通过本科目核算。

（1）期末，事业单位将事业收入、上级补助收入、附属单位上缴收入、其他收入本期发生额中的专项资金收入结转入“非财政补助结转”科目，借记“事业收入”、“上级补助收入”、

“附属单位上缴收入”、“其他收入”科目下各专项资金收入明细科目，贷记“非财政补助结转”科目；将事业支出、其他支出本期发生额中的非财政专项资金支出结转入“非财政补助结转”科目，借记“非财政补助结转”科目，贷记“事业支出——非财政专项资金支出”或“事业支出——项目支出（非财政专项资金支出）”、“其他支出”科目下各专项资金支出明细科目。

（2）年末，事业单位完成上述结转后，应当对非财政补助专项结转资金各项目情况进行分析，将已完成项目的项目剩余资金区分以下情况处理：缴回原专项资金拨入单位的，借记“非财政补助结转（××项目）”科目，贷记“银行存款”等科目；留归本单位使用的，借记“非财政补助结转（××项目）”科目，贷记“事业基金”科目。

【例 15-17】2014 年 1 月，某事业单位启动一项科研项目。当年收到上级主管部门拨付的非财政专项资金 600 000 元，为该项目发生事业支出 560 000 元。2014 年 12 月，项目结项，经上级主管部门批准，该项目的结余资金 50%缴回原拨款单位，剩余 50%留归事业单位使用。编制年终结转的会计分录。

① 收支结转时。

借：上级补助收入——专项资金收入　　600 000

　　贷：非财政补助结转　　600 000

借：非财政补助结转　　560 000

　　贷：事业支出——非财政专项资金支出　　560 000

② 结余资金处理。

借：非财政补助结转　　40 000

　　贷：银行存款　　20 000

　　　　事业基金　　20 000

五、事业结余

1. 事业结余的含义

事业结余是指事业单位一定期间除财政补助收支、非财政专项资金收支和经营收支以外各项收支相抵后的余额。事业结余反映了事业单位开展专业业务活动及其辅助活动取得的收入与支出的差额。收入包括事业收入、上级补助收入、附属单位上缴收入、其他收入中的非专项资金收入，支出包括事业支出、其他支出中的非财政、非专项资金支出以及对附属单位补助支出和上缴上级支出。

2. 事业结余的核算

为了核算事业单位事业结余的增减变化情况，事业单位应设置“事业结余”科目。本科目属于净资产类的科目，借方登记各项支出发生额的转入数及余额转销数，贷方登记各项收入发生额的转入数及余额转销数。本科目期末如为贷方余额，反映事业单位自年初至报告期末累计实现的事业结余；如为借方余额，反映事业单位自年初至报告期末累计发生的事业亏损。年末结账后，本科目应无余额。

（1）期末，事业单位将事业收入、上级补助收入、附属单位上缴收入、其他收入本期发生额中的非专项资金收入结转入“事业结余”科目，借记“事业收入”、“上级补助收入”、“附属单位上缴收入”、“其他收入”科目下各非专项资金收入明细科目，贷记“事业结余”科目。

（2）期末，事业单位将事业支出、其他支出本期发生额中的非财政、非专项资金支出，以及对附属单位补助支出、上缴上级支出的本期发生额结转入“事业结余”科目，借记“事业结余”科目，贷记“事业支出——其他资金支出”或“事业支出——基本支出（其他资金支出）、项目支出（其他资金支出）”科目、“其他支出”科目下各非专项资金支出明细科目、“对附属单位补助支出”、“上缴上级支出”科目。

（3）年末，事业单位完成上述结转后，将“事业结余”科目余额结转入“非财政补助结余分配”科目，借记或贷记“事业结余”科目，贷记或借记“非财政补助结余分配”科目。

【例 15-18】 某事业单位2014年年末，有关收入科目中，非专项资金收入及支出科目中非财政、非专项资金支出的余额，如表15-2所示。

表 15-2　　余额　　单位：元

总账科目	明细科目	余额（借方或贷方）
事业收入		90 000
上级补助收入		20 000
附属单位上缴收入		5 000
其他收入		9 000
事业支出	其他资金支出	95 000
对附属单位补助支出		6 000
上缴上级支出		10 000
其他支出	非专项资金支出	2 000

（1）将上述收入类科目的余额转入“事业结余”科目的贷方。

借：事业收入　　90 000
　　上级补助收入　　20 000
　　附属单位上缴收入　　5 000
　　其他收入　　9 000
　　贷：事业结余　　124 000

（2）将上述支出类科目的余额转入“事业结余”科目的借方。

借：事业结余　　113 000
　　贷：事业支出——其他资金支出　　95 000
　　　　对附属单位补助支出　　6 000
　　　　上缴上级支出　　10 000
　　　　其他支出——非专项资金支出　　2 000

（3）将“事业结余”科目余额转入“非财政补助结余分配”科目。

年末，“事业结余”科目的余额=124 000－113 000=11 000（元）

借：事业结余　　11 000
　　贷：非财政补助结余分配　　11 000

六、经营结余

1. 经营结余的含义

经营结余是指事业单位一定期间各项经营收支相抵后余额弥补以前年度经营亏损后的

余额。当事业单位年度经营收入大于其经营支出时，其差额表现为当年的经营盈余；反之，当事业单位年度经营收入小于其经营支出时，其差额表现为当年的经营亏损。事业单位发生经营亏损的，应当用以后年度的经营盈余来弥补，不能用事业结余进行弥补。事业单位的经营收支结余应当单独反映。

2. 经营结余的核算

为了核算事业单位经营结余的增减变化情况，事业单位应设置“经营结余”科目。本科目属于净资产类的科目，借方登记经营支出发生额的转入数，贷方登记经营收入发生额的转入数及余额转销数。本科目期末如为贷方余额，反映事业单位自年初至报告期末累计实现的经营结余弥补以前年度经营亏损后的经营结余；如为借方余额，反映事业单位截至报告期末累计发生的经营亏损。年末结账后，本科目一般无余额。如为借方结余，反映事业单位累计发生的经营亏损，则不结转，等待以后年度用盈余弥补亏损。

（1）期末，事业单位将经营收入本期发生额结转入“经营结余”科目，借记“经营收入”科目，贷记“经营结余”科目；将经营支出本期发生额结转入本科目，借记“经营结余”科目，贷记“经营支出”科目。

（2）年末，事业单位完成上述结转后，如“经营结余”科目为贷方余额，将“经营结余”科目余额结转入“非财政补助结余分配”科目，借记“经营结余”科目，贷记“非财政补助结余分配”科目；如“经营结余”科目为借方余额，为经营亏损，不予结转。

【例 15-19】某事业单位 2014 年年末，“经营收入”科目的贷方发生额为 120 000 元，“经营支出”科目的借方发生额为 100 500 元。

（1）结转本月的经营收支。

借：经营收入　　120 000
　　贷：经营结余　　120 000
借：经营结余　　100 500
　　贷：经营支出　　100 500

（2）将“经营结余”科目余额转入“非财政补助结余分配”科目。

本年度经营结余=120 000 − 100 500=19 500（元）

借：经营结余　　19 500
　　贷：非财政补助结余分配　　19 500

七、非财政补助结余分配

1. 非财政补助结余分配的程序

事业单位的非财政补助结余是指除财政补助收支、非财政专项资金收支以外的其他各项收支相抵的余额，包括事业结余和经营结余。非财政补助结余参与事业单位的结余分配，按下列程序进行分配。

（1）提取企业所得税。有企业所得税缴纳义务的事业单位，在弥补以前年度经营亏损后，按照经营盈余的 25%计提企业所得税。

（2）提取职工福利基金。事业单位按照国家规定的职工福利基金的提取比例，计提职工福利基金。

（3）确定未分配结余。事业单位将未分配的非财政补助结余的余额转入事业基金，用于弥补以后年度的事业收支差额。

2. 非财政补助结余分配的核算

为了核算事业单位本年度非财政补助结余分配的情况和结果，事业单位应设置“非财政补助结余分配”科目。本科目属于净资产类的科目，贷方登记“事业结余”和“经营结余”（贷方余额）的转入数，借方登记计提的企业所得税和职工福利基金，结余分配后，将该科目余额全数转入“事业基金”科目。年末结账后，本科目应无余额。

（1）年末，事业单位将“事业结余”科目余额结转入“非财政补助结余分配”科目，借记或贷记“事业结余”科目，贷记或借记“非财政补助结余分配”科目；将“经营结余”科目贷方余额结转入“非财政补助结余分配”科目，借记“经营结余”科目，贷记“非财政补助结余分配”科目。

（2）有企业所得税缴纳义务的事业单位计算出应缴纳的企业所得税，借记“非财政补助结余分配”科目，贷记“应缴税费——应缴企业所得税”科目。

（3）事业单位按照有关规定提取职工福利基金的，按提取的金额，借记“非财政补助结余分配”科目，贷记“专用基金——职工福利基金”科目。

（4）年末，事业单位按规定完成上述处理后，将“非财政补助结余分配”科目余额结转入事业基金，借记或贷记“非财政补助结余分配”科目，贷记或借记“事业基金”科目。

【例 15-20】某事业单位 2014 年年末“事业结余”科目贷方余额为 540 000 元，“经营结余”科目贷方余额为 260 000 元。按照 25%的税率缴纳企业所得税，按 20%的比例计提职工福利基金。未分配结余全部转入事业基金。

（1）将“事业结余”、“经营结余”科目余额转入“非财政补助结余分配”。

借：事业结余　　540 000
　　经营结余　　260 000
　　贷：非财政补助结余分配　　800 000

（2）计提企业所得税。

应纳企业所得税=260 000×25%=65 000（元）

借：非财政补助结余分配　　65 000
　　贷：应缴税费——应缴企业所得税　　65 000

（3）计提职工福利基金。

职工福利基金的提取额=（540 000+260 000－65 000）×20%=147 000（元）

借：非财政补助结余分配　　147 000
　　贷：专用基金——职工福利基金　　147 000

（4）未分配结余转入事业基金。

借：非财政补助结余分配　　588 000
　　贷：事业基金　　588 000

知识总结

（1）事业基金是指事业单位拥有的非限定用途的净资产，其来源主要为非财政补助结余扣除结余分配后滚存的金额。

（2）非流动资产基金是指事业单位长期投资、固定资产、在建工程、无形资产等非流动资产占用的金额。

（3）专用基金是指事业单位按规定提取或者设置的具有专门用途的净资产，主要包括修购基金、职工福利基金等。

（4）财政补助结转资金是指当年支出预算已执行但尚未完成或因故未执行，下年需按原用途继续使用的财政补助资金，包括基本支出结转和项目支出结转。

（5）财政补助结余资金是指支出预算工作目标已完成，或由于受政策变化、计划调整等因素影响工作终止，当年剩余的财政补助资金。

（6）非财政补助结转是指事业单位除财政补助收支以外的各专项资金收入与其相关支出相抵后剩余滚存的、需按规定用途使用的结转资金。

（7）事业结余是指事业单位一定期间除财政补助收支、非财政专项资金收支和经营收支以外各项收支相抵后的余额。

（8）经营结余是指事业单位一定期间各项经营收支相抵后余额弥补以前年度经营亏损后的余额。

练习与实训

一、名词解释

事业基金　非流动资产基金　专用基金　财政补助结转　财政补助结余　事业结余　经营结余

二、简答题

1. 什么是事业单位的事业基金？它的分类和作用。
2. 什么是非流动资产基金？它与非流动资产的关系？如何理解“双分录”会计核算？
3. 什么是专用基金？专用基金具有哪些特点？
4. 修购基金和职工福利基金是如何提取的，它们有什么用途？
5. 什么是财政补助结转和财政补助结余，二者的联系和区别？
6. 什么是非财政补助结转？对于非财政补助结转资金如何处理？
7. 什么是事业结余和经营结余？二者在结转是有什么区别？
8. 如何进行非财政补助结余的分配？

三、业务核算题

习题一

1. 目的：练习事业单位基金的核算。
2. 资料：某事业单位发生下列经济业务。

（1）购买一台不需要安装的专用设备，价款 36 000 元，以银行存款支付，设备验收合格，已投入使用。

（2）计提设备折旧 32 000 元，一项专利权摊销 6 500 元。

（3）以一项专利权对外长期投资，该无形资产的账面原价为 175 000 元，已累计摊销

56 000 元，评估值为 100 000 元。

（4）年度事业收入为 580 000 元，经营收入 50 000 元，提取修购基金的比例分别为 10% 和 6%。

（5）使用修购基金购置一台不需要安装的设备，设备价款 60 000 元，以银行存款支付。

3. 要求：根据上述经济业务编制会计分录。

习题二

1. 目的：练习事业单位结转结余及结余分配的核算。

2. 资料：某事业单位年终有关账户余额如表 15-3 所示。

表 15-3　　账户余额　　单位：元

科目名称		借方金额	贷方金额
总账科目	明细科目		
事业收入	专项资金收入		20 000
	非专项资金收入		30 000
事业支出	财政补助支出	30 000	
上缴上级支出		10 000	
经营收入			10 000
经营支出		5 000	

（1）将收入和支出类账户结转到“财政补助结转”、“非财政补助结转”、“事业结余”和“经营结余”账户；

（2）将“事业结余”、“经营结余”结转到“非财政补助结余分配”账户；

（3）按 25%计算应交所得税；

（4）按 20%计提职工福利基金；

（5）将未分配的结余转入“事业基金”账户。

3. 要求：根据以上经济业务计算并编制会计分录。

第十六章　事业单位财务报表

引入案例

上海：事业单位年度报表和部门决算表由注册会计师审计

2014 年，上海市发布《上海市市级事业单位年度财务会计报表和部门决算报表注册会计师审计暂行办法》（下称“《办法》”）。这意味着上海市财政局正式建立事业单位年度财务会计报表和部门决算报表注册会计师审计制度。此项制度旨在进一步规范事业单位的财务会计行为，保证财务会计信息的真实、完整，促进事业单位提高预算编制的科学性和准确性。同时，也是在充分发挥注册会计师的审计鉴证功能。

据了解，2014 年上海市将选择医疗卫生机构、大中专院校等部分事业单位率先试点，从 2011 年起将实施范围逐步扩大到使用财政性资金的事业单位。在此之前，上海市的部分事业单位也接受注册会计师审计，主要由事业单位的主管部门牵头负责。但是，自《办法》出台后，上海市将会同事业单位主管部门确定每年的被审单位名单。至于负责审计的会计师事务所，目前上海市财政局正在采用政府购买服务的方式进行招标，并且将由该市财政监督局在部门预算中安排专项审计经费。另外,《办法》规定，会计师事务所的工作质量将接受上海市财政监督局的评估。值得关注的是,《办法》规定，一方面，被审单位在编报下一年度部门预算时，须同时向上海市财政部门提供经注册会计师审计的相关报表，另一方面，上海市财政局在审核被审单位部门预算时，应将审计报告、鉴证报告等作为重要参考。

业内人士认为，上海市建立事业单位年度财务会计报表和部门决算报表注册会计师审计制度后，有利于发现事业单位的问题，这样就可以很好地将审计结果融入财政部门对事业单位的管理上。而上海市的这一做法也被认为是扶助注册会计师开拓业务发展空间。

思考：事业单位财务报表引入注册会计师审计制度对于规范事业单位财务会计行为的意义?

第一节　事业单位财务报表概述

一、财务会计报告与财务报表

1. 财务会计报告

财务会计报告是反映事业单位某一特定日期的财务状况和某一会计期间的事业成果、预算执行等会计信息的文件。事业单位的财务会计报告包括财务报表和其他应当在财务会计报告中披露的相关信息和资料。财务报表由会计报表及其附注构成。

2. 财务报表

财务报表是对事业单位财务状况、事业成果、预算执行情况等的结构性表述。财务报表由会计报表及其附注构成。会计报表是财务会计报告的主体，是财政部门和上级单位了解情况、指导单位预算执行工作的重要资料，也是编制下年度单位财务收支计划的基础。事业单位的会计报表至少应当包括资产负债表、收入支出表或者收入费用表、财政补助收入支出表。事业单位财务报表的构成如表16-1所示。

表16-1　　财务报表的构成

编号	财务报表名称	编制期
会事业01表	资产负债表	月度、年度
会事业02表	收入支出表	月度、年度
会事业03表	财政补助收入支出表	年度
	附注	年度

资产负债表是指反映事业单位在某一特定日期的财务状况的报表。资产负债表应当按照资产、负债和净资产分类列示。资产和负债应当分别流动资产和非流动资产、流动负债和非流动负债列示。

收入支出表或者收入费用表是指反映事业单位在某一会计期间的事业成果及其分配情况的报表。收入支出表或者收入费用表应当按照收入、支出或者费用的构成和非财政补助结余分配情况分项列示。

财政补助收入支出表是指反映事业单位在某一会计期间财政补助收入、支出、结转及结余情况的报表。

附注是指对在会计报表中列示项目的文字描述或明细资料，以及对未能在会计报表中列示项目的说明等。

事业单位的会计报表附注至少应当披露下列内容。

（1）遵循《事业单位会计准则》、《事业单位会计制度》的声明；

（2）单位整体财务状况、业务活动情况的说明；

（3）会计报表中列示的重要项目的进一步说明，包括其主要构成、增减变动情况等；

（4）重要资产处置情况的说明；

（5）重大投资、借款活动的说明；

（6）以名义金额计量的资产名称、数量等情况，以及以名义金额计量理由的说明；

（7）以前年度结转结余调整情况的说明；

（8）有助于理解和分析会计报表需要说明的其他事项。

二、财务报表的编制要求

事业单位财务报表应当根据登记完整、核对无误的账簿记录和其他有关资料编制，做到数字真实、计算准确、内容完整、报送及时。

（1）数字真实。会计报表中的各项数据指标必须真实、可靠。事业单位应当加强日常会计核算工作。会计报表的数字要根据经审核无误的会计账簿汇总填制，切实做到账表相符，有根有据，不得估列代编，伪造、变造会计资料。

（2）计算准确。会计报表中的各项指标数字的计算必须正确无误，相互衔接。所列数字的勾稽关系要清楚、正确，各项目明细数字与小计、合计、总计数字以及相关数字必须相符，防止数字的遗漏和重复计算。

（3）内容完整。会计报表必须按事业单位会计制度规定填报的种类、项目进行填制，各个种类的报表项目必须填列完整、齐全。对于会计报表中未能反映的重要事项，应当编写会计报表附注作必要的说明解释。

（4）报送及时。事业单位的会计报表应当按照月度和年度编制。所有的报表都应当编制年度报表，资产负债表和收入支出表还应当编制月度报表。会计报表的时效性很强，应按照规定的期限编制完成，并在规定的时间内向有关部门报送。

第二节　资产负债表

一、资产负债表的内容及结构

资产负债表是指反映事业单位在某一特定日期的财务状况的报表。它是事业单位的主要报表之一，属于静态报表。资产负债表应当按照资产、负债和净资产分类列示。资产和负债应当分别流动资产和非流动资产、流动负债和非流动负债列示。

事业单位的资产负债表的结构为账户式，也叫平衡式资产负债表。根据“资产=负债+净资产”的平衡原理设计。资产项目列在表的左方，负债和净资产项目列在表的右方。由于资金来源等于资金占用，所以表的左、右两方金额相等。同时，资产负债表中还提供各项目的年初数和期末数，便于对比分析。我国事业单位资产负债表的格式如表16-2所示。

表 16-2　　资产负债表

会事业 01 表

编制单位：　　年　月　日　　单位：元

资　产	期末余额	年初余额	负债和净资产	期末余额	年初余额
流动资产：			流动负债：		
货币资金			短期借款		
短期投资			应缴税费		
财政应返还额度			应缴国库款		
应收票据			应缴财政专户款		
应收账款			应付职工薪酬		
预付账款			应付票据		
其他应收款			应付账款		
存 货			预收账款		
其他流动资产			其他应付款		
流动资产合计			其他流动负债		
非流动资产：			流动负债合计		
长期投资			非流动负债：		
固定资产			长期借款		
固定资产原价			长期应付款		
减：累计折旧			非流动负债合计		
在建工程			负债合计		
无形资产			净资产：		
无形资产原价			事业基金		
减：累计摊销			非流动资产基金		
待处置资产损溢			专用基金		
非流动资产合计			财政补助结转		
			财政补助结余		
			非财政补助结转		
			非财政补助结余		
			1. 事业结余		
			2. 经营结余		
			净资产合计		
资产总计			负债和净资产总计		

二、资产负债表的填列方法

1. “年初余额”的填列

本表“年初余额”栏内各项数字，应当根据上年年末资产负债表“期末余额”栏内数字填列。如果本年度资产负债表规定的各个项目的名称和内容同上年度不相一致，应对上年年末资产负债表各项目的名称和数字按照本年度的规定进行调整，填入本表“年初余额”栏内。

2.“期末余额”的填列

资产负债表各项目“期末余额”的数据来源，可以通过以下几种方式取得。

（1）直接根据总账科目的余额填列。资产负债表中的一些项目，可以直接根据有关总账科目的余额填列，包括以下内容。

① 资产类项目：短期投资、财政应返还额度、应收票据、应收账款、预付账款、其他应收款、存货、在建工程、固定资产原价、累计折旧、无形资产原价、累计摊销、待处置资产损溢。

如“待处置资产损溢”科目期末为贷方余额，则以“-”号填列。

② 负债类项目：短期借款、应缴税费、应缴国库款、应缴财政专户款、应付职工薪酬、应付票据、应付账款、预收账款、其他应付款。

如“应缴税费”科目期末为借方余额，则以“-”号填列。

③ 净资产类项目：事业基金、非流动资产基金、专用基金、财政补助结转、财政补助结余、非财政补助结转、事业结余、经营结余。

如“事业结余”科目的期末余额为亏损数，则以“-”号填列。在编制年度资产负债表时，本项目金额应为“0”。如“经营结余”科目的期末余额为亏损数，则以“-”号填列。在编制年度资产负债表时，本项目金额一般应为“0”；若不为“0”，本项目金额应为“经营结余”科目的期末借方余额（“-”号填列）。

（2）根据几个总账账户的余额计算填列。有些项目，则需要根据几个总账科目的余额计算填列，如资产类中的“货币资金”项目，应当根据“库存现金”、“银行存款”、“零余额账户用款额度”科目的期末余额合计填列。“非流动资产合计”项目，按照“长期投资”、“固定资产”、“在建工程”、“无形资产”、“待处置资产损溢”项目金额的合计数填列。净资产类中的“非财政补助结余”项目，应当根据“事业结余”、“经营结余”科目的期末余额合计填列；如“事业结余”、“经营结余”科目的期末余额合计为亏损数，则以“-”号填列。在编制年度资产负债表时，本项目金额一般应为“0”；若不为“0”，本项目金额应为“经营结余”科目的期末借方余额（以“-”号填列）。

（3）根据总账科目和明细账科目的余额分析计算填列。资产负债表的一些项目，需要依据总账科目和明细账科目两者的余额分析填列，包括以下内容。

① 资产类项目：“其他流动资产”项目，如将在1年内（含1年）到期的长期债券投资。本项目应当根据“长期投资”等科目的期末余额分析填列。“长期投资”项目，本项目应当根据“长期投资”科目期末余额减去其中将于1年内（含1年）到期的长期债券投资余额后的金额填列。

② 负债类项目：“其他流动负债”项目，如承担的将于1年内（含1年）偿还的长期负债。本项目应当根据“长期借款”、“长期应付款”等科目的期末余额分析填列。“长期借款”项目，本项目应当根据“长期借款”科目的期末余额减去其中将于1年内（含1年）到期的长期借款余额后的金额填列。“长期应付款”项目，本项目应当根据“长期应付款”科目的期末余额减去其中将于1年内（含1年）到期的长期应付款余额后的金额填列。

（4）根据总账科目与其备抵科目抵消后的净额填列。如“固定资产”项目，本项目应当根据“固定资产”科目期末余额减去“累计折旧”科目期末余额后的金额填列；“无形资产”项目，本项目应当根据“无形资产”科目期末余额减去“累计摊销”科目期末余额后的金额填列。

第三节　收入支出表

一、收入支出表的内容及结构

收入支出表或者收入费用表是指反映事业单位在某一会计期间的事业成果及其分配情况的报表，包括事业单位在某一会计期间内各项收入、支出和结转结余情况，以及年末非财政补助结余的分配情况。收入支出表可以全面反映事业单位业务活动、运营活动发生的收入、支出情况，并通过收入与支出的比较，确定事业单位在某一会计期间的业务活动成果。收入支出表还可以反映事业单位财务成果的分配过程，体现净资产的增加、使用和结存。这些数据为评价事业单位管理机构、管理者的业绩提供了重要依据，有助于考核管理者受托经济资源管理责任的履行情况。

事业单位的收入支出表或者收入费用表由表头和正表两部分构成。正表分为“项目”和“金额”两栏。“项目”栏按照收入、支出或者费用的构成和非财政补助结余分配情况分项列示。表内各项目之间具有以下关系：

本期财政补助结转结余=财政补助收入-事业支出（财政补助支出）

本期事业结转结余=事业类收入-事业类支出

本期经营结余=经营收入-经营支出

“金额”栏又分设“本月数”和“本年累计数”两栏。反映不同时期各项收支及运营成果以及财务成果的分配、结余情况。

事业单位收入支出表采用多步式，其格式如表 16-3 所示。

表 16-3　　收入支出表

会事业 02 表

编制单位：　　年　月　　单位：元

项　目	本月数	本年累计数
一、本期财政补助结转结余		
财政补助收入		
减：事业支出（财政补助支出）		
二、本期事业结转结余		
（一）事业类收入		
1. 事业收入		
2. 上级补助收入		
3. 附属单位上缴收入		
4. 其他收入		
其中：捐赠收入		
减：（二）事业类支出		
1. 事业支出（非财政补助支出）		
2. 上缴上级支出		
3 对附属单位补助支出		
4. 其他支出		
三、本期经营结余		
经营收入		

续表

项　　目	本月数	本年累计数
减：经营支出		
四、弥补以前年度亏损后的经营结余		
五、本年非财政补助结转结余		
减：非财政补助结转		
六、本年非财政补助结余		
减：应缴企业所得税		
减：提取专用基金		
七、转入事业基金		

二、收入支出表的填列方法

1.“本月数”的填列

本表“本月数”栏反映各项目的本月实际发生数。在编制年度收入支出表时，应当将本栏改为“上年数”栏，反映上年度各项目的实际发生数；如果本年度收入支出表规定的各个项目的名称和内容同上年度不一致，应对上年度收入支出表各项目的名称和数字按照本年度的规定进行调整，填入本年度收入支出表的“上年数”栏。

2.“本年累计数”的填列

本表“本年累计数”栏反映各项目自年初起至报告期末止的累计实际发生数。编制年度收入支出表时，应当将本栏改为“本年数”。

3.“本月数”栏各项目的内容和填列方法

（1）本期财政补助结转结余。“本期财政补助结转结余”项目，反映事业单位本期财政补助收入与财政补助支出相抵后的余额。本项目应当按照本表中“财政补助收入”项目金额减去“事业支出（财政补助支出）”项目金额后的余额填列。

①“财政补助收入”项目，反映事业单位本期从同级财政部门取得的各类财政拨款。本项目应当根据“财政补助收入”科目的本期发生额填列。

②“事业支出（财政补助支出）”项目，反映事业单位本期使用财政补助发生的各项事业支出。本项目应当根据“事业支出——财政补助支出”科目的本期发生额填列，或者根据“事业支出——基本支出（财政补助支出）”、“事业支出——项目支出（财政补助支出）”科目的本期发生额合计填列。

（2）本期事业结转结余。“本期事业结转结余”项目，反映事业单位本期除财政补助收支、经营收支以外的各项收支相抵后的余额。本项目应当按照本表中“事业类收入”项目金额减去“事业类支出”项目金额后的余额填列；如为负数，以“-”号填列。

①“事业类收入”项目，反映事业单位本期事业收入、上级补助收入、附属单位上缴收入、其他收入的合计数。本项目应当按照本表中“事业收入”、“上级补助收入”、“附属单位上缴收入”、“其他收入”项目金额的合计数填列。其中，“事业收入”、“上级补助收入”、“附属单位上缴收入”、“其他收入”项目根据本科目的本期发生额填列。“捐赠收入”项目，应当根据“其他收入”科目所属相关明细科目的本期发生额填列。

②“事业类支出”项目，反映事业单位本期事业支出（非财政补助支出）、上缴上级支

出、对附属单位补助支出、其他支出的合计数。本项目应当按照本表中“事业支出（非财政补助支出）”、“上缴上级支出”、“对附属单位补助支出”、“其他支出”项目金额的合计数填列。其中，“事业支出（非财政补助支出）”项目，应当根据“事业支出——非财政专项资金支出”、“事业支出——其他资金支出”科目的本期发生额合计填列，或者根据“事业支出——基本支出（其他资金支出）”、“事业支出——项目支出（非财政专项资金支出、其他资金支出）”科目的本期发生额合计填列。“上缴上级支出”、“对附属单位补助支出”、“其他支出”项目，应当根据本科目的本期发生额填列。

（3）本期经营结余。“本期经营结余”项目，反映事业单位本期经营收支相抵后的余额。本项目应当按照本表中“经营收入”项目金额减去“经营支出”项目金额后的余额填列；如为负数，以“-”号填列。

①“经营收入”项目，反映事业单位在专业业务活动及其辅助活动之外开展非独立核算经营活动取得的收入。本项目应当根据“经营收入”科目的本期发生额填列。

②“经营支出”项目，反映事业单位在专业业务活动及其辅助活动之外开展非独立核算经营活动发生的支出。本项目应当根据“经营支出”科目的本期发生额填列。

（4）弥补以前年度亏损后的经营结余。“弥补以前年度亏损后的经营结余”项目，反映事业单位本年度实现的经营结余扣除本年初未弥补经营亏损后的余额。本项目应当根据“经营结余”科目年末转入“非财政补助结余分配”科目前的余额填列；如该年末余额为借方余额，以“-”号填列。

（5）本年非财政补助结转结余。“本年非财政补助结转结余”项目，反映事业单位本年除财政补助结转结余之外的结转结余金额。如本表中“弥补以前年度亏损后的经营结余”项目为正数，本项目应当按照本表中“本期事业结转结余”、“弥补以前年度亏损后的经营结余”项目金额的合计数填列；如为负数，以“-”号填列。如本表中“弥补以前年度亏损后的经营结余”项目为负数，本项目应当按照本表中“本期事业结转结余”项目金额填列；如为负数，以“-”号填列。

“非财政补助结转”项目，反映事业单位本年除财政补助收支外的各专项资金收入减去各专项资金支出后的余额。本项目应当根据“非财政补助结转”科目本年贷方发生额中专项资金收入转入金额合计数减去本年借方发生额中专项资金支出转入金额合计数后的余额填列。

（6）本年非财政补助结余。“本年非财政补助结余”项目，反映事业单位本年除财政补助之外的其他结余金额。本项目应当按照本表中“本年非财政补助结转结余”项目金额减去“非财政补助结转”项目金额后的金额填列；如为负数，以“-”号填列。

“应缴企业所得税”项目，反映事业单位按照税法规定应缴纳的企业所得税金额。本项目应当根据“非财政补助结余分配”科目的本年发生额分析填列。

“提取专用基金”项目，反映事业单位本年按规定提取的专用基金金额。本项目应当根据“非财政补助结余分配”科目的本年发生额分析填列。

（7）转入事业基金。“转入事业基金”项目，反映事业单位本年按规定转入事业基金的非财政补助结余资金。本项目应当按照本表中“本年非财政补助结余”项目金额减去“应缴企业所得税”、“提取专用基金”项目金额后的余额填列；如为负数，以“-”号填列。

上述（1）至（3）所列项目，月报、年报都要填列；（4）至（7）所列项目，只有在编制年度收入支出表时才填列，编制月度收入支出表时，可以不设置此项目。

第四节　财政补助收入支出表

一、财政补助收入支出表的内容及结构

财政补助收入支出表是指反映事业单位在某一会计期间财政补助收入、支出、结转及结余情况的报表。通过财政补助收入支出表，可以全面地反映事业单位财政补助资金的取得、支出、结转、结余情况，反映财政拨款预算的执行进度，为财政资金的管理提供有用的会计信息。

事业单位的财政补助收入支出表采用报告式，分“项目”和“金额”两栏。其中，“项目”栏包括“年初财政补助结转结余”、“调整年初财政补助结转结余”、“本年归集调入财政补助结转结余”、“本年上缴财政补助结转结余”、“本年财政补助收入”、“本年财政补助支出”、“年末财政补助结转结余”七个项目，每个项目又主要分为“基本支出”和“项目支出”，“基本支出”按人员经费和日常公用经费分别填列，“项目支出”按具体项目填列。“金额”栏包括“本年数”和“上年数”两栏。财政补助收入支出表的格式如表 16-4 所示。

表 16-4　　财政补助收入支出表

会事业 03 表

编制单位：　　年度　　单位：元

项　　目	本年数	上年数
一、年初财政补助结转结余		
（一）基本支出结转		
1. 人员经费		
2. 日常公用经费		
（二）项目支出结转		
××项目		
（三）项目支出结余		
二、调整年初财政补助结转结余		
（一）基本支出结转		
1. 人员经费		
2. 日常公用经费		
（二）项目支出结转		
××项目		
（三）项目支出结余		
三、本年归集调入财政补助结转结余		
（一）基本支出结转		
1. 人员经费		
2. 日常公用经费		
（二）项目支出结转		
××项目		
（三）项目支出结余		
四、本年上缴财政补助结转结余		
（一）基本支出结转		
1. 人员经费		
2. 日常公用经费		

续表

项　　目	本年数	上年数
（二）项目支出结转		
××项目		
（三）项目支出结余		
五、本年财政补助收入		
（一）基本支出		
1. 人员经费		
2. 日常公用经费		
（二）项目支出		
××项目		
六、本年财政补助支出		
（一）基本支出		
1. 人员经费		
2. 日常公用经费		
（二）项目支出		
××项目		
七、年末财政补助结转结余		
（一）基本支出结转		
1. 人员经费		
2. 日常公用经费		
（二）项目支出结转		
××项目		
（三）项目支出结余		

二、财政补助收入支出表的填列方法

1. “上年数”的填列

本表“上年数”栏内各项数字，应当根据上年度财政补助收入支出表“本年数”栏内数字填列。

2. “本年数”栏各项目的内容和填列方法

（1）年初财政补助结转结余。“年初财政补助结转结余”项目及其所属各明细项目，反映事业单位本年初财政补助结转和结余余额。各项目应当根据上年度财政补助收入支出表中“年末财政补助结转结余”项目及其所属各明细项目“本年数”栏的数字填列。

（2）调整年初财政补助结转结余。“调整年初财政补助结转结余”项目及其所属各明细项目，反映事业单位因本年发生需要调整以前年度财政补助结转结余的事项，而对年初财政补助结转结余的调整金额。各项目应当根据“财政补助结转”、“财政补助结余”科目及其所属明细科目的本年发生额分析填列。如调整减少年初财政补助结转结余，以“-”号填列。

（3）本年归集调入财政补助结转结余。“本年归集调入财政补助结转结余”项目及其所属各明细项目，反映事业单位本年度取得主管部门归集调入的财政补助结转结余资金或额度金额。各项目应当根据“财政补助结转”、“财政补助结余”科目及其所属明细科目的本年发生额分析填列。

（4）本年上缴财政补助结转结余。“本年上缴财政补助结转结余”项目及其所属各明细项目，反映事业单位本年度按规定实际上缴的财政补助结转结余资金或额度金额。各项目应当根据“财政补助结转”、“财政补助结余”科目及其所属明细科目的本年发生额分析填列。

（5）本年财政补助收入。“本年财政补助收入”项目及其所属各明细项目，反映事业单位本年度从同级财政部门取得的各类财政拨款金额。各项目应当根据“财政补助收入”科目及其所属明细科目的本年发生额填列。

（6）本年财政补助支出。“本年财政补助支出”项目及其所属各明细项目，反映事业单位本年度发生的财政补助支出金额。各项目应当根据“事业支出”科目所属明细科目本年发生额中的财政补助支出数填列。

（7）年末财政补助结转结余。“年末财政补助结转结余”项目及其所属各明细项目，反映事业单位截至本年末的财政补助结转和结余余额。各项目应当根据“财政补助结转”、“财政补助结余”科目及其所属明细科目的年末余额填列。

知识总结

（1）财务会计报告是反映事业单位某一特定日期的财务状况和某一会计期间的事业成果、预算执行等会计信息的文件。事业单位的财务会计报告包括财务报表和其他应当在财务会计报告中披露的相关信息和资料。

（2）财务报表是对事业单位财务状况、事业成果、预算执行情况等的结构性表述。财务报表由会计报表及其附注构成。事业单位的会计报表至少应当包括资产负债表、收入支出表或者收入费用表、财政补助收入支出表。

（3）事业单位财务报表应当根据登记完整、核对无误的账簿记录和其他有关资料编制，做到数字真实、计算准确、内容完整、报送及时。

（4）资产负债表是指反映事业单位在某一特定日期的财务状况的报表。它是事业单位的主要报表之一，属于静态报表。

（5）收入支出表或者收入费用表是指反映事业单位在某一会计期间的事业成果及其分配情况的报表，包括事业单位在某一会计期间内各项收入、支出和结转结余情况，以及年末非财政补助结余的分配情况。

（6）财政补助收入支出表是指反映事业单位在某一会计期间财政补助收入、支出、结转及结余情况的报表。

练习与实训

一、名词解释

财务会计报告　财务报表　资产负债表　收入支出表　财政补助收入支出表

二、简答题

1. 简述财务会计报告、财务报表、会计报表三者之间的关系。
2. 事业单位的会计报表包括哪几种报表？
3. 事业单位财务报表有哪些编制要求？

4. 简述资产负债表的内容及结构。
5. 收入支出表中各项目之间具有哪些关系？
6. 财政补助收入支出表的内容及作用。

综合练习三

一、单项选择题

1. 下列单位中，不属于事业单位的是（　　）。
   A. 高等学校　　B. 公园　　C. 电力公司　　D. 博物馆
2. 事业单位的下列收入事项中，采用权责发生制确认基础的是（　　）。
   A. 财政补助收入　　B. 事业收入　　C. 专项收入　　D. 经营收入
3. 事业单位开展专业业务活动及其辅助活动取得的收入确认为（　　）。
   A. 事业收入　　B. 经营收入　　C. 财政补助收入　　D. 提供劳务收入
4. 事业单位用自有资金拨付给所属单位资金100万元，贷记“银行存款”账户，借记（　　）账户。
   A. “事业支出”　　B. “其他支出”
   C. “上缴上级支出”　　D. “对附属单位补助支出”
5. 事业单位用于维持单位正常运转和完成日常工作任务而发生的各项支出属于（　　）。
   A. 经营支出　　B. 专款支出　　C. 项目支出　　D. 基本支出
6. 事业单位对外投资的投资收益计入的账户是（　　）。
   A. 财政补助收入　　B. 上级补助收入
   C. 附属单位上缴收入　　D. 其他收入
7. （　　）是指支出预算工作目标已完成，或由于受政策变化、计划调整等因素影响工作终止，当年剩余的财政补助资金。
   A. 财政补助结余　　B. 财政补助结转　　C. 事业结余　　D. 经营结余
8. 下列资产需要通过非流动资产基金反映其占用的金额的是（　　）。
   A. 固定资产　　B. 库存现金　　C. 存货　　D. 短期投资
9. 事业单位拥有的非限定性用途的净资产为（　　）。
   A. 资产基金　　B. 非流动资产基金　　C. 事业基金　　D. 专用基金
10. 事业单位固定资产的价值标准为（　　）。
    A. 一般设备单位价值在500元以上，专用设备单位价值在800元以上
    B. 一般设备单位价值在800元以上，专用设备单位价值在500元以上
    C. 一般设备单位价值在1 000元以上，专用设备单位价值在1 500元以上
    D. 一般设备单位价值在1 000元以上，专用设备单位价值在2 000元以上
11. 实行国库集中收付制度的事业单位，财政支付额度年终注销时，本年度财政支付预算指标与财政支付实际数的差额计入（　　）。
    A. 财政应返还额度　　B. 零余额账户用款额度
    C. 应收账款　　D. 其他应收款

12. 事业单位代收纳入预算管理的政府性基金时，应当贷记的科目是（　　）科目。
A. “应缴税费”　　B. “应缴国库款”
C. “其他应付款”　　D. “应缴财政专户款”
13. 下列各项基金，不属于事业单位基金的是（　　）。
A. 事业基金　　B. 资产基金　　C. 非流动资产基金　　D. 专用基金
14. 事业单位年终结账时，下列科目贷方余额应转入“财政补助结转”科目的是（　　）。
A. “财政补助收入”　B. “上级补助收入”　C. “事业收入”　　D. “其他收入”
15. 事业单位的非财政补助结余经分配后转入（　　）。
A. 经营结余　　B. 财政补助结余　　C. 事业基金　　D. 专用基金

二、多项选择题

1. 下列关于事业单位特点说法正确的是（　　）。
A. 国有性　　B. 公益性　　C. 专业性　　D. 资金来源单一
2. 下列属于事业单位会计信息使用者的是（　　）。
A. 政府有关部门　　B. 上级单位　　C. 债权人　　D. 事业单位自身
3. 下列专业会计中，属于事业单位会计的有（　　）。
A. 中小学校会计　　B. 人民法院会计　　C. 医院会计　　D. 高等学校会计
4. 事业单位会计中，收入类科目有（　　）。
A. 财政拨款收入　　B. 财政补助收入　　C. 事业收入　　D. 经营收入
5. 下列支出中，属于事业单位的基本支出的是（　　）。
A. 房屋建筑物构建　B. 津贴补助　　C. 电费　　D. 医疗费
6. 事业单位发生事业支出时，借记“事业支出”科目，贷记的科目可能是（　　）科目。
A. “零余额账户用款额度”　　B. “银行存款”
C. “财政补助收入”　　D. “财政零余额账户存款”
7. 下列各项，需要计入事业单位“其他支出”的是（　　）。
A. 领用存货　　B. 现金盘亏损失　　C. 捐赠支出　　D. 利息支出
8. 事业单位的下列资产属于流动资产的有（　　）。
A. 短期投资　　B. 存货　　C. 长期投资　　D. 应收账款
9. 下列关于事业单位货币资金管理说法正确的是（　　）。
A. 办理货币资金业务的不相容岗位相互分离、制约和监督
B. 出纳人员不得兼任稽核、会计档案保管和收入、支出、费用、债权债务账目的登记工作
C. 不得由一人办理货币资金业务的全过程
D. 严禁未经授权的机构或人员办理货币资金业务或直接接触货币资
10. 下列关于事业单位材料的计价方法，说法正确的是（　　）。
A. 购入的自用材料以含税价入账
B. 属于一般纳税人，购入非自用材料以不含税价入账
C. 属于小规模纳税人以含税价入账
D. 期末应计提存货跌价准备

11. 下列固定资产，不需要提取折旧的有（　　）。

A. 文物和陈列品　　B. 汽车

C. 图书、档案　　D. 以名义金额计量的固定资产

12. 事业单位会计中，“应缴税费”科目核算的内容包括（　　）。

A. 应缴增值税　　B. 应缴营业税　　C. 应缴房产税　　D. 应缴社会保险费

13. 下列资产需要通过“非流动资产基金”反映该项资产在净资产中占用的金额的有(　　)。

A. 长期投资　　B. 存货　　C. 固定资产　　D. 无形资产

14. 关于专用基金的说法正确的是（　　）。

A. 先提后用、收支平衡　　B. 专用基金的提取均有专门的规定

C. 各项专用基金都规定有专门的用途和使用范围

D. 专用基金的使用均属于一次性消耗，不可循环周转

15. 事业单位的会计报表主要包括（　　）。

A. 资产负债表　　B. 收入支出表

C. 财政补助收入支出表　　D. 权益变动表

三、判断题

1. 财政直接支付方式下，事业单位在实际使用了财政资金的同时确认财政补助收入。(　　)

2. 事业单位的经营收入是指事业单位附属独立核算单位所取得的收入。(　　)

3. 对于实行财政专户返还方式管理的事业收入，在收取时直接计入事业收入。(　　)

4. 项目支出是指事业单位为完成专项工作或特定任务而发生的支出，是事业支出的重要组成部分。(　　)

5. 逾期三年或以上、有确凿证据表明确实无法收回的应收账款，按规定报经批准后予以核销。(　　)

6. 固定资产提足折旧后，如果该项固定资产还能继续使用，应继续计提折旧。(　　)

7. 修购基金按照事业收入和经营收入的一定比例提取，用于事业单位固定资产的维修和购置。(　　)

8. 事业单位会计中，经营结余如为借方余额则不转入非财政补助结余分配。(　　)

9. 有企业所得税缴纳义务的事业单位，在弥补以前年度经营亏损后，按照经营盈余的25%计提企业所得税。(　　)

10. 资产负债表是指反映事业单位在某一特定日期的财务状况的报表。它是事业单位的主要报表之一，属于动态报表。(　　)

四、业务核算题

某事业单位为增值税一般纳税人（未实行国库集中收付制度），发生如下会计事项，编制会计分录。

1. 收到上级主管单位用自有资金拨入的经费补助 600 000 元。

2. 代收政府性基金收入 58 000 元，存入银行。月末将该款项上缴财政专户。从财政专户取得返还款项 50 000 元，并已存入该单位的银行存款账户。

3. 开展专业业务活动，支付办公费用 40 000 元，款项已转账支付。

4. 根据本年收入情况，按规定比例上缴上级单位 50 000 元。

5. 向乙公司销售一批产品，价款为 30 000 元，适用的增值税税率为 17%，产品已发出，货款尚未收到。

6. 购入非自用甲材料一批，取得的增值税专用发票上注明的材料价款为 20 000 元，增值税额为 3 400 元，货款已通过银行转账支付。同时，以银行存款支付运费 200 元，材料已验收入库。

7. 购买一台不需要安装的实验仪器，价款 38 000 元，以银行存款支付，仪器验收合格，已投入使用。

8. 为职工代扣代缴 7 月份个人所得税 64 500 元。

9. 以修购基金支付房屋大修理费用 30 000 元，以银行存款支付。

10. 用职工福利基金修建一职工健身俱乐部，造价 100 000 元，经验收合格交付使用。

模块四

财政总预算会计

【学习目标】

- 了解财政总预算会计的概念、特点与工作任务。
- 了解财政收入的概念；掌握各项预算收入的收纳、划分、报解及其账务处理。
- 掌握各项预算支出的基本核算业务。
- 了解财政净资产的内容；理解财政结转结余形成原因。
- 理解预算周转金的概念及意义。
- 了解财政资产的概念及内容；掌握各类财政资产的核算。
- 了解财政负债的含义；掌握各项财政负债核算的基本业务及账务处理。
- 掌握编制财政总预算会计报表的基本步骤和方法。

【教学重点】

- 财政总预算会计各项要素及其主要会计事项的核算方法。
- 财政总预算会计科目及其组成体系。

第十七章 财政总预算会计基本理论

美国的财政预算制度及财政预算公开情况

在美国建国及之后的相当长时间内，美国财政缺少必要的理论指导和规则，不仅仅信息公开无从谈起，即使是预算制度也没有建立，国会在政府支出审批中占据主导地位，政府仅仅通过记账方式管理其支出。直到20世纪初期纽约市政研究局创设的预算展览，才标志着美国开始进行财政预算制度和预算信息公开实践。其时代背景是纽约市政府巨大的财政支出及1907年爆发的公债兑付危机。该危机促使纽约市政府于1908年推出了美国历史上第一份现代公共预算，从而使预算制度开始在公共财政管理领域成为一项标准制度。

1909年塔夫脱担任美国总统后，同样受困于巨大的财政赤字问题，因此将纽约市政研究局邀请至华盛顿，成立塔夫脱委员会。该委员会于1912年发表了著名的“国家预算的需要”一文，全面阐述了联邦公共预算改革的原则，将预算的权力从议会逐步转移到行政部门，成为美国“预算民主”历程上的里程碑。

1921年沃伦·哈丁总统正式签署《预算和会计法》，在法律上完成了美国联邦一级的公共预算制度改革，建立了保证预算公开的组织体制。在1921年预算和会计法之前，联邦政府并没有正式的程序来制定预算。国会自己制定有关拨款的规则，并且经常修改相关规则，给政府机构的实施空间很小。预算和审计法案在政府建立了预算部（之后改名为总统预算管理办公室—OMB），并且要求总统提交年度预算。该法案还建立了总预算办公室（之后改名为政府审计办公室—GAO）来审计联邦政府支出。

思考：美国的财政预算制度及财政预算公开情况对于我国的财政总预算会计制度建设有何启示？

第一节　财政总预算会计概述

一、财政总预算会计的概念

财政总预算会计是各级政府财政核算、反映、监督政府一般公共预算资金、政府性基金预算资金、国有资本经营预算资金、社会保险基金预算资金[①]以及财政专户管理资金、专用基金和代管资金等资金活动的专业会计。财政总预算会计既是总预算管理的重要组成部分，又是总预算管理的基础工作。总预算会计由中央和地方各级政府的财政机关具体实施。

财政总预算会计的会计主体是各级政府。我国政权划分为中央、省（自治区、直辖市）、市、县、乡5级，总预算会计也相应划分为5级，也就是一级政府要建立起一级总预算，每一级政府的总预算都在财政部门设立财政总预算会计。具体来讲，中央财政总预算会计核算和监督中央预算的执行情况，由财政部办理。地方财政总预算会计核算和监督地方预算的执行情况，由各地财政部门办理。需要说明的是，财政部门本身的行政经费开支，属于行政单位会计管理的范围，财政总预算会计不能兼办自身的行政单位会计核算业务。

① 社会保险基金预算资金会计核算不适用《财政总预算会计制度》，由财政部另行规定。

小资料　美国联邦政府的会计规范

为统一制定联邦政府机构所应遵循的会计规范，1991 年，美国财政部、管理与预算局和审计署达成协议，共同组建了联邦会计准则顾问委员会（FASAB）。由 FASAB 制定的会计原则和准则，需要经过财政部、管理与预算局以及审计署首脑的同意，然后由管理与预算局和审计署联合发布。

FASAB 自 1991 年成立至 1997 年 2 月，共制定发布了两份概念公告即第 1 号“联邦财务报告的目标（Objectives of Federal Financial Reporting）”和第 2 号“主体与揭示（Entity and Display）”以及 8 份会计准则公告即第 1 号“某些资产和负债的会计（Accounting for Selected Assets and Liabilities）”、第 2 号“直接贷款和贷款担保会计（Accounting for Direct Loans and Loan Guarantees）”、第 3 号“存货和相关财产会计（Accounting for Inventory and Related Property）”、第 4 号“管理成本会计概念和准则（Managerial Cost Accounting Concepts and Standards）”、第 5 号“联邦政府负债会计（Accounting for Liabilities of Federal Government）”、第 6 号“固定资产会计（Accounting for Property, Plant, and Equipment）”、第 7 号“收入和其他财务来源会计（Accounting for Revenue and Other Financing Sources）”和第 8 号“补充管理报告（Supplementary Stewardship Reporting）”。

目前在美国，由于联邦政府的特殊性以及联邦政府的会计规范与州和地方政府的会计规范分属于两套规范制定机构，因此，联邦政府会计规范的内容与州和地方政府会计规范的内容不尽相同。

二、财政总预算会计的工作任务

财政总预算会计的核算目标是向会计信息使用者提供政府财政预算执行情况、财务状况等会计信息，反映政府财政受托责任履行情况。其工作任务主要包括以下几个方面。

（1）进行会计核算。办理政府财政各项收支、资产负债的会计核算工作，反映政府财政预算执行情况和财务状况。

（2）严格财政资金收付调度管理。组织办理财政资金的收付、调拨，在确保资金安全性、规范性、流动性前提下，合理调度管理资金，提高资金使用效益。

（3）规范账户管理。加强对国库单一账户、财政专户、零余额账户和预算单位银行账户等的管理。

（4）实行会计监督，参与预算管理。通过会计核算和反映，进行预算执行情况分析，并对总预算、部门预算和单位预算执行实行会计监督。

（5）协调预算收入征收部门、国家金库、国库集中收付代理银行、财政专户开户银行和其他有关部门之间的业务关系。

（6）组织本地区财政总决算、部门决算编审和汇总工作。

（7）组织和指导下级政府总会计工作。

三、总预算会计核算的会计信息质量要求

总预算会计的会计信息质量要求是进行预算会计核算工作的规范，是预算会计核算工作中从事会计账务处理，编制会计报表时所依据的一般规则和准绳。具体包括以下几个方面。

（1）真实性。总会计应当以实际发生的经济业务或者事项为依据进行会计核算，如实反映各项会计要素的情况和结果，保证会计信息真实可靠，全面反映政府财政的预算执行情况和财务状况等。

（2）相关性。总会计提供的会计信息应当与政府财政受托责任履行情况的反映、会计信息使用者的监督、决策和管理需要相关，有助于会计信息使用者对政府财政过去、现在或者未来的情况作出评价或者预测。

（3）及时性。总会计对于已经发生的经济业务或者事项，应当及时进行会计核算。

（4）可比性。总会计提供的会计信息应当具有可比性。

同一政府财政不同时期发生的相同或者相似的经济业务或者事项，应当采用一致的会计政策，不得随意变更。确需变更的，应当将变更的内容、理由和对政府财政预算执行情况、财务状况的影响在附注中予以说明。

不同政府财政发生的相同或者相似的经济业务或者事项，应当采用统一的会计政策，确保不同政府财政的会计信息口径一致、相互可比。

（5）清晰性。总会计提供的会计信息应当清晰明了，便于会计信息使用者理解和使用。

第二节 财政总预算会计工作组织

一、财政总预算会计科目表

财政总预算会计科目是对财政总预算会计要素作进一步分类的一种方法。它是财政总预算会计设置账户、核算和归集经济业务的依据，也是汇总和检查财政总预算资金活动情况及其结果的依据。

财政总预算会计科目总的来说是根据统一性、适应性和简明性的要求设置的。其中，一级科目必须统一，明细科目允许有一定的灵活性。会计科目与预算收支科目相适应，便于分析和比较。会计科目的名称和内容力求准确简明，便于使用。按照财政总预算会计要素的类别，财政总预算会计科目可分为资产、负债、净资产、收入和支出 5 类。各级财政总预算会计统一适用的会计科目表，如表 17-1 所示。

表 17-1 财政总预算会计科目表

序号	科目编号	会计科目名称	序号	科目编号	会计科目名称
一、资产类			11	1036	其他应收款
1	1001	国库存款	12	1041	应收地方政府债券转贷款
2	1003	国库现金管理存款	13	1045	应收主权外债转贷款
3	1004	其他财政存款	14	1071	股权投资
4	1005	财政零余额账户存款	15	1081	待发国债
5	1006	有价证券	二、负债类		
6	1007	在途款	16	2001	应付短期政府债券
7	1011	预拨经费	17	2011	应付国库集中支付结余
8	1021	借出款项	18	2012	与上级往来
9	1022	应收股利	19	2015	其他应付款
10	1031	与下级往来	20	2017	应付代管资金

续表

序号	科目编号	会计科目名称
21	2021	应付长期政府债券
22	2022	借入款项
23	2026	应付地方政府债券转贷款
24	2027	应付主权外债转贷款
25	2045	其他负债
26	2091	已结报支出
三、净资产类		
27	3001	一般公共预算结转结余
28	3002	政府性基金预算结转结余
29	3003	国有资本经营预算结转结余
30	3005	财政专户管理资金结余
31	3007	专用基金结余
32	3031	预算稳定调节基金
33	3033	预算周转金
34	3081 308101 308102 308103 308104	资产基金 应收地方政府债券转贷款 应收主权外债转贷款 股权投资 应收股利
35	3082 308201 308202 308203 308204 308205 308206	待偿债净资产 应付短期政府债券 应付长期政府债券 借入款项 应付地方政府债券转贷款 应付主权外债转贷款 其他负债

序号	科目编号	会计科目名称
四、收入类		
36	4001	一般公共预算本级收入
37	4002	政府性基金预算本级收入
38	4003	国有资本经营预算本级收入
39	4005	财政专户管理资金收入
40	4007	专用基金收入
41	4011	补助收入
42	4012	上解收入
43	4013	地区间援助收入
44	4021	调入资金
45	4031	动用预算稳定调节基金
46	4041	债务收入
47	4042	债务转贷收入
五、支出类		
48	5001	一般公共预算本级支出
49	5002	政府性基金预算本级支出
50	5003	国有资本经营预算本级支出
51	5005	财政专户管理资金支出
52	5007	专用基金支出
53	5011	补助支出
54	5012	上解支出
55	5013	地区间援助支出
56	5021	调出资金
57	5031	安排预算稳定调节基金
58	5041	债务还本支出
59	5042	债务转贷支出

二、总预算会计的会计凭证

1. 原始凭证

各级总预算会计的原始凭证主要包括以下几个方面。

（1）国库报来的各种收入日报表及附件，如各种“缴款书”、“收入退还书”、“更正通知书”等。

（2）各种拨款和转账收款凭证，如预算拨款凭证、各种银行汇款凭证等。

（3）主管部门报来的各专项拨款支出报表和基本建设支出月报。

（4）其他足以证明会计事项发生经过的凭证和文件。

2. 记账凭证

财政总预算会计的会计凭证不分收、付、转 3 种专用格式，一律采用通用记账凭证。

三、总预算会计账簿

为了核算各级政府财政资金，总预算会计根据需要设置总分类账和明细分类账。总账格式采用三栏式账簿，并按会计科目名称设置账户。总预算会计需设置的主要明细账有 3 类：一是收入明细账，包括一般公共预算本级收入明细账、政府性基金预算本级收入明细账、上解收入明细账等；二是支出明细账，包括一般公共预算本级支出明细账、政府性基金预算本级支出明细账、补助支出明细账等；三是往来明细账，包括其他应收款明细账、与下级往来明细账等。

知识总结

（1）财政总预算会计是各级政府财政核算、反映、监督政府一般公共预算资金、政府性基金预算资金、国有资本经营预算资金、社会保险基金预算资金以及财政专户管理资金、专用基金和代管资金等资金活动的专业会计。

（2）财政总预算会计科目是对财政总预算会计要素作进一步分类的一种方法。它是财政总预算会计设置账户、核算和归集经济业务的依据，也是汇总和检查财政总预算资金活动情况及其结果的依据。

（3）财政总预算会计凭证分为原始凭证和记账凭证。

（4）财政总预算会计根据需要设置总分类账和明细分类账。

练习与实训

一、名词解释

财政总预算会计　会计科目

二、简答题

1. 什么是财政总预算会计？
2. 财政总预算会计的工作任务是什么？
3. 财政总预算会计核算的会计信息质量要求有哪些？
4. 财政总预算会计科目分为哪 5 类？使用时应当遵循哪些要求？

第十八章　财政收入的核算

引入案例

2013年全国公共财政收入近13万亿元，增幅超过10%

2013 年 1～12 月累计，全国公共财政收入 129 143 亿元，比上年增加 11 889 亿元，增长 10.1%。其中，中央财政收入 60 174 亿元(占全国财政收入的 46.6%)，比上年增加 3 999 亿元，增长 7.1%；地方财政收入(本级)68 969 亿元，比上年增加 7 891 亿元，增长 12.9%。财政收入中的税收收入 110 497 亿元，比上年增长 9.8%。

全国公共财政收入主要项目情况如下：国内增值税 28 803 亿元，比上年增长 9%。国内消费税 8 230 亿元，比上年增长 4.5%。营业税 17 217 亿元，比上年增长 9.3%。企业所得税 22 416 亿元，比上年增长 14%。扣除年度间退税等不可比因素后增长约 8%。个人所得税 6 531 亿元，比上年增长 12.2%。其中，工薪所得税 4 092 亿元，增长 14.4%，主要是受居民收入增长及加强征管的影响；财产转让所得税 664 亿元，增长 38%，主要受二手房市场交易活跃的影响。进口货物增值税、消费税 14 003 亿元，比上年减少 799 亿元，下降 5.4%；关税 2 630 亿元，比上年减少 154 亿元，下降 5.5%。进口环节税收下降，主要是受一般贸易进口增长低于预期，大排量汽车等高税率产品进口减少，原油、铁矿砂等大宗商品价格走低，以及上年收入基数较高等因素影响。出口退税 10 515 亿元，比上年多退 86 亿元，比上年增长 0.8%。出口退税增幅较低，主要是可退税出口货物结构变化，以及加强对虚增出口、出口骗税等行为的打击力度。车辆购置税 2 596 亿元，比上年增长 16.5%，主要受汽车销量增长 13.9%拉动。

地方其他税种收入情况：受房地产成交量增加带动，契税 3 844 亿元，增长 33.8%；土地增值税 3 294 亿元，增长 21.1%；耕地占用税 1 808 亿元，增长 11.6%；城镇土地使用税 1 719 亿元，增长 11.5%。非税收入 18 646 亿元，比上年增长 12.1%。其中，中央非税收入 3 540 亿元，增长 22.9%，主要是部分企业一次性上缴利润增加；地方非税收入 15 106 亿元，增长 9.8%。

思考：如何从会计核算的视角看待公共财政收入的增加？

第一节　一般公共预算本级收入

一、一般公共预算本级收入的概念

一般公共预算本级收入是指政府财政筹集的纳入本级一般公共预算管理的税收收入和非税收入。按照《政府收支分类科目》（2014 年版）的规定，一般公共预算收入划分为“类”、“款”、“项”、“目”4 个层次。

1. 税收收入

税收收入是政府从开征的各种税收中取得的收入，是财政收入最主要的来源。该类级科目分设如下 20 个款级科目。这 20 个款级科目具体是：增值税、消费税、营业税、企业所得税、企业所得税退税、个人所得税、资源税、城市维护建设税、房产税、印花税、城镇土地使用税、土地增值税、车船税、船舶吨税、车辆购置税、关税、耕地占用税、契税、烟叶税和其他税收收入。

在每个款级科目下再分设若干项级科目，项级科目下再分设若干目级科目。例如，在“增值税”款级科目下分设四个项级科目。分别是“国内增值税”、“进口货物增值税”、“出口货物退增值税”、“改征增值税”[①]。在“国内增值税”项级科目下，分设“国有企业增值税”、“集体企业增值税”、“股份制企业增值税”、“联营企业增值税”、“港澳台和外商投资企业增值税”、“私营企业增值税”等目级科目。

2. 非税收入

非税收入是政府从开征的各种税收之外取得的收入。该类级科目分设 6 个款级科目，这

① 反映实施营业税改征增值税试点期间由营业税改征的增值税。

6 个款级科目具体是：专项收入、行政事业性收费收入、罚没收入、国有资本经营收入、国有资源（资产）有偿使用收入和其他收入。

在此需要说明的是，在现行《政府收支分类科目》中，一般公共预算收入科目包括税收收入、非税收入、债务收入和转移性收入四个类级科目。这四类的收入都表示政府可以用来安排一般预算支出的资金来源。但是财政总预算会计核算的一般预算收入只包括税收收入和非税收入两类。取得发行债券的收入时，通过“债务收入”、“债务转贷收入”等科目核算。转移性收入通过“补助收入”、“上解收入”、“调入资金”等科目核算。

二、一般公共预算收入的收缴

在国库单一账户制度下，财政收入的收缴分为直接缴库和集中汇缴两种收缴方式。直接缴库是缴款单位或缴款人直接将应缴收入缴入国库单一账户的收缴方式。在直接缴库方式下，直接缴库的税收收入，由纳税人或税务代理人提出纳税申报，经征收机关审核无误后，由纳税人通过开户银行将税款缴入财政国库单一账户。财政总预算会计根据国库单一账户入库数额，作出相应的会计处理。集中汇缴是由征收机关将所收的应缴收入汇总缴入国库单一账户的收缴方式。在集中汇缴方式下，财政总预算会计根据国库存款账户的入账数额，作出相应的会计处理，确认国库存款的增加，并确认相应的预算收入。

三、一般公共预算本级收入的核算

为核算纳入本级一般公共预算管理的各项收入，财政总预算会计应设置“一般公共预算本级收入”科目。本科目贷方登记增加数，反映从国库报来的各项预算收入数，借方登记减少数，反映退还数，平时余额在贷方，反映一般公共预算本级收入的累计数。本科目应根据《政府收支分类科目》设置相应的明细科目。

收到款项时，根据当日预算收入日报表所列一般公共预算本级收入数，借记“国库存款”科目，贷记“一般公共预算本级收入”科目。年终转账时，将“一般公共预算本级收入”科目的贷方余额转入“一般公共预算结转结余”科目，借记“一般公共预算本级收入”科目，贷记“一般公共预算结转结余”科目。

【例 18-1】某市财政总预算会计发生如下业务。

（1）某日收到同级国库报来的一般预算收入日报表以及所附收入凭证，列示当日一般公共预算本级收入 1 400 000 元。其中，增值税 450 000 元，消费税 350 000 元，企业所得税 250 000 元，个人所得税 150 000 元，城市维护建设税 50 000 元，印花税 150 000 元。

借：国库存款——一般预算存款	1 400 000	
贷：一般公共预算本级收入——税收收入——增值税		450 000
——税收收入——消费税		350 000
——税收收入——企业所得税		250 000
——税收收入——个人所得税		150 000
——税收收入——城市维护建设税		50 000
——税收收入——印花税		150 000

（2）收到国库报来的“一般预算收入日报表”以及所附收入凭证，列示当日一般公共预算

本级收入 380 000 元。其中，罚没收入 170 000 元，行政事业性收费收入 160 000 元，其他收入 50 000 元。

借：国库存款——一般预算存款 380 000
　　贷：一般公共预算本级收入——非税收入——罚没收入 170 000
　　　　——非税收入——行政事业性收费收入 160 000
　　　　——非税收入——其他收入 50 000

（3）年终，将“一般公共预算本级收入”账户贷方余额 5 890 000 元，其中税收收入 3 890 000 元，非税收入 2 000 000 元，全数转入“一般公共预算结转结余”科目。

借：一般公共预算本级收入——税收收入 3 890 000
　　——非税收入 2 000 000
　　贷：一般公共预算结转结余 5 890 000

第二节　政府性基金预算本级收入

一、政府性基金预算本级收入的概念与分类

政府性基金是指各级政府及其所属部门根据法律、行政法规规定并经国务院或财政部批准，向公民、法人和其他组织征收的，具有特定用途的财政资金。政府性基金预算本级收入是指政府财政筹集的纳入本级政府性基金预算管理的非税收入。基金预算收入按照《政府收支分类科目》中的基金预算收入科目分为“非税收入”和“转移性收入”两个类级科目。其中，“非税收入”类级科目下设“政府性基金收入”一个款级科目。“转移性收入”类级科目下设“政府性基金转移收入”、“上年结余收入”、“调入资金”三个款级科目。类、款、项、目逐级递进，内容也逐级细化。同一般预算收入一样，财政总预算会计核算的基金预算收入仅包括非税收入中的政府性基金收入，不包括转移性收入。

政府性基金收入款级科目下设置的项级科目，具体为：农网还贷资金收入、山西省煤炭可持续发展基金收入、铁路建设基金收入、民航发展基金收入、海南省高等级公路车辆通行附加费收入、转让政府还贷道路收费权收入、港口建设费收入、散装水泥专项资金收入、新型墙体材料专项基金收入、旅游发展基金收入、文化事业建设费收入、地方教育费附加收入、国家电影事业发展专项资金收入、新菜地开发建设基金收入、新增建设用地土地有偿使用费收入、育林基金收入、森林植被恢复费、中央水利建设基金收入、地方水利建设基金收入、南水北调工程基金收入、残疾人就业保障金收入、政府住房基金收入、城市公用事业附加收入、国有土地收益基金收入、农业土地开发资金收入、国有土地使用权出让收入、大中型水库移民后期扶持基金收入、大中型水库库区基金收入、三峡水库库区基金收入、中央特别国债经营基金收入、中央特别国债经营基金财务收入、彩票公益金收入、城市基础设施配套费收入、小型水库移民扶助基金收入、国家重大水利工程建设基金收入、车辆通行费、船舶港务费、核电站乏燃料处理处置基金收入、可再生能源电价附加收入、长江口航道维护收入、船舶油污损害赔偿基金收入、铁路资产变现收入、电力改革预留资产变现收入、无线电频率占用费、废弃电器电子产品处理基金收入和其他政府性基金收入。

二、政府性基金预算收入的管理要求

基金是专用性较强的资金。财政总预算会计在管理基金预算收入时应遵循下列基本要求：第一，先收后支，自求平衡。财政总预算会计应当在已有基金预算收入数额的范围内办理基金预算支出。基金预算收入与基金预算支出应当做到自求平衡。第二，专款专用，分项核算。各项基金预算需要分别管理，分别平衡，也就是相应的基金预算收入应当用于相应的基金预算支出，各项基金预算收入与基金预算支出之间不能相互调剂。财政总预算会计应当按政府预算收支科目中的基金预算收支科目设置相应的明细账，分项核算各项目基金预算的收入、支出和结余情况，不能相互混淆。

三、政府性基金预算本级收入的核算

为核算基金预算收入业务，财政总预算会计应设置“政府性基金预算本级收入”科目。收到款项时，根据当日预算收入日报表所列政府性基金预算本级收入数，借记“国库存款”科目，贷记“政府性基金预算本级收入”科目；年终转账时，将本科目贷方余额全数转入“政府性基金预算结转结余”科目，借记“政府性基金预算本级收入”科目，贷记“政府性基金预算结转结余”科目。该科目平时贷方余额，反映政府性基金预算本级收入的累计数。该科目应按《政府收支分类科目》中的基金预算收入科目设置明细账。

【例 18-2】某市财政总预算会计收到中国人民银行国库报来的预算收入日报表以及所附收入凭证，列示当日政府性基金预算本级收入 2 100 000 元。其中，“民航发展基金收入”550 000 元、“港口建设费收入” 690 000 元、“散装水泥专项资金收入” 380 0000 元、“新型墙体材料专项基金收入” 480 000 元。

借：国库存款——基金预算存款	2 100 000	
贷：政府性基金预算本级收入——民航发展基金收入		550 000
——港口建设费收入		690 000
——散装水泥专项资金收入		380 000
——新型墙体材料专项基金收入		480 000

【例 18-3】接【例 18-2】，年终，该市“政府性基金预算本级收入”账户贷方余额 4 650 000 元，将其全数转入“政府性基金预算结转结余”科目。

借：政府性基金预算本级收入	4 650 000	
贷：政府性基金预算结转结余		4 650 000

第三节　国有资本经营预算本级收入

一、国有资本经营预算本级收入的概念和分类

国有资本经营预算本级收入是指各级政府以所有者身份依法取得的国有资本收益。主要包括以下几个方面。

（1）国有独资企业按规定上交国家的利润；

（2）国有控股、参股企业国有股权（股份）获得的股利、股息；

（3）企业国有产权（含国有股份）转让收入；

（4）国有独资企业清算收入（扣除清算费用），以及国有控股、参股企业国有股权（股份）分享的公司清算收入（扣除清算费用）；

（5）其他收入。

国有资本经营预算本级收入应当按照国有资本经营预算本级支出的内容综合安排使用。财政总预算会计核算的国有资本经营收入属于“非税收入”该类级科目下的款级科目，款级科目下再分设5个项级科目：利润收入，股利、股息收入，产权转让收入，清算收入和其他国有资本经营预算收入。国有资本经营预算与一般公共预算、政府性基金预算和社会保险基金预算4类预算，构成了我国中央财政的全口径政府预算体系。

二、国有资本经营预算本级收入的核算

为核算纳入本级国有资本经营预算管理的非税收入，财政总预算会计应设置“国有资本经营预算本级收入”总账科目。收到款项时，根据当日预算收入日报表所列国有资本经营预算本级收入数，借记“国库存款”科目，贷记“国有资本经营预算本级收入”科目；年终转账将该科目贷方余额全数转入“国有资本经营预算结转结余”科目时，借记“国有资本经营预算本级收入”科目，贷记“国有资本经营预算结转结余”科目。该科目平时为贷方余额，表示国有资本经营预算本级收入的累计数。该科目应按《政府收支分类科目》中的“国有资本经营收入”款级科目下的项、目级科目设置相应明细账。

【例 18-4】某市财政总预算会计发生如下业务。

（1）收到中国人民银行国库报来的预算收入日报表。其中，国有资本经营预算本级收入合计900 000元，具体科目和金额为：利润收入359 000元，产权转让收入541 000元。该市财政总预算会计编制的会计分录如下。

借：国库存款　　900 000

　　贷：国有资本经营预算本级收入——利润收入　　359 000

　　　　　　　　　　　　　　　　——产权转让收入　　541 000

（2）年终，将“国有资本经营预算本级收入”科目贷方余额8 500 000元全数转入“国有资本经营预算结转结余”科目。该市财政总预算会计编制的会计分录为

借：国有资本经营预算本级收入　　8 500 000

　　贷：国有资本经营预算结转结余　　8 500 000

小资料　国有资本收益上缴财政比例2020年将升至30%

2013年11月15日，《中共中央关于全面深化改革若干重大问题的决定》（下称《决定》）全文公布。《决定》提出，划转部分国有资本充实社会保障基金。完善国有资本经营预算制度，提高国有资本收益上缴公共财政比例，2020年提到30%，更多用于保障和改善民生。

依据财政部规定，2012年，纳入中央国有资本经营预算实施范围的中央企业共计963户，其税后利润（净利润扣除年初未弥补亏损和法定公积金）的收取比例分为四类：第一类为烟草、石油石化、电力、电信、煤炭等具有资源垄断特征的行业企业，收取比例为15%；第二类为钢铁、运输、电子、贸易、施工等一般竞争性行业企业，收取比例为10%；第三类为军工企业、转制科研院所、中国邮政集团公司、2011年和2012年新纳入中央国有资

本经营预算实施范围的企业，收取比例为 5%；第四类为政策性公司，包括中国储备粮总公司、中国储备棉总公司，免交国有资本收益。从 2012 年起，中国烟草总公司税后利润收取比例提高至 20%，可被称为第五类。

第四节　专用基金收入

一、专用基金收入的概念

专用基金收入是指政府财政按照法律法规和国务院、财政部规定设置或取得的有专门用途的资金，如粮食风险基金等。专用基金收入是财政部门按规定设置或取得的在基金预算收入之外的资金收入，一般需要通过开设银行存款专户进行储存，单独管理。

二、专用基金收入的核算

为了核算专用基金收入，财政总预算会计应设置“专用基金收入”科目。通过预算支出安排取得专用基金收入转入财政专户的，借记“其他财政存款”科目，贷记“专用基金收入”科目；同时，借记“一般公共预算本级支出”等科目，贷记“国库存款”、“补助收入”等科目。通过预算支出安排取得专用基金收入仍存在国库的，借记“一般公共预算本级支出”等科目，贷记“专用基金收入”科目。年终转账时，将本科目余额全部转入“专用基金结余”科目，借记“专用基金收入”科目，贷记“专用基金结余”科目。年终转账后，本科目无余额。

【例 18-5】某市财政总预算会计发生如下业务。

（1）通过一般预算支出安排粮食风险基金 470 000 元，款项仍在国库。会计分录如下。

借：一般公共预算本级支出　　470 000
　　贷：专用基金收入——粮食风险基金　　470 000

（2）本级一般预算支出中安排专用基金 150 000 元，以增加粮食风险基金的数额。已转入财政专户。其会计分录如下。

借：其他财政存款——专用基金存款　　150 000
　　贷：专用基金收入——粮食风险基金　　150 000

同时，

借：一般公共预算本级支出　　150 000
　　贷：国库存款——一般预算存款　　150 000

（3）年终，将“专用基金收入”科目贷方余额 620 000 元全数转入“专用基金结余”科目。其会计分录如下。

借：专用基金收入——粮食风险基金　　620 000
　　贷：专用基金结余　　620 000

第五节　财政专户管理资金收入

一、财政专户管理资金收入的概念

财政专户管理资金收入是指政府财政纳入财政专户管理的教育收费等资金收入。

财政部于 2010 年 6 月 1 日颁布了《关于将按预算外资金管理的收入纳入预算管理的通知》，决定从 2011 年 1 月 1 日起，将按预算外资金管理的收入（不含教育收费）全部纳入预算管理。未纳入预算的教育收费等收入作为本部门的事业收入，纳入财政专户管理。资金拨付，由财政部门根据部门预算和用款申请，从财政专户中核拨。

二、财政专户管理资金收入的核算

为了核算纳入财政专户管理的资金，财政总预算会计应设置“财政专户管理资金收入”科目。本科目平时贷方余额，反映当年财政专户管理的资金收入累计数。本科目应按《政府收支分类科目》中收入分类科目设置相应明细账。同时，根据管理需要，该科目应按部门进行明细核算。

收到财政专户管理的资金收入时，财政总预算会计借记“其他财政存款”科目，贷记“财政专户管理资金收入”科目。年终转账时，将“财政专户管理资金收入”科目贷方余额全数转入“财政专户管理资金结余”科目，借记“财政专户管理资金收入”科目，贷记“财政专户管理资金结余”科目。

【例 18-6】某市中学收取学费 560 000 元，款项已划转财政专户。财政总预算会计编制会计分录如下。

借：其他财政存款　　560 000

　　贷：财政专户管理资金收入　　560 000

第六节　转移性收入

转移性收入是根据财政体制规定在中央与地方、地方各级财政之间进行资金调拨所形成的收入以及在本级财政不同性质的资金之间的调拨所形成的收入，包括补助收入、上解收入、调入资金、地区间援助收入和动用预算稳定调节基金。

一、补助收入

补助收入是指上级政府财政按照财政体制规定或因专项需要补助给本级政府财政的款项，包括上级税收返还、转移支付等。

为了核算补助收入业务，财政总预算会计应设置“补助收入”总账科目。财政部门收到上级拨入的补助款时，应借记“国库存款”科目，贷记“补助收入”科目；财政部门与上级往来款中一部分转作上级补助收入数，即从“与上级往来”科目转入本科目时，借记“与上级往来”科目，贷记“补助收入”科目；在退还上级拨来的补助款项时，应借记“补助收入”科目，贷记“国库存款”科目；年终，本科目贷方余额应根据不同资金性质分别转入对应的结转结余科目，借记“补助收入”科目，贷记“一般公共预算结转结余”、“政府性基金预算结转结余”科目。结转以后，本科目应无余额。该科目平时为贷方余额，反映取得的上级补助收入累计数。

【例 18-7】某市财政发生如下业务。

（1）收到中国人民银行国库报来的预算收入日报表。其中：转移性收入合计 1 180 000 元。具体科目和金额为：“一般性转移支付收入——体制补助收入”455 000 元，“一般性转移支付收入——调整工资转移支付补助收入”725 000 元。其会计分录如下。

借：国库存款——一般预算存款　　1 180 000

　　贷：补助收入——一般性转移支付收入——体制补助收入　　455 000

　　　　——一般性转移支付收入——调整工资转移支付补助收入　　725 000

（2）收到国库报来的一般预算收入日报表，收到上级某省财政的有关转移性收入情况为："转移性收入——专项转移支付收入——医疗卫生专项补助收入" 770 000 元。其会计分录如下。

借：国库存款——一般预算存款　　770 000

　　贷：补助收入——专项转移支付收入——医疗卫生专项补助收入　　770 000

（3）收到国库报来的基金预算收入日报表，其中"转移性收入——政府性基金转移收入——政府性基金补助收入" 150 000 元，会计分录如下。

借：国库存款——基金预算存款　　150 000

　　贷：补助收入——政府性基金补助收入　　150 000

（4）年终，将"补助收入"科目贷方余额 1 000 000 元（其中，属于一般预算的补助收入 780 000 元，属于基金预算的补助收入 220 000 元）转入"一般公共预算结转结余"、"政府性基金预算结转结余"科目。其会计分录如下。

借：补助收入　　1 000 000

　　贷：一般公共预算结转结余　　780 000

　　　　政府性基金预算结转结余　　220 000

同时，财政总预算会计应结清所有补助收入科目的明细科目。

二、上解收入

上解收入是指按照财政体制规定由下级财政上交给本级财政的款项，包括一般性转移支付中的体制上解收入、专项转移支付中的专项上解收入和政府性基金转移支付中的政府性基金上解收入。

为核算上解收入业务，财政总预算会计应设置"上解收入"科目。收到下级上解款时，应借记"国库存款"科目，贷记"上解收入"科目；如果发生收入退回时，应做相反分录，即借记"上解收入"科目，贷记"国库存款"科目。年终，"上解收入"科目的余额应根据不同资金性质分别转入对应的结转结余科目，借记"上解收入"科目，贷记"一般公共预算结转结余"或"政府性基金预算结转结余"。该科目平时余额在贷方，反映下级财政上解本级财政收入累计数，年终结转以后本科目无余额。

【例 18-8】某市财政总预算会计发生如下业务。

（1）收到所属某县财政按规定要求上解的"一般性转移支付收入——体制上解收入" 420 000 元，其会计分录如下。

借：国库存款——一般预算存款　　420 000

　　贷：上解收入——一般性转移支付收入——体制上解收入　　420 000

（2）收到所属某县财政按规定上解的"专项转移性支付收入——专项上解收入" 140 000 元，其会计分录如下。

借：国库存款——一般预算存款　　140 000

　　贷：上解收入——专项转移性支付收入——专项上解收入　　140 000

（3）年终，将“上解收入”科目贷方余额 670 000 元按照资金性质分别转入“一般公共预算结转结余”560 000 元和“政府性基金预算结转结余”110 000 元，其会计分录如下。

借：上解收入　　670 000

　　贷：一般公共预算结转结余　　560 000

　　　　政府性基金预算结转结余　　110 000

三、调入资金

调入资金是指不同性质资金之间的调入收入。为平衡一般预算收支，从基金预算结余调入一般预算的资金形成一般预算调入资金。从其他预算调入政府性基金预算的资金形成政府性基金预算调入资金。

为核算调入资金的业务，财政总预算会计应设置“调入资金”科目。财政总预算会计调入资金时，借记“调出资金”、“国库存款”等科目。年终，将本科目的贷方余额分别转入相应的结转结余科目，借记“调入资金”科目，贷记“一般公共预算结转结余”或“政府性基金预算结转结余”科目。

【例 18-9】某市财政总预算会计发生如下业务。

（1）为平衡一般预算，经批准从基金预算结余中调入资金 880 000 元。其会计分录如下。

借：调出资金——政府性基金预算调出资金　　880 000

　　贷：国库存款——基金预算存款　　880 000

同时，

借：国库存款——一般预算存款　　880 000

　　贷：调入资金——一般公共预算调入资金　　880 000

（2）年终将“调入资金”科目贷方余额 1 600 000 元（其中，一般预算调入资金 1 000 000 元，政府性基金预算调入资金 600 000 元）转入“一般公共预算结转结余”和“政府性基金预算结转结余”科目。其会计分录如下。

借：调入资金　　1 600 000

　　贷：一般公共预算结转结余　　1 000 000

　　　　政府性基金预算结转结余　　600 000

四、地区间援助收入

地区间援助收入是指受援方政府财政部门收到援助方政府财政部门转来的可统筹使用的各类援助、捐赠等资金收入。

为了核算各类地区接受援助收入，财政总预算会计应设置“地区间援助收入”科目。该科目使用主体为各级财政部门，其他部门不得使用，反映的内容为一般预算资金，其他性质的资金不在本科目反映。本科目应按《政府收支分类科目》中收入分类科目、援助地区及管理需要设置相应明细账。本科目平时贷方余额，反映当年收到的地区间援助收入累计数。

收到援助方政府财政部门转来的资金时，借记“国库存款”科目，贷记“地区间援助收入”科目。年终本科目贷方余额，应转入“一般公共预算结转结余”科目，借记“地区间援助收入”科目，贷记“一般公共预算结转结余”科目。

五、动用预算稳定调节基金

动用预算稳定调节基金是指为弥补财政短收年份预算执行收支缺口，调用的预算稳定调节基金。

财政总预算会计应设置“动用预算稳定调节基金”科目。年度终了，为弥补财政短收年份预算执行收支缺口，调用预算稳定调节基金时，财政总预算会计借记“预算稳定调节基金”科目，贷记“动用预算稳定调节基金”科目；年终转账时，将“动用预算稳定调节基金”科目余额全部转入“一般公共预算结转结余”科目，借记“动用预算稳定调节基金”科目，贷记“一般公共预算结转结余”科目。

【例 18-10】某省财政为了平衡本级预算，弥补收支缺口，从预算稳定调节基金中调入资金 2 700 000 元。

借：预算稳定调节基金　　　　　　　　　　2 700 000

　　贷：调入预算稳定调节基金　　　　　　　　　2 700 000

知识总结

（1）一般公共预算本级收入是指政府财政筹集的纳入本级一般公共预算管理的税收收入和非税收入。一般公共预算收入划分为“类”、“款”、“项”、“目”4 个层次。

（2）政府性基金是指各级政府及其所属部门根据法律、行政法规规定并经国务院或财政部批准，向公民、法人和其他组织征收的，具有特定用途的财政资金。政府性基金预算本级收入是指政府财政筹集的纳入本级政府性基金预算管理的非税收入。

（3）国有资本经营预算本级收入是指各级政府以所有者身份依法取得的国有资本收益。

（4）专用基金收入是指政府财政按照法律法规和国务院、财政部规定设置或取得的有专门用途的资金，如粮食风险基金等。

（5）财政专户管理资金收入是指政府财政纳入财政专户管理的教育收费等资金收入。

（6）转移性收入是根据财政体制规定在中央与地方、地方各级财政之间进行资金调拨所形成的收入以及在本级财政不同性质的资金之间的调拨所形成的收入，包括补助收入、上解收入、调入资金、地区间援助收入和动用预算稳定调节基金。

练习与实训

一、名词解释

一般公共预算本级收入　政府性基金预算本级收入　国有资本经营预算本级收入　专用基金收入　财政专户管理资金收入　转移性收入

二、简答题

1. 财政总预算会计核算的收入包括哪些内容？
2. 什么是一般公共预算本级收入？一般公共预算收入是怎样分类的？
3. 一般预算收入的缴库有几种方式？
4. 什么是政府性基金预算本级收入？如何分类？其管理与核算要求是什么？

5. 什么是专用基金收入？它与基金预算收入在管理要求上有什么不同？

6. 什么是资金调拨收入？它主要包括哪几项内容？如何进行核算？

三、业务核算题

习题一

1. 目的：练习财政预算收入的核算。

2. 资料：某市财政发生下列经济业务。

（1）收到中国人民银行国库报来的预算收入日报表。其中，一般公共预算本级收入合计 400 000 元，具体科目和金额为："税收收入——增值税——国内增值税" 150 000 元，"税收收入——城市维护建设税——国有企业城市维护建设税" 50 000 元，"非税收入——行政事业性收费收入——建设行政事业性收费收入" 100 000 元，"非税收入——行政事业性收费收入——民政行政事业性收费收入" 40 000 元，"非税收入——罚没收入——一般罚没收入" 60 000 元。

（2）收到中国人民银行国库报来的预算收入日报表。其中，政府性基金预算本级收入 200 000 元，具体科目和金额为："文化事业建设费收入" 30 000 元，"国有土地使用权出让金收入" 170 000 元。

3. 要求：根据上述经济业务编制会计分录。

习题二

1. 目的：练习财政转移性收入的核算。

2. 资料：某市财政发生下列经济业务。

（1）收到中国人民银行国库报来的预算收入日报表，其中，体制补助收入 850 000 元，专项上解收入 690 000 元。

（2）为平衡一般预算，经批准从基金预算结余中调入资金 250 000 元。

3. 要求：根据上述经济业务编制会计分录。

第十九章 财政支出的核算

引入案例

让公共财政的阳光更温暖

近年来，全国财政收入保持了强劲增长势头。财政收入持续增长，主要得益于经济的平稳较快发展。财政的钱多了，怎么花是百姓最关心的问题。这些年，优化财政支出结构，加大民生领域的投入，一直是财政工作的着力点：农村和城里的孩子享受免费义务教育，基本医疗保障体系逐步覆盖城乡，低收入群体的生活有了最低保障，保障房建设不断提速……

2013 年，国家财政在教育、医疗卫生、社会保障等民生领域的支出，全部超过年初的预算。广大群众也切身感受到，公共财政的阳光越来越温暖。然而，与优先保障和改善民生相比，有些财政的钱就没有花到正地方。比如，有的地方经济发展并不快，财政也并不富裕，但政府和有关部门建的办公楼却是超一流水准，配套修建的大广场上，小桥流水，花团锦簇。

也有的部门添置办公用品“狮子大开口”，只买贵的，不买对的，“天价采购”之类的事情时有发生。这些大手大脚的花钱、慷国家之慨的行为，令人心寒。

虽然财政收入增加了，财政的日子好过了，但还远未到敞开花钱的时候。总体上看，我们在民生领域的欠账很多，医疗、养老、就业等方面的保障水平还很低，政府提供的公共服务仍有待提高，急需花钱的地方还很多，财政收支矛盾仍十分突出。因此，财政支出仍需要精打细算，“好钢用在刀刃上”，将有限的钱用在多办关系国计民生的大事上，用在解决人民群众最关心、最直接、最现实的利益问题上。特别是要坚决制止和杜绝“政绩工程”、“形象工程”等各种形式的铺张浪费，严格控制公务接待费、公费出国、公费购车等方面的支出。家大业大，花钱却不能大手大脚。说到底，财政的每一分钱都是人民的血汗换来的，财政的钱取之于民，更要用之于民，任何部门和个人都不应该、也没有权力从中牟私，乱花浪费。财政花出去的每一笔钱，都应该仔细掂量。可花可不花的钱，一定不能花，需要花钱的项目，要经过充分论证，确保资金花到实处、花出效益，让人民群众得到更多实惠。

思考：如何通过加强财政支出的核算来监督预算执行？

第一节　一般公共预算本级支出

一、一般公共预算本级支出的概念与分类

一般公共预算本级支出是指一级政府对集中的一般预算收入有计划地分配和使用而安排的支出。一般公共预算本级支出是各级政府最主要的支出。按照《政府收支分类科目》中支出的功能分类，我国一般公共预算支出科目分设类、款、项 3 级。科目逐级递进，内容也逐渐细化。财政总预算会计核算的一般公共预算支出类、款级科目设置情况如下。

（1）一般公共服务支出。一般公共服务科目反映政府提供一般公共服务的支出。该科目下设 29 个款级科目，分别是：人大事务、政协事务、政府办公厅（室）及相关机构事务、发展与改革事务、统计信息事务、财政事务、税收事务、审计事务、海关事务、人力资源事务、纪检监察事务、人口与计划生育事务、商贸事务、知识产权事务、工商行政管理事务、质量技术监督与检验检疫事务、民族事务、宗教事务、港澳台侨事务、档案事务、民主党派及工商联事务、群众团体事务、党委办公厅（室）及相关机构事务、组织事务、宣传事务、统战事务、对外联络事务、其他共产党事务支出和其他一般公共服务支出。

（2）外交支出。外交科目反映政府外交事务支出。该科目下设 8 个款级科目，具体是：外交管理事务、驻外机构、对外援助、国际组织、对外合作与交流、对外宣传、边界勘界联检和其他外交支出。

（3）国防支出。国防科目反映政府用于现役部队、国防后备力量、国防动员等方面的支出。该科目分设 5 个款级科目，分别是现役部队、国防科研事业、专项工程、国防动员和其他国防支出。

（4）公共安全支出。公共安全科目反映政府维护社会公共安全方面的支出。该科目下设 11 个款级科目，分别是：武装警察、公安、国家安全、检察、法院、司法、监狱、劳教、国家保密、缉私警察和其他公共安全支出。

（5）教育支出。教育科目反映政府教育事务支出。该科目下设 10 个款级科目，分别是：

教育管理事务、普通教育、职业教育、成人教育、广播电视教育、留学教育、特殊教育、进修及培训、教育费附加安排的支出和其他教育支出。

（6）科学技术支出。科学技术科目反映用于科学技术方面的支出。该科目下设 10 个款级科目，分别是：科学技术管理事务、基础研究、应用研究、技术研究与开发、科技条件与服务、社会科学、科学技术普及、科技交流与合作、科技重大专项和其他科学技术支出。

（7）文化体育与传媒支出。文化体育与传媒科目反映政府在文化、文物、体育、广播影视、新闻出版等方面的支出。该科目下设 6 个款级科目，分别是：文化、文物、体育、广播影视、新闻出版和其他文化体育与传媒支出。

（8）社会保障和就业支出。社会保障和就业科目反映政府在社会保障和就业方面的支出。该科目下设 19 个款级科目，分别是：人力资源和社会保障管理事务、民政管理事务、财政对社会保险基金的补助、补充全国社会保障基金、行政事业单位离退休、企业改革补助、就业补助、抚恤、退役安置、社会福利、残疾人事业、城市居民最低生活保障、其他城镇社会救济、自然灾害生活救助、红十字事业、农村最低生活保障、其他农村社会救济、补充道路交通事故社会救助基金和其他社会保障和就业支出。

（9）医疗卫生支出。医疗卫生科目反映政府医疗卫生方面的支出。该科目下设 8 个款级科目，分别是：医疗卫生管理事务、公立医院、基层医疗卫生机构、公共卫生、医疗保障、中医药、食品和药品监督管理事务和其他医疗卫生支出。

（10）节能环保支出。环境保护科目反映政府节能环保支出。该科目下设 15 个款级科目，分别是：环境保护管理事务、环境监测与监察、污染防治、自然生态保护、天然林保护、退耕还林、风沙荒漠治理、退牧还草、已垦草原退耕还草、能源节约利用、污染减排、可再生能源、资源综合利用、能源管理事务和其他节能环保支出。

（11）城乡社区支出。城乡社区科目反映政府城乡社区事务支出。该科目下设 6 个款级科目，分别是：城乡社区管理事务、城乡社区规划与管理、城乡社区公共设施、城乡社区环境卫生、建设市场管理与监督和其他城乡社区支出。

（12）农林水支出。农林水科目反映政府农林水事务支出。该科目下设 9 个款级科目，分别是：农业、林业、水利、南水北调、扶贫、农业综合开发、农村综合改革、促进金融支农支出和其他农林水支出。

（13）交通运输支出。交通运输科目反映政府交通运输方面的支出。该科目下设 7 个款级科目，分别是：公路水路运输、铁路运输、民用航空运输、石油价格改革对交通运输的补贴、邮政业支出、车辆购置税支出和其他交通运输支出。

（14）资源勘探电力信息等支出。资源勘探电力信息等科目反映政府用于资源勘探、制造业、建筑业、电力信息等方面的支出。该类级科目分设 9 个款级科目，分别是：资源勘探开发、制造业、建筑业、电力监管、工业和信息产业监管、安全生产监管、国有资产监管、支持中小企业发展和管理支出和其他资源勘探电力信息等支出。

（15）商业服务业等支出。商业服务业等科目反映政府对商业服务业等方面的支出。该类级科目下设 4 个款级科目，分别是：商业流通事务、旅游业管理与服务支出、涉外发展服务支出和其他商业服务业等支出。

（16）金融支出。金融科目反映金融方面的支出。该类级科目下设 5 个款级科目，分别是：金融部门行政支出、金融部门监管支出、金融发展支出、金融调控支出和其他金融支出。

（17）国土海洋气象等支出。国土海洋气象等科目反映政府用于国土资源、海洋、测绘、地震、气象等公益服务事业方面的支出。该类级科目下设 6 个款级科目，分别是：国土资源事务、海洋管理事务、测绘事务、地震事务、气象事务和其他国土海洋气象等支出。

（18）住房保障支出。住房保障科目集中反映政府用于住房方面的支出。该类级科目下设 3 个款级科目，分别是：保障性安居工程支出、住房改革支出和城乡社区住宅。

（19）粮油物资储备支出。粮油物资储备科目反映政府用于粮油物资储备方面的支出。该类级科目下设 5 个款级科目，分别是：粮油事务、物资事务、能源储备、粮油储备和重要商品储备。

（20）预备费。预备费科目反映预算中安排的预备费。

（21）国债还本付息支出。国债还本付息支出科目反映国债还本、付息、发行等方面的支出。该类级科目下设 12 个款级科目，分别是：国内债务还本、向外国政府借款还本、向国际组织借款还本、中央其他国外借款还本、地方向国外借款还本、国内债务付息、国外债务付息、国内外债务发行、补充还贷准备金、地方政府债券还本、地方政府债券付息和中央境外发行主权债券还本。

（22）其他支出。其他支出科目反映不能划分到上述功能科目的其他政府支出。

在以上一般预算支出的款级科目下，还应根据情况设置相应的项级科目。例如，在教育类级科目的普通教育款级科目下，设置学前教育、小学教育、初中教育、高中教育、高等教育等项级科目。这种项级科目的设置方法，着重反映政府所从事的某种公共服务的完整支出，一般表现为用于预算单位的完整支出。

在此需要说明的是，《政府收支分类科目》中的一般预算支出科目，是财政总预算会计进行一般预算支出核算的直接依据，但是二者还是存在一定区别。在《政府收支分类科目》中，一般预算支出科目除了包括以上有关类级科目以外，还包括援助其他地区支出和转移性支出类级科目。但同转移性收入类级科目一样，财政总预算会计核算的一般预算支出不包括转移性支出。财政总预算会计在向上下级政府转出本级政府的一般预算资金时，以及在将本级政府的一般预算资金转出至其他性质的预算资金时，应当将它们单独作为“补助支出”、“上解支出”、“调出资金”等类别进行处理，而不在“一般预算支出”科目中进行处理。

二、一般公共预算支出的支付方式

在国库单一账户制度下，一般公共预算支出的支付方式分为财政直接支付和财政授权支付两种。

1. 财政直接支付

财政直接支付是指由财政部门开具支付令，通过国库单一账户体系，直接将财政资金支付到收款人或用款单位账户的支付方式。实行财政直接支付的支出主要包括工资支出、物品和劳务采购支出、中央对地方的专项转移支出、拨付企业大型工程项目或大型设备采购的资金等。

在财政直接支付方式下，预算单位按照批复的预算和资金使用计划，向财政国库支付执行机构提出支付申请，经财政国库支付执行机构审核无误后，向代理银行发出支付令，并通知中国人民银行，办理资金清算手续，将资金划给代理银行。

财政总预算会计根据财政国库支付执行机构报来的预算支出结算清单，经与中国人民银行报来的财政直接支付申请划款凭证核对无误后，作出相应的会计处理，确认国库存款的减少，并确认相应的一般预算支出。

2. 财政授权支付

财政授权支付是指预算单位根据财政部门的授权，自行开具支付令，通过国库单一账户体系将资金支付到货品或劳务供应者账户的支付方式。实行财政授权支付的支出主要包括未纳入财政直接支付的购买支出和零星支出。

在财政授权支付方式下，预算单位按照批复的预算和资金使用计划，向财政国库支付执行机构申请授权支付的月度用款限额，财政国库支付执行机构将批准后的限额通知代理银行和预算单位，并通知中国人民银行国库部门。预算单位在月度用款限额内，自行开具支付令，通过财政国库支付执行机构转由代理银行向收款人付款，并与国库单一账户清算。

财政总预算会计根据财政国库支付执行机构报来的预算支出结算清单，经与中国人民银行报来的财政授权支付申请划款凭证核对无误后，作出相应的会计处理，确认国库存款的减少，并确认相应的预算支出。

三、一般公共预算本级支出的核算

为核算由本级政府使用的列入一般公共预算的支出，财政总预算会计应设置“一般公共预算本级支出”总账科目。财政总预算会计确认一般预算支出时，借记“一般公共预算本级支出”科目，贷记“国库存款”科目；年终，“一般公共预算本级支出”科目的借方金额应全数转入“一般公共预算结转结余”科目，借记“一般公共预算结转结余”科目，贷记“一般公共预算本级支出”科目。该科目平时余额在借方，反映一般公共预算本级支出累计数，年终结转后，本科目应无余额。

【例 19-1】某市财政总预算会计收到财政国库支付执行机构报来的预算支出结算清单，财政国库支付执行机构以财政直接支付的方式，通过财政零余额账户存款账户支付有关预算单位的属于一般公共预算本级支出的款项共计 466 000 元。

具体支付情况为：“一般公共服务——人口与计划生育事务”78 000 元、“教育——广播电视教育”39 000 元、“文化体育与传媒——广播影视”57 000 元、“公共安全——国家保密”95 000 元、“科学技术——科技交流与合作”46 000 元、“社会保障和就业——残疾人事业”80 000 元、“医疗卫生——基层医疗卫生机构”71 000 元。其会计分录如下。

借：一般公共预算本级支出——一般公共服务——人口与计划生育事务　78 000
　　——教育——广播电视教育　39 000
　　——文化体育与传媒——广播影视　57 000
　　——公共安全——国家保密　95 000
　　——科学技术——科技交流与合作　46 000
　　——社会保障和就业——残疾人事业　80 000
　　——医疗卫生——基层医疗卫生机构　71 000
　贷：国库存款——一般预算存款　466 000

【例 19-2】年终，某市财政总预算会计“一般公共预算本级支出”科目的借方余额 4 958 000 元全数转入“一般公共预算结转结余”科目。财政总预算会计应编制的会计分录如下。

借：一般公共预算结转结余 4 958 000

　　贷：一般公共预算本级支出 4 958 000

第二节 政府性基金预算本级支出

一、政府性基金预算本级支出的概念与分类

政府性基金预算本级支出是指各级政府财政用基金预算收入安排的支出。与一般预算支出相比，基金预算支出有专款专用的特征。基金预算支出应根据《政府收支分类科目》中基金预算支出科目进行分类。基金预算支出科目分为12个类级科目，类级科目下设款级科目，款级科目下再设项级科目。类、款、项3级科目逐级递进，内容也逐渐细化。财政总预算会计核算的基金预算支出类、款级科目的设置情况如下。

（1）教育支出。该类级科目下设1个款级科目：地方教育附加安排的支出。

（2）科学技术支出。该类级科目下设1个款级科目：核电站乏燃料处理处置基金支出。

（3）文化体育与传媒支出。该类级科目下设2个款级科目：文化事业建设费安排的支出和国家电影事业发展专项资金支出。

（4）社会保障和就业支出。该类级科目下设3个款级科目：大中型水库移民后期扶持基金支出、小型水库移民扶助基金支出和残疾人就业保障金支出。

（5）节能环保支出。该类级科目下设2个款级科目：可再生能源电价附加收入安排的支出和废弃电器电子产品处理基金支出。

（6）城乡社区支出。该类级科目下设7个款级科目：政府住房基金支出、国有土地使用权出让收入安排的支出、城市公用事业附加安排的支出支出、国有土地收益基金支出、农业土地开发资金支出、新增建设用地土地有偿使用费支出和城市基础设施配套费安排的支出。

（7）农林水支出。该类级科目下设9个款级科目：新菜地开发建设基金支出、育林基金支出、森林植被恢复费安排的支出、中央水利建设基金支出、地方水利建设基金支出、大中型水库库区基金支出、三峡水库库区基金支出、南水北调工程基金支出和国家重大水利工程建设基金支出。

（8）交通运输支出。该类级科目下设9个款级科目：公路水路运输、铁路运输、海南省高等级公路车辆通行附加费安排的支出、转让政府还贷道路收费权收入安排的支出、车辆通行费安排的支出、港口建设费安排的支出、铁路建设基金支出、船舶油污损害赔偿基金支出和民航发展基金支出。

（9）资源勘探电力信息等支出。该类级科目下设6个款级科目：工业和信息产业监管、散装水泥专项资金支出、新型墙体材料专项基金支出、农网还贷资金支出、山西省煤炭可持续发展基金支出和电力改革预留资产变现收入安排的支出。

（10）商业服务业等支出。该类级科目下设1个款级科目：旅游发展基金支出。

（11）金融支出。该类级科目下设1个款级科目：金融调控支出。

（12）其他支出。该类级科目设 2 个款级科目：其他政府性基金支出和彩票公益金安排的支出。

在此需要说明的是，同一般预算支出一样，财政总预算会计核算的基金预算支出也不包

括转移性支出。财政总预算会计在核算基金预算中的上下级政府转出本级政府的基金预算资金以及在将本级政府的基金预算资金转出至其他性质的预算资金时，应当将它们单独作为“补助支出”、“上解支出”、“调出资金”等类别进行处理，而不在“基金预算支出”科目中进行处理。

二、政府性基金预算本级支出的核算

为核算由本级政府使用的列入政府性基金预算的支出，总预算会计应设置“政府性基金预算本级支出”科目。财政总预算会计确认基金预算支出时，借记“政府性基金预算本级支出”科目，贷记“国库存款”等有关科目；年终，将“政府性基金预算本级支出”科目借方余额全部转入“政府性基金预算结转结余”科目，借记“政府性基金预算结转结余”科目，贷记“政府性基金预算本级支出”科目。本科目平时借方余额反映基金预算支出的累计数。年终结转后，本科目无余额。

【例 19-3】某市财政总预算会计收到财政国库支付执行机构报来的预算支出结算清单，财政国库支付执行机构以财政直接支付的方式，通过财政零余额账户存款账户支付有关预算单位的属于基金预算支出的款项共计 281 000 元。具体支付情况为：“农林水——育林基金支出”103 000 元、“交通运输——公路水路运输”78 000 元、“金融支出——金融调控支出”100 000 元。其会计分录如下。

借：政府性基金预算本级支出——农林水——育林基金支出　　103 000
　　　　　　　　　　　　　——交通运输——公路水路运输　　78 000
　　　　　　　　　　　　　——金融支出——金融调控支出　　100 000
　贷：国库存款——基金预算存款　　　　　　　　　　　　　　281 000

【例 19-4】年终，某市财政总预算会计将“政府性基金预算本级支出”科目的借方余额 2 309 000 元全数转入“政府性基金预算结转结余”科目。财政总预算会计应编制的会计分录如下。

借：政府性基金预算结转结余　　　　　　2 309 000
　贷：政府性基金预算本级支出　　　　　　2 309 000

第三节　国有资本经营预算本级支出

一、国有资本经营预算本级支出的概念与分类

国有资本经营预算本级支出是指各级政府用国有资本经营预算类收入安排的支出。国有资本经营预算单独编制，预算支出按照当年预算收入规模安排，不列赤字。国有资本经营预算支出主要包括资本性支出、费用性支出和其他支出等。其中，资本性支出是指根据产业发展规划、国有经济布局和结构调整、国有企业发展要求以及国家战略、安全等需要安排的支出。费用性支出是指用于弥补国有企业改革成本等方面的支出。其他支出依据国家宏观经济政策统筹安排确定。

财政总预算会计核算的国有资本经营预算支出按照现行《政府收支分类科目》支出功能分类的规定，属于类级科目下的款级科目。类级科目主要包括：教育、科学技术、文化体育

与传媒、社会保障和就业、节能环保、城乡社区、农林水、交通运输、资源勘探电力信息等、商业服务业等和其他支出。在这些类级科目下设“国有资本经营预算支出”款级科目。款级科目下分设项级科目：国有经济结构调整支出、重点项目支出、产业升级与发展支出、境外投资及对外经济技术合作支出、困难企业职工补助支出和其他国有资产经营预算支出。财政总预算会计核算的国有资本经营预算支出也不包括转移性支出。

二、国有资本经营预算本级支出的核算

为核算国有资本经营预算支出业务，财政总预算会计应设置“国有资本经营预算本级支出”总账科目。发生国有资本经营预算支出时，借记“国有资本经营预算本级支出”科目，贷记“国库存款”等科目；年终将该科目借方余额全数转入“国有资本经营预算结转结余”科目时，借记“国有资本经营预算结转结余”科目，贷记“国有资本经营预算本级支出”科目。该科目平时为借方余额，表示国有资本经营预算支出的累计数。本科目根据《政府收支分类科目》中有关国有资本经营预算支出的支出功能分类科目分行业设置明细账。

【例 19-5】某市财政总预算会计发生如下业务。

（1）根据经批准的国有资本经营预算，向交通部门拨付国有资本经营预算资金 97 000 元。其会计分录如下。

借：国有资本经营预算本级支出——交通运输　　97 000
　　贷：国库存款　　97 000

（2）年终，将上述“国有资本经营预算本级支出”科目的借方余额 97 000 元全数转入“国有资本经营预算结转结余”。其会计分录如下。

借：国有资本经营预算结转结余　　97 000
　　贷：国有资本经营预算本级支出　　97 000

第四节　专用基金支出

一、专用基金支出的概念

专用基金支出是各级财政用专用基金收入安排的支出。财政总预算会计在安排各项专用基金支出时，应做到先收后支、量入为出，按照规定的用途拨付。

二、专用基金支出的核算

为核算专用基金支出业务，总预算会计应设置“专用基金支出”科目，安排使用专用基金支出时，借记“专用基金支出”科目，贷记“其他财政存款”科目；支出收回时，做相反的会计分录；年终转账时，将“专用基金支出”科目余额全部转入“专用基金结余”科目，借记“专用基金结余”科目，贷记“专用基金支出”科目。本科目平时借方余数，反映专用基金支出累计数。年终结转后，本科目无余额。该科目应根据专用基金的种类设置明细账。

【例 19-6】某市财政局发生如下专用基金支出业务。

（1）用专用基金收入安排粮食风险基金 490 000 元。其会计分录如下。

借：专用基金支出——粮食风险基金　　490 000
　　贷：其他财政存款——专用基金存款　　490 000

（2）年终，将“专用基金支出”科目借方余额490 000元，全数转入“专用基金结余”科目。其会计分录如下。

借：专用基金结余　　490 000

　　贷：专用基金支出　　490 000

同时，财政总预算会计应结清所有专用基金支出明细账。

小资料　英国政府会计的改革与发展

英国政府会计，包括预算会计和公共部门会计。近十年来，英国的政府会计一直进行不断改革，改革的核心内容是将会计核算基本原则由收付实现制改为权责发生制。英国地方政府会计改革已经基本完成，包括省、市（县）、乡村3级政府部门和提供教育、卫生、社保等公共服务单位在内的约一万个预算单位都采用权责发生制进行会计核算、编制财务报告,并且实现了会计报表合并。中央政府会计改革晚于地方政府。目前，除少数几个政府部门仍处于从收付实现制向权责发生制过渡阶段外，其他中央预算单位会计改革都已基本完成。英国政府在2006—2007年度已实现全面的政府会计报表合并，这个合并范围包括中央政府控制的国有企业（英国国有企业数量现在已很少）。在英国，政府和公共部门会计准则逐渐向企业会计准则靠近是国际上会计准则发展的趋势。

英国对政府和公共部门的会计监管是比较有特点的，中央政府预算执行情况审查是政府设有一个专门的政府机构——国家审计办公室负责；对司法、卫生、交通等中央政府部门、地方政府和其他公共部门会计监管是由国会授权一个民间机构——公共部门审计委员会负责。公共部门审计委员会的主要工作是选定审计人员、制定审计标准、规定审计师的收费标准、监督审计人员的工作情况等，委员会的管理机构是理事会，成员有1520人，来自社会各方面，由民选产生，任期3年。从1999年开始，公共部门审计委员会根据审计人员提供的情况对其审计的政府和公共部门的财务情况进行评价，并分5个类别向社会公布评价结果。政府或公共部门对评比不服，可以向法院起诉。

第五节　财政专户管理资金支出

一、财政专户管理资金支出的概念

财政专户管理资金支出是指用纳入财政专户管理的资金安排的支出。例如，对教育收费等具有独特性、不能缴入国库的资金，则按规定保留在财政专户。教育收费为学校事业性收入，主要是弥补办学成本，不构成财政收入，缴入国库将影响预算收入的真实性。教育收费的资金拨付，由财政部门根据部门预算和用款单位申请，从财政专户中核拨。彩票发行经费缴入财政专户，按“收支两条线”原则进行管理，专款专用。

二、财政专户管理资金支出的核算

为了核算用未纳入预算并实行财政专户管理的资金安排的支出，财政总预算会计应设置“财政专户管理资金支出”科目，本科目平时借方余额，反映当年财政专户管理的资金支出累计数。本科目根据《政府收支分类科目》中支出功能分类科目设置相应明细账。同时，本科目根据管理需要，按部门进行明细核算。

发生财政专户管理的资金支出时，财政总预算会计借记“财政专户管理资金支出”科目，贷记“其他财政存款”等有关科目；年终转账时，将“财政专户管理资金支出”科目借方余额全数转入“财政专户管理资金结余”科目，借记“财政专户管理资金结余”科目，贷记“财政专户管理资金支出”科目。

【例 19-7】根据某高校用款申请，财政部门将其在财政专户管理的学费收入 230 000 元划转至该学校账户。财政总预算会计编制会计分录如下。

借：财政专户管理资金支出　　230 000

　　贷：其他财政存款　　230 000

第六节　转移性支出

转移性支出，是指预算资金在上下级政府财政以及在本级财政不同性质资金之间进行转移所形成的支出。具体包括：补助支出、上解支出、调出资金、地区间援助支出和安排预算稳定调节基金。转移性支出根据支出资金的性质和支出的种类，分别纳入一般公共预算、政府性基金预算和国有资本经营预算。

一、补助支出

补助支出，是本级财政按财政管理体制规定或因专项、临时资金需要对下级财政补助而形成的支出，具体包括：税收返还支出；按财政体制结算应补助给下级财政的款项；专项补助或临时性补助。为了核算补助支出业务，财政总预算会计设置“补助支出”科目，该科目平时余额在借方，反映补助支出的累计数。年末结账以后本科目无余额。本科目应根据资金性质和补助地区设置相应明细账。

财政部门向下级财政拨付补助款项时，借记“补助支出”科目，贷记“国库存款”科目。如果本级财政部门将其与下级财政部门的往来款转作对下级的补助支出时，则应借记“补助支出”科目，贷记“与下级往来”科目；若发生补助支出退库，则借记“国库存款”科目，贷记“补助支出”科目。年终，“补助支出”科目的借方余额应根据不同资金性质分别转入对应的结转结余科目，借记“一般公共预算结转结余”、“政府性基金预算结转结余”等科目，贷记“补助支出”科目。

【例 19-8】某市财政发生如下业务。

（1）向所属某县财政拨付一般预算补助 198 000 元。该补助属于“一般性转移支付——化解债务补助支出”。其会计分录如下。

借：补助支出——一般性转移支付——化解债务补助支出　　198 000

　　贷：国库存款——一般预算存款　　198 000

（2）经批准将原借给所属某县财政周转调度的款项 123 000 元转作对该县的专项补助。其会计分录如下。

借：补助支出——专项转移支付　　123 000

　　贷：与下级往来——某县　　123 000

（3）根据基金预算向所属某县拨付基金预算补助 85 000 元。其会计分录如下。

借：补助支出——政府性基金转移支付——政府性基金补助支出 85 000

贷：国库存款——基金预算存款 85 000

（4）年终，将属于一般预算的“补助支出”科目借方余额 1 950 000 元和属于基金预算的“补助支出”科目借方余额 250 000 元，分别转入“一般公共预算结转结余”和“政府性基金预算结转结余”科目。其会计分录如下。

借：一般公共预算结转结余 1 950 000

政府性基金预算结转结余 250 000

贷：补助支出 2 200 000

二、上解支出

上解支出是指按财政管理体制的规定由本级财政上交给上级财政的支出。上解支出主要包括一般性转移支付上解支出、专项转移支付上解支出和政府性基金转移支付上解支出。为核算上解支出业务，财政总预算会计应设置“上解支出”科目。本级财政发生上解支出时，借记“上解支出”科目，贷记“国库存款”科目，如果发生上解支出退库，则作相反会计分录。年终，“上解支出”科目的借方金额应根据不同资金性质分别转入对应的结转结余科目，借记“一般公共预算结转结余”、“政府性基金预算结转结余”等科目，贷记“上解支出”科目。该科目平时余额一般在借方，反映本级财政上解上级财政支出的累计数。

【例 19-9】某市财政发生如下业务。

（1）按财政管理体制规定，上解省财政一般预算款项 1 000 000 元。其会计分录如下。

借：上解支出——一般性转移支付——体制上解支出 1 000 000

贷：国库存款——一般预算存款 1 000 000

（2）以基金预算存款上解上级省财政政府性基金款项 850 000 元。其会计分录如下。

借：上解支出——政府性基金转移支付——政府性基金上解支出 850 000

贷：国库存款——基金预算存款 850 000

（3）按规定上解上级某省财政某专项资金 280 000 元。其会计分录如下。

借：上解支出——专项转移支付——专项上解支出 280 000

贷：国库存款——一般预算存款 280 000

（4）年终将属于一般预算的“上解支出”科目借方余额 700 000 元和属于基金预算的“上解支出”科目借方余额 300 000 元，分别转入“一般公共预算结转结余”和“政府性基金预算结转结余”科目。其会计分录如下。

借：一般公共预算结转结余 700 000

政府性基金预算结转结余 300 000

贷：上解支出 1 000 000

同时，财政总预算会计应结清所有上解支出明细账。

三、调出资金

调出资金是政府财政为平衡预算收支、从某类资金向其他类型预算调出的资金，包括一般公共预算调出资金、政府性基金预算调出资金和国有资本经营预算调出资金。为了核算调出资金业务，财政总预算会计应设置“调出资金”科目。调出资金时，借记“调出资金”科目，贷记“国库存款”科目；年终结账时，应将本科目借方余额分别转入相应的结转结余科目，借记“一般公共预算结转结余”、“政府性基金预算结转结余”和“国有资本经营预算结转结余”等科目，贷记“调出资金”科目。

【例 19-10】某市财政发生如下业务。

（1）为平衡一般预算，从基金预算结余中调出资金 1 800 000 元至一般预算。其会计分录如下。

借：调出资金——政府性基金预算调出资金　　1 800 000

　　贷：国库存款——基金预算存款　　1 800 000

同时，

借：国库存款——一般预算存款　　1 800 000

　　贷：调入资金——一般公共预算调入资金　　1 800 000

（2）年终，“调出资金”总账科目中“政府性基金预算调出资金”明细账科目借方余额为 3 500 000 元转入“政府性基金预算结转结余”科目。其会计分录如下。

借：政府性基金预算结转结余　　3 500 000

　　贷：调出资金——政府性基金预算调出资金　　3 500 000

同时，财政总预算会计应结清调出资金明细账。

四、地区间援助支出

地区间援助支出是指援助方政府安排用于受援方政府财政部门统筹使用的各类援助、捐赠等资金支出。财政总预算会计应设置“地区间援助支出”科目，该科目反映的是以受援方政府名义接收的、援助方政府安排且没有限定用途的一般预算援助资金。该科目使用主体为各级财政部门，其他部门不得使用；反映的内容为一般预算资金，其他性质的资金不在本科目反映。发生地区间援助资金支出时，财政总预算会计借记“地区间援助支出”科目，贷记“国库存款”科目；年终本科目借方余额，应转入“一般公共预算结转结余”科目，借记“一般公共预算结转结余”科目，贷记“地区间援助支出”科目。该科目与“地区间援助收入”科目相对应，平时借方余额，反映当年发生的地区间援助支出累计数。本科目应按受援地区及管理需要设置相应明细账。

五、安排预算稳定调节基金

安排预算稳定调节基金是指从财政超收收入中安排的预算稳定调节基金。

财政总预算会计应设置“安排预算稳定调节基金”科目。年度终了，财政总预算会计从财政超收收入中安排预算稳定调节基金时，借记“安排预算稳定调节基金”科目，贷记“预算稳定调节基金”科目；年终转账时，将“安排预算稳定调节基金”科目余额全部转入“一般公共预算结转结余”科目，借记“一般公共预算结转结余”科目，贷记“安排预算稳定调节基金”科目。

【例 19-11】某市财政从本年度财政超收收入中安排 5 000 000 元用于增加预算稳定调节基金。

借：安排预算稳定调节基金　　5 000 000

　　贷：预算稳定调节基金　　5 000 000

知识总结

（1）一般公共预算本级支出是指一级政府对集中的一般预算收入有计划地分配和使用而安排的支出。一般公共预算本级支出是各级政府最主要的支出。

（2）政府性基金预算本级支出是指各级政府财政用基金预算收入安排的支出。与一般预算支出相比，基金预算支出有专款专用的特征。

（3）国有资本经营预算本级支出是指各级政府用国有资本经营预算类收入安排的支出。其范围主要包括资本性支出、费用性支出和其他支出等。

（4）专用基金支出是各级财政用专用基金收入安排的支出。财政总预算会计在安排各项专用基金支出时，应做到先收后支、量入为出，按照规定的用途拨付。

（5）财政专户管理资金支出是指用未纳入预算并实行财政专户管理的资金安排的支出。

（6）转移性支出，是指预算资金在上下级政府财政以及在本级财政不同性质资金之间进行转移所形成的支出。具体包括：补助支出、上解支出、调出资金、地区间援助支出和安排预算稳定调节基金。

练习与实训

一、名词解释

一般公共预算本级支出　政府性基金预算本级支出　国有资本经营预算本级支出　专用基金支出　财政专户管理资金支出　转移性支出

二、简答题

1. 财政支出包括哪些内容？
2. 什么是一般公共预算本级支出？一般公共预算支出如何分类？般公共预算本级支出如何核算？
3. 什么是政府性基金预算本级支出？基金预算支出是怎样分类的？
4. 什么是专用基金支出？应当如何核算？
5. 什么是资金调拨支出？它主要包括哪几项内容？

三、业务核算题

习题一

1. 目的：练习财政支出的核算。
2. 资料：某市财政发生下列经济业务。

（1）以财政授权支付的方式支付一般预算资金共计 300 000 元。具体科目和金额为：“一般公共服务——审计事务”50 000 元、“一般公共服务——纪检监察事务”40 000 元、“一般公共服务——国土资源事务”50 000 元、“社会保障和就业——自然灾害生活救助”60 000 元、“农林水事务——水利”100 000 元。

（2）以财政直接支付的方式支付基金预算资金共计380 000元。具体科目和金额为："教育——农村中小学校舍建设"150 000元，"交通运输——铁路运输"150 000元，"农林水——森林防火"80 000元。

3. 要求：根据上述经济业务编制会计分录。

习题二

1. 目的：练习财政转移性支出的核算。

2. 资料：某市财政发生下列经济业务。

（1）向所属某县财政拨付一般预算补助350 000元。

（2）按财政管理体制规定上解上级省财政政府性基金款项600 000元。

（3）为平衡一般预算，从基金预算结余中调出资金480 000元至一般预算。

3. 要求：根据上述经济业务编制会计分录。

第二十章 财政资产的核算

改进财政零余额账户运行的思考

随着财政国库集中支付制度改革的不断推进，从中央、省（自治区）自上而下的改革已落实到了县一级财政国库。按照财政国库管理制度改革精神和要求，实行零余额账户管理，建立国库单一账户体系，是改革的重头戏，对零余额账户的有效管理是实现改革目标的关键。

所谓零余额账户是财政部门或财政部门为预算单位而在商业银行开设的用于办理预算资金支付清算的账户，其日终余额在与设立在银行的国库单一账户清算后结零。零余额账户由财政零余额账户和单位零余额账户构成。各地根据改革大方向，结合本地情况确定了零余额账户运行办法，操作模式多种多样。但是在实际运行中仍然存在一些问题，需要我们注意。

一是零余额账户运行"离谱"。具体表现为：第一，预算单位违规支付范围及规模越来越大。由于受备用金额度限制，为了给单位零余额账户腾出隐藏资金空间，预算单位把一些应属于授权支付（现金）结算分散的、小额的支出集中到一个职工名下搞直接支付；把小规模（不足30人以下）的单位津贴、补助（公务员津补贴、事业人员绩效津贴打卡发放除外）等找银行搞直发，这使得单位的项目越来越多。第二，违反票据使用规定搞小额、零星支付。由于预算指标、用款计划间的项目、金额审批及录入不协调，又往往与实际支出出入较大，单位为了结清以前月份使用额度，不可避免地违反了"支付令"票据使用规定，1 000 元以下的支付业务比比皆是，开具"支付令"的金额有的仅几元、几十元、几百元等。

二是财政监管"盲区"依然存在。第一，财政零余额账户规避资金风险能力差。在实际工作中由于支付动态监控系统未上线试行，网络信息不对称等，预算单位极可能会凭借较小的风险约束来伪造虚假收款人，提供虚假收款人账户，伪造、变造或提供虚假合同、虚假申请等，一旦违规行为得逞，财政资金则会通过国库单一账户体系直接划出或转移到非法"收款人"账下。第二，单位零余额账户监管乏力。由于财政授权支付网络未开通，加之单位支出事宜由自己决定，并独立于财政监督之外，会给财政部门对单位零余额账户监管增加难度，财政监督显得乏力。如果遇上素质不高的财会人员，会利用管理上的漏洞乘虚而入，因此，骗取或转移财政性资金的现象会有发生。虽然支付中心建立了“审票”制度，实际上也只审到凭证“表面”，因此问题是现行模式中难以克服的。

思考：如何加强财政零余额账户的管理？

第一节　财政存款

一、财政存款的概念

财政存款是财政部门代表政府所掌管的财政资金。财政部门对其拥有支配权。总预算会计根据年度预算具体支配库款并负责管理、调度和统一收付。

按照财政资金的存放地点，财政存款分为国库存款、国库现金管理存款和其他财政存款。国库存款是各级总预算会计在国库的一般预算资金和基金预算资金的存款。国库现金管理存款是政府财政实行国库现金管理业务存放在商业银行的款项。其他财政存款是指未设国库的乡（镇）财政在专业银行的预算资金存款以及部分由财政部门指定存入专业银行的专用基金存款等。财政部门的预算资金除财政部有明确规定者外，一律由总预算会计统一在国库或指定的银行开立存款账户，不得在国家规定之外将预算资金或其他财政性资金任意转存其他金融机构。总会计的各种会计凭证，都只能用于转账结算，不得用以提取现金。

二、国库单一账户制度

1. 国库单一账户制度的概念

所谓国库单一账户制度是指将政府所有财政性资金集中在国库或国库指定的代理银行开户，所有财政收入直接缴入这一账户，所有财政支出直接通过这一账户拨付的财政资金管理制度。

在建立国库单一账户之前，财政资金的使用程序是，预算单位向财政部门提出用款申请，财政部门审核后，按规定将款项拨付至预算单位在银行开设的账户。预算单位如何使用财政资金，财政部门难以实施有效的监督和控制。建立国库单一账户，财政资金集中存储在国库开设的单一账户中，预算单位需要支用财政资金时，向财政部门提出支付申请，由财政部门进行审核，向国库开出支付凭证，从国库单一账户中支付款项。这个过程中财政部门能够随时掌握各预算单位每一笔资金的使用情况。

2. 国库单一账户体系

国库单一账户体系由财政部门开设的银行账户、财政部门为预算单位开设的银行账户以及特设银行账户组成。

财政部门开设的银行账户主要有：①在中国人民银行开设的国库单一账户。该账户为国库存款账户，用于记录、核算和反映纳入预算管理的财政收入和支出活动。②在商业银行开设财政零余额账户，该账户为过渡性质账户，用于财政直接支付以及与国库单一账户进行清算。③在商业银行开设的财政专户，用于记录、核算和反映未纳入预算并实行财政专户管理的资金收入和支出活动。

财政部门为预算单位开设的银行账户主要有：①在商业银行为预算单位开设的零余额账

户，该账户为过渡性质账户，是预算单位的一个授权支付用款额度，用于财政授权支付以及与国库单一账户进行清算。②经批准开设的特殊过渡性专户，该账户用于核算和反映预算单位的特殊专项支出活动，并用于与国库单一账户进行清算。

小资料 美国州和地方政府的会计规范

美国州和地方政府的会计规范，内容复杂但层次结构清楚。美国政府会计准则委员会（Governmental Accounting Standards Board，GASB）是美国制定州和地方政府会计规范的权威机构。GASB 隶属于财务会计基金会（Financial Accounting Foundation，即 FAF）。GASB 的成员由 FAF 任命，目前共有 7 人，主席 1 人为专职，其余 6 人为兼职。GASB 的日常费用由 FAF 依靠企业、会计职业组织、债务信用评估机构、各级政府等方面的捐助来解决。由于财务支持来源于多方，而且 FAF 并不与某一具体组织或者政府发生单独的密切联系，因而人们通常将 FAF 及其下属的 GASB 称为独立的会计准则制定机构。

美国州和地方政府会计规范的层次结构从上到下表现如下。

（1）GASB 制定发布的会计准则公告（Statements）及其解释（Interpretation）。经 GASB 特别确认的由美国注册会计师协会制定发布的对州和地方政府适用的会计准则公告，也属于这一层次。

（2）GASB 制定发布的技术公报（Technical Bulletins）。由美国注册会计师协会（AICPA）制定发布的行业审计指南以及立场公告，如果是特别为州和地方政府所作的，经 GASB 确认也属于这一层次。

（3）AICPA 下属会计准则执行委员会制定发布的实务公报（Practice Bulletins），如果是特别为州和地方政府而作的，经 GASB 确认归入这一层次。另外，由 GASB 组建的会计师小组，对某些适用于州和地方政府的会计问题经研究达成的一致意见也归入这一层次。

（4）由 GASB 的干事印发的补充指南。在州和地方政府广为流行的会计实务，也属于这一层次。

（5）其他会计文献，包括 GASB 制定发布的概念公告以及 AICPA 和美国财务会计准则委员会（FASB）并不是特别为州和地方政府制定的有关公告。

三、财政存款的核算

为了核算财政存款业务，财政总预算会计应设置“国库存款”、“国库现金管理存款”和“其他财政存款”三个总账科目。

“国库存款”科目，核算政府财政存放在国库单一账户的款项。本科目可按一般预算存款、基金预算存款和国有资本经营预算存款进行明细核算。财政总预算会计收到预算收入时，根据国库报来的预算收入日报表入账。办理库款支付时，根据支付凭证回单入账。

“国库现金管理存款”科目，核算政府财政实行国库现金管理业务存放在商业银行的款项。期末借方余额反映政府财政实行国库现金管理业务持有的存款。

“其他财政存款”科目，用来核算政府财政未列入“国库存款”、“国库现金管理存款”科目反映的各项存款。期末借方余额反映政府财政持有的其他财政存款。“其他财政存款”科目应根据经办银行报来的收入日报表或银行收款通知入账，按资金性质和存款银行等进行明细核算。

【例 20-1】某市财政发生如下业务。

（1）收到国库报来预算收入日报表，列明本日一般公共预算本级收入 330 000 元，政府性基金预算本级收入 150 000 元。

借：国库存款——一般预算存款　　330 000

　　　　　　——基金预算存款　　150 000

　　贷：一般公共预算本级收入　　330 000

　　　　政府性基金预算本级收入　　150 000

（2）为平衡预算向省财政厅借款 360 000 元，款项已存入国库。

借：国库存款——一般预算存款　　360 000

　　贷：与上级往来　　360 000

（3）根据国库报来的分成收入计算日报表，所属某县上解的一般预算收入为 30 000 元。

借：国库存款——一般预算存款　　30 000

　　贷：上解收入　　30 000

（4）根据批准拨款数，开出拨款凭证拨付水利局农田水利经费 2 600 000 元。

借：一般公共预算本级支出　　2 600 000

　　贷：国库存款——一般预算存款　　2 600 000

【例 20-2】某乡财政发生如下业务。

（1）未设国库的乡收到上级财政拨来的专用基金 45 000 元，款项存入某商业银行的其他财政存款科目。

借：一般公共预算本级支出　　45 000

　　贷：专用基金收入　　45 000

（2）该乡支付给农技站的经费合计 19 000 元。

借：一般公共预算本级支出　　19 000

　　贷：其他财政存款　　19 000

第二节　债权和股权类资产

一、有价证券

有价证券是指政府财政按照有关规定取得并持有的政府债券。财政总预算会计只能用各项财政结余购买国家指定的政府债券。有价证券视同货币资产进行管理。

为核算有价证券，财政总预算会计应设置“有价证券”科目。其借方登记有价证券的增加数，贷方登记有价证券的减少数；期末借方余额反映有价证券的实际库存数。本科目应按有价证券种类设置明细账。购入有价证券，按照实际支付的金额，借记“有价证券”科目，贷记“国库存款”、“其他财政存款”科目；转让或到期兑付有价证券时，按照实际收到的金额，借记“国库存款”、“其他财政存款”等科目，按照该有价证券的账面余额，贷记“有价证券”科目，按其差额，贷记“一般公共预算本级收入”等科目。

【例 20-3】某市财政发生如下业务。

（1）用一般预算结余购买国库券 230 000 元。

借：有价证券——国库券　　230 000

　　贷：国库存款——一般预算存款　　230 000

（2）以前年度用一般预算结余购买国库券到期兑付本金 120 000 元，利息收入 17 000 元。

借：国库存款——一般预算存款　　120 000

　　贷：有价证券——国库券　　120 000

借：国库存款——一般预算存款　　17 000

　　贷：一般公共预算本级收入——其他收入　　17 000

（3）用基金预算结余购买特种国债 98 000 元。

借：有价证券——特种国债　　98 000

　　贷：国库存款——基金预算存款　　98 000

（4）用基金预算结余购买的特种国债到期兑付本金 56 000 元，利息收入 7 000 元。

借：国库存款——基金预算存款　　56 000

　　贷：有价证券——特种国债　　56 000

借：国库存款——基金预算存款　　7 000

　　贷：政府性基金预算本级收入——其他收入　　7 000

二、应收转贷款

应收转贷款是指政府财政将借入的资金转贷给下级政府财政的款项，包括应收地方政府债券转贷款、应收主权外债转贷款等。

1. 应收地方政府债券转贷款

为核算本级政府财政转贷给下级政府财政的地方政府债券资金的本金及利息，总会计应设置“应收地方政府债券转贷款”科目。本科目下应当设置“应收地方政府一般债券转贷款”和“应收地方政府专项债券转贷款”明细科目，其下分别设置“应收本金”和“应收利息”两个明细科目，并按照转贷对象进行明细核算。

向下级政府财政转贷地方政府债券资金时，按照转贷的金额，借记“债务转贷支出”科目，贷记“国库存款”科目；根据债务管理部门转来的相关资料，按照到期应收回的转贷本金金额，借记“应收地方政府债券转贷款”科目，贷记“资产基金—应收地方政府债券转贷款”科目。期末确认地方政府债券转贷款的应收利息时，根据债务管理部门计算出的转贷款本期应收未收利息金额，借记“应收地方政府债券转贷款”科目，贷记“资产基金—应收地方政府债券转贷款”科目。收回下级政府财政偿还的转贷款本息时，按照收回的金额，借记“国库存款”等科目，贷记“其他应付款”或“其他应收款”科目；根据债务管理部门转来的相关资料，按照收回的转贷款本金及已确认的应收利息金额，借记“资产基金—应收地方政府债券转贷款”科目，贷记“应收地方政府债券转贷款”科目。

【例 20-4】省财政厅转贷某市地方政府债券 80 000 000 元，专项用于该市安居工程建设，归还期 3 年，利率 1.7%，年末计提利息，本息到期一次归还。

① 转贷资金时。

借：债务转贷支出　　80 000 000

　　贷：国库存款　　80 000 000

借：应收地方政府债券转贷款——应收地方政府专项债券转贷款（应收本金）

80 000 000

贷：资产基金—应收地方政府债券转贷款 80 000 000

② 年末计提利息。

借：应收地方政府债券转贷款——应收地方政府专项债券转贷款（应收利息）

1 360 000

贷：资产基金—应收地方政府债券转贷款 1 360 000

③ 到期时。

借：国库存款 84 080 000

贷：其他应收款 84 080 000

借：资产基金—应收地方政府债券转贷款 84 080 000

贷：应收地方政府债券转贷款——应收地方政府专项债券转贷款（应收本金）

80 000 000

——应收地方政府专项债券转贷款（应收利息）

4 080 000

2. 应收主权外债转贷款

为核算本级政府财政转贷给下级政府财政的外国政府和国际金融组织贷款等主权外债资金的本金及利息，总会计应设置“应收主权外债转贷款”科目。本科目下应当设置“应收本金”和“应收利息”两个明细科目，并按照转贷对象进行明细核算。

本级政府财政支付转贷资金时，根据转贷资金支付相关资料，借记“债务转贷支出”科目，贷记“其他财政存款”科目；根据债务管理部门转来的相关资料，按照实际持有的债权金额，借记“应收主权外债转贷款”科目，贷记“资产基金—应收主权外债转贷款”科目。期末确认主权外债转贷款的应收利息时，根据债务管理部门计算出转贷款的本期应收未收利息金额，借记“应收主权外债转贷款”科目，贷记“资产基金—应收主权外债转贷款”科目。收回转贷给下级政府财政主权外债的本息时，按照收回的金额，借记“其他财政存款”科目，贷记“其他应付款”或“其他应收款”科目；根据债务管理部门转来的相关资料，按照实际收回的转贷款本金及已确认的应收利息金额，借记“资产基金—应收主权外债转贷款”科目，贷记“应收主权外债转贷款”科目。

三、股权投资

股权投资是指政府持有的各类股权投资资产，包括国际金融组织股权投资、投资基金股权投资、国有企业股权投资等。

为核算政府持有的各类股权投资，总会计应设置“股权投资”科目。本科目应当按照“国际金融组织股权投资”、“投资基金股权投资”、“企业股权投资”设置一级明细科目，在一级明细科目下，可根据管理需要，按照被投资主体进行明细核算。对每一被投资主体还可按“投资成本”、“收益转增投资”、“损益调整”、“其他权益变动”进行明细核算。股权投资一般采用权益法进行核算。

1. 国际金融组织股权投资

政府财政代表政府认缴国际金融组织股本时，按照实际支付的金额，借记“一般公共预算本级支出”等科目，贷记“国库存款”科目；根据股权投资确认相关资料，按照确定的股权投资成本，借记“股权投资”科目，贷记“资产基金—股权投资”科目。从国际金融组织撤出股本时，按照收回的金额，借记“国库存款”科目，贷记“一般公共预算本级支出”科目；根据股权投资清算相关资料，按照实际撤出的股本，借记“资产基金—股权投资”科目，贷记“股权投资”科目。

2. 投资基金股权投资

政府财政对投资基金进行股权投资时，按照实际支付的金额，借记“一般公共预算本级支出”等科目，贷记“国库存款”等科目；根据股权投资确认相关资料，按照实际支付的金额，借记“股权投资”（投资成本）科目，按照确定的在被投资基金中占有的权益金额与实际支付金额的差额，借记或贷记“股权投资”（其他权益变动）科目，按照确定的在被投资基金中占有的权益金额，贷记“资产基金—股权投资”科目。投资基金存续期满、清算或政府财政从投资基金退出需收回出资时，政府财政按照实际收回的资金，借记“国库存款”等科目，按照收回的原实际出资部分，贷记“一般公共预算本级支出”等科目，按照超出原实际出资的部分，贷记“一般公共预算本级收入”等科目；根据股权投资清算相关资料，按照因收回股权投资而减少在被投资基金中占有的权益金额，借记“资产基金—股权投资”科目，贷记“股权投资”科目。

【例 20-5】某省财政厅代表政府出资参股设立中小企业发展基金，总规模 50 000 000 元，政府取得 20%的股权，支付价款 10 000 000 元。

借：一般公共预算本级支出　　10 000 000
　　贷：国库存款　　10 000 000
借：股权投资——投资成本　　10 000 000
　　贷：资产基金—股权投资　　10 000 000

3. 企业股权投资

企业股权投资的账务处理，根据管理条件和管理需要,参照投资基金股权投资的账务处理。

四、应收股利

应收股利是指政府因持有股权投资应当收取的现金股利或利润。总会计需设置“应收股利”科目，本科目应当按照被投资主体进行明细核算。

持有股权投资期间被投资主体宣告发放现金股利或利润的，按应上缴政府财政的部分，借记“应收股利”科目，贷记“资产基金—应收股利”科目；按照相同的金额，借记“资产基金—股权投资”科目，贷记“股权投资（损益调整）”科目。实际收到现金股利或利润，借记“国库存款”等科目，贷记有关收入科目；按照相同的金额，借记“资产基金—应收股利”科目，贷记“应收股利”科目。

【例 20-6】接上例，该投资基金运营良好，2015 年 4 月 30 日宣告分派 2014 年度现金股利 60 万元，政府按持股比例取得，全额上缴财政。

借：应收股利　　120 000
　　贷：资产基金——应收股利　　120 000
借：资产基金——股权投资　　120 000
　　贷：股权投资——损益调整　　120 000

收到现金股利时：

借：国库存款　　120 000

　　贷：一般公共预算本级收入　　120 000

借：资产基金——应收股利　　120 000

　　贷：应收股利　　120 000

第三节　在途款

一、在途款的概念

在途款是指在规定的库款报解整理期和决算清理期内，收到的应属于上年度收入的款项和收回的不应在上年度列支的款项。根据规定，年度终了后，支库应设置 10 天的库款报解整理期。在设置决算清理期的年度，库款报解整理期相应顺延。在库款报解整理期和决算清理期内，有些属于上年度的收入需要补充缴库，有些不合规定的支出需要收回。这些资金活动虽发生在新年度，但其会计事项应属于上一年度，所以应对这些会计事项进行过渡处理。

二、在途款的核算

为了核算在途款，财政总预算会计应设置“在途款”科目，在库款报解整理期内和决算清理期内收到属于上年度收入的款项时，上年度账上记入该科目借方，新年度账上记入该科目贷方；收回不应在上年度列支的款项时，上年度账上记入该科目贷方，新年度账上记入该账户借方。在记入新年度账上后，该科目无余额。

财政总预算会计决算清理期内收到属于上年度收入时，借记“在途款”科目，贷记有关收入科目；收回已拨用款单位的拨款或已列支出时，借记“在途款”科目，贷记“预拨经费”或有关支出科目；冲转在途款时，借记“国库存款”科目，贷记“在途款”科目。

【例 20-7】某市财政发生如下业务。

（1）在库款报解整理期内，收到国库报来预算收入日报表列示所属上年度的一般公共预算本级收入 87 000 元。

在上年度账上记为

借：在途款　　87 000

　　贷：一般公共预算本级收入　　87 000

在本年度新账上记为

借：国库存款　　87 000

　　贷：在途款　　87 000

（2）在决算清理期内收到国库报来的收回上年度单位预拨款 95 000 元。

在上年度账上记为

借：在途款　　95 000

　　贷：预拨经费　　95 000

在本年度新账上记为

借：国库存款　　95 000

　　贷：在途款　　95 000

第四节　暂付及应收款项

暂付及应收款项是指政府财政业务活动中形成的债权，包括与下级往来和其他应收款等。暂付及应收款项应当及时清理结算，不得长期挂账。

一、与下级往来

财政上下级之间，由于财政资金周转调度的需要，往往会发生下级财政向上级财政借款周转的业务。在年终财政体制结算中，也会发生下级财政向上级财政上解资金或上级财政向下级财政补助资金的业务。这类业务属于上下级财政间的待结算业务。对于上级财政来说，这类业务即属于与下级往来业务。

为了核算上下级财政之间的往来款项，应设置“与下级往来”科目。该科目用来核算与下级财政的往来结算款项，借方登记借出数，贷方登记收回数或转作补助支出数。本科目借方余额反映下级财政应归还本级财政的款项；本科目贷方余额，反映本级财政欠下级财政的款项。本科目应及时清理结算，对转作补助支出的部分，应在当年结清，其他年终未能结清的余额结转下年。

【例 20-8】某市财政发生如下业务。

（1）某市财政局同意某县财政局申请，借给临时周转金 700 000 元。

借：与下级往来　　700 000

　　贷：国库存款　　700 000

（2）将借给所属县的往来款项 180 000 元转作对该县的补助。

借：补助支出　　180 000

　　贷：与下级往来　　180 000

（3）收回某县向市财政局借款 75 000 元。

借：国库存款　　75 000

　　贷：与下级往来　　75 000

二、其他应收款

其他应收款是指政府财政临时发生的其他应收、暂付、垫付款项。总会计应设置“其他应收款”科目，按照资金性质、债务单位等进行明细核算。项目单位拖欠外国政府和国际金融组织贷款本息和相关费用导致相关政府财政履行担保责任，代偿的贷款本息费，也通过本科目核算。

发生其他应收款项时，借记“其他应收款”科目，贷记“国库存款”、“其他财政存款”等科目。收回或转作预算支出时，借记“国库存款”、“其他财政存款”或有关支出科目，贷记“其他应收款”科目。本科目应及时清理结算。年终，原则上应无余额。

【例 20-9】某市财政发生如下业务。

（1）市教育局因修理危险校舍，向市财政紧急借款 160 000 元。

借：其他应收款——市教育局　　160 000

　　贷：国库存款　　160 000

（2）经研究，上述修理校舍款项已落实预算转作一般预算支出。

借：一般公共预算本级支出　　160 000
　　贷：其他应收款——市教育局　　160 000

第五节　预拨及借出款项

一、预拨经费

预拨经费是指财政部门用预算资金预拨给行政事业单位的尚未列入预算支出的经费。主要包括年度预算执行中预拨给用款单位应在以后各期列支的经费和年度终了前预拨给用款单位下年度的经费款。预拨经费应控制在计划规定的额度之内，不得任意预拨；预拨经费应按照用款单位经费领报关系预拨，凡有上级主管部门的单位，不能直接与各级财政部门发生经费领报关系；预拨经费应在规定的列支期限内及时列作支出，不能长期挂账。

为了核算预拨经费，财政总预算会计应设置“预拨经费”科目，本科目借方登记财政拨款数，贷方登记各单位缴回财政机关数，借方余额反映尚未转列支出或尚待收回的预拨经费数。预拨经费时，财政总预算会计借记“预拨经费”科目，贷记“国库存款”等科目；转列支出或收到用款单位缴回时，借记“一般公共预算本级支出”、“国库存款”等科目，贷记“预拨经费” 科目。

【例 20-10】某县财政尚未实行国库集中支付制度改革。该县财政总预算会计发生下列经济业务。

（1）预拨给其所属某单位下一年度一般预算经费 630 000 元。

借：预拨经费——某单位　　630 000
　　贷：国库存款——一般预算存款　　630 000

（2）将预拨给上述某单位的经费 560 000 元转为预算支出，收回余款 70 000 元。

借：一般公共预算本级支出　　560 000
　　国库存款　　70 000
　　贷：预拨经费　　630 000

二、借出款项

借出款项是指政府财政按照对外借款管理相关规定借给预算单位临时急需的，并需按期收回的款项。总会计需设置“借出款项”科目，借方余额反映政府财政借给预算单位尚未收回的款项。本科目应当按照借款单位等进行明细核算。

将款项借出时，按照实际支付的金额，借记“借出款项”科目，贷记“国库存款”等科目。收回借款时，按照实际收到的金额，借记“国库存款”等科目，贷记“借出款项”科目。

【例 20-11】市环保局因开展专项活动需要，向市财政紧急借款 50 万元，3 个月后归还。

借：借出款项——市环保局　　500 000
　　贷：国库存款　　500 000

知识总结

（1）财政存款是指财政部门代表政府所掌管的财政资金。按照财政资金的存放地点，财政存款分为国库存款、国库现金管理存款和其他财政存款。

（2）有价证券是指政府财政按照有关规定取得并持有的政府债券。应收转贷款是指政府财政将借入的资金转贷给下级政府财政的款项，包括应收地方政府债券转贷款、应收主权外债转贷款等。股权投资是指政府持有的各类股权投资资产，包括国际金融组织股权投资、投资基金股权投资、国有企业股权投资等。应收股利是指政府因持有股权投资应当收取的现金股利或利润。

（3）在途款是指在规定的库款报解整理期和决算清理期内，收到的应属于上年度收入的款项和收回的不应在上年度列支的款项或其他需要作为在途款过渡的资金数。

（4）暂付及应收款项是指政府财政业务活动中形成的债权，包括与下级往来和其他应收款等。

（5）预拨经费是指财政部门用预算资金预拨给行政事业单位的尚未列入预算支出的经费。借出款项是指政府财政按照对外借款管理相关规定借给预算单位临时急需的，并需按期收回的款项。

练习与实训

一、名词解释

财政存款　有价证券　应收地方政府债券转贷款　股权投资　与下级往来　预拨经费

二、简答题

1. 财政资产包括哪些内容？
2. 财政存款的管理原则是什么？
3. 财政存款核算应专设哪几个账户？它们分别核算什么内容？
4. 什么是国库单一账户制度？
5. 国库单一账户体系由哪些部分组成？
6. 如何核算与下级往来的业务？
7. 什么是在途款？应当如何核算？
8. 什么是预拨经费？其管理要求是什么？

三、业务核算题

习题一

1. 目的：练习财政资产的核算。
2. 资料：某市财政发生下列经济业务。

（1）在国库存款报解整理期内收到属于上一年度的一般预算收入 5 000 000 元。

（2）收到国库报来的通知，收到国库存款共计 250 000 元。其中，一般预算存款 150 000 元，基金预算存款 100 000 元。

（3）用一般预算结余资金购买中央财政发行的某类国债 700 000 元。

3. 要求：根据上述经济业务编制会计分录。

习题二

1. 目的：练习财政资产的核算。

2. 资料：某市财政发生下列经济业务。

（1）因所属某预算单位特殊情况急需资金，临时借给该单位一般预算款项 10 000 元。

（2）经研究，对借给某预算单位一般预算款项 10 000 元落实预算，转作一般预算支出。

（3）根据财政体制结算的规定，年终计算出下级某县财政应上解本市财政的一般预算款项计 200 000 元。

3. 要求：根据上述经济业务编制会计分录。

第二十一章 财政负债的核算

引入案例

地方债治理再破冰隐性债务不容忽视

根据审计署公布的数据显示，截至 2013 年 6 月底，地方政府负有偿还责任的债务约 11 万亿元，有媒体测算，按照上述偿债比例，2013 年地方政府需偿还债务或为 2.4 万亿元。

2014 年上半年，受宏观经济增速放缓、地方财政增速回落以及土地和房地产市场调整等因素影响，地方政府偿债压力进一步增大，化解地方性债务风险问题再度被提上日程。由于我国的地方政府债务呈现出总余额数量巨大、债务构成复杂、隐蔽性强等特点，如果得不到有效抑制，地方政府债务危机或不可避免，将影响到经济稳定运行与社会稳定。

面对这一日趋严峻的问题，财政部部长楼继伟曾在公开场合强调，要坚决制止地方政府违法违规举债行为，研究赋予地方政府依法适度举债融资权限，建立以政府债券为主体的地方政府举债融资机制，将地方政府性债务分门别类纳入政府预算统一管理，开展地方政府债券自发自还试点。5 月 21 日，经国务院批准，开始在上海、浙江、广东、深圳、江苏、山东、北京、江西、宁夏、青岛试点地方政府债券自发自还。目前，广东省、山东省已完成首批试点债券招标发行工作。“自发自还”试点陆续启动，意味着政府举债“阳光化”改革正在逐渐步入正轨。

“地方政府隐性债务增长速度也不容忽视。”建行首席经济学家黄志凌表示：“如承诺的社会福利越来越多，维护区域稳定、承担社会道义责任的压力越来越大等。部分地区的政府性债务已经严重超过了财政承受能力，过高的偿债压力迫使地方政府不得不举债度日，新增债务规模越来越大，问题也越来越严重，拆东墙补西墙的方式如果难以为继，将会引发流动性风险。”

思考：如何加强政府负债的核算以管控政府债务风险?

第一节 应付及暂收款项

应付及暂收款项是指往来结算中形成的债务，如财政与其他部门结算中发生的其他应付款、与上级往来款项及收到其他性质不明的款项等。

一、与上级往来

与上级往来是指上下级财政之间由于财政资金的周转调度以及预算补助、上解结算等事项而形成的债务。为了核算与上级财政的往来结算款项，财政总预算会计应设置“与上级往来”科目。本科目贷方登记借入数或体制结算中应上交上级财政款项，借方登记归还数或转作上级补助收入数。本科目贷方余额，反映本级财政欠上级财政的款项，借方余额为上级财政欠本级财政的款项。本科目应及时清理结算，年终未能结清的余额，结转下年。

【例 21-1】某市财政发生如下业务。

（1）向省财政借款 1 500 000 元，款项存入一般预算存款户。

借：国库存款——一般预算存款　　1 500 000
　　贷：与上级往来　　1 500 000

（2）将上述借款中的 750 000 元归还省财政，另外，经批准 750 000 元转作该市预算补助款。

借：与上级往来　　750 000
　　贷：国库存款——一般预算存款　　750 000
借：与上级往来　　750 000
　　贷：补助收入　　750 000

二、其他应付款

其他应付款是指各级财政部门在预算执行过程中与各预算单位之间发生的应付、暂收和收到不明性质的款项。为了核算这些款项，财政总预算会计应设置“其他应付款”科目。本科目贷方登记临时发生的应付、暂收和收到不明性质的款项的增加数，借方登记退还或转作收入的数额，期末贷方余额反映尚未结清的其他应付款数额。本科目应按资金性质、债权单位或款项来源设置明细账。

【例 21-2】某市财政总预算会计发生如下其他应付款业务。

（1）收到某单位性质不明的预算缴款 7 000 元，列作其他应付款。

借：国库存款　　7 000
　　贷：其他应付款——某单位　　7 000

（2）上述性质不明的款项中，有 5 000 元是罚没收入，转作一般公共预算本级收入。

借：其他应付款——某单位　　5 000
　　贷：一般公共预算本级收入　　5 000

（3）上述性质不明的款项中，另 2 000 元是错收的罚款，需退还被罚者。经核准后，办理退库。

借：其他应付款——某单位　　2 000
　　贷：国库存款　　2 000

第二节　应付政府债券

应付政府债券是指政府财政采用发行政府债券方式筹集资金而形成的负债，包括应付短期政府债券和应付长期政府债券。

一、应付短期政府债券

应付短期政府债券是指政府财政部门以政府名义发行的期限不超过 1 年（含 1 年）的国

债和地方政府债券的应付本金和利息。总会计需设置“应付短期政府债券”科目，本科目下应当设置“应付国债”、“应付地方政府一般债券”、“应付地方政府专项债券”等一级明细科目，在一级明细科目下，再分别设置“应付本金”、“应付利息”明细科目，分别核算政府债券的应付本金和利息。债务管理部门应当设置相应的辅助账，详细记录每期政府债券金额、种类、期限、发行日、到期日、票面利率、偿还本金及付息情况等。

实际收到短期政府债券发行收入时，按照实际收到的金额，借记“国库存款”科目，按照短期政府债券实际发行额，贷记“债务收入”科目，按照发行收入和发行额的差额，借记或贷记有关支出科目；根据债券发行确认文件等相关债券管理资料，按照到期应付的短期政府债券本金金额，借记“待偿债净资产—应付短期政府债券”科目，贷记“应付短期政府债券”科目。实际偿还本金时，借记“债务还本支出”科目，贷记“国库存款”等科目；根据债券兑付确认文件等相关债券管理资料，借记“应付短期政府债券”科目，贷记“待偿债净资产—应付短期政府债券”科目。实际支付利息时，借记“一般公共预算本级支出”或“政府性基金预算本级支出”科目，贷记“国库存款”等科目。

【例 21-3】中央财政发生如下业务。

（1）经全国人民代表大会批准，在国内发行一年期记账式国债，当日收到款项 10 000 000 元。

	借方	贷方
借：国库存款——一般预算存款	10 000 000	
贷：债务收入		10 000 000
借：待偿债净资产—应付短期政府债券	10 000 000	
贷：应付短期政府债券		10 000 000

（2）上述中央财政发行国内国库券 10 000 000 元到期。

	借方	贷方
借：债务还本支出	10 000 000	
贷：国库存款——一般预算存款		10 000 000

（3）偿付利息 400 000 元。

	借方	贷方
借：一般公共预算本级支出	400 000	
贷：国库存款——一般预算存款		400 000

二、应付长期政府债券

应付长期政府债券是指政府财政部门以政府名义发行的期限超过 1 年的国债和地方政府债券的应付本金和利息。总会计需设置“应付长期政府债券”科目，明细科目设置及账务处理参见应付短期政府债券。

第三节 应付转贷款

应付转贷款是指地方政府财政向上级政府财政借入转贷资金而形成的负债，包括应付地方政府债券转贷款和应付主权外债转贷款等。

一、应付地方政府债券转贷款

应付地方政府债券转贷款是指地方政府财政从上级政府财政借入的地方政府债券转贷款的本金和利息。总会计需设置“应付地方政府债券转贷款“科目，本科目下设置“应付地方政府一般债券转贷款”和“应付地方政府专项债券转贷款”一级明细科目，在一级明细科目下再分别设置“应付本金”和“应付利息”两个明细科目。

收到上级政府财政转贷的地方政府债券资金时，借记“国库存款”科目，贷记“债务转贷收入”科目；根据债务管理部门转来的相关资料，按照到期应偿还的转贷款本金金额，借记“待偿债净资产—应付地方政府债券转贷款”科目，贷记“应付地方政府债券转贷款“科目。偿还本级政府财政承担的地方政府债券转贷款本金时，借记“债务还本支出”科目，贷记“国库存款”等科目；根据债务管理部门转来的相关资料，按照实际偿还的本金金额，借记“应付地方政府债券转贷款“科目，贷记“待偿债净资产—应付地方政府债券转贷款”科目。偿还本级政府财政承担的利息时，借记“一般公共预算本级支出”或“政府性基金预算本级支出”科目，贷记“国库存款”等科目。

【例 21-4】某省财政转贷市地方政府债券资金 80 000 000 元用于水利工程建设，资金已到帐。

借：国库存款　　　　80 000 000

　　贷：债务转贷收入　　　　80 000 000

借：待偿债净资产—应付地方政府债券转贷款　　　　80 000 000

　　贷：应付地方政府债券转贷款　　　　80 000 000

二、应付主权外债转贷款

应付主权外债转贷款是指本级政府财政从上级政府财政借入的主权外债转贷款的本金和利息。总会计需设置“应付主权外债转贷款”科目，本科目下设置“应付本金”和“应付利息”两个明细科目。

收到上级政府财政转贷的主权外债资金时，借记“其他财政存款”科目，贷记“债务转贷收入”科目；根据债务管理部门转来的相关资料，按照实际承担的债务金额，借记“待偿债净资产—应付主权外债转贷款”科目，贷记“应付主权外债转贷款”科目。偿还本级政府财政承担的借入主权外债转贷款的本金时，借记“债务还本支出”科目，贷记“其他财政存款”等科目；根据债务管理部门转来的相关资料，按照实际偿还的本金金额，借记“应付主权外债转贷款”科目，贷记“待偿债净资产—应付主权外债转贷款”科目。偿还利息时，借记“一般公共预算本级支出”等科目，贷记“其他财政存款”等科目。

第四节　借入款项及其他负债

一、借入款项

借入款项是指政府财政部门以政府名义向外国政府和国际金融组织等借入的款项，以及经国务院批准的其他方式借入的款项。总会计需设置“借入款项”科目，本科目下应当设置“应付本金”、“应付利息”明细科目，分别对借入款项的应付本金和利息进行明细核算，还应当按照债权人进行明细核算。债务管理部门应当设置相应的辅助账，详细记录每笔借入款项的期限、借入日期、偿还及付息情况等。

本级政府财政收到借入的主权外债资金时，借记“其他财政存款”科目，贷记“债务收入”科目；根据债务管理部门转来的相关资料，按照实际承担的债务金额，借记“待偿债净资产—借入款项”科目，贷记“借入款项”科目。偿还本金时，借记“债务还本支出”科目，贷记“国库存款”、“其他财政存款”等科目；根据债务管理部门转来的相关资料，按照实际偿还的本金金额，借记“借入款项”科目，贷记“待偿债净资产—借入款项”科目。偿还利息时，借记“一般公共预算本级支出”等科目，贷记“国库存款”、“其他财政存款”等科目。

【例 21-5】经全国人民代表大会的批准向国外举借债务折合人民币 5 000 000 元。

借：其他财政存款　　5 000 000

　　贷：债务收入　　5 000 000

借：待偿债净资产—借入款项　　5 000 000

　　贷：借入款项　　5 000 000

二、其他负债

其他负债是指政府财政因有关政策明确要求其承担支出责任的事项而形成的应付未付款项。总会计需设置“其他负债”科目，本科目应当按照债权单位和项目等进行明细核算。

有关政策已明确政府财政承担的支出责任，按照确定应承担的负债金额，借记“待偿债净资产”科目，贷记“其他负债”科目。实际偿还负债时，借记有关支出等科目，贷记“国库存款”等科目，同时，按照相同的金额，借记“其他负债”科目，贷记“待偿债净资产”科目。

知识总结

（1）与上级往来是指上下级财政之间由于财政资金的周转调度以及预算补助、上解结算等事项而形成的债务。其他应付款是指各级财政部门在预算执行过程中与各预算单位之间发生的应付、暂收和收到不明性质的款项。

（2）应付政府债券是指政府财政采用发行政府债券方式筹集资金而形成的负债，包括应付短期政府债券和应付长期政府债券。

（3）应付转贷款是指地方政府财政向上级政府财政借入转贷资金而形成的负债，包括应付地方政府债券转贷款和应付主权外债转贷款等。

（4）借入款项是指政府财政部门以政府名义向外国政府和国际金融组织等借入的款项，以及经国务院批准的其他方式借入的款项。其他负债是指政府财政因有关政策明确要求其承担支出责任的事项而形成的应付未付款项。

练习与实训

一、名词解释

与上级往来　其他应付款　应付政府债券　应付转贷款　借入款项　其他负债

二、简答题

1. 财政总预算会计中的负债包括哪些内容？
2. 什么是其他应付款？应当如何核算？

3. 什么是与上级往来？应当如何核算？

4. 什么是借入款项？应当如何核算？

三、业务核算题

习题一

1. 目的：练习财政负债的核算。

2. 资料：某市财政发生下列经济业务。

（1）上解本级财政应向上级某省财政上解的预算款项计 1 000 000 元。其中，一般预算款项 600 000 元，政府性基金预算款项 400 000 元。

（2）收到上级某省财政补助的一般预算款项计 380 000 元。

（3）因财政预算资金周转的需要，向上级某省财政借入一般预算款项 500 000 元。

3. 要求：根据上述经济业务编制会计分录。

习题二

1. 目的：练习财政负债的核算。

2. 资料：某市财政发生下列经济业务。

（1）一般预算存款账户收到某单位性质不明的缴款 50 000 元。

（2）在国内发行国债，收到款项 500 000 元。

（3）发行的国债到期，以一般预算存款偿还本金 500 000 元，利息 80 000 元。

3. 要求：根据上述经济业务编制会计分录。

第二十二章　财政净资产的核算

引入案例

全国社保基金预算至今年末将结余4万亿元

财政部社会保障司昨日公布了 2013 年全国社会保险基金预算情况。汇总中央和地方预算，全国社会保险基金 2013 年年末滚存结余 40 943 亿元，其中企业职工基本养老保险基金年末滚存结余将达到 24 010 亿元。

数据显示，汇总中央和地方预算，2013 年全国社会保险基金收入 32 829 亿元，比上年增长 9.9%，其中保险费收入 24 664 亿元，财政补贴收入 7 180 亿元；支出 27 913 亿元，比上年增长 16.8%；本年收支结余 4 915 亿元，年末滚存结余 40 943 亿元。

分险种来看：企业职工基本养老保险基金今年预算收入 18791 亿元，比上年增长 8.2%，其中保险费收入 15 501 亿元，财政补贴收入 2 669 亿元；支出 16 460 亿元，比上年增长 17.4%；本年收支结余 2 331 亿元，年末滚存结余 24 010 亿元。

思考：财政总预算会计核算的结余有哪些？

第一节　总预算会计各项结转结余的核算

净资产是指资产减去负债的差额。财政总预算会计的净资产包括各类结转结余、预算周转金、预算稳定调节基金、资产基金和待偿债净资产。结转结余是指财政收支的执行结果，即收入减去支出后的差额，是下年度可以结转使用或重新安排使用的资金，包括一般公共预算结转结余、政府性基金预算结转结余、国有资本经营预算结转结余、专用基金结余和财政专户管理资金结余。各项结转结余应每年结算一次。年终将各项收入与相应的支出冲销后，即为该项资金的当年结转结余。当年结转结余加上年年末滚存结转结余为本年年末滚存结转结余。

一、一般公共预算结转结余

一般公共预算结转结余是指一般公共预算收入与一般公共预算支出相抵后的差额。它是各级财政预算收支的年终执行结果。

为了核算各级财政预算收支的年终执行结果，财政总预算会计应设置“一般公共预算结转结余”科目。各级财政年终转账时，财政部门应借记“一般公共预算本级收入”、“补助收入”、“上解收入”、“调入资金”等科目，贷记“一般公共预算结转结余”科目；借记“一般公共预算结转结余”科目，贷记“一般公共预算本级支出”、“补助支出”、“上解支出”等科目。本科目年终贷方余额，反映本年的一般公共预算滚存结转结余。

【例 22-1】某市财政 2014 年 12 月 31 日年终结账发生如下预算结余业务，有关账户余额见表 22-1。

表 22-1　　年终结账前有关账户余额

收入类项目	贷方余额（元）	支出类项目	借方余额（元）
一般公共预算本级收入	30 000 000	一般公共预算本级支出	29 800 000
政府性基金预算本级收入	10 000 000	政府性基金预算本级支出	9 000 000
补助收入——一般预算补助	2 000 000	补助支出——一般预算补助	1 800 000
补助收入——基金预算补助	2 500 000	补助支出——基金预算补助	1 400 000
上解收入——一般预算	7 000 000	上解支出——一般预算	7 400 000
上解收入——基金预算	500 000	上解支出——基金预算	500 000
调入资金——一般预算	1 000 000	调出资金——基金预算	1 000 000

（1）将全年有关一般预算的各项收入结转“一般公共预算结转结余”科目。

借：一般公共预算本级收入　　30 000 000
　　补助收入——一般预算补助　　2 000 000
　　上解收入——一般预算　　7 000 000
　　调入资金——一般预算　　1 000 000
　　贷：一般公共预算结转结余　　40 000 000

（2）将全年有关一般预算的各项支出结转“一般公共预算结转结余”科目。

借：一般公共预算结转结余　　39 000 000
　　贷：一般公共预算本级支出　　29 800 000
　　　　补助支出——一般预算补助　　1 800 000
　　　　上解支出——一般预算　　7 400 000

二、政府性基金预算结转结余

政府性基金预算结转结余是指基金预算收入与基金预算支出相抵后的差额。它是各级财政管理的政府性基金收支的年终执行结果。

为了核算各级财政管理的政府性基金收支的年终执行结果，财政总预算会计应设置“政府性基金预算结转结余”科目。各级财政年终转账时，财政总预算会计应将“政府性基金预算本级收入”、“补助收入”、“上解收入”科目余额转入本科目贷方；将“政府性基金预算本级支出”、“补助支出”、“上解支出”、“调出资金”科目余额转入本科目借方。本科目年终贷方余额，反映本年政府性基金预算滚存结转结余，转入下年度。

【例 22-2】接【例 22-1】，2014 年 12 月 31 日年终结账发生如下政府性基金预算结转结余业务。

（1）将全年有关基金预算的各项收入结转“政府性基金预算结转结余”科目。

借：政府性基金预算本级收入　　10 000 000
　　补助收入——基金预算补助　　2 500 000
　　上解收入——基金预算　　500 000
　　贷：政府性基金预算结转结余　　13 000 000

（2）将全年有关基金预算的各项支出结转“政府性基金预算结转结余”科目。

借：政府性基金预算结转结余　　11 900 000
　　贷：政府性基金预算本级支出　　9 000 000
　　　　补助支出——基金预算补助　　1 400 000
　　　　上解支出——基金预算　　500 000
　　　　调出资金——基金预算　　1 000 000

三、国有资本经营预算结转结余

国有资本经营预算结转结余是各级财政部门管理的国有资本经营预算收支的年终执行结果，即国有资本经营预算收入减去国有资本经营预算支出以及国有资本经营预算调出资金后的差额。国有资本经营预算结余每年年终结算一次，平时不结算。

为核算国有资本经营预算结转结余，财政总预算会计应设置“国有资本经营预算结转结余”总账科目。年终转账时，财政总预算会计应将“国有资本经营预算本级收入”科目余额转入“国有资本经营预算结转结余”科目贷方，即借记“国有资本经营预算本级收入”科目，贷记“国有资本经营预算结转结余”科目；将“国有资本经营预算本级支出”、“调出资金——国有资本经营预算调出资金”科目余额转入“国有资本经营预算结转结余”科目借方，即借记“国有资本经营预算结转结余”科目，贷记“国有资本经营预算本级支出”、“调出资金——国有资本经营预算调出资金”等科目。本科目年终贷方余额，反映本年国有资本经营预算滚存结转结余，转入下年度。

【例 22-3】某市财政 2014 年 12 月 31 日年终结账时，有关国有资本经营预算收入科目的贷方余额如下：“国有资本经营预算本级收入——利润收入——烟草企业利润收入”560 000 元，“国有资本经营预算本级收入——利润收入——电力企业利润收入”340 000 元，“国有资本经营预算本级收入——股利股息收入”130 000 元，“国有资本经营预算本级收入——产权转让收入”20 000元，将全年国有资本经营预算本级收入科目贷方余额转入“国有资本经营预算结转结余”科目。其会计分录如下。

借：国有资本经营预算本级收入——利润收入——烟草企业利润收入　560 000
　　　　　　　　　　　　　　——利润收入——电力企业利润收入　340 000
　　　　　　　　　　　　　　——股利股息收入　130 000
　　　　　　　　　　　　　　——产权转让收入　20 000
　贷：国有资本经营预算结转结余　1 050 000

【例22-4】某市财政2014年12月31日年终结账时，有关国有资本经营预算本级支出科目的借方余额如下：“国有资本经营预算本级支出——教育支出”360 000元、“国有资本经营预算本级支出——节能环保支出”260 000元、“国有资本经营预算本级支出——农林水支出”280 000元、“调出资金——国有资本经营预算调出资金”95 000元，将全年国有资本经营预算支出科目借方余额转入“国有资本经营预算结转结余”科目。其会计分录如下。

借：国有资本经营预算结转结余　995 000
　贷：国有资本经营预算本级支出——教育支出　360 000
　　　国有资本经营预算本级支出——节能环保支出　260 000
　　　国有资本经营预算本级支出——农林水支出　280 000
　　　调出资金——国有资本经营预算调出资金　95 000

四、专用基金结余

专用基金结余是指专用基金收入与专用基金支出相抵后的差额。它是各级总预算会计管理的专用基金的年终执行结果。

为了核算总预算会计管理的专用基金收支的年终执行结果，财政总预算会计应设置“专用基金结余”科目。总预算会计年终转账时，将“专用基金收入”账户余额转入本科目，借记“专用基金收入”，贷记“专用基金结余”科目；将“专用基金支出”科目余额转入本账户，借记“专用基金结余”科目，贷记“专用基金支出”科目。本科目年终贷方余额，反映本年专用基金的滚存结余，转入下年度。

【例22-5】某市财政2014年12月31日年终结账发生如下专用基金结余业务。

（1）将全年专用基金收入680 000元结转“专用基金结余”账户。

借：专用基金收入　680 000
　贷：专用基金结余　680 000

（2）将全年专用基金支出600 000元结转“专用基金结余”账户。

借：专用基金结余　600 000
　贷：专用基金支出　600 000

五、财政专户管理资金结余

财政专户管理资金结余是指纳入财政专户管理的教育收费等资金收支的执行结果。

为了核算财政专户管理的资金结余，总预算会计应设置“财政专户管理资金结余”科目。年终转账时，财政总预算会计应将“财政专户管理资金收入”等有关科目余额转入“财政专户管理资金结余”科目贷方；将“财政专户管理资金支出”等有关科目余额转入“财政专户管理资金结余”科目借方。本科目年终贷方余额，反映未纳入预算并实行财政专户管理的资金收支相抵后的滚存结余，转入下年度。本科目根据管理需要，按部门进行明细核算。

第二节　预算周转金

一、预算周转金的概念

预算周转金是指为调剂预算年度内季节性收入与支出差额，保证及时用款而设置的周转资金。

预算的收与支往往是不一致的，虽然全年预算收支平衡，但月份之间、季度之间总是不平衡的。设置必要的预算周转金，是各级财政灵活调度预算资金的重要保证，各级财政如果没有一定的周转金，要完成预算收支任务是很困难的。各级财政为了平衡季节性预算收支，必须设置相应的预算周转金。

预算周转金一般从年度预算结余中提取设置、补充或由上级财政部门拨入。预算周转金由本级政府财政部门管理，只供平衡预算收支的临时周转使用，不能用于财政开支。已设置或补充的预算周转金，未经上级财政部门批准，不能随意减少。年终，预算周转金必须保持原核定数额，逐年结转。预算周转金存入国库存款账户，不另设存款户。

二、预算周转金的核算

财政总预算会计应设置“预算周转金”科目，设置或补充预算周转金时，借记“一般公共预算结转结余”科目，贷记“预算周转金”科目。

【例 22-6】某乡财政收到上级某县财政拨来的资金，设置预算周转金 500 000 元。

借：国库存款　　　　500 000

　　贷：预算周转金　　　　500 000

【例 22-7】某县财政用预算结余补充预算周转金 400 000 元。

借：一般公共预算结转结余　　　　400 000

　　贷：预算周转金　　　　400 000

第三节　预算稳定调节基金

一、预算稳定调节基金的概念

预算稳定调节基金是指各级财政为保持预算的稳定性通过超收安排的具有储备性质的基金。用于弥补短收年份预算执行的收支缺口，以及视预算平衡情况，在安排年初预算时调入并安排使用。预算稳定调节基金的安排使用接受同级人大及其常委会的监督。

二、预算稳定调节基金的核算

为了核算预算稳定调节基金的增减变动，总预算会计应设置“预算稳定调节基金”科目，安排或补充基金时在支出方反映，调入使用基金时在收入方反映。年度终了，财政总预算会计从财政超收收入中安排预算稳定调节基金时，借记“安排预算稳定调节基金”科目，贷记“预算稳定调节基金”科目；为弥补财政短收年份预算执行收支缺口，调用预算稳定调节基金时，借记“预算稳定调节基金”科目，贷记“动用预算稳定调节基金”科目。

【例 22-8】某省财政从本年度财政超收收入中安排 3 000 000 元用于增加预算稳定调节基金。

借：安排预算稳定调节基金　　3 000 000
　　贷：预算稳定调节基金　　3 000 000

【例 22-9】某省财政为了平衡本级预算，弥补收支缺口，从预算稳定调节基金中调入资金 1 700 000 元。

借：预算稳定调节基金　　1 700 000
　　贷：动用预算稳定调节基金　　1 700 000

第四节　资产基金和待偿债净资产

一、资产基金

资产基金是指政府财政持有的债权和股权投资等资产（与其相关的资金收支纳入预算管理）在净资产中占用的金额。总会计需设置“资产基金”科目，本科目下设置“应收地方政府债券转贷款”、“应收主权外债转贷款”、“股权投资”、“应收股利”等明细科目，进行明细核算。 资产基金的账务处理参见“应收地方政府债券转贷款”、“应收主权外债转贷款”、“股权投资”和“应收股利”的核算。

二、待偿债净资产

待偿债净资产是指政府财政承担应付短期政府债券、应付长期政府债券、借入款项、应付地方政府债券转贷款、应付主权外债转贷款、其他负债等负债（与其相关的资金收支纳入预算管理）而相应需在净资产中冲减的金额。总会计需设置“待偿债净资产”科目，本科目下设置“应付短期政府债券”、“应付长期政府债券”、“借入款项”、“应付地方政府债券转贷款”、“应付主权外债转贷款”、“其他负债”等明细科目，进行明细核算。待偿债净资产的账务处理参见“应付短期政府债券”、“应付长期政府债券”、“借入款项”、“应付地方政府债券转贷款”、“应付主权外债转贷款”和“其他负债”的核算。

知识总结

（1）结转结余是指财政收支的执行结果，即收入减去支出后的差额，是下年度可以结转使用或重新安排使用的资金，包括一般公共预算结转结余、政府性基金预算结转结余、国有资本经营预算结转结余、专用基金结余和财政专户管理资金结余。

（2）预算周转金是指为调剂预算年度内季节性收入与支出差额，保证及时用款而设置的周转资金。

（3）预算稳定调节基金是指各级财政为保持预算的稳定性通过超收安排的具有储备性质

的基金。

（4）资产基金是指政府财政持有的债权和股权投资等资产在净资产中占用的金额。待偿债净资产是指政府财政承担应付短期政府债券、应付长期政府债券、借入款项、应付地方政府债券转贷款、应付主权外债转贷款、其他负债等负债而相应需在净资产中冲减的金额。

练习与实训

一、名词解释

一般公共预算结转结余　政府性基金预算结转结余　国有资本经营预算结转结余　专用基金结余　财政专户管理资金结余　预算周转金　预算稳定调节基金　资产基金　待偿债净资产

二、简答题

1. 财政净资产包括哪些内容？
2. 什么是结转结余？结转结余具体包括哪些内容？
3. 什么是国有资本经营预算结余？如何核算？
4. 什么是专用基金结余？如何核算？
5. 什么是预算周转金？预算周转金的来源渠道有哪些？
6. 什么是预算稳定调节基金？它有什么作用？

三、业务核算题

习题一

1. 目的：练习一般公共预算结转结余和政府性基金预算结转结余的核算。
2. 资料：某市财政2014年12月31日年终结账前有关账户余额如表22-2所示。

表22-2

收入类项目	贷方余额（元）	支出类项目	借方余额（元）
一般公共预算本级收入	50 000 000	一般公共预算本级支出	30 800 000
政府性基金预算本级收入	23 000 000	政府性基金预算本级支出	22 000 000
补助收入——一般预算补助	4 000 000	补助支出——一般预算补助	5 800 000
补助收入——基金预算补助	2 500 000	补助支出——基金预算补助	2 400 000
上解收入——一般预算	7 000 000	上解支出——一般预算	7 400 000
调入资金——一般预算	1 000 000	调出资金——基金预算	1 000 000

3. 要求：根据上述经济业务编制年终结账的会计分录。

习题二

1. 目的：练习国有资本经营预算结转结余的核算。

2. 资料：某市财政2014年12月31日年终结账前有关国有资本经营预算收支科目的余额如下："国有资本经营预算本级收入——利润收入"480 000元、"国有资本经营预算本级收入——产权转让收入"190 000元、"国有资本经营预算本级支出——交通运输支出"520 000

元、“调出资金——国有资本经营预算调出资金”100 000元。

3. 要求：根据上述经济业务编制年终结账的会计分录。

第二十三章 财政总预算会计报表

人大代表“挑刺”后问题能否解决

2014年1月18日上午，广东省人代会分组审议财政预算报告，财政厅副厅长叶梅芬参加审议。当代表们追问“看财政预算报告像看天书一样”等问题时，叶梅芬两度欲离场。毋庸置疑，广东省人大代表“挑刺”财政预算报告，带了个好头，让网友眼前一亮，大呼过瘾。的确，2013年广东全省预算支出与实际支出差额达到700亿元，偌大的差额既无理由也无说明；学校周边修路、装路灯，被算作教育投入等，许多很明显的问题都被代表们提出来。另外，报告中有一个词语值得注意：“代编预算”，由谁代编？在什么基础上代编？数据出入到底有多大？拿一个有很大出入的“代编预算”交由省人大审议，是否有失严肃和严谨？都值得好好“挑刺”。

这份人大代表看不懂、编制人员答不上来的财政预算报告，暴露出的是其编制程序、方法的问题。此外，关于财政预算的编制形式也应该有所改进。有代表反映看财政报告像看天书一样，要真正研究看懂，太费时间。此言很有道理，财政预算主要来源于财务报表等相关资料，而财务报表都有明细科目，招待费、交通费等一目了然，财政预算在文字之外采用图表方式，可以清晰地反映政府收支的来源和去向，也更符合财政预算报告的本意和作用。

我们很乐于看见人大代表“挑刺”，说明代表们在严肃认真地履职，代表人民行使国家权力，与数十年只投赞成票的代表相比，人民参政议政的热情、能力和水平越来越高。然而，“叶梅芬两度欲离场”的隐情也不容小觑。财政厅副厅长欲离场，缘于财政预算报告相关资料、数据未真正“到场”，编制制度亟待变革，这不仅有利于充分发挥现代财政预算制度和人大代表制度的作用，更有利于政府的清正廉洁和高效。反之，若不改变这个根本问题，面对代表们的刨根问底，相关部门和人员很可能永远难以应答。

思考：应如何改进财政总预算会计报表使其更加科学准确？

第一节　总预算会计报表概述

一、财政总预算会计报表的概念

财政总预算会计报表是各级财政总会计根据会计账簿和有关资料，以统一规定的表格形式，总括反映一定时期总预算执行情况和财务状况的报告文件。

财政总预算会计报表是分析、检查总预算执行情况的重要依据，是各级政府和上级财政部门了解情况、掌握政策、指导预算执行工作的重要资料，也可作为编制下期预算的数字基础。各级财政机关必须定期汇编总预算会计报表，并定期向同级人民政府和上级财政机关报告本地区预算收支的执行情况，财政部定期向国务院报告国家预算收支情况。

二、财政总预算会计报表的种类

财政总预算会计报表按经济内容，可分为资产负债表、收入支出表、一般公共预算执行情况表、政府性基金预算执行情况表、国有资本经营预算执行情况表、财政专户管理资金收支情况表、专用基金收支情况表等会计报表和附注。财政总预算会计报表按编制时间，可分为旬报、月报和年报。旬报和月报的报送期限及编报内容应根据上级财政部门具体要求和本行政区域预算管理的需要办理。财政总预算会计报表按编制单位，可分为本级报表和汇总报表。

小资料　英国的非营利组织和政府会计准则

在英国，非营利组织往往被称为“志愿部门”或慈善组织，这些非营利组织一直比较兴盛，在整个国民经济中举足轻重，其支出相当于国内生产总值的4.8%，仅次于美国，相对规模居世界第二位。英国的非营利组织会计准则和企业会计准则都由英国会计准则理事会负责制定，并且要求强制执行。非营利组织会计准则并不自成体系，它只是对非营利组织特有的会计事项制定相关准则，对于非营利组织与企业相同的会计事项，则遵循企业会计准则的规定。在此基础上，一些非营利组织的行业协会根据其行业特点，研究制定非营利组织的会计实务公告（SOAP）和会计实务指南，其中会计实务公告比会计准则低一层次，但也要求强制执行，并且发布前需经英国会计准则理事会批准（据英国会计准则理事会的工作人员介绍，多数情况下，他们会参与行业协会起草制定会计实务公告的过程）。

英国中央政府和地方政府的会计准则由不同的机构负责制定。英国中央政府及20个政府部门的会计准则——《资源会计手册》，由英国财政部负责制定，不需要报经英国会计准则理事会批准，但其中多数会计原则均来自于英国公认会计原则(UKGAAP)；中央非政府公共团体(包括国有企业)、一些不按公司法设立的特殊的交易型基金组织也要求执行《资源会计手册》。另外，前几年英国专门成立了一个独立于政府部门之外的英国会计咨询委员会。该委员会的职责：一是负责审查《资源会计手册》，并有权向英国国会直接报告审查结果；二是推动中央政府会计核算实行权责发生制。英国地方政府及公共部门的会计准则由英国公共财务会计特许会计师协会负责起草，经英国会计准则理事会批准后发布执行。

三、会计报表的编制要求

各级总预算会计报表要做到数字正确，报送及时，内容完整。具体来说应符合以下要求。

（1）各级总预算会计要加强日常会计核算工作，督促有关单位及时记账、结账。所有预算会计单位都应在规定的期限内报出报表，以便主管部门和财政部门及时汇总。

（2）总预算会计报表的数字，必须根据核对无误的账户记录汇总。切实做到账表相符，有根有据，不能估列代编，更不能弄虚作假。

（3）总预算会计报表要严格按照统一规定的种类、格式、内容、计算方法和编制口径填制，以保证全国统一汇总和分析。汇总报表的单位，要把所属单位的报表汇集齐全，防止漏报。

第二节　总预算会计报表的编制

一、旬报的编制

旬报是指反映从月初至本旬为止主要预算收支完成情况的报表。旬报于每月上、中旬各报一次，下旬免报，以月报代替。按旬报送的主要是预算执行情况表，包括一般公共预算执行情况表、政府性基金预算执行情况表、国有资本经营预算执行情况表。旬报的具体内容和编制方法由财政部根据情况规定并逐级布置。

二、月报的编制

按月编制的报表主要有收入支出表、财政专户管理资金收支情况表、专用基金收支情况表，预算执行情况表也应当按月度编制。

收入支出表是反映政府财政在某一会计期间各类财政资金收支余情况的报表。收入支出表根据资金性质按照收入、支出、结转结余的构成分类、分项列示，如表 23-1 所示。

表 23-1　　收入支出表

编制单位：　　___年___月　　单位：元

项目	一般公共预算		政府性基金预算		国有资本经营预算		财政专户管理资金		专用基金	
	本月数	本年累计数	本月数	本年累计数	本月数	本年累计数	本月数	本年累计数	本月数	本年累计数
年初结转结余										
收入合计										
本级收入										
其中：来自预算安排的收入	—	—	—	—	—	—	—	—		
补助收入					—	—	—	—	—	—
上解收入					—	—	—	—	—	—
地区间援助收入			—	—	—	—	—	—	—	—
债务收入					—	—	—	—	—	—
债务转贷收入					—	—	—	—	—	—
动用预算稳定调节基金			—	—	—	—	—	—	—	—
调入资金					—	—	—	—	—	—
支出合计										
本级支出										

续表

项目	一般公共预算		政府性基金预算		国有资本经营预算		财政专户管理资金		专用基金	
	本月数	本年累计数	本月数	本年累计数	本月数	本年累计数	本月数	本年累计数	本月数	本年累计数
其中：权责发生制列支							—	—	—	—
预算安排专用基金的支出			—	—	—	—	—	—	—	—
补助支出					—	—	—	—	—	—
上解支出					—	—	—	—	—	—
地区间援助支出			—	—	—	—	—	—	—	—
债务还本支出					—	—	—	—	—	—
债务转贷支出					—	—	—	—	—	—
安排预算稳定调节基金			—	—	—	—	—	—	—	—
调出资金							—	—	—	—
结余转出			—	—	—	—	—	—	—	—
其中：增设预算周转金			—	—	—	—	—	—	—	—
年末结转结余										

注：表中有“—”的部分不必填列。

三、年报的编制

年报是指全面反映总预算收支执行结果的年度报表。财政总预算会计年报就是各级政府财政总决算。每年年度终了，各级财政部门都应当按照上级颁发的决算编报办法的要求，在认真进行年终清理和年终结账的基础上，正确、完整、及时地编好年度决算报表。年报编制的步骤如下。

1. 年终清理

年终清理是指年终时，总预算会计对年度预算收支及有关经济业务进行的全面清理、核对和结算。这是保证年报编制质量的一项重要准备工作。年终清理的主要事项有：

（1）核对年度预算收支数字。预算数字是考核决算和办理收支结算的依据，也是进行会计结算的依据。年终前，各级总预算会计，应配合预算管理部门把本级财政总预算与上、下级财政总预算和本级各单位预算之间的全年预算数核对清楚。追加追减、上划下划数字，必须在年度终了前核对完毕。为了便于年终清理，本年预算的追加追减和企事业单位的上划下划，一般截至 11 月底为止。各项预算拨款，一般截至 12 月 25 日为止。

（2）清理本年预算应收应支款项。凡属本年的一般预算收入，要认真清理、年终前必须如数交入国库。督促国库在年终库款报解整理期内，迅速报齐当年预算收入。凡属应当在本年预算支领报销的款项，非特殊原因也要在年终办理完毕。清理基金预算收支和专用基金收支。凡属应列入本年的收入，应及时催收，并纳入国库或指定的银行账户。

（3）组织征收机关和国库进行年度对账。年度终了后，按照国库制度的规定，支库应设置 10 天的库款报解整理期（设置决算清理期的年度，库款报解整理期相应顺延）。各经收处 12 月 31 日前所收款项均应在“库款报解整理期”内报达支库，列入当年决算。同时，各级国库要按年度决算对账办法编制收入对账单，分送同级财政部门、征收机关核对签章。保证财政收入数字的一致。

（4）清理核对当年拨款支出。各级总预算会计对本级各单位的拨款支出应与单位的拨款收入核对清楚。属于应收回的拨款，应及时收回，并按收回数相应冲减预算支出。属于预拨下年度的经费，不得列入当年预算支出。

（5）核实股权、债权和债务。财政部门内部相关资产、债务管理部门应于 12 月 20 日前向总会计提供与股权、债权、债务等核算和反映相关的资料。总会计对股权投资、借出款项、应收股利、应收地方政府债券转贷款、应收主权外债转贷款、借入款项、应付短期政府债券、应付长期政府债券、应付地方政府债券转贷款、应付主权外债转贷款、其他负债等余额应与相关管理部门进行核对，记录不一致的要及时查明原因，按规定调整账务，做到账实相符，账账相符。

（6）清理往来款项。各级财政的其他应收款、其他应付款等各种往来款项，要在年度终了前予以收回或归还。应转作各项收入或各项支出的款项，要及时转入本年有关收支账。

（7）进行年终财政结算。各级财政要在年终清理的基础上，于次年元月底前结清上下级财政总预算之间的预算调拨收支和往来款项。要按照财政管理体制的规定，计算出全年应补助、应上解和应返还数额，与年度预算执行过程中已补助、已上解和已返还数额进行比较，结合借垫款项，计算出全年最后应补或应退数额，填制“年终财政决算结算单”，经核对无误后，作为年终财政结算凭证，据以入账。

2. 年终结账

财政总预算会计经过年终清理结算，把各项结算收支记入旧账后，即可办理年终结账。年终结账工作，一般分为年终转账、结清旧账和记入新账 3 个环节。

（1）年终转账。首先要计算出各账户 12 月合计数和全年累计数，结出 12 月末余额，然后根据各账户 12 月末的余额，进行结账前的试算平衡，编制结账前资产负债表。试算平衡无误后再将收支类各科目余额全数结转至有关净资产类科目。

（2）结清旧账。将各个收入和支出账户的借方、贷方结出全年累计数，然后在下面划双红线，表示本账户全部结清。对年终有结余的账户，在“摘要”栏内注明“结转下年”字样，并在下面划双红线，表示旧账余额结清并转入新账。

（3）记入新账。根据年终结账后编制的资产负债表和有关明细账各账户的年终余额数明细表，不编制记账凭证，将表列各账户的余额直接记入新年度有关总账和明细账户预留空行的余额栏内，并在“摘要”栏内注明“上年结转”字样，以区别新年度发生数。

3. 年报的编制方法

资产负债表和附注应当至少按年度编制，此外，收入支出表、财政专户管理资金收支情况表、专用基金收支情况表和预算执行情况表也应当按年度编制。

资产负债表是反映政府财政在某一特定日期财务状况的报表。资产负债表应当按照资产、负债和净资产分类、分项列示，如表 23-2 所示。

表 23-2　　　　　　　　　　　　　资产负债表

编制单位：　　　　　　　　　　　____年___月___日　　　　　　　　　　　单位：元

资产	年初余额	期末余额	负债和净资产	年初余额	期末余额
流动资产：			流动负债：		
国库存款			应付短期政府债券		
国库现金管理存款			应付利息		
其他财政存款			应付国库集中支付结余		
有价证券			与上级往来		
在途款			其他应付款		
预拨经费			应付代管资金		
借出款项			一年内到期的非流动负债		
应收股利			流动负债合计		
应收利息			非流动负债：		
与下级往来			应付长期政府债券		
其他应收款			借入款项		
流动资产合计			应付地方政府债券转贷款		
非流动资产：			应付主权外债转贷款		
应收地方政府债券转贷款			其他负债		
应收主权外债转贷款			非流动负债合计		
股权投资			负债合计		
待发国债			一般公共预算结转结余		
非流动资产合计			政府性基金预算结转结余		
			国有资本经营预算结转结余		
			财政专户管理资金结余		
			专用基金结余		
			预算稳定调节基金		
			预算周转金		
			资产基金		
			减：待偿债净资产		
			净资产合计		
资产总计			负债和净资产总计		

各级总预算会计应先编出本级财政的资产负债表，然后与经审核无误的所属下级总预算会计汇总的资产负债表汇总编成本地区财政汇总的资产负债表。在汇编中，将本级财政的“与下级往来”和下级财政的“与上级往来”等核对无误后互相冲销，以免重复汇总。

第三节　总预算会计报表的审核和汇总

一、会计报表的审核

各级财政部门编制的的会计报表，必须进行认真审核，经审核无误的会计报表才能对外报送。对会计报表的审核，主要包括政策性审核和技术性审核两个方面。

1. 政策性审核

政策性审核是指从贯彻政策、执行制度等方面，对各项预算收支执行情况及其结果进行的审核。

预算收入应着重审查以下几个方面。

（1）属于本年的预算收入是否按照国家政策、预算管理体制和有关缴款办法，及时足额地缴入国库，是否有无故拖欠、截留、挪用国库收入的情况，是否将应缴的收入以暂存款挂在往来账上等。

（2）收入退库是否符合国家规定范围，对应列作预算支出或改列预算支出的款项，有无继续办理退库，仍作冲减收入处理，企业亏损退库是否控制在年度核定的计划指标以内，超计划亏损退库是否经过批准等。

（3）年终决算收入数与 12 月预算会计报表中全年累计数如有较大出入，要具体查明原因，属于违反财经纪律、转移资金的要及时纠正。

预算支出应着重审查以下几个方面。

（1）列入本年决算支出是否符合规定的年度，有无本年预拨下年度经费列入本年决算支出。

（2）决算支出是否按规定的列报口径列支。

（3）预算支出是否编列齐全，有无漏报现象，有无在国家核定的预算和计划之外任意扩大支出，提高标准，以及其他违反财政制度的开支。

（4）年终决算支出和 12 月会计报表所列全年累计支出数如有较大增加，要查明原因，重点查明超支和增支中有无违反财经纪律的情况。

2. 技术性审核

技术性审核是指从会计报表数字关系、数字计算的准确程度等方面，对各项预算收支执行情况及其结果进行的审核。

技术性方面应着重审核以下几个方面的问题：

（1）会计报表的栏目及填列是否完整，是否有漏项。

（2）会计报表内有关栏目之间是否符合表内勾稽关系。

（3）会计报表之间的有关数字是否一致，是否符合报表间勾稽关系。

（4）会计报表的年初数与上年数是否一致。

（5）决算报表的有关数字与其他有关部门年报的有关数字是否一致。

（6）列报上下级财政总决算之间、财政部门决算与单位决算之间有关上解、补助、暂收、暂付等往来款项的有关报表中的对应数字是否一致。

二、会计报表的汇总

除了编制反映本级政府财政资金情况的会计报表，财政总预算会计还要编制包含本级政府和所属下级政府财政资金情况的报表，称为汇总报表。

总预算会计报表要从基层单位开始，逐级层层汇总编报。单位预算会计报表是总预算会计报表的一个组成部分，必须从基层单位产生，由主管部门逐级汇总报同级财政部门，汇入总预算会计报表。

县级财政部门编制县本级及所属乡镇财政部门的汇总报表，市级财政部门编制市本级及所属各县、乡镇财政部门的汇总报表，以此类推。各级财政部门编制汇总报表时，将各个下级财政部门编制的下级财政部门汇总报表数据与本级财政部门报表数据进行汇总，编制本级财政部门的汇总报表。

各级财政部门按照统一的格式编制财政会计报表，在汇总时将各个需要汇总的报表相同栏目的数字相加，填列在汇总报表的相同栏目。财政总预算会计在汇总时注意将会造成汇总报表中能够引起重复计算的栏目数字进行抵销。

知识总结

1. 财政总预算会计报表是各级财政总会计根据会计账簿和有关资料，以统一规定的表格形式，总括反映一定时期总预算执行情况和财务状况的报告文件。财政总预算会计报表是分析、检查总预算执行情况的重要依据，是各级政府和上级财政部门了解情况、掌握政策、指导预算执行工作的重要资料，也可作为编制下期预算的数字基础。

2. 财政总预算会计报表按经济内容，可分为资产负债表、收入支出表、一般公共预算执行情况表、政府性基金预算执行情况表、国有资本经营预算执行情况表、财政专户管理资金收支情况表、专用基金收支情况表等会计报表和附注。

3. 资产负债表是反映政府财政在某一特定日期财务状况的报表。收入支出表是反映政府财政在某一会计期间各类财政资金收支余情况的报表。

4. 各级财政部门编制的会计报表，必须进行认真审核，经审核无误的会计报表才能对外报送。除了编制反映本级政府财政资金情况的会计报表，财政总预算会计还要编制包含本级政府和所属下级政府财政资金情况的汇总报表。

练习与实训

一、名词解释

财政总预算会计报表　资产负债表　预算执行情况表

二、简答题

1. 财政总预算会计需要编制哪些会计报表?
2. 什么是年终清理?财政总预算会计的年终清理工作主要包括哪些内容?
3. 财政总预算会计应当编制旬报的有哪些报表?
4. 财政总预算会计收入支出表的内容和结构?
5. 财政总预算会计应如何编制资产负债表?
6. 财政总预算会计的年终结账工作一般可分为哪几个阶段?各阶段工作的主要内容是什么?

综合练习四

一、单项选择题

1. 下列不属于财政总预算会计核算的会计信息质量要求的是（　　）。

A. 真实性　B. 及时性　C. 可比性　D. 配比性

2. 下列项目中，不属于一般公共预算本级收入的是（　　）。

A. 行政事业性收费收入　B. 增值税收入

C. 铁路建设基金收入　D. 罚没收入

3. 按照财政体制规定由下级财政上交给本级财政的收入确认为（　　）。

A. 补助收入　B. 上解收入　C. 调入资金　D. 地区间援助收入

4. 国有土地使用权出让金收入科目属于（　　）科目。

A. 政府性基金预算本级收入　B. 一般公共预算本级收入

C. 专用基金收入　D. 国有资本经营预算本级收入

5. 财政总预算会计的下列支出，属于专用基金支出的是（　　）。

A. 行政运行支出　B. 粮食风险金支出　C. 社保基金支出　D. 地区间援助支出

6. 下列存款不属于“国库存款”总账科目核算的是（　　）。

A. 一般预算存款　B. 基金预算存款

C. 其他应收款　D. 国有资本经营预算存款

7. 财政总预算会计在计算出财政体制结算中应由上级财政补助给本级财政的款项时，应借记的科目是（　　）。

A. “与上级往来”　B. “与下级往来”

C. “其他应付款”　D. “一般公共预算本级收入”

8. 财政总预算会计支付国库券利息时应当借记的科目是（　　）。

A. “债务还本支出”　B. “借入款项”

C. “一般公共预算本级支出”　D. “国库存款”

9. 下列项目不属于财政总预算会计的负债的是（　　）。

A. 其他应付款　B. 与上级往来　C. 借入款项　D. 与下级往来

10. 下列项目不能转入“一般公共预算结转结余”科目的是（　　）科目。

A. “一般公共预算本级收入”　B. “政府性基金预算本级支出”

C. “补助收入”　D. “一般公共预算本级支出”

二、多项选择题

1. 地方财政总预算会计的组成体系包括（　　）。

A. 省（自治区、直辖市）财政总预算会计　B. 市（地、州）财政总预算会计

C. 县（市）财政总预算会计　D. 乡（镇）级财政总预算会计

2. 下列项目中，属于财政总预算会计收入的是（　　）。

A. 一般公共预算本级收入　B. 政府性基金预算本级收入

C. 借入款项　　D. 转移性收入

3. 财政总预算会计的下列收入中，属于政府性基金预算本级收入的是（　　）。

A. 民航发展基金收入　　B. 旅游发展基金收入

C. 国有土地收益基金收入　　D. 税收收入

4. 财政总预算会计中的“补助支出”科目按补助资金性质设置的明细科目包括（　　）。

A. 一般预算补助　B. 经常性补助　C. 专项补助　D. 基金预算补助

5. 下列支出属于转移性支出的有（　　）。

A. 补助支出　　B. 上解支出

C. 调出资金　　D. 政府性基金预算本级支出

6. 下列账户属于国库单一账户组成体系的有（　　）。

A. 国库单一账户　B. 财政零余额账户　C. 单位零余额账户　D. 特设专户

7. 年终转账时，转入“一般公共预算结转结余”科目的有（　　）。

A. 一般公共预算本级收入　　B. 政府性基金预算本级收入

C. 补助支出——一般预算补助　　D. 国有资本经营预算本级支出

8. 下列属于财政总预算会计结转结余的是（　　）。

A. 一般公共预算结转结余　　B. 政府性基金预算结转结余

C. 国有资本经营预算结转结余　　D. 专用基金结余

9. 财政总预算会计需要编制的会计报表主要包括（　　）。

A. 资产负债表　B. 收入支出表　C. 利润表　D. 现金流量表

10. 下列各项属于财政总预算会计报表技术性审核的有（　　）。

A. 属于本年的预算收入是否按照国家政策、预算管理体制和有关缴款办法，及时足额地缴入国库

B. 会计报表的栏目及填列是否完整，是否有漏项

C. 会计报表内有关栏目之间是否符合表内勾稽关系

D. 会计报表的年初数与上年数是否一致

三、判断题

1. 国有资本经营预算本级收入是指各级政府以所有者身份依法取得的国有资本收益。（　　）

2. 财政总预算会计的核算目标是向会计信息使用者提供政府财政预算执行情况、财务状况等会计信息，反映政府财政受托责任履行情况。（　　）

3. 财政总预算会计不设置固定资产与库存现金账户。（　　）

4. 其他应付款是指各级财政部门在预算执行过程中与各预算单位之间发生的应付、暂收和收到不明性质的款项。（　　）

5. 财政零余额账户不实存财政资金，但预算单位零余额账户实存财政资金。（　　）

6. 一般预算、基金预算和国有资本经营预算之间的资金可以相互调拨调剂使用。（　　）

7. 在途款是指在规定的库款报解整理期和决算清理期内，收到的应属于上年度收入的款项和收回的不应在上年度列支的款项。（　　）

8. 在财政总预算会计中，一般公共预算结转结余等于一般公共预算收入减去一般公

共预算支出后的差额。(　　)

9. 国有资本经营预算结转结余每年年终结算一次，平时不结算。(　　)

10. 各级财政部门编制汇总财政会计报表时，要将会造成汇总报表中能够引起重复计算的栏目数字进行抵销。(　　)

四、业务核算题

某市财政201×年发生如下经济业务，编制会计分录。

1. 收到中国人民银行国库报来的通知，收到国库存款共计1 123 480元，其中一般预算存款865 400元，基金预算存款258 080元。

2. 收到所属某县财政按规定要求上解的一般预算收入520 000元。

3. 根据经批准的国有资本经营预算，向交通部门拨付国有资本经营预算资金87 000元。

4. 向所属某县财政拨付一般预算补助289 000元。

5. 用一般预算结余购买国库券60 000元。

6. 同意某县财政局申请，借给临时周转金80 000元。

7. 向省财政借款200 000元，款项存入一般预算存款户。

8. 年终结账时，国有资本经营预算本级收入科目的贷方余额680 000元。

9. 从政府性基金预算结转结余中调入资金59 000元，以平衡一般预算。

10. 本级一般预算支出中安排专用基金150 000元，以增加粮食风险基金的数额。

参考文献

[1] 财政部. 事业单位会计准则. 财政部令第 72 号.

[2] 财政部. 事业单位会计制度. 财会〔2012〕22 号.

[3] 财政部. 事业单位财务规则. 财政部令第 68 号.

[4] 财政部. 行政单位会计制度. 财库〔2013〕218 号.

[5] 财政部. 行政单位财务规则. 财政部令第 71 号.

[6] 财政部. 财政总预算会计制度. 财库〔2015〕192 号.

[7] 财政部.《政府会计制度——基本准则》财政部令第 78 号.

[8] 李海波，刘学华. 新编预算会计（第八版）[M]. 上海：立信会计出版社，2013.

[9] 赵建勇. 预算会计（第四版）[M]. 上海：上海财经大学出版社，2010.

[10] 郭磊，郭玲. 政府会计[M]. 天津：南开大学出版社，2005.

[11] 何东平. 政府与非营利组织会计[M]. 北京：经济科学出版社，2009.

[12] 陈复昌，任静. 政府与事业单位会计[M]. 北京：中国人民大学出版社，2011.

[13] 王国生. 事业单位会计实务[M]. 北京：中国人民大学出版社，2013.

[14] 缪匡华. 行政事业单位财务管理[M]. 北京：清华大学出版社，2013.